图书在版编目（CIP）数据

当雄年鉴. 2019 / 当雄县编译局编. -- 北京 : 方志出版社，2019.12

ISBN 978-7-5144-4071-3

Ⅰ. ①当… Ⅱ. ①当… Ⅲ. ①当雄县 - 2019 - 年鉴
Ⅳ. ①Z527.54

中国版本图书馆CIP数据核字(2019)第300582号

当雄年鉴（2019）

编　　者：当雄县编译局
责任编辑：王　娜

出 版 者：方志出版社
地址　北京市朝阳区潘家园东里9号（国家方志馆 4 层）
邮编　100021
网址　http://www.fzph.org
发　　行：方志出版社图书经销中心
电话（010）67110500
经　　销：各地新华书店
印　　刷：河南金雅昌文化传媒有限公司

开　　本：889 × 1194　1/16
印　　张：20.5
字　　数：489千字
版　　次：2019年12月第1版　2019年12月第1次印刷
印　　数：001 ~ 500册

ISBN 978-7-5144-4071-3　定价：350.00元

当雄县行政区划图

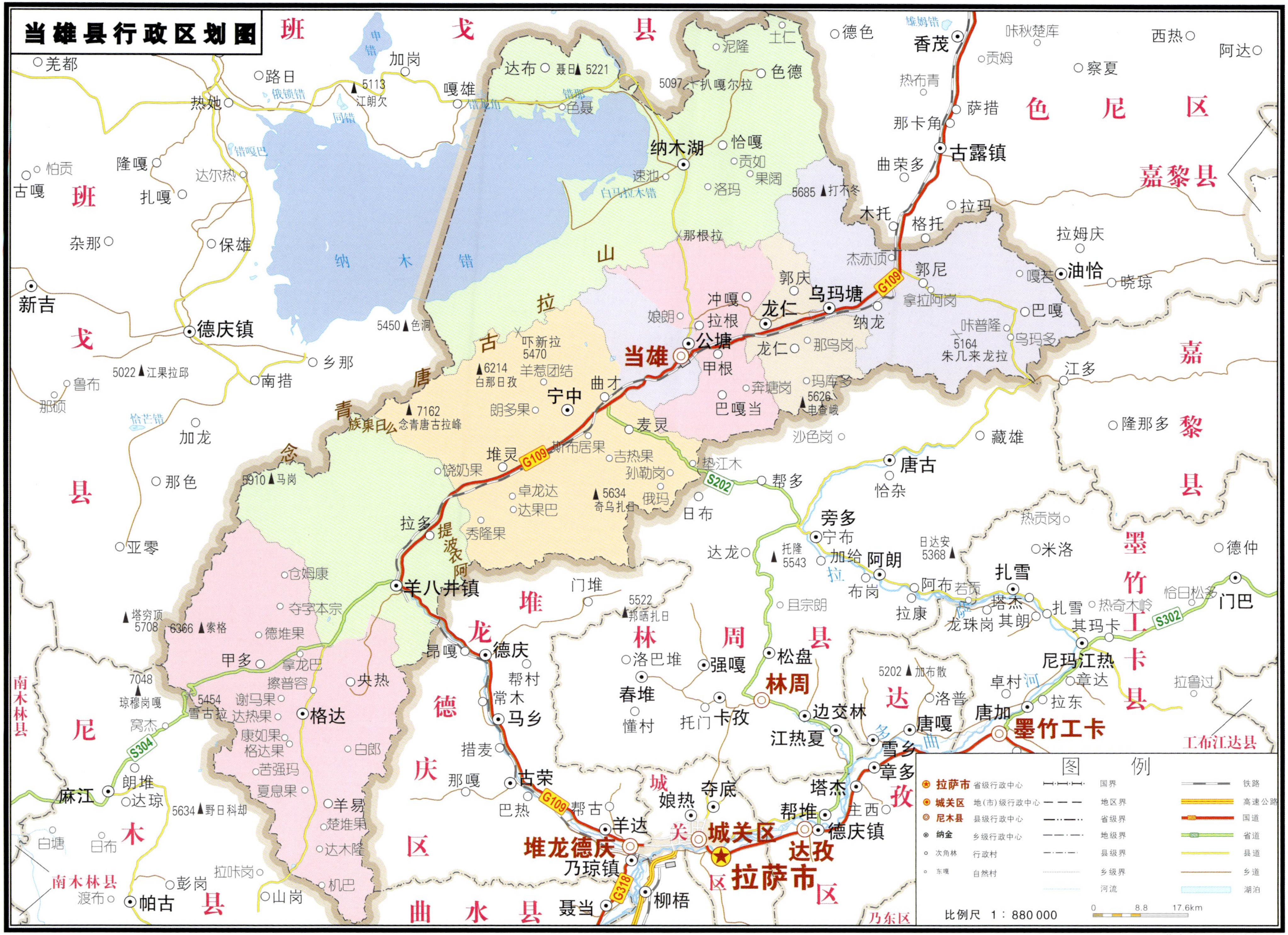

当雄
公塘
宁中
乌玛塘
纳木湖
羊八井镇
龙仁
格达
拉萨市
城关区
堆龙德庆
达孜
林周
墨竹工卡
尼玛江热
古露镇
香茂
德庆镇
班戈县
色尼区
嘉黎县
林周县
堆龙德庆区
曲水县
尼木县
墨竹工卡县
达孜区
南木林县
工布江达县
乃东区
纳木错
念青唐古拉山
念青唐古拉峰
7162
G109
S202
S302
S304
G318
图例
拉萨市 省级行政中心
城关区 地（市）级行政中心
尼木县 县级行政中心
纳金 乡级行政中心
次角林 行政村
东嘎 自然村
国界
地区界
省级界
地级界
县级界
乡级界
河流
铁路
高速公路
国道
省道
县道
乡道
湖泊
比例尺 1：880 000
0 8.8 17.6km

西藏自治区测绘院编制

审图号：藏S（2018）022号

2018年9月19日，中国气象局党组书记、局长刘雅鸣（左二）一行到当雄县气象局检查指导工作

2018年5月22日，全国政协委员、民族和宗教委员会副主任罗黎明（右一）率调研组一行到当雄县调研

2018年8月9日，中国气象局副局长宇如聪（前排左一）到当雄县气象局检查指导工作

2018年9月15日，西藏自治区党委常委、拉萨市委书记白玛旺堆（中）到当曲卡居委会调研

2018年7月21日，西藏自治区党委常委、拉萨市委书记白玛旺堆（前排右一）一行到当雄县调研

2018年9月17日，西藏自治区人大常委会副主任李文汉（前排右四）详细了解纳木错自然保护区环保工作开展情况

2018年8月23日，西藏自治区人大常委会副主任其美仁增（中）一行到当雄县羊八井镇彩渠塘村精准扶贫风湿患者集中搬迁点调研高海拔集中搬迁情况

2018年8月21日，西藏自治区副主席江白（前排右二）到当雄县格达乡羊易村调研“牧繁农育”试点工作

2018年7月27日，西藏自治区政协副主席高扬（右六）到当雄县龙仁乡曲登村调研

2018年4月13日，西藏自治区人民检察院党组书记、检察长朱雅频（中）到当雄县人民检察院检查指导工作

2018年6月15日，西藏自治区纪委副书记唐明英（左二）到当雄县调研监察体制改革工作

2018年1月13日，西藏自治区社科院党委副书记、副院长、区社科联主席索林（中）任组长的全区党委（党组）意识形态责任制及“四讲四爱”主题教育实践活动考核组到当雄县考核验收

2018年9月6日，江苏省安监局副局长喻鸿斌（前排右二）一行到当雄县检查指导安全生产工作

2018年6月21日，西藏自治区工商局副巡视员次仁（左二）一行到当雄县检查虫草采挖工作开展情况

2018年3月28日，拉萨市委常委、常务副市长暴剑（左一）到当雄县检查援藏项目建设情况

2018年11月1日，拉萨市委常委、宣传部部长吴亚松（右四）到当雄县格达乡调研“四讲四爱”群众教育实践活动和“五有五好”文明村镇创建活动

2018年9月15日，拉萨市委常委、统战部部长阿努次仁（中排左二）到当雄县格达乡格达村调研

2018年3月22日，拉萨市副市长廖波（左三）到当雄县司法局调研指导司法行政工作

2018年10月23日，拉萨市副市长孙占生（右排右二）一行到当雄县调研援藏工作推进情况

2018年7月4日，拉萨市副市长扎西白珍（左二）到当雄县格达乡羊易村检查精准扶贫精准脱贫工作

2018年5月12日，拉萨市副市长、当雄县委书记张正（左二）到县人民法院检查指导工作

2018年4月27日，拉萨市政协副主席、秘书长张勤（右二）到当雄县纳木湖乡调研

2018年11月19日，北京产业调研组一行到当雄县调研产业发展状况

2018年9月14日，北京市中关村管委会党组副书记、主任翟立新（右二）代表团一行到当雄县考察对接科技扶贫对口支援相关工作

2018年5月11日，北京市东城区教委纪工委书记刘宏明（右三）到当雄县中学调研

2018年4月19日，北京国际城市发展研究院京津冀协同发展研究基地秘书长秦坚松（右排左三）带队北京市支援合作办公室调研组一行到当雄县调研脱贫攻坚工作

2018年11月8日，拉萨市新闻出版广电局党组副书记、局长王巍（右四）参加当雄县“最美新闻人”颁奖活动

2018年3月19日，拉萨市环卫局局长旦增扎西（右二）到当雄县调研城市环境卫生工作

2018年8月2日，拉萨市气象局局长陈友珍（右二）到当雄县气象局检查气象探测环境保护情况

2018年8月9日，当雄县委副书记、县长其美次仁（中）为马长跑获奖者颁奖

2018年5月29日，拉萨市文化局党组成员、调研员次拥（左二）一行到当雄县督察指导基本公共文化服务实施工作情况

2018年4月4日，拉萨市政府副秘书长张治军（左一）到当雄县督察县城垃圾填埋场整改工作进展情况

2018年8月24日，西藏自治区“七五”普法中期督导检查组一行到当雄县督导检查“七五”普法工作

2018年3月1日，拉萨市安监局副局长杨英（中）带队市安委办督察组到当雄县寺庙检查指导工作

2018年8月2日，拉萨市水利局副局长周根富（左三）一行到当雄县检查指导防汛抗灾工作开展情况

2018年10月12日，拉萨市交通运输局副局长范健（右二）到当雄县调研农村客运班线开展情况及安全生产工作

2018年11月9日，拉萨市水利局副局长觉旦（右三）到当雄县羊八井镇桑巴萨村检查验收水利扶贫项目

2018年7月24日，拉萨市环保局副局长严刚（后排中）到当雄县调研

2018年10月18日，拉萨市卫计委副调研员尼玛桑珠（中排左三）一行到当雄县督导检查卫生计生工作

2018年6月19日，西藏自治区“遵行四条标准、争做先进僧尼”教育实践活动宣讲团一行到当雄县嘎洛寺、羊井寺开展宣讲活动

2018年4月25日，拉萨市“禁白”办负责人旦巴塔杰（中）一行到当雄县检查指导工作

2018年10月9日，拉萨市宪法学习宣传实施专项督察组一行到当雄县督察指导宪法宣传实施工作

2018年6月14日，拉萨市总工会一行到当雄县龙仁乡龙仁村开展“五送”活动

2018年1月3日，当雄县召开喜迎新春、藏历新年团拜会

2018年1月5日，当雄县召开全县经济工作会议

2018年1月11日，当雄县监察委员会成立大会

2018年4月27日，当雄县召开2018年各项重点工作安排部署会议

2018年5月7日，当雄县召开“四讲四爱”群众教育实践活动动员部署会

2018年5月15日，当雄县召开环境保护暨生态文明建设工作部署会议

2018年5月17日，当雄县召开迎接国家脱贫摘帽评估验收动员部署会

2018年5月28日，当雄县“四讲四爱”群众教育实践活动暨精准扶贫百名宣讲员培训开班仪式

2018年7月10日，当雄县召开迎接2017年贫困县摘帽国家专项评估检查工作汇报会

2018年7月27日，当雄县召开民族团结进步模范集体和模范个人表彰大会

2018年11月7日，当雄县召开第七次妇女代表大会

2018年11月12日，当雄县召开纳木错景区“10·8”抢险救援及拆迁工作总结表彰大会

2018年11月19日，当雄县召开“先进双联户”创建活动表彰大会

2018年11月22日，当雄县召开第二期党员政治教育培训班开班仪式

2018年11月23日，当雄县召开预防和应对各类突发事件应急工作会议

2018年2月6日，当雄县开展“文化惠民进万家”活动

2018年3月26日，当雄县法律援助中心驻县人民法院工作站正式挂牌成立

2018年4月15日，当雄县牦牛产业万户脱贫致富项目启动仪式

2018年4月26日，当雄县民间艺术团到当曲卡镇开展送文化下乡文艺演出活动

2018年5月3日，当雄县举办庆祝“五四”运动99周年暨“不忘初心跟党走，青春筑梦新时代”才艺大赛

2018年5月20日，当雄县举办第三届寻觅虫草之旅开幕式

2018年6月6日，当雄县龙仁新农业科技有限公司举行开工奠基仪式

2018年7月20日，当雄县税务局新机构挂牌成立

2018年8月8日，“当吉仁”赛马节在当雄阿热湿地草原开幕

2018年9月23日，当雄县庆祝西藏首届“中国农民丰收节”文艺汇演

姆蓝雪山

阿热湿地保护区

《当雄年鉴》编纂委员会

主　　任：其美次仁

副 主 任：文　林

委　　员：

邓　洪	央　宗	普布扎西	旺丹次仁	尼玛旺堆
索朗多吉	嘎松达吉	普布扎西	泽仁顿珠	曲　扎
索朗次仁	卓　嘎	才　达	次仁平措	扎西桑珠
索　央	次仁曲珍	罗布桑珠	洛桑登巴	德　吉
平　措	拉巴琼达	阿旺赤列	卓　嘎	钱立坤
贡嘎宗吉	白玛措姆	刘光毅	洛桑桑旦	达瓦次仁
索朗曲旦	赵泽辉	拉巴次仁	米玛旺堆	巴桑元旦
阿旺赤列	刘光毅	多　吉	杨成光	刘　杨

《当雄年鉴》编辑部

主　　编：文　林

副 主 编：陈　彬

编　　辑：央金卓嘎

图片编辑：刘泽刚

摄　　影：王景涛

编辑说明

一、《当雄年鉴》2012年开始编纂，每年出版1卷，2019年卷为第8卷。

二、《当雄年鉴》以马克思列宁主义、毛泽东思想、邓小平理论、“三个代表”重要思想、科学发展观、习近平新时代中国特色社会主义思想为指导，坚持辩证唯物主义和历史唯物主义的立场、观点、方法，始终坚持“实事求是、质量第一、存史资政、服务大众”的办鉴宗旨，全面、系统、翔实地记述当雄县上一年度政治、经济、文化、社会等各项事业的基本情况，为社会各界与国内外人士了解和研究当今当雄县提供翔实资料。

三、《当雄年鉴》分为正文与彩页两部分。正文采取分类编辑法，以类目、分目、条目为主要框架结构，个别包含多方面资料的条目，则在段落间加插楷体标题提示，方便读者查阅全书。

四、《当雄年鉴（2019）》载录当雄县2018年经济社会发展的基本资料，设有特载、综述、大事记、政治、军事、法治、经济管理、社会事业、城市建设·环保、交通·通信、金融、乡（镇）概况、附录等。

五、《当雄年鉴》的编辑宗旨，在于求真务实，力求真实生动地反映当雄县在改革开放和现代化建设中取得的崭新成就。

六、《当雄年鉴》所提供的内容和数据，分别来自于当雄县各有关部门和乡（镇）人民政府，经各级领导审核，但由于口径与统计方法不同，恐有不一致之处，使用时应以县统计局提供的数据为准。本书中农田土地面积的计量单位使用“亩”。

目 录

特 载

综 述

大事记

政　　治

中共当雄县委员会

中共当雄县委办公室

当雄县人民代表大会常务委员会

当雄县人民代表大会常务委员会办公室

当雄县人民政府

当雄县人民政府办公室

中国人民政治协商会议当雄县委员会

中国人民政治协商会议当雄县委员会办公室

中共当雄县纪律检查委员会(当雄县监察委员会)

当雄县综合督查室

中共当雄县委组织部(编办)

中共当雄县委宣传部

中共当雄县委统战部(民族宗教事务局)

当雄县总工会

共青团当雄县委员会

当雄县妇女联合会

当雄县信访局

军　　事

当雄县人民武装部

当雄县消防大队

法 治

中共当雄县委政法委员会

当雄县公安局

当雄县人民检察院

当雄县人民法院

当雄县司法局

经济管理

当雄县发展和改革委员会

当雄县财政局

当雄县国土资源规划局

当雄县统计局

当雄县工信(商务)局

当雄县安全生产监督管理局

当雄县税务局

当雄县旅游管理局

当雄县工商行政管理局

当雄县气象局

当雄县净土产业投资开发有限公司

当雄县羌塘文化旅游发展有限责任公司

社会事业

当雄县民政局

当雄县畜牧局

当雄县扶贫开发办公室

当雄县水利局

当雄县教育(体育)局

当雄县人民医院

当雄县中学

当雄县牦牛冻精站

城市建设·环保

当雄县住房和城乡建设局(城市管理局)

当雄县环境保护局

当雄县综治委铁路护路联防工作领导小组办公室

交通·通信

当雄县交通运输局

当雄县邮政分公司

当雄县电信局

中国移动通信集团西藏有限公司当雄县分公司

中国联合网络通信有限公司西藏自治区分公司当雄县营业部

金　融

中国农业银行股份有限公司当雄县支行

乡(镇)概况

当曲卡镇

羊八井镇

纳木湖乡

格达乡

公塘乡

龙仁乡

宁中乡

乌玛塘乡

附 录

在全县经济工作会议上的讲话

拉萨市副市长、当雄县委书记 张 正

（2018 年 1 月 5 日）

这次会议的主要任务是深入贯彻党的十九大精神，全面落实中央和区、市经济工作会议的决策部署，回顾总结去年全县经济社会发展各项工作，深入分析今年经济发展形势，安排部署 2018 年经济建设各项任务，动员全县上下全面贯彻习近平新时代中国特色社会主义经济思想，抢抓新时代机遇，推动高质量发展，努力在建设新时代社会主义现代化当雄进程中展现新作为、取得新成绩。

刚才，我们对 2017 年度目标绩效考核中取得优异成绩的乡（镇）和县直单位进行了表彰。希望受到表彰的单位不忘初心、牢记使命，戒骄戒躁、再创佳绩。

2017 年，全县上下认真贯彻落实中央和区、市各项决策部署，以“四个全面”战略布局为统领，贯彻落实“五大新发展理念”，科学谋划、务实苦干、开拓创新，全县经济社会发展呈现出“稳中有进、转型加快、质量提升、生态良好、民生改善”的良好态势。一是经济增速快，持续保持稳定，主要经济指标全面完成，并保持两位数增长，整个经济发展态势喜人；二是项目带动强，共开复工项目138个，累计完成投资达36.6亿元。调整“十三五”规划中期项目97项，涉及资金42.77亿元。完成招商引资项目27个，实现到位资金18亿元，同比增长15%。一批关系群众切身利益的民生项目和长远发展的重大项目稳步推进；三是产业发展好，净土健康、旅游文化和新能源等民生产业持续健康发展；四是改革力度大，主要是从牧业供给侧也就是当雄县牦牛肉，净土牧场郭庆场主体工程已经完成，宁中场2018年开春就可以开工建设，15家家庭牧场的进展很顺利；五是民生改善实，全县1850户8213人建档立卡贫困户目前已通过自治区第三方评估，实现了“三不愁、三有、三保障”，人民群众获得感、幸福感明显增强；六是生态环境优，生态环境保护投入力度空前加大，大气、水、土壤污染防治成效显著。

这些成绩的取得是区、市党委、政府正确领导的结果，是县四大班子精诚团结、科学决策、狠抓落实的结果，是各乡（镇）、各部门、各单位齐心鼓劲、合力攻坚、苦干实干的结果。在此，我代表县委、县人民政府，向同志们一年来的辛苦努力表示崇高的敬意和衷心的感谢！

2018年是贯彻党的十九大精神的开局之年，是改革开放40周年，决胜全面建成小康社会、实施“十三五”规划承上启下的关键一年，做好今年经济工作意义重大、影响深远。当然我们要明确地看到我们的短板，九届三次全委会上从党内梳理了五个方面的不足，也是准确的。今天我们着重讲经济工作，树立四个方面的短板，也是很突出的。一是牦牛短期育肥明显存在推进速度慢等的问题，县委九届30次常委会上已经明确了责任分工，今天，再次强调，2018年全县上下要统一思想、凝聚力量，全面发力、背水一战，打赢这场硬仗，给区、市党委交一份满意的答卷。二是卫生与计划生育工作，在当雄县仍然存在家庭分裂情况，孕产妇死亡率、新生儿死亡率指标高居全区的前列。三是全县受援工作明显滞后，主动对接还存在明显差距，援藏项目落实没有取得预期效果。四是维护稳定意识形态领域的短板依然突出，各级党委是第一责任人、主要责任人，对意识形态领域工作认识不高，督促落实不够，存在明显瑕疵。我们梳理这四项短板是为了更好地做好2018年经济社会工作。

2018年，全县经济工作的总体要求是：全面贯彻党的十九大精神和中央、区、市经济工作会议精神，以习近平新时代中国特色社会主义思想为指导，在县委2018年第一次理论中心组学习会上我们明确提出了四个深刻领会、三大攻坚任务、七个坚持、十四项重要的工作部署，要认真地领会，落实在我们工作中，要加强党对经济工作的领导，坚持稳中求进、进中求好、补齐短板的工作总基调，坚持新发展理念，紧扣社会主要矛盾变化，按照高质量发展的要求，统筹推进“五位一体”总体布局和协调推进“四个全面”战略布局，以供给侧结构性改革为主线，紧扣全面建成小康社会的战略目标，以提高发展质量和效益为中心，更加注重经济结构调整和动力转换，更加注重改革和创新驱动，更加注重脱贫攻坚和乡村振兴，更加注重投资拉动和项目建设，更加注重生态保护和绿色发展，统筹推进稳增长、促改革、调结构、惠民生、防风险各项工作，打好防范化解重大风险、精准脱贫、污染防治攻坚战，凝心聚力，真抓实干，创新突破，改善民生，着力推动经济社会持续健康发展。

2018年，全县经济发展主要预期目标为：地区生产总值增长10%；地方财政一般预算收入增长10%；全社会固定资产投资增长18%；社会消费品零售总额增长14%；规模以上工业增加值增长13%；农牧民人均可支配收入增长14%。

就这个预期目标而言，今年全县经济社会发展要求高、任务重，我们要按照上级文件要求，对县处级干部和主要经济部门压担子，争取招商引资、社会投资、民间投资来支撑，努力完成目标任务。在这个过程中，我们毫无疑问的坚决贯彻总书记的经济思想，坚持目标导向和问题导向，统筹推进，重点打好脱贫攻坚战，营造和谐稳定的发展环境，打好污染防治的攻坚战，实现传承生态文明是我们这代人的责任。

（一）着力发展特色优势产业。坚持以发展产业为根本，紧扣社会主要矛盾的变化，着力解决县域发展不平衡不充分的问题，大力实施产业强县战略，优化升级传统产业，积极发展新兴产业，引进培育骨干企业，加快推进城镇化步伐，着力发展实体经济，切实推动经济持续健康发展，打造引领牧区经济转型升级的一面旗帜。要强势推进净土健康产业发展。在牦牛育肥的过程中，我们要众志成城、背水一战，在市场拓展过程中已经取得了较好的口碑。同时，要加快推进水产业发展，加大对外宣传与合作，唱响“当雄天然饮用水”地域品牌区域平台，在水产业中间要适当释放资源，让社会资本介入。按照白玛旺堆书记在全市经济工作会议上讲话精神，我们在要市场、要渠道的过程中，要让利实现双赢，达到共同发展。要全力推进文化旅游业发展。以建设全区全域旅游示范县为目标，力推“民族文化、草原风情、山水风景”三张名片，重点推进“两区一带一环线”精品旅游工程，即纳木错—念青唐古拉山风景区；羊八井地热温泉休闲度假旅游区；藏北羌塘草原（阿热湿地）旅游观光带及登山为主的户外运动基地等旅游资源综合保护开发，以青藏公路、青藏铁路为主线，以景区间串联公路为辅线，形成配套完善的精品旅游环线。注重把文化元素注入旅游开发全过程，促进旅游、文化深度融合，打造集文化旅游、休闲度假、特色体验于一体的旅游发展升级版。要严格保护开发。重点开发利用廓琼岗日冰川、唐滨湖、姆蓝雪山、阿热湿地等景区景点。实施“旅游+”战略，以“旅游+”为核心理念，重点推动旅游与净土牧场、民族特色小城镇、健康理疗、特种体育及互联网等现代服务业的融合发展，打造一批具有较强市场竞争力和影响力的新型旅游亮点。要加快推进清洁能源产业发展。坚持绿色发展理念，全面提升清洁能源产业发展水平，加快推进“羊八井—格达清洁能源产业园区”建设，加快制定园区发展规划。破解制约园区发展的水、电、路、通信等基础设施问题。要在政策允许的前提下，帮助落户企业尽快解决征地、拆迁、融资等实际问题，使其能早投产、早见效。

（二）做大做强实体经济。要做强做优做大我县国有企业。加快构建现代企业制度，激发各类要素活力，实行国有企业负责人薪酬绩效考核制度，推进县属国有企业与对口支援省市企业交流合作，加强资金、技术、人才积累，提升企业核心竞争力和引领经济发展能力。大力发展非公经济。积极支持非公经济发展，建立招商引资项目库，开展全产业链招商和全程式服务。构建亲清新型政商关系，促进非公有制经济健康发展和非公有制经济人士健康成长。

（三）加快城乡基础设施建设。充分发挥现有基础设施的作用。全力抓好县城提质扩容，按照生产空间集约高效、生活空间宜居适度、生态空间山清水秀的要求，修编县城总体规划，完善各类修建性详规和专项规划，加快推进县城地热供暖、综合管廊、污水处理厂及污水收集系统建设，完善县城整体功能；大力实施绿化亮化、道路畅通、违建拆迁等提升工作，着力打造整洁美观、文明有序的县城环境。

（四）大力实施乡村振兴战略。按照产业兴旺、生态宜居、乡风文明、治理有效、生活富裕的总要求，制定乡村振兴战略规划，着眼制约发展的瓶颈问题和群众生产生活难题，统筹推进全县基础条件和人居环境改善。全力抓好特色小城镇建设。按照“规划一次到位、逐年分期建设、地上地下结合、注重工程质量”的原则，紧扣供水排污管网、集中供暖、垃圾处理、路网、市场等重点，结合旅游服务功能需求，加快完善小城镇设施建设，提升建设品位，切实增强辐射带动功能。全力抓好小康安居工程建设。全力扶持新经济主体。大力扶持特色养殖业和加工业发展，加大新型职业牧民培养力度，大力扶持牧民专业合作社、牧业龙头企业、净土牧场、家庭牧场等新型经营主体，鼓励发展牧业生产性服务组织，推进农村产业融合发展。深化农村改革，赋予牧民群众更多财产权，增强牧业发展活力。健全自治、法治、德治相结合的乡村治理体系，促进牧区更加和谐、安定有序。

（五）全力保障和改善民生。首先要坚决打赢脱贫攻坚战。要稳定的完成今年脱贫摘帽任务，加大无房户、危房户的排查整治力度，无论从本级财政预算或者政策的支持都给予充分的保障。要优先发展教育事业。主要是争取对口援藏地区的优势和教育资源,破解基础教育资源的短板,要更多在校长、教师这两支队伍上下功夫,拥有一个好的校长就会拥有一所好学校,拥有一批好教师就会有高质量的教学成绩。要千方百计扩大就业。就业是最大的民生。坚持就业优先战略和积极就业政策,以高校毕业生、困难群体、富余劳动力等就业群体为重点,以市场为导向,以“双创”工作为抓手,强化就业引导,转变就业观念,推进更高质量和更充分就业。以发展产业增就业、以推动产业带就业、以加强培训促就业,鼓励和支持牧民到城镇和企业就业、到内地务工经商,鼓励和支持内地经营者到当雄创业,带动群众就业创业,确保城镇调查失业率和登记失业率分别控制在5.5%和2.2%以内。截至目前,应届往届大学毕业生就业1/3,未就业2/3,全县领导干部、各乡(镇)、人社、工会要积极引导大学生转变就业观念,宣传拉萨市和我县开发的公益性岗位性质、特点。四要完善社会保障体系。按照兜底线、织密网、建机制的要求,全面实施全民参保计划,加快完善覆盖城乡居民的基本养老、基本医疗、失业、工伤、生育等保险制度,扎实推进“五险合一”制度改革。健全社会救助体系,完善城乡社会救助、最低生活保障制度。加强防灾减灾体系建设。加大保障性安居工程建设力度,重点建设廉租房、公租房,切实解决好低收入家庭、中等偏下收入家庭以及新就业人员等中低收入人群的住房问题。五要加快健康当雄建设。我县卫生与健康工作要突出问题导向,聚焦薄弱环节,要谋重点、抓难点,确保有全新的起色。今年,要优化城乡医疗资源配置,加强以县医院能力提升、乡镇卫生院标准化建设、村居卫生服务全覆盖为重点的医疗卫生服务网络建设,消除基本公共卫生服务盲区。要提高医疗服务水平,加快推进医疗人才组团式援藏工作,加快县藏医院建设。做好重大疾病、地方病、职业病预防控制,加大妇幼保健工作力度,健全卫生应急处突机制,提升公共卫生服务能力。大力发展健康事业,深入开展爱国卫生运动和全民健身运动,推动学校、企事业单位体育设施向社会开放,推进群众体育与竞技体育协同发展。

(六)加快美丽当雄建设。坚定不移推进绿色发展,牢固树立绿水青山就是金山银山、冰天雪地也是金山银山的理念,落实最严格的生态环境保护制度,划定并严守生态保护红线、永久基本草原、城镇开发边界三条控制线,保蓝天、护碧水、守净土、美乡村、建体系,用心呵护“世界上最后一方净土”这块金字招牌,全面创建国家级生态文明示范县。要加强生态环境保护与修复。加快草场生态修复工程和污水垃圾无害化设施建设,加大农村饮用水源地环境保护。所有新建项目必须严格落实环评制度,严禁“三高”项目进入,进一步巩固“禁白”成果。严厉打击整治非法采矿、采沙行为。全面落实《当雄县环境保护考核办法(试行)》和《当雄县环境违法行为有奖举报暂行办法》。继续实施退牧还草、人工种草、人工造林等工程。全面落实河长制,加快推进县域内河流整治保护工作,打造“水清、河畅、岸绿、景美”的河流生态体系。要全力保持当雄水、空气、土壤环境的优良质量。全面控制污染物排放,从源头上控制新污染源产生,通过实施最严格水资源管理,严格地下水超采行为;突出优化产业结构、能源结构和交通运输结构,积极开发利用太阳能、地热、风能等可再生能源,积极推广清洁能源,从源头上治理大气污染;严守“土地红线”,强化土地执法监察,建立健全“政府主导、部门配合、多方参与”的土地执法综合防控体系。要构建生态环境保护体系。建立健全领导干部任期生态文明建设责任制,强化“党政同责、一岗双责”,构建政府为主导、企业为主体、社会组织和公众共同参与的环境治理体系。加快环境治理市场主体培育,建立完善市场化运作、可持续的资源有偿使用和生态补偿机制。推进环境监察监测执法体制改革,支持环保领域社会组织发展,倡导文明、节约、绿色消费方式和生活习惯,把各族群众环境保护意识转化为保护环境的实际行动。

(七)加强和巩固社会局势持续稳定。发展是硬道理,稳定是硬任务,经济要发展,稳定是保障。去年,维稳工作在考核中是吃了亏的,今年,我们要牢固树立“稳定压倒一切”的思想,紧扣工作大局,创新方式方法,全力维护社会大局和谐稳定。坚决贯彻中央对达赖集团的斗争方针不动摇,积极应对“后达赖”向“达赖后”转变的重大挑战,按照中央对达赖集团的定性,深入揭批达赖集团的反动本质,教育引导各族干部群众自觉与达赖集团划清界限。要健全完善社会治安防控体系,健全完善社会矛盾预防和化解机制。要健全公共安全体系,牢固树立安全发展理念,完善安全生产责任制。依法打击各类违法犯罪活动,不断促进社会公平正义,形成有效的社会治理、良好的社会秩序,使人民群众获得感、幸福感、安全感持续增强。要加强国防教育、国防动员和国防后备力量建设,支持国防和军队改革,持续开展双拥工作,推动军民融合深度发展。要深化民族团结,以创建全国民族团结进步示范县为目标,引导干部群众像爱护自己的眼睛一样爱护民族团结,让各民族像石榴籽一样紧紧抱在一起,铸牢中华民族共同体意识。落实党的民族政策,持续开展滴灌式民族团结教育。

（八）突出党对经济工作的领导。做好经济工作,关键在党,关键在干部。要把全面从严治党的要求体现在加强党对经济工作的领导上,切实提高领导经济工作的能力和水平,为推动当雄经济高质量发展提供坚强的组织保证。要着力提升调研谋划能力。调查研究是谋事之基、成事之道。现在我们不少干部都存在一种问题,谋划部署心中无数,推动工作手上无招,调研座谈答不上来,脱了稿子讲不出话,说到底就是缺少学习、缺少研究、缺少责任心。当前发展形势错综复杂,发展任务艰巨繁重,各级干部务必提升谋事干事的能力。要加强学习,坚持用习近平新时代中国特色社会主义思想为指引,以总书记系列重要讲话精神武装头脑,强化“四个意识”。要深入调研,少坐办公室,多到一线听实话、摸实情、出实招,切实杜绝“盲人骑瞎马”的现象,真正做到情况明、底子清、定位准、措施实。要善于谋划,紧扣全县发展大局,立足实际,找准贯彻落实区、市决策部署的工作思路和切入点,不分神、不跑题、不偏向,聚焦聚力、同心同向,切实提高推进工作的精准性和实效性。要着力提升细化落实能力。今年经济工作任务已经明确,但更多的是点题,如何破题?还需进一步细化、实化。各级各部门要围绕全县发展思路,聚焦重点,主攻难点,紧紧扭住实施乡村振兴战略这一重点,紧扣全年目标任务,把任务落实到项目、分解到人头、量化到时间,确保各项工作落实不落空。要进一步强化责任、压实责任,层层传导压力,实行一级对一级负责。各级党组织和广大党员干部要把主要精力集中到经济建设主战场上来,一心一意搞建设、心无旁骛抓发展,切实把经济工作抓实抓好,真正做到为官一任、兴业一方、造福人民。要着力提升督促推动能力。领导工作,从某个程度上讲,一是谋划部署,二是督促推动。没有督促落实,再好的谋划都是空中楼阁。各级领导干部要既当战略家,又当推动者,切实解决重部署轻落实的问题,确保各项决策部署落到实处。要切实加强对经济工作的调度,敢抓敢管、善抓善管,确保每项工作、每个环节不落空、不脱档。进一步完善各项重点工作目标责任考核办法,建立健全符合实际、科学合理、责任分明、奖罚严格的工作考核评价机制,调动全县上下抓工作、促落实的积极性。要加强督促推动,各级领导干部要以身作则、率先垂范、亲临一线,既当指挥员、又当战斗员,对于工作推进过程中的问题和困难要亲自过问、亲自协调、亲自处理。要大力整治庸、懒、散、奢,严肃追责问责“不作为”“慢作为”“乱作为”行为。要进一步健全激励机制,重用那些勇于担当、埋头苦干、狠抓落实的干部,真正让想干事、能干事、干成事的干部有舞台、有机会。同时,建立健全容错纠错机制,严格落实“三个区分开来”,为敢担当的干部担当,为敢负责的干部负责,让干事的干部放开手脚大胆地干。2017年在考核过程中明显发现弄虚作假,突击补材料的情况,市委已经明确了目前这套考核体系要改,我们要注重平时考核,年终的一次性考核权重最高不能超过40%。

同志们,做好今年的经济工作,任务艰巨,责任重大。让我们紧密团结在以习近平同志为核心的党中央周围,以习近平新时代中国特色社会主义思想为指引,全面贯彻落实党的十九大精神,坚决按照中央和区、市党委的战略布局和决策部署,振奋精神、真抓实干,为决胜全面建成小康社会,建设新时代社会主义现代化当雄做出新的更大贡献。

当雄县人民代表大会常务委员会工作报告

——在当雄县第十二届人民代表大会第四次会议上

当雄县人大常委会主任 康加贵

（2019 年 3 月 30 日）

过去一年的主要工作

2018 年，是改革开放 40 周年，是全面贯彻落实党的十九大精神的开局之年，也是我县决胜全面建成小康社会的关键一年。在县委的坚强领导下，县人大常委会深入学习贯彻习近平新时代中国特色社会主义思想和习近平总书记关于坚持和完善人民代表大会制度的重要思想，全面贯彻落实县委决策部署，始终坚持党的领导、人民当家做主、依法治国有机统一，紧紧围绕全县改革发展稳定大局，认真履行宪法和法律赋予的职责，各项工作取得了新成效，为推进我县长足发展和长治久安做出了积极贡献。

一年来，共召开 8 次常委会会议和 10 次主任会议，听取工作报告 5 个、专项报告 2 个，参与自治区和拉萨市人大组织的各类执法检查、调研 6 次，作出决议决定 7 项，圆满完成了县十二届人大三次会议确定的各项工作任务。

一、加强政治统领，坚决捍卫核心

（一）坚持用习近平新时代中国特色社会主义思想统领人大工作。我们始终做到旗帜鲜明讲政治，把学习贯彻习近平新时代中国特色社会主义思想和党的十九大精神作为首要政治任务，牢固树立政治意识、大局意识、核心意识、看齐意识，坚定中国特色社会主义道路自信、理论自信、制度自信、文化自信，坚决维护习近平总书记核心地位，坚决维护党中央权威和集中统一领导，始终在思想上政治上行动上同以习近平同志为核心的党中央保持高度一致，确保了人大工作的正确政治方向。

（二）坚持把党对人大工作的全面领导贯穿于人大工作全过程。县委高度重视人大工作，多次研究人大工作和建设中的重大问题，特别是对于县

（乡）“人大代表之家”的建设，给予了大力支持，做出了工作部署，提出了明确要求。常委会党组坚持向县委请示报告制度，凡审议重大问题，做出决议决定等，都事先向县委请示报告，确保了党对人大工作的领导。

（三）坚持党管干部原则，依法任免国家机关工作人员。一年来，常委会共依法选举任免国家机关工作人员13人，依照宪法规定，共举行2次宪法宣誓活动。在依法行使人事任免权中，常委会认真履行法律赋予的职权，充分发扬民主，严格依法办事，坚持党管干部原则，通过法定程序，落实了各级党委人事安排的决策部署。

二、服务发展大局，增强监督实效

（一）经济建设稳步向前。常委会切实把监督重点放在促进经济平稳健康发展上，加强对经济工作的监督，密切关注全县经济运行情况，依法听取和审议县人民政府2018年上半年经济运行情况和社会发展计划执行情况报告；2017年财政决算情况和2018年上半年财政预算收支执行情况报告；审查批准了县人民政府2018年财政预算调整方案。及时分析和查找经济运行中出现的困难和问题，提出了进一步加大财政资金统筹力度，严格预算编制、执行和调整，切实提高财政资金的管理水平和使用效益等意见建议，促进了我县经济持续健康稳步发展。

（二）专题询问深入开展。围绕精准脱贫工作，常委会选定对扶贫领域开展专题询问，开展专题询问工作在我县尚属首次，为扎实做好此项工作，县人大常委会通过前期近两个月时间的入户走访和深入调研，共收集到对扶贫领域的21个询问问题，为开展专题询问奠定了基础。5月份，组织召开专题询问会，县扶贫部门作关于全县脱贫攻坚工作开展情况的报告，常委会组成人员当面询问，现场进行解答，共对21个问题进行了询问。围绕存在的问题，面对面询问，点对点回复，通过双方一问一答的形式，对加快全县脱贫攻坚进程起到了积极的作用。

（三）司法监督扎实推进。围绕审判检察工作，9月份，人大常委会专题听取和审议县人民法院和县人民检察院工作开展情况报告，提出要下大力解决执行难的问题。同时，组织代表视察“两院”工作、旁听案件庭审、参加有关活动。通过开展司法监督，人大常委会为推动司法规范化建设，推进司法公正，阳光执法、廉洁司法，发挥了法律赋予的监督职责，为我县经济社会发展和长治久安提供了强有力的司法保障。

（四）代表视察成效明显。12月份，县人大常委会组织人大代表和县直相关部门负责人共21人，组成人大代表视察组，对拉萨市经开区、堆龙桑木易地扶贫搬迁点相关工作开展情况进行了视察，提出了规范医疗绿卡交接、提高搬迁点居民医疗卫生水平的建议。

（五）执法检查依法实行。县人大常委会组织市县乡三级人大代表对我县贯彻实施《中华人民共和国食品安全法》情况进行执法检查，实地察看了县中学食堂、县城饭店、药店、超市。检查中未发现突出问题。常委会建议县政府及其相关部门要进一步加强食品安全工作，严格执法。对生产、销售假冒伪劣食品等行为要从严处罚。要加大食品安全宣传教育力度，提高广大群众的食品安全意识，确保我县食品安全。

三、加强代表工作，发挥代表作用

（一）代表管理不断优化。2018年，县人大常委会共接受6名县级人大代表辞去代表职务，1名县级人大代表逝世，依法补选7名县级人大代表，目前，当雄县第十二届人民代表大会实有代表106名。依托“人大代表之家”，指导加强代表小组建设，全县106名县级人大代表划分为12个代表小组，常委会组成人员坚持走访、接待代表制度，及时向代表通报区域内经济社会发展情况和人大常委会工作开展情况，拓宽代表知情知政渠道。

（二）履职活动更加丰富。邀请22名人大代表列席县人大常委会会议，36名人大代表参加了常委会组织的执法检查、视察、调查、工作评议等活动，进一步扩大了代表对人大常委会工作的有效参与。为拓宽代表视野，提升履职能力，组织部分县人大常委会组成人员和乡（镇）人大主席赴广东深圳人大干部培训中心参加了为期7天的学习培训。

（三）建议办理切实加强。县十二届人大三次会议期间共收到21件意见建议，为使代表提出的意见建议尽快落到实处，常委会及时组织召开意见建议交办会，要求各承办单位应在3个月内，最迟不超过6个月书面答复代表，对于条件不成熟或超出能力范围，短时间内无法办理的向代表作出说明，取得代表的谅解。代表建议办复率达100%，办结率达54.5%，在县政府及相关部门的重视下，许多重点工作得到有效推进，一大批民生领域的热点问题得到有效解决。

（四）工作指导全面提升。认真贯彻落实区党委关于加强县乡人大工作和建设的决策部署，县人大班子成员分片联系指导工作，进一步规范乡（镇）人民代表大会的召开和人大主席团的日常工作。在县人大常委会的指导下，各乡（镇）人大主席团主动作为，充分发挥人大在工作监督、法律监督、密切联系群众等方面的作用，保障了人民群众在行使管理国家事务、管理经济和文化事业、管理社会事务等方面的民主权利，维护了人民群众的切身利益，为我县社会经济、民主法治建设奠定了坚实的群众基础。

四、强化能力素质，加强自身建设

结合新时代对人大工作的新要求，我们高度重视自身建设，在思想、组织、能力、制度、作风建设上下功夫，着力打造政治坚定、勤于学习、履职为民、团结协作、遵章守纪的坚强集体。在思想政治层面，把学习贯彻习近平新时代中国特色社会主义思想和党的十九大精神作为首要政治任务，保证人大工作的正确政治方向，不断推动人大工作与时俱进，更好地担负起党和人民赋予的职责。在党建工作层面，以党建为统领，把党建工作融入日常，不断改进工作作风，严格落实“三会一课”制度，一年来，共召开支部党员大会12次，开展讲党课活动4次，党建工作水平得到全面提升。在纪律建设层面，进一步强化党风廉政建设组织领导，党组主体责任得到有效落实，班子成员严格按照“一岗双责”要求，形成了一级抓一级、层层抓落实的工作格局，确保了党风廉政建设和反腐败工作各项任务落到实处。严格落实民主集中制，凡组织重大活动、决定重大事项和重要人事任免，都采取召开人大党组会议、常委会议和主任会议的方式，共同审议讨论、集体研究决策，保持了为民、务实、清廉的良好形象。

各位代表！

过去一年，县人大及其常委会所取得的成绩，是习近平新时代中国特色社会主义思想科学指引的结果，是县委高度重视、坚强领导的结果，是全体代表和常委会组成人员履职尽责的结果，是“一府一委两院”协同配合的结果，是全县人民充分信任、积极参与的结果。在此，我代表当雄县第十二届人民代表大会常委会表示崇高的敬意和衷心的感谢！

回顾总结一年来的工作，我们也清醒地认识到，人大常委会的工作与县委要求、与全县人民的期盼、与宪法法律赋予的职责还有差距：监督工作的针对性和实效性有待进一步增强；闭会期间代表活动还比较单一；代表履职能力和服务保障还需进一步提升；常委会自身建设还有待进一步加强。对此，我们将高度重视，虚心听取代表及广大人民群众的意见建议，采取有效措施，认真加以改进。

2019年工作思路及主要任务

2019年，是新中国成立70周年，是西藏民主改革60周年，也是我县全面实现脱贫后的第一年。县人大常委会工作的总体要求是：坚持以习近平新时代中国特色社会主义思想为指导，贯彻落实县委九届三次、四次全会精神，深入学习习近平总书记关于坚持和完善人民代表大会制度的重要思想，坚持党的领导、人民当家做主、依法治国有机统一，紧紧围绕全县中心工作，依法行使宪法和法律赋予的各项职权，不忘初心、牢记使命，更加注重增强监督实效，更好发挥代表主体作用，不断推动人大各项工作取得新进展，为决胜全面建成小康社会，全面建设社会主义现代化新当雄，谱写好中国梦的当雄篇章做出新的更大贡献。

一、坚持正确政治方向，在提高政治站位上确保有新高度

认真学习贯彻习近平新时代中国特色社会主义思想，坚决维护习近平总书记的核心地位，牢牢

把握人大工作的正确政治方向，争做神圣国土守护者、幸福家园建设者。县委九届三次、四次全会确定的目标，充分反映了全县人民的共同愿望，也是创新人大工作、建设法治当雄的行动指南。常委会要把全县各级人大代表的思想和行动统一到县委的决策部署上来，要把人大工作置于全县经济社会发展大局中来谋划和推进，始终与县委保持政治上同向，思想上同心，行动上同步，坚定不移把县委决策部署落到实处。

二、围绕落实监督重点，在增强监督实效上展现新作为

一是围绕保障县委重大决策部署的落实，严肃法律法规监督，加强执法检查力度，重点检查《中华人民共和国环境保护法》《中华人民共和国预算法》执行情况，确保法律法规在我县的正确实施。二是加强对财政经济工作的监督，加大对部门预算和预算调整的审查力度，确保公共财产安全高效。三是听取审议关于解决“执行难”工作情况的专项报告，不断推进“两院”依法行政和公正司法。四是围绕全县产业发展、重点项目建设开展专题视察和调研，在重点提高牧民增收能力上提出合理化建议。五是对教育和扶贫领域开展专题询问，不断增强监督工作针对性和实效性。

三、着眼服务发展大局，在行使决定权和人事任免权上保证有新举措

常委会要认真研究新形势下我县经济社会新常态，依照宪法和法律规定，对于重大事项依法作出决议决定，全力服务改革发展稳定大局。在行使人事任免权上，坚持党管干部与人大依法任免的有机统一，确保实现党委意图。积极探索任后监督的方式方法，逐步实施对“一府一委两院”任命人员的述职评议工作，努力打造为民务实清廉的干部队伍。

四、借鉴新经验新方法，在发挥代表主体履职作用上做到有新突破

突出代表主体地位，激发代表履职热情，发挥代表在依法行使职权、密切联系群众、表达反映民意等方面的作用。优化代表视察调研机制，探索建立代表议案建议办理绩效考核机制，从强调“满意率”向提高“办结率”转变。充分运用“人大代表之家”这个平台，不断丰富闭会期间代表活动。邀请更多代表列席会议、参加活动，重视和吸收列席代表的意见和建议，为代表履职创造更好条件。

五、适应新形势新要求，在提高人大干部队伍素质上能够有新成绩

落实新时代全面从严治党部署要求，进一步加强思想政治建设，扎实开展党的主题教育。健全人大组织制度和工作制度，优化人大机关运行机制，提升机关干部思想、组织、作风建设水平。加强人大宣传工作，全方位、多层次、广角度地展现人大干部的风采，营造尊崇法治、信仰法律的良好氛围。严格落实党风廉政建设责任制，始终把纪律和规矩挺在前面，打造廉洁高效的人大干部队伍。

各位代表，中国特色社会主义进入新时代，党和人民对人大工作提出新的更高要求，适应经济社会新常态，实现改革发展新跨越，谱写我县经济社会发展和新时代人大工作新篇章，需要全体代表和全县各族人民的共同努力。让我们更加紧密的团结在以习近平同志为核心的党中央周围，在以张正同志为班长的县委坚强领导下，锐意进取、勇于担当、开拓创新、求真务实，忠实履行宪法和法律赋予的职责，为建设团结美丽健康幸福新当雄、与全国一道全面建成小康社会而努力奋斗。

政府工作报告

——在当雄县第十二届人民代表大会第四次会议上

当雄县人民政府县长 其美次仁

（2019 年 3 月 29 日）

2018 年工作回顾

刚刚过去的一年，是全面贯彻党的十九大精神的开局之年，也是全县各项工作取得重要突破的一年。一年来，我们坚持以习近平新时代中国特色社会主义思想为指引，深入学习贯彻党的十九大精神，特别是习近平总书记关于治边稳藏的重要论述和李克强总理在藏调研期间的重要讲话精神，在市委、市政府和县委的坚强领导下，在县人大、县政协的监督支持下，始终坚持以人民为中心的发展思想，坚持稳中求进、进中求好、补齐短板的工作总基调，以高质量发展为要求，以改革创新为抓手，以产业转型升级为目标，深入推进供给侧结构性改革，不断深化实施“六大战略”，打好“三大攻坚战”，全面实施以“神圣国土守护者、幸福家园建设者”为主题的乡村振兴战略，统筹推进稳增长、促改革、调结构、惠民生、防风险等各项工作，全县经济社会发展取得了新的进步，较好地完成了县十二届人大三次会议确定的各项目标任务。

——综合实力再上新台阶。全县完成地区生产总值 19.91 亿元，同比增长 9.3%；全社会固定资产投资同比增长 19.2%；社会消费品零售总额 2.11 亿元，同比增长 13.5%；地方财政一般预算收入完成 3.94 亿元，同比增长 32%；农牧民人均可支配收入 15850 元，同比增长 10.5%。

——脱贫攻坚取得新突破。坚持把脱贫攻坚工作放在各项工作的首位，夜以继日，苦干实干，以咬定青山不放松的韧劲，以抓铁有痕踏石留印的作风，狠抓各项工作落实。紧紧围绕产业扶贫、易地搬迁、技能培训和转移就业、教育扶贫、生态补偿、医疗救助、社会保障、志智双扶、北京援藏扶贫、“十项提升工程”等措施，转变群众思想观念，激发群众内生动力，鼓励群众创业就业，带领贫困群众脱贫致富。2018 年底，全县共 1845 户 8288 人的人均可支配收入越过国家贫困标准线，实现“两不愁、三保障”目标，未脱贫 5 户 16 人，全县贫困发生率从脱贫开始的 16% 降至 0.03%，顺利通过国家贫困县退出专项评估检查，实现全县脱贫摘帽。

——*产业发展呈现新活力*。一是净土健康产业发展步伐加快。成功举办西藏首届牦牛产业高峰论坛、“中国好牛肉·纳木错好牛肉”主题牛人峰会，当雄牦牛肉的知名度和影响力不断扩大。与浙江电商企业环球捕手强强联合，当雄有“身份证”的牦牛肉上线 4 小时销售额超过 120 万元。在全国一线城市设立 25 个营业点，与中国牛人俱乐部签订当雄牦牛肉三年 1 亿元的销售合同。与江苏昆山深度合作，成功参加 2018 年海峡两岸（昆山）农产品展示展销会，并设立西藏味道体验店。2018 年当雄净土公司共签订牦牛肉订单 4755.26 万元，销售有“身份证”牦牛肉 200 吨，2000 余头，实现营业额 2000 余万元，直接受益群众 2000 余户。净土牧场改革试点郭庆点已初获成功，目前已签订草场租赁、牦牛入股及超载牲畜收购协议，流转草场 13 万亩，入股牦牛 1541 头，收购 2279 头，正在创建的国家级“牦牛产业园”已通过自治区级评审。依托丰富的天然饮用水资源优势，成功打造“纳木错圣水”品牌，已形成“5100”中国知名商标、“纳措琼姆”自治区著名商标的天然饮用水产业。与北京易佳农连锁超市签订供货协议，供货 300 余家店铺。2018 年签订订单 37800 吨，实现营业额 4500 万元。二是文化旅游深度融合。全年共接待国内外游客 54.58 万人，实现旅游门票收入 4800 万元。康玛温泉酒店基本建成，“行者·黑帐篷”游客服务中心项目拉多点已建成并投入运营，姆蓝雪山、廓琼岗日冰川、唐滨湖、阿热湿地等旅游景区（点）开发建设顺利推进。同时，启动“温泉 +”旅游模式，建设完成羊八井蓝色天国地热开发项目，“温泉 + 休闲”的旅游布局已完成，全力打造“天然温泉之乡”。深入挖掘文化旅游内涵，成功举办当雄县第三届虫草文化旅游节、“当吉仁”赛马节及西藏首届农民丰收节。“天湖·四季牧歌”首次走出当雄走进北京演出，反响热烈。特别是今年赛马节开幕式的舞蹈“吉祥二十一步”成功入选 2019 年藏历新年晚会、故事片《天缘·纳木错》获得国家奖项，进一步提升了全县牧民群众的文化自信。三是招商引资成效显著。西藏高原蓝公司的牦牛产业万户脱贫项目等一批投资大、带动力强的项目相继落地。以羊八井地热电站为轴的光伏与风能产业连线成片发展的新能源产业园区，2018 年总产值达 8654.18 万元，已成为推动全县经济社会发展的新动力。

——*乡村振兴展现新面貌*。109 国道控制性工程，S206、303，G561，龙江线改扩建工程等国家重点项目相继开工实施，进一步提升了我县的交通区位优势。今年共实施保障性住房项目 3 个，新建干部职工周转房 48 套。投入资金 4434.01 万元，实施县城污水处理厂建设项目。投入资金 7175.87 万元，加快推进羊八井特色小城镇建设项目（一期）。完成乌玛塘乡农贸市场建设项目、当雄县规范化村（居）活动场所建设项目等基础设施建设项目。投入资金 3074 万元，完成县城集中供暖工程（一期）建设项目。积极推进城镇周边村庄“厕所革命”项目，共实施建设公共卫生厕所 53 座，其中 27 座已基本完工。加大城乡环境综合整治力度，开展私搭乱建及占道经营行为专项整治工作，拆除街边违建建筑 20 余处。投入资金 4137.18 万元，实施防洪设施重大水利项目、新增和改善灌溉面积 101 万亩、新建和维修农村饮水点 40 个，有效保障了牧业生产和饮水安全。投入资金 6743 万元实施农村电网改造升级工程。投入资金 413.91 万元，实现县城内有线数字电视网络全覆盖。加快推进牧区（寺庙）广播电视直播卫星设备覆盖工程。全县广播电视覆盖率达到 99.5% 以上。形成四级非遗保护名录体系，今年公布当雄县第五批非物质文化遗产代表性项目 100 个、代表性传承人 10 人，创历史新高。

——*生态环境实现新改善*。坚持“绿水青山就是金山银山，冰天雪地也是金山银山”的发展理念，生态环境建设取得明显成效。通过自治区基本草原划定验收。完成当雄县的自治区级生态创建工作。完成生态保护红线初步核定工作。完成纳木错自然保护区 107 处临时建筑和 45 个摊位的拆除整治工作。完成全县10家采砂采石厂整合整治工作。累计投入资金1161万元，用于县域空气质量环境监测网络体系建设、实施当雄县2017年度农村饮用水水源地环境保护工程、加强生活垃圾收集转运及乡镇综合环境整治能力建设、开展污染源普查、开展消除海拔4300米以下“无树村无树户”工作和县域、农村环境质量监测工作。累计兑现资金3268.11万元，实施2018年重点区域公益林建设、2018年草原生态补偿工作和退牧还草工程，对50万亩草场实施围栏休牧。推广“河长＋警长＋公众河长”模式，建立健全“河长制”工作体系。

——社会事业取得新业绩。坚持把民生改善作为一切工作的出发点和落脚点，全年投入2亿多元用于民生福祉，占财政支出的七成以上。优先发展教育事业。累计投入资金3900万元，相继实施11所村级幼儿园、中小学浴室改扩建等教育基础设施建设。投入资金1000万元，兑现教师岗位津贴、表彰教学成绩突出的单位和个人。义务教育基本均衡县高标准通过国家验收。大力提升医疗卫生水平。累计投入资金2000余万元，相继实施县医院信息化建设、县疾控中心建设、宁中乡卫生院改扩建等项目建设，进一步改善全县医疗卫生软硬件条件。投入资金700万元，充实全县农牧区合作医疗大病统筹基金。开具“先住院、后结算”贫困绿卡214张、孕产妇及婴儿绿卡356张，为贫困群众提前垫支医疗费190万元。为全县434对农牧区育龄夫妇做了免费孕检，未出现孕产妇死亡病例。全县筛查出的203名包虫病患者已全部得到救治。全面加强就业创业。2018年应届高校毕业生实名登记311人，实现就业278人，就业率达到91.7%。农牧民劳动力转移就业1.2万人，2.4万人次，实现收入7000万元。开发就业再就业岗位821个，实现新增就业944人。切实提高居民收入。城乡居民人均可支配收入分别突破3万元和1.6万元，农村居民收入增速持续快于城镇居民。社会保障更加完善。全县城乡居民养老保险参保人数25667人，发放养老保险金共计559.5万元。城镇居民医疗保险参保人数2371人，征缴金额123.29万元。按照“应保尽保”的原则，全年共计兑现各类保障资金924.65万元。

——和谐当雄实现新提升。依法管理宗教事务，严格执行新修订的《宗教事务条例》，深入开展“遵循四条标准、争做先进僧尼”教育实践活动，寺庙管理长效机制不断完善。共表彰县级和谐模范寺庙4座，表彰爱国守法优秀（先进）僧尼218人次，表彰民族团结进步模范集体、个人和家庭共22个。完善调整信访联动工作体系，全县共受理群众来访133批（件）231人次，共办结133批（件），办结率100%，涉及人数1380人，协调兑现双拖欠资金3000余万元。开展扫黑除恶等三个专项斗争，群众安全感明显提升。结合创建“国家食品安全示范城市”活动，对全县500余家餐饮单位进行“明厨亮灶”升级改造。持续推进食品药品监管，开展食品安全专项整治17次。开展安全生产大检查，狠抓国务院安委会各工作组反馈问题的整改落实，实现事故起数、死亡人数“双下降”的目标。青藏铁路当雄段连续12年保持安全运行、圆满完成“萨嘎达瓦”等重要节点的维稳安保任务，全县社会局势持续稳定、全面稳定。

——自身建设得到新加强。及时传达学习、贯彻落实中央、区党委、市委和县委各项决策部署，扎实开展“两学一做”专题教育。切实加强服务政府、责任政府、法治政府、廉洁政府建设。主动接受人大及其常委会法律监督和政协民主监督，全年办理市、县人大代表建议33件，政协委员提案24件，办复率、回访率均为100%。全面落实从严治党主体责任，加强党风廉政建设，加强行政监察和审计监督，严肃查处违纪违法案件，干事创业环境得到明显改善。“10·8”抢险救援及扎西岛商户拆迁搬迁工作的圆满完成，进一步检验了全县干部职工的工作作风和处理复杂问题的能力。

同时，档案、妇儿工委、地方志等工作取得新进展，国防动员、双拥、气象、统计、老干部等工作得到新提升。

各位代表！过去一年，我县荣获“第七届全国服务农民、服务基层文化建设先进集体”“全国信访工作三无县”“全区生态环境保护考核优秀等次”“自治区级平安县”“自治区牦牛产业先进县”等荣誉，成绩的取得来之不易。最根本在于习近平新时代中国特色社会主义思想的科学指引，在于区、市、县党委的坚强领导、北京市的无私援助、县人大有力监督、县政协和社会各界的鼎力支持及全县广大干部群众的团结奋斗。在此，我代表县人民政府表示衷心感谢，并致以崇高敬意！

在客观总结成绩的同时，我们也清醒地认识到县发展还存在不少问题和不足。主要表现在：一是传统产业竞争优势还不强，新兴产业尚在培育，非公有制经济规模小，带动性强的龙头企业少，经济增长的内生动力不足；二是城乡居民增收缓慢，脱贫攻坚任重道远，教育、医疗、社会保障等公共服务还有发展空间，增进群众福祉还需付出更大努力；三是政府自身建设与新时代党对政府工作的新要求和人民群众的新期待，还有一定差距，少数干部作风不实、执行力不强，对人大代表、政协委员提出的议案建议重视程度不够等问题依然存在。对此，我们一定本着对人民高度负责的态度，切实采取有效措施，认真加以解决。

2019 年工作总体部署

2019 年，是中华人民共和国成立 70 周年、西藏民主改革 60 周年，也是全面完成“十三五”规划和全面建成小康社会关键之年。做好今年政府工作面临一系列重大机遇和有利条件：一是特殊关怀，习近平总书记和党中央、国务院高度重视西藏工作，区、市党委政府高度重视当雄工作，关心支持力度不断加大；二是政策利好，“一带一路”建设向纵深发展，西部大开发力度加大，乡村振兴战略深入实施，为全县经济社会发展提供了广阔空间；三是基础扎实，近年来我们做了大量的强基础、管长远的工作，加快全县经济社会发展的基础更加夯实。

今年政府工作的总体要求是：高举习近平新时代中国特色社会主义思想伟大旗帜，以习近平新时代中国特色社会主义思想为指导，深入贯彻落实党的十九大和十九届二中、三中全会精神，贯彻落实自治区九届三次、四次、五次全会和 经济工作会议精神，按照市委九届三次、四次全会和县委九届三次、四次全会的部署要求，以处理好“十三对关系”为根本方法，坚持稳中求进、进中求好、补齐短板的工作总基调，持续推进供给侧结构性改革，落实高质量发展要求，加快构建现代产业体系，继续打好“三大攻坚战”，实施乡村振兴战略，扎实做好稳增长、促改革、调结构、惠民生、防风险各项工作，保持经济运行在合理区间，提升全县人民获得感、幸福感和安全感，确保经济持续健康发展和社会和谐稳定，以优异成绩迎接中华人民共和国成立 70 周年和西藏民主改革 60 周年。

今年经济社会发展的主要预期目标是：地区生产总值增长 10%，固定资产投资增长 10%，社会消费品零售总额增长 13%，规模以上工业增加值增长 13%，一般公共预算收入增长 7%，招商引资实际到位资金增长 10%，城乡居民人均可支配收入分别增长 10% 和 13%，城镇登记失业率控制在 2.2% 以内，城镇调查失业率控制在 5% 以内。

要实现上述预期目标，我们要把握好以下三个原则：

——必须坚持党对一切工作的领导不动摇。自觉在思想上政治上行动上同以习近平同志为核心的党中央保持高度一致，坚定不移推动中央、区、市和县委的各项决策部署落地见效。

——必须坚持全面深化改革不动摇。改革就是办法，办法就是改革，要敢于突破条条框框，以破釜沉舟的决心、敢闯敢试的魄力、攻坚克难的勇气，将改革进行到底。

——必须坚持以人民为中心的发展思想不动摇。多干打基础、利长远、惠民生的实事，不惧辛劳、脚踏实地，在攻坚拔寨的关键时刻砥砺前行，让全县人民在共建共享发展中拥有更多幸福感、获得感、公平感和正义感。

2019 年经济社会发展重点任务

围绕上述总体部署，今年将重点抓好以下工作：

一、全力保障和改善民生。

巩固脱贫攻坚成效。注重脱贫攻坚与乡村振兴战略有机衔接。抓好净土牧场、纳木措圣水等 11

个扶贫产业项目发展运营；加快推进姆蓝雪山旅游目的地开发、行者黑帐篷等12个扶贫产业项目建设进度。研究制定当雄县产业发展长远规划，完善产业利益联结机制，明确产业股权分配。加大技能培训力度，引导群众就近就便融入本地产业发展。扎实做好跨地市、县区1000户搬迁群众的就业、教育、医疗卫生等工作，实现易地搬迁群众的高质量脱贫。强化动态管理，聚焦特殊困难群众，统筹抓好扶贫扶志，紧盯问题短板，高标准完成中央脱贫攻坚专项巡视及各级督导检查反馈意见的整改工作，确保脱贫成果得到长效巩固。

坚持教育优先发展。以办人民满意教育为出发点和落脚点，继续加大教育投入，优化办学条件。计划投入4334万元，实施县中学改扩建、幼儿园供暖及新建堆灵村、纳措村幼儿园等项目建设。4月份前完成北京东城区帮扶当雄县教研与课堂互动的网络建设。7月底前完成全县学前教育办学行为督导评估验收工作。10月底前完成区“五个100%”教育目标评价标准验收。12月底前完成素质教育市级评估验收。开展好西藏自治区义务教育管理标准化示范学校评估准备工作，力争年底前将示范学校报市教育局审批。进一步强化教育督导，把保入学、控辍学、促均衡、提质量工作扛稳、抓牢、做实。

深入推进健康当雄建设。充分借助医疗组团式援藏政策优势，积极做好当雄县人民医院“二甲”创建筹备工作。启动实施母婴安全和健康儿童行动计划。全面完成包虫病防治三年工作目标，积极推进结核、肝炎、风湿病（骨关节疾病）和妇女“两癌”综合防治。传承发展藏医药事业，加快推进当雄县藏医院建设项目，年底前完成7个乡（镇）卫生院的藏医馆建设。进一步充实培养村级卫生室医疗力量，落实村医离任工资。

持续推进文化惠民。进一步提高广播电视综合人口覆盖率，继续实施有线数字电视改造项目。进一步提升乡（镇）综合文化站服务能力，继续做好国家第三批公共文化服务体系示范区建设工作，巩固创建成果。注重游牧文化、马文化和牦牛文化等民族传统文化的挖掘、保护与传承。对全县第五批100个非物质文化遗产代表性项目资料进行整理，开展10个代表传承人业务培训工作。

落实就业政策。坚持把就业作为最大的民生，推进高校毕业生就业，拓展就业渠道，创新就业方式，提升就业服务的精准度、覆盖面和实效性，强化职业技能提升，解决好困难群众的就业，动态消除“零就业”家庭。年内要实现高校毕业生就业率达到90%以上。

提升社会保障水平。按照兜底线、织密网、建机制的要求，健全完善全覆盖、多层次的社会保障体系。全面推行智慧民政信息化建设。全面推进福利机构标准化建设。进一步完善最低生活保障制度，稳步提升救助保障水平，全面做好社会救助兜底工作，同时，力争年内完成乡镇民政所建设。

二、全力探索构建现代产业体系。

做大净土健康产业。继续做好有“身份证”牦牛肉的市场推广工作，加强与牛人俱乐部的深度合作，与俱乐部会员单位上海久利食品合作，面向全国高端餐饮市场销售牦牛肉，在上海、拉萨等地开办当雄牦牛主题餐厅，计划年内销售牦牛肉5000万元以上。加大“纳木错圣水”品牌塑造，继续与环球捕手、云集、一条、蜂卖网等新型电商合作，同时利用北京、成都、昆山等地的销售渠道，实现线上线下销售的结合，计划年内销售天然饮用水1亿元，实现销售利润1500万元以上。同时，彻底改变传统营销思路，树立“互联网+”的思维，充分利用社交电商，实施精准宣传、精准营销，不断满足消费者的个性化、多元化需求，全力打造“极净当雄”区域公共品牌。

做精文化旅游产业。进一步完善全域旅游发展规划，整合利用各项资金，开发建设新的旅游项目，满足游客多元需求。加快完成康玛温泉休闲度假村、姆蓝雪山景区开发项目、廓琼岗日景区开发项目、行者黑帐篷等旅游基础设施建设项目，年内各实现营业收入500万元以上。加快完成“天湖·四季牧歌”2.0版的升级工作，实现北京各区巡演全覆盖，年内实现收入500万元以上。加强赛马场游客集散中心管理经营，创新旅游服务形式，开放室内马场、阿热湿地骑马体验游和牦牛主题餐厅等旅游服务项目。继续办好“当吉仁”赛马节、“相约纳木湖畔·寻觅虫草之旅”、中国农民丰收节、牦牛节、纳木错国际徒步大会等文化旅游活动，探索将节庆活动与产业发展、产业营销充分结合，打造当雄全域文化旅游新名片。力争年内游客增长15%，旅游收入增长20%。

做实现代畜牧业。结合供给侧结构性改革，继续加快推进当雄净土牧场建设，继续完善当雄县生态牧业生产、加工、销售全产业链体系。推进集装化智能牧草生产项目建设，力争年底实现每周牧草产量8—10吨。试点实施牦牛母乳喂养项目，实现“大牛吃得好，小牛吃得饱”“一年一胎”的科学养殖目标。推进净土牧场、家庭牧场、养殖合作社基础设施升级改造及粪污资源化利用，实施牦牛规模化、标准化育肥，加快推进净土牧场二期项目建设，积极申报国家级牦牛产业园项目落户当雄。

三、全力促进区域协调发展。

深入实施人居环境整治。全面贯彻落实自治区乡村振兴战略规划，大力实施牧区人居环境整治三年行动计划，积极推进乡村治理体系和治理能力现代化，年底实现村庄环境整治率达到50%以上。加快推进羊八井镇污水处理厂、当曲卡镇及宁中乡垃圾转运站建设项目。深入推进“厕所革命”，全面完成区市两级目标任务。深入开展国家生态文明建设示范县创建工作，争取在年底前入选自治区向国家推荐国家生态文明建设示范县名单。

抓好县城提质扩容。加快推进《当雄县控制性详细规划》编制工作，深化整合“多规合一”，提升城市建设品质。继续实施保障性住房建设，年内计划新建公租房244套，实施151户的棚户区改造。加快推进县城自来水厂安全饮水建设项目，保障全县人民群众饮水安全。重点抓好县城管线工程、县城停车场、当曲河县城沿岸整治提升、县城污水处理厂等项目建设，着力打造整洁美观、文明有序的县城环境。

加快推进特色村镇建设。加快推进羊八井、纳木湖特色小城镇建设，试点推进城郊融合类村庄桑巴萨村、特色保护类村庄纳措村、高寒牧区类村庄郭庆村3个示范村建设，在城乡融合发展、生态环境保护、引导牧民群众整体搬迁等方面想办法、出实招，打造美丽乡村样板。

四、全力激发当雄发展新活力。

持续改革创新。加快完成机构改革工作，建立廉洁高效、运转协调、行为规范的行政管理体制，促进县域经济更好更快发展和社会全面进步。加快推进草原确权试点工作。探索“飞地经济”发展新模式，实现优势互补，互利共赢，进一步提升全县经济发展新空间。借助“互联网+”，探索改变传统产业发展营销模式，实现产业发展的新旧动能转换。

强化项目建设。积极做好基础设施等重点领域补短板项目的争取及前期工作。加快完成羊八井特色小城镇、县委党校、纳木错生态旅游等16个续建项目建设。持续推进郭庆村小康安居工程、羌塘牧人汽车检测中心、县城自来水厂等项目建设。重点推进109国道控制性工程，S206、303、G561，龙江线改扩建，羊八井国家地质公园揭碑开园、县城综合管线、县藏医院等国家及区市县重点项目建设。力促全年建设项目100个以上，完成固定资产投资突破100亿元。

提升服务效能。强化服务理念，牢固树立主动靠前服务意识，做到群众诉求在哪里，服务就要跟进到哪里。提升服务质量，进一步深化“放管服”改革，全面推行“双随机、一公开”监管，对企业遇到的问题，多提供可行的意见建议，多研究破解障碍的措施办法。大力推行“互联网+政务服务”，让信息多跑路、企业少跑腿、效能大提高。

五、全力建设美丽生态新当雄。

加强生态建设。扎实做好中央、自治区环境保护督察问题整改。每季度开展一次本级环境保护督察，做好迎接中央环保督察“回头看”准备工作。抓好绿化造林、水土保持、中小河流与小流域治理等项目建设，强化生态综合治理。完善地质灾害监测预警体系，加强地灾工程治理和矿山环境生态修复。持续推进第二次全国污染源普查工作。全面落实“环境立县”战略，按照“国家级生态文明建设示范县”指标要求，开展2018年度生态文明建设工作评估、本区域内生态环境现状调查、编制和提交当雄县创建国家生态文明建设示范县申报材料等工作,全面推进创建工作。

强化环境保护。严格落实环境影响评价和“三同时”制度,积极推进生态保护红线、永久基本农田、城镇开发边界三条控制线划定和保护工作。以拉萨市污染防治攻坚战三年行动计划(2018年—2020年)为准,持续强化污染防治攻坚战。继续开展大气污染防治、水污染防治、土污染防治工作。大力开展挥发性有机污染物综合整治行动。尽快建立工地扬尘控制责任制度。开展饮用水源地专项执法行动。巩固“河长制”“湖长制”“禁白”等水环境管理长效机制。在纳木湖村委会、拉根村村委会、堆灵村村委会和桑巴萨居委会开展农牧区垃圾分类回收兑换中心试点项目。年内完成纳木错扎西岛临时居住及商业搬迁点草场生态恢复工程。

严格环境执法。坚持全民共治、源头防治,依法严厉打击环境违法行为,形成高压态势。常态化开展环保问题排查整改,加大督查巡察、明察暗访检查力度,完善环境质量监测网络和环境执法监督体系,把环境污染治理好、把生态环境建设好,努力走向社会主义生态文明新时代。

六、全力加强社会治理

加强民族团结。巩固发展平等团结互助和谐的社会主义民族关系,深化“五个认同”和中华民族共同体意识。深入推进民族团结进步创建活动,宣传民族团结先进典型,依法治理民族事务,进一步巩固和发展我县民族团结和谐稳定的社会氛围。

依法管理宗教事务。坚持党的宗教工作基本方针,完善寺庙管理服务机制,着力在“导”上下功夫,引导群众理性对待宗教,淡化宗教消极影响,严防宗教热。继续深入开展“遵循四条标准、争做先进僧尼”和“四讲四爱”教育实践活动,积极引导宗教与社会主义社会相适应,把信教群众的精力引导到发展生产、勤劳致富、过好今生幸福生活上来。

强化应急救援和安全生产。强化红线意识和底线思维,持之以恒抓好非煤矿山、交通运输、建筑工地、危化品、特种设备、食品药品等领域安全生产工作,推行安全风险分级管控和隐患排查治理双重预防机制。科学谋划防灾减灾规划,强化应急救援能力体系建设。加强应急管理队伍建设,提升应急救援能力水平,落实安全生产责任,严防重特大安全生产事故的发生。

维护社会和谐稳定。牢牢把握反分裂斗争主动权,围绕反分裂和反暴恐斗争两个重点,坚决维护祖国统一和国家安全。持续开展“扫黑除恶、打非治乱”“扫黄打非”“打击非法组织和重点人员违法犯罪”专项斗争,依法打击各类违法犯罪活动。加强联防力量建设,加快实施“雪亮工程”“天网工程”,强化社会面有效管控。扎实推进“七五”普法工作,开展“法律七进”活动。加强信访工作,确保农民工工资及时足额发放,进一步完善矛盾纠纷排查化解联动机制。

同时。要继续做好国防动员、国防教育、民兵预备役和双拥等工作。要支持工会、共青团、妇联等群团组织开展工作,加强统计、气象、地震、档案、地方志等工作。

加强政府自身建设

各位代表!新时代、新使命、新作为,对政府自身建设提出了新的更高要求。我们必须以习近平新时代中国特色社会主义思想为指引,不断加强政府自身建设。

加强政治建设。牢固树立“四个意识”,坚定“四个自信”,自觉同以习近平同志为核心的党中央保持高度一致,坚决维护党中央权威和集中统一领导,坚决贯彻中央区市和县委各项决策部署,确保令行禁止、政令畅通。

坚持依法行政。恪守法治精神,维护宪法权威,坚持依法履职,加强法治政府建设。严格执行人大及其常委会的决议决定,主动接受人大的法律监督和工作监督,自觉接受政协的民主监督和社会各界、人民群众的全面监督,认真办理人大代表建议和政协提案。

打造过硬作风。作风建设永远在路上。要增强创新意识,善于谋划,勇于变革,用工作的主动性、创造性打开新局面。要增强责任意识,不拖不躲、不等不靠,严厉查处懒政怠政、推诿扯皮等行为。要增强执行力,以盯住干、马上办、抓到位的劲头推进工作，撸起袖子加油干，苦干实干拼命干。

建设廉洁政府。坚决扛起从严治党政治责任，加强廉政建设和反腐败斗争，严格落实中央“八项规定”和廉洁自律各项规定。坚决纠正“四风”突出问题，重点整治形式主义、官僚主义新表现，持之以恒正风肃纪。以零容忍态度惩治腐败，健全监督体系，构筑起不敢腐、不能腐、不想腐的坚固防线，让人民群众从政府各项工作中感受到风清气正。

各位代表！蓝图已绘就，使命在召唤，奋进正当时。让我们紧密团结在以习近平同志为核心的党中央周围，在市委、市政府和县委的坚强领导下，不忘初心、牢记使命、勇于担当、积极作为，为加快建成美丽幸福新当雄而努力奋斗，以优异成绩，向中华人民共和国成立70周年和西藏民主改革60周年献礼。

名词解释

1. 四个意识：政治意识、大局意识、核心意识、看齐意识。

2. 四个自信：中国特色社会主义道路自信、理论自信、制度自信、文化自信。

3. 乡村振兴战略：党的十九大报告中提出要实施乡村振兴战略，按照产业兴旺、生态宜居、乡风文明、治理有效、生活富裕总要求，建立健全城乡融合发展体制机制和政策体系，加快推进农业农村现代化。

4. “两学一做”学习教育：指的是“学党章党规、学系列讲话，做合格党员”学习教育。

5. 双随机、一公开：即在监管过程中随机抽取检查对象，随机选派执法检查人员，抽查情况及查处结果及时向社会公开。“双随机、一公开”是国务院办公厅于2015年8月发布的《国务院办公厅关于推广随机抽查规范事中事后监管的通知》中要求在全国全面推行的一种监管模式。

6. 放管服：就是简政放权、放管结合、优化服务的简称。“放”中央政府下放行政权，减少没有法律依据和法律授权的行政权；理清多个部门重复管理的行政权。“管”政府部门要创新和加强监管职能，利用新技术新体制加强监管体制创新。“服”转变政府职能减少政府对市场进行干预，将市场的事推向市场来决定，减少对市场主体过多的行政审批等行为，降低市场主体的市场运行的行政成本，促进市场主体的活力和创新能力。

7. 四风：指形式主义、官僚主义、享乐主义和奢靡之风。由习近平在2013年6月18日在北京召开的中国共产党的群众路线教育实践活动工作会议上提出。

8. 雪亮工程：是以县、乡、村三级综治中心为指挥平台、以综治信息化为支撑、以网格化管理为基础、以公共安全视频监控联网应用为重点的“群众性治安防控工程”。它通过三级综治中心建设把治安防范措施延伸到群众身边，发动社会力量和广大群众共同监看视频监控，共同参与治安防范，从而真正实现治安防控“全覆盖、无死角”。因为“群众的眼睛是雪亮的”，所以称之为“雪亮工程”。

9. 天网工程：是指为满足城市治安防控和城市管理需要，利用GIS地图、图像采集、传输、控制、显示等设备和控制软件组成，对固定区域进行实时监控和信息记录的视频监控系统。

10. 三同时：是指凡是我国境内新建、改建、扩建的建设项目(工程)。技术改造项目(工程)及引进的建设项目，其劳动安全卫生设施必须符合国家规定的标准，必须与主体工程同时设计、同时施工、同时投入生产和管理。

11. 十三五规划：中华人民共和国国民经济和社会发展第十三个五年规划纲要，简称“十三五”规划(2016－2020年)，规划纲要《中共中央关于制定国民经济和社会发展第十三个五年规划的建议》编制，主要阐明国家战略意图，明确政府工作重点，引导市场主体行为，是2016－2020年中国经济社会发展的宏伟蓝图，是各族人民共同的行动纲领，是政府履行经济调节、市场监管、社会管理和公共服务职责的重要依据。

12. 十三对关系：国家投资和社会投资的关系，重大项目和民生项目的关系，发挥优势和补齐短板的关系，城镇就业和就近就便、不离乡不离土、能干会干的关系，扶贫搬迁向城镇聚集和向生产资料富裕、基础设施相对完善地区聚集的关系，央企在藏资源开发和解决当地农牧民增加收入的关系，保护生态和富民利民的关系，城市发展和提高农牧民基本公共服务能力的关系，高校毕业生政府就业和市场就业的关系，简政放权和地方承接的关系，企业增产提效和改善企业职工福利待遇、促进农牧民群众增收的关系，中央关心、全国支援和自力更生、艰苦奋斗的关系，鼓励干部担当干事和容错纠错的关系。

13. 三大攻坚战：是党的十九大首次提出的新表述。是指防范化解重大风险、精准脱贫、污染防治。

14. 六大战略：是指党建统市、环境立市、文化兴市、产业强市、民生安市、依法治市。

15. 河长制：即由中国各级党政主要负责人担任“河长”，负责组织领导相应河湖的管理和保护工作。

16. 厕所革命：是指发展中国家对厕所进行改造的一项举措。改善厕所卫生状况直接关系到人民的健康和环境状况。党的十八大以来，完善厕所基础设施成为我国推进新农村建设、改善人居环境、保障人民身体健康、提升旅游发展水平的一项重要工作。

17. 飞地经济：是指两个相互独立、经济发展存在落差的行政地区打破原有行政区划限制，通过跨空间的行政管理和经济开发，实现两地资源互补、经济协调发展的一种区域经济合作模式。

18. 脱贫攻坚“十项提升工程”：包括脱贫产业工程、基础设施服务设施完善提升工程、“旅游”扶贫工程、光伏扶贫工程、新型经营主体培育工程、“金融”扶贫工程、科技助力精准扶贫工程、社会帮扶和对口帮扶工程、脱贫攻坚两大系统建设工程、党建和扶贫“双推进”工程等。

19. 五个认同：是指对伟大祖国的认同、对中华民族的认同、对中华文化的认同、对中国共产党的认同、对中国特色社会主义的认同。

20. “5 个 100%”：2016 年 11 月，自治区第九次党代会明确的当前和今后一个时期教育工作的重要任务，即：实现中小学双语教育普及率 100%，小学数学课程开课率 100%，中学数理化生课程计划完成率 100%，中学理化生实验课程开出率 100%，职业技术学校国家目录规定课程开出率 100%。

21. 二甲医院：我国目前施行医院等级制度，按照医院分级管理的依据是医院的功能、任务、设施条件、技术建设、医疗服务质量和科学管理的综合水平进行等级评定。二级甲等医院是二级医院中实力最强的医院。

22. 一带一路：是“丝绸之路经济带”和“21 世纪海上丝绸之路”的简称。它将充分依靠中国与有关国家既有的双多边机制，借助既有的、行之有效的区域合作平台，一带一路旨在借用古代丝绸之路的历史符号，高举和平发展的旗帜，积极发展与沿线国家的经济合作伙伴关系，共同打造政治互信、经济融合、文化包容的利益共同体、命运共同体和责任共同体。

23. 七五普法：是指中央宣传部、司法部关于在公民中开展法治宣传教育的第七个五年规划（2016—2020 年）。

24. “两不愁三保障”：具体指扶贫对象不愁吃、不愁穿，义务教育、基本医疗和住房安全有保障。

25. “互联网 +”：代表一种新的经济形态，即充分发挥互联网在生产要素配置中的优化和集成作用，将互联网的创新成果深度融合于经济社会各领域之中，提升实体经济的创新力和生产力，形成更广泛的以互联网为基础设施和实现工具的经济发展新形态。

中国人民政治协商会议当雄县委员会常务委员会工作报告

——在政协第二届当雄县委员会第四次会议上

政协当雄县委员会主席 次仁桑玻

（2019 年 3 月 29 日）

2018 年工作回顾

2018 年是全面贯彻落实党的十九大精神的开局之年、是改革开放 40 周年，是打赢脱贫攻坚战、决胜全面建成小康社会、实施“十三五”规划承上启下的关键一年。一年来，在县委的坚强领导和县政府的大力支持下，在各方面的大力协助下，县政协常委会团结带领各界别政协委员，坚持以习近平新时代中国特色社会主义思想为指导，认真学习贯彻党的十九大精神，深入学习贯彻习近平总书记关于加强和改进人民政协工作的重要思想，全面贯彻落实区、市、县委九届三次、四次全委会精神，坚持团结和民主两大主题，围绕中心、服务大局，认真履行政治协商、民主监督、参政议政职能，努力发挥社会主义协商民主的重要渠道和专门协商机构作用，为建设团结美丽健康幸福新当雄做出了应有贡献。

一、强化政治引领，把握正确政治方向

人民政协是统一战线组织，是专门协商机构，旗帜鲜明讲政治是人民政协的根本要求。县政协常委会始终把政治建设摆在首位，确保政协工作沿着正确的政治方向前进。

（一）增进政治共识。坚持党的全面领导，旗帜鲜明讲政治。一年来，我们按照学懂弄通做实的要求，深入学习贯彻习近平新时代中国特色社会主义思想和党的十九大精神，组织广大政协委员和政协干部深入开展学习活动。通过全委会、党组会议、主席会议、常委会议和参加县委理论中心组学习等形式，有计划、分批次推进学习活动有效开展，自觉

提高对中央大政方针和区、市、县委决策部署的深刻领会、系统把握。参加区市政协专题培训班、市委党校培训班等共计五批、20人次。按照全国政协和自治区政协部署要求，深入开展了《习近平总书记关于加强和改进人民政协工作的重要思想》理论研讨，探索交流新时代政协履职新成果新途径新方法，认真学习新修订的《宪法》《中国共产党章程》《中国人民政治协商会议章程》，为增强“四个意识”，坚定“四个自信”，做到“两个维护”，确保人民政协事业始终沿着正确的政治方向前行，打下了坚实的基础。

（二）服务政治大局，主动将政协一切工作置于县委的领导之下。坚持县委对政协工作的绝对领导。县委一贯支持县政协依法依章履职。一年来，县委多次专题研究政协工作，听取县政协党组工作汇报，审定有关工作报告，及时解决工作中的实际问题。县委主要领导亲自为县政协出题目、压担子，及时阅批政协意见建议。县政协常委会主动向县委汇报工作，请示重要事项、报告重要活动，紧扣县委、县政府中心工作来谋划开展政协工作，做到县委工作部署到哪里、政协的力量就汇聚到哪里，县政府工作推进到哪里、政协的作用就发挥到哪里，着力释放政协能量，讲好“政协故事”，发好“政协声音”，释放“政协力量”。2018年12月，根据县委领导指示及县政协年度调研计划，由3名县政协党组成员分别带队利用四天时间，深入五个乡镇开展议政性民主调研座谈会，经梳理归纳，共收集社情民意信息33条，并形成调研专报呈送县委、县政府主要领导。

（三）加强政协党的建设，发挥政协党组核心作用。认真贯彻落实全国、全区政协系统党的建设工作座谈会精神，按照新时代党的建设总要求，全面推进县政协党的建设。充分发挥政协党组在政协工作中把方向、管大局、保落实的核心作用，加强对政协工作的统筹研究，规范党内政治生活，定期召开党组会，党组成员自觉参加支部活动，过好组织生活。开展党员政治纪律和政治规矩教育活动，进一步增强党员干部的政治自觉和政治站位。驰而不息加强作风建设。落实全面从严治党主体责任，开展先进典型教育，激励广大政协党员委员和机关干部勤勉履职，做到守纪律、讲规矩、重品行，用优良的作风在社会各界人士面前树好形象。

二、围绕中心履职尽责，协商议政主动作为

政协常委会始终以人民对美好生活的向往为第一导向，团结带领广大政协委员、政协干部真抓实干，主动作为，聚焦改革发展稳定，瞄准政策落实中的难点问题、影响当雄发展稳定的关键环节，深入调查研究、积极协商议政，助推各项事业发展。

（一）加大协商议政力度。政协不是权力机关，参政不行政、建言不决策、监督不强制，主要通过协商发挥作用。这种作用的发挥不是靠说了算，而是靠说的对。我们高度重视政协协商民主建设，构建以全体会议为龙头，以议政性常委会和专题协商会为重点，以提案办理协商会为常态的多层次协商议政新格局。

（二）注重提案办理协商，不断提高提案办理质量。县政协常委会将协商民主理念和协商工作方式贯穿于提案工作全过程。县政协二届三次会议收到提案33件，经审查，立案32件。确定3件重点提案，作为县政协领导牵头督办的重点提案，加以推动落实。同时加强提案办理的督查、追踪、协办工作。以电话催办、书面督办，走访沟通等形式，对提案承办“大户”和提案办理有困难的承办单位协商，提出提案办理要求、意见和建议，促进了提案办理工作的顺利开展。截至2018年11月，提案办复率100%，委员满意率87.5%，基本满意率12.5%。

（三）强化民主监督。把推动全面深化改革各项措施的落实作为民主监督的重要内容。重点围绕中央重大方针政策，区、市、县委重大决策部署和重要工作、重点项目推进实施情况以及精准脱贫、生态环境保护、净土健康产业发展等与民生密切相关问题开展民主监督议政性调研。2018年5月份，开展关于“规范车辆停放及商铺占道经营行为，努力提升城市管理水平”的专题视察活动，参调委员围绕市政市容存在的问题，有针对性的提出意见和建议。一年来，5名政协委员受邀参加法院、检察院等部门的相关执法监督，发挥了政协委员在民主监督中的作用。

（四）调研视察聚焦绿色高质量发展。牢牢把握全县工作重心，选择县委、县政府关心、人民群众关注的课题，立足当前、放眼长远，组织力量，加强战略性、全局性、前瞻性课题研究，建有用之言、献务实之策，使调研视察真正贴近党政所需、回应群众所盼，努力为县委、县政府科学民主决策聚智献力，体现政协的特点和优势。2018 年 3 月份，县政协组织开展“净土牧场郭庆场运营情况”专题调研，并形成翔实的调研报告，围绕我县净土牧场的运营现状、养殖模式、草场流转、发展规划等存在的问题，有针对性的提出建议和意见，政府主要领导对政协调研专报做出了重要批示，并邀请参调委员出席县政府净土牧场专题座谈会，进一步听取参调委员关于我县净土牧场可持续发展的意见建议。

三、坚持聚焦中心，助推中心工作

全力助推中心工作落实。始终把政协的事业发展、责任担当与县委、县政府中心工作紧密联系起来，认真完成县政协领导联系重点项目、脱贫攻坚等各项重点工作，引导组织广大政协委员在全县经济社会发展主战场上主动作为、再创佳绩。

脱贫攻坚工作启动以来，县政协常委会按照县委任务分工，主动作为、献计献策，为全县顺利实现脱贫摘帽贡献了政协党组最大的力量。脱贫攻坚工作是我党实现第一个百年奋斗目标的重要组成，是提升群众生产生活质量、完善基层公共服务体系的具体体现。可以说，责任重大、使命光荣。作为脱贫攻坚指挥部副指挥长，从精准扶贫精准脱贫伊始的安排部署、指挥协调，脱贫措施的制定、实施、督导，迎接国家、自治区、拉萨市等各级评估考核，到如今的脱贫巩固提升，全程参与了此项工作。一名副主席参加拉萨市脱贫攻坚交叉督导，检查过程中借鉴兄弟县区好的做法，为我县精准扶贫异地搬迁、产业分红、政策宣讲、危房提升改造、迁出户生产资料处置等工作提出好的建议、意见；一名副主席任脱贫攻坚指挥部以助推进组组长，积极主动组织全民体检，开展妇女两癌筛查，开辟牧民绿色就医通道，大力实施健康当雄专项行动，进一步提高全民健康意识。县政协机关坚持每季度组织党员干部开展入户帮扶工作，重点从“扶志气、长精神”和政策宣讲方面实施帮扶。倡导各界别委员利用自身优势，积极参与全县脱贫攻坚工作，各界别委员积极响应县政协号召，在政策宣讲，深入一线义诊，企业吸纳本地就业等方面，做了大量工作，深受群众好评，通过一系列举措，有力助推了我县脱贫攻坚工作向纵深推进。

四、发挥政协优势，促进社会和谐稳定

县政协常委会始终牢记使命，勇于担当，积极促进团结，坚决维护稳定，充分发挥政协的爱国统一战线优势，团结一切可以团结的力量，及时了解掌握社情民意，协助县委、县政府抓好维稳工作。根据县委安排，主席和副主席参与了县维稳值班带班和社会面巡查工作。在敏感时期，主席和 2 名副主席，工作重心前移，进驻联系乡（镇）、村（居）和寺庙蹲点督导维稳工作。党外副主席发挥自身优势，积极参与涉宗领域维稳工作，积极协助我县统战部门开展宗教领域“四讲四爱”宣教活动和宗教领域遵行“四条标准”争做先进僧尼教育实践活动。有力助推了我县社会局势持续稳定、长期稳定、全面稳定，彰显了县政协维护社会稳定的责任担当。

五、强化自身建设，提高政协工作科学化水平

加强政协自身建设，是政协工作高质量开展的重要基础。县政协持之以恒践行“严、实”要求，进一步提高履职能力，夯实履职基础，为推进政协事业发展提供有力保障。

（一）加强委员队伍建设。更加自觉地把委员队伍建设摆在政协全局工作的重要位置，始终带着感情和责任做好委员服务管理工作，完善履职工作规则，强化学习交流，加强履职管理，努力打造一支“懂政协、会协商、善议政、守纪律、讲规矩、重品行”的委员队伍。在政协委员中开展“五个一”活动，即每位政协委员每年提出至少一件有质量的提案；反映一条有价值的社情民意；参加一次委员视察活动；撰写一篇履职报告；参加界别活动一次。引导和组织委员在建设当雄的事业中，施展才华、积极作为。

（二）注重加强政协机关建设。加强机关党建工作，开展经常性党建活动，召开专题组织生活会，教育引导党员干部克服惯性思维，摒弃传统观念，

增强做好政协工作的责任感和使命感。组织机关党员干部开展政治纪律和政治规矩教育活动，强化纪律意识和底线思维。完善各项制度，统筹安排调研视察、专题培训、各类会议、支部活动，着力在提升政协机关办文、办会、办事和服务委员的能力和水平上下功夫。严格遵守中央八项规定及区、市、县委有关要求，规范履职活动，改进文风会风，严肃财经纪律，从严管控“三公”经费。

（三）扎实开展政协文史编撰工作。县政协积极协助市政协编撰“藏北明珠”——当雄篇文史资料，在市政协文史委的指导下，通过积极征集、编撰史料，现已完成了藏文的编写工作，汉语版的当雄历史篇也进入校对收尾工作。此次编撰的藏北明珠－当雄篇文史资料，从不同角度和侧面展示了当雄县的昨天和今天，特别是展现了改革开放以来当雄县各条战线工作取得的辉煌成就，为人们了解、研究当雄县历史、对人民群众特别是青少年进行爱国主义和革命传统教育，提供具体生动的素材。同时将增进各界人士对当雄历史的认知，扩大政协的团结面和联系面，客观反映当雄县近代、现代历程，为政协委员和各界人士在参政议政活动中借鉴历史经验提供一些翔实可信的史料，较好地发挥存史、资政、团结、育人的作用。

（四）加大区内外交流与合作。一年来，我们积极开展区内外交流。委员在积极参加区市政协组织的各项调研活动的同时，全力协助全国政协民宗委赴藏调研组前往我县调研精准扶贫工作。先后三次协助区、市政协在我县开展“如何做好新形势下人民调解工作”“拉萨市农村集体经济发展状况”“拉萨市全面推行河长制”等专题调研视察活动。热诚接待区内外政协来当雄考察学习，做好对接协调、沟通联络等工作，全年共接待考察团5批、70人次，通过交流互动，开阔了视野，增长了见识，提升了服务水平和履职能力。

各位委员，回顾一年来县政协常委会的工作，所取得的进展和成效，是县委坚强领导、高度重视的结果，是全县各级党委、政府和社会各界热情帮助、鼎力支持的结果，也是县政协各参加单位、广大委员和政协机关团结协作、共同奋斗的结果。在这里，我代表县政协常委会表示崇高的敬意和衷心的感谢！

看到成绩的同时，我们必须清醒地认识到，对照新形势、新任务，对照中央、区、市、县委要求和全县人民群众的期盼，政协工作还存在薄弱环节和不足之处，主要有：打牢共同思想政治基础的有效方法有待进一步拓展；调研议政活动不够深入、不够精准，成果转化机制需要健全；政协常委骨干作用和委员主体作用发挥不够，工作作风需要进一步转变等。真诚希望各位委员和列席同志，对我们的工作提出意见和建议，县政协常委会将高度重视，认真研究，切实加以改进。

2019年工作思路

2019年大事多、喜事多，我们将迎来中华人民共和国成立70周年、人民政协成立70周年和西藏民主改革60周年、西藏政协成立60周年。做好全年工作使命光荣、责任重大。我们要高举中国特色社会主义伟大旗帜，以习近平新时代中国特色社会主义思想为指导，全面贯彻落实习近平总书记关于加强和改进人民政协工作的重要思想，在县委的坚强领导下，紧紧围绕县委九届四次全会和县委经济工作会议各项决策部署，认真履行政协各项职能，在加强党的建设上有新作为，在工作提质增效上有新举措，在服务全县大局上有新贡献，为建设团结美丽健康幸福新当雄汇聚智慧和力量。

一、始终把增进思想共识作为“主轴”，努力开创政协事业新局面

县委今年的目标任务已经明确，奋斗的号角已经吹响。县政协要充分发挥自身独特优势，围绕贯彻落实县委决策部署，进一步凝聚人心，统一思想，增进共识。

（一）在坚定政治方向中增进共识。把习近平新时代中国特色社会主义思想作为统揽政协工作的总纲，作为增进社会各界思想政治共识的重要基础，团结带领全县广大政协委员和社会各界人士始终树牢“四个意识”，坚定“四个自信”，坚决做到“两个维护”。县政协将持续深入开展习近平总书记关

于加强和改进人民政协工作的重要思想学习研讨活动,通过集体学习、举办培训、开设讲堂,把学习研讨活动不断引向深入,推动政协委员强化理论武装,提高政治站位,凝聚思想共识。

（二）在落实县委部署中增进共识。第一时间传达学习县委重要会议精神,坚定不移贯彻落实县委决策部署,重要工作主动向县委请示,重大活动积极邀请县委县政府领导参加,协商成果及时向县委县政府报送,努力将县委的决策部署转化为政协机关、政协委员、社会各界人士的一致共识。今年,县政协常委会年度协商计划、常委会工作报告、全体会议、党组重要工作等都要及时向县委请示、报告。

（三）在加强党的建设中增进共识。全面贯彻落实全国和自治区政协系统党的建设工作座谈会精神,按照新时代党的建设总要求,以党的政治建设为统领,切实提高党建工作质量和水平,进一步发挥政协党组的领导核心作用、机关党支部的战斗堡垒作用、中共党员的先锋模范作用,把中央和区市县委的决策部署和对政协工作的要求落实到位,把社会各界的智慧和力量凝聚起来,共同为实现县委确定的目标任务而奋斗。探索中共党员委员联系非中共党员委员制度,努力凝聚各团体、各民族、各阶层、各界人士的智慧和力量。

二、始终把服务高质量发展作为“主线”,充分发挥协商机构作用

新的一年,县政协将围绕县委九届四次全会做出的工作部署,在建言资政、凝聚共识两方面双向发力,在服务经济社会发展中发挥作用、体现价值,广泛凝聚当雄改革发展的强大正能量。

（一）要规范流程,选准协商议题。围绕县委的发展定位和目标任务,聚焦净土健康产业、巩固脱贫成效,实施乡村振兴、围绕农村改革等精准选题,科学安排协商活动。采取紧扣县域经济高质量发展和主动请县委县政府出题相结合的方式,确保协商议题精准,“供需”对路,真正体现县委所思、政府所做、群众所盼、政协所能,实现县委县政府工作推进到哪里,专题协商就跟进到哪里。规范年度协商计划选题流程,在全面准确把握县委县政府全年工作重点,群众关心的民生实事基础上,形成政协年度重点调研课题,报经县委审定后抓好落实。

（二）要搭建平台,丰富协商形式。不断完善协商议政、情况通报、调研视察等协商形式,为政协委员提供更多发表见解、沟通对话的机会。积极搭建委员与乡镇、县直部门之间多种形式的交流平台,增进委员对相关工作的了解。运用移动互联网、新媒体平台改进委员提案、大会发言、社情民意信息等工作,为委员履职提供更加便捷高效的载体。注重加强对重要协商的宣传,提高协商透明度。

（三）要完善机制,提高协商成效。构建全委会集中协商、常委会专题协商、主席会重点协商、界别对口协商的协商格局,不断完善协商机制。进一步加强调研工作,深入基层一线,用事实和数据说话,把协商议政建立在扎实调研基础上,提高专题协商质量,真正做到参政参到点子上,议政议到关键处。

三、始终把完善民主监督作为“主题”,全面推进中心任务加快落实

中央印发的《关于加强和改进人民政协民主监督工作的意见》,为各级政协进一步履行好民主监督职能提供了具体依据。县委历来高度重视政协工作,支持政协依照《宪法》和《中国人民政治协商会议章程》开展履职活动,发挥政治协商、民主监督、参政议政作用。所有这些,都为加强政协民主监督创造了良好的宏观环境。县政协将按照县委的统一部署要求,通过会议监督、视察监督、提案监督、专项监督、评议监督等形式,扎实开展民主监督活动,促进工作作风转变,解决人民群众关心的实际问题,服务和促进全县高质发展各项事业迈上新台阶。要选准监督议题,认真组织实施。今年将选择与人民群众切身利益密切相关的部门和专项工作开展民主评议,评议结果纳入县目标考核内容。要努力提高监督质量,把协商民主贯穿于监督全过程,坚持平等协商,坦诚相见,畅所欲言,尊重不同意见表达,广泛凝聚共识、凝聚智慧、凝聚力量。

四、始终把能力素质提升作为“主调”,高效推动自身建设上台阶

确保政协工作高质量开展,必须直面本领上的恐慌、能力上的短板、知识上的不足。要认真贯彻

落实习近平总书记“以改革思维、创新理念、务实举措，大力推进履职能力建设”的要求，进一步加强委员队伍建设、机关干部队伍建设，夯实履职基础，实现履职能力大提升。抓实学习培训，不断提高广大委员和机关干部的政治把握、调查研究、联系群众、合作共事能力。不断改进作风，把深入调查研究作为履职的“牛鼻子”和发挥作用的看家本领，进一步解放思想，打破思维定式，“下深水”获真知，“沉下去”寻真经。加强履职过程管理，强化委员职责，优化履职平台、展现委员风采，充分调动委员履职积极性和创造性。

各位委员，新时代催人奋进，新思想引领未来。目前我县正处于全面建成小康社会的决胜阶段，行进在中华民族伟大复兴的新征程中，让我们更加紧密地团结在以习近平同志为核心的党中央周围，高举习近平新时代中国特色社会主义思想伟大旗帜，在县委的坚强领导下，携手新时代、贯彻新理念、聚焦新目标、落实新部署，不断开创政协工作新局面。为加快建设团结美丽健康幸福新当雄，以优异成绩向新中国成立 70 周年献礼。

牢记初心使命　忠诚履行职责
努力实现新时代纪检监察工作高质量发展

——在中国共产党当雄县第九届纪律检查委员会第四次全体会议上的工作报告

中共当雄县纪律检查委员会

（2019 年 4 月 16 日）

一、2018 年工作回顾

2018 年，在拉萨市纪委和以张正同志为班长的县委常委会坚强领导下，县纪委常委会团结带领全县各级纪检监察机关，深入学习贯彻习近平总书记关于全面从严治党的系列重要论述和重要指示精神，全面履行党章和宪法赋予的职责，紧紧围绕十九届中央纪委二次全会和区市纪委九届三次全会精神的贯彻落实，牢牢把握新时代纪检监察工作特殊历史使命和重大政治责任，一体履行监督执纪问责和监督调查处置双重职责，党风廉政建设和反腐败工作取得新的明显成效。

（一）深学笃用习近平新时代中国特色社会主义思想和党的十九大精神。持之以恒把深入学习贯彻习近平新时代中国特色社会主义思想和党的十九大精神作为首要政治任务，反复学、经常学，在学懂弄通做实上下功夫，组织集中学习 77 场次，累计研讨发言 80 人次，召开专题组织生活会 1 次，真正把学习成果转化为坚定信念、忠诚履职的思想自觉和行动自觉。

（二）营造浓厚清廉氛围，持续构建干部清正、政府清廉、政治清明的政治生态。开展线上廉政教育。在“逐梦当雄”微信公众号中开设“清廉当雄”专栏，系统解读党章、新修订条例、《中华人民共和国监察法》等党纪法规，定期推送上级纪委监委和县纪委监委工作动态、典型案例通报。加强廉政文化建设。投入廉政文化专项资金 16.7 万元建设县乡两级机关办公区域廉政文化长廊，县委、县政府投入 290 万元建设 29 个村（居）廉政文化长廊，完成了县乡村三级廉政文化长廊建设。抓好廉政警示教育。组织党员干部观看《贪欲 · 黑洞—黄羽天违纪违法案件警示录》3 场，参观廉政警示教育基地 600 人次，对 60 名新任科级干部进行集体廉政谈话。

（三）严明党的政治纪律和政治规矩，坚决扛起“两个维护”重大政治责任。严肃党内政治生活。严格执行《关于新形势下党内政治生活若干准则》，积极参加各级党组织生活会，督促各级党组织严格执行党内政治生活制度。扎实开展党员政治纪律教育。印发《关于加强政治纪律教育的实施方案》，督促各级党组织扎实开展政治纪律教育活动，会同县委组织部、县委党校举办政治教育培训班，邀请市县相关单位领导同志授课 11 场次，受训党员 1011 人，到村（居）一线授课 20 场次，受训党员 3600 余人，推动党员政治纪律教育全覆盖。严查党员干部信仰宗教。会同县委组织部下发《关于严禁共产党员信仰宗教的通知》《关于严禁共产党员和国家公职人员参与“萨嘎达瓦”宗教活动的通知》，督促共产党员严守不得信仰宗教、更不能传播发展宗教的要求，派出明察暗访组 40 余组次，督导检查单位 200 余家次，纠正问题 30 余个。严把选人用人政治关、品行关、作风关、廉洁关。出具党风廉政意见回复79批491人次；建立完善、动态更新领导干部廉政档案372份，为领导干部精准“画像”。

（四）抓紧抓牢党风廉政建设“牛鼻子”，夯实全面从严治党政治责任。协助县委抓好全县党风廉政建设工作，督促全县各级党组织书记做管党治党的书记，认真履行全面从严治党重大政治责任。张正书记带头落实“第一责任人”责任，研究部署党风廉政建设和反腐败工作20余次、作出批示50余次；调整充实县委党风廉政建设责任领导小组和县委反腐败工作协调小组，先后3次召开县委反腐败协调小组会议，就扫黑除恶、党员信仰宗教、党员干部赌博等工作进行安排，推动全面从严治党向纵深发展；制定《当雄县领导干部落实党风廉政建设责任制清单》，督促县级领导干部认真履行“一岗双责”；选取6家单位在2017年“双述”工作会议上现场述责述廉并接受评议质询，选取24家单位书面述责述廉，切实加强“一把手”监督；开展县委书记和副书记、纪委书记对下级党委（党组、党总支、党支部）书记约谈工作，共计约谈81人，谈出问题113条，并认真督促整改，持续跟踪问效，以整改的实际行动促进责任落实。

（五）坚定不移纠“四风”、树新风，持续擦亮作风建设亮丽名片。持之以恒正风肃纪。把监督检查贯彻落实中央八项规定及其实施细则精神作为重点任务和经常性工作，抓住年节假期重要节点，紧盯隐形变异新问题，驰而不息正风肃纪，出台《当雄县村（居）民生车管理办法》，印发《关于严格执行公务车辆使用管理的通知》，开展明察暗访32场次，纠正问题17个，有效推动中央八项规定及其实施细则精神化风成俗、落地生根。加强扶贫领域监督执纪问责。制定《当雄县2018至2020年开展扶贫领域腐败和作风问题专项治理工作方案》，明确监督重点和问责手段；建立扶贫领域协调联动机制，督促行业主管部门认真履行好扶贫领域监管责任；制定《当雄县扶贫领域资金专项检查方案》，紧密围绕贪污挪用、虚报冒领、截留私分、优亲厚友、挥霍浪费等问题，全年处置扶贫领域问题线索9件，给予党政纪处分2人，约谈17人，通报6人。深入开展扫黑除恶专项斗争。与政法机关及相关职能部门建立问题线索快速移送和查办结果反馈机制，深挖党员干部涉黑涉恶腐败和充当黑恶势力“保护伞”问题线索。靶向开展集中整治。制定出台“十种表现”突出问题集中整治实施方案，强化文山会海、不作为、慢作为等形式主义、官僚主义问题监督检查，对10名党员干部履职不力问题进行了问责；县委对照三个方面21个重点问题，共查摆出县委班子问题11个，各单位问题15个，县委班子成员和人大、政府、政协党组主要领导同志问题46个，真正做到了见人见事见细节。强化环保领域追责问责。紧盯中央环保督察整改工作，督促环保职能部门落实生态环境保护主体责任，对责任落实不到位的4名党员干部进行了追责问责。严厉整治党员干部和公职人员赌博问题。同党员干部职工签订《不赌博、不沉迷游戏承诺书》1564份，立案审查党员赌博问题1件，给予党纪处分1人。全面启动领导干部利用名贵特产类特殊资源谋取私利问题整治。督促各级党组织和领导干部认真开展自查工作，填报《自查表》316份，同党员干部签订《不利用名贵特产类特殊资源谋取私利承诺书》1004份。

（六）深化纪检监察体制改革，确保党内监督利剑高悬、震慑常在。稳步推进县乡监察体制改革。县委强化政治担当，站位全局谋划，划转编制6个，转隶干部2人，推动组建挂牌、机构设置、线索移送等工作，确保机构、人员、职能“三到位”；全要素试用谈话、讯问、询问、查询、调取等5项措施，探索赋予乡（镇）纪委相应监察职能，真正将制度优势转化为治理效能。坚定不移深化政治巡察。2018年，九届县委共派出2轮9个巡察组，采取“1托N”的方式巡察党组织20个，覆盖面达20%，发现问题245个，移交问题线索（事项）19件。

（七）坚持深化标本兼治，始终保持高压态势，促进纪法贯通、法法衔接。坚持无禁区、全覆盖、零容忍，坚持重遏制、强高压、长震慑，精准运用“四种形态”。对反映的一般性问题及时谈话提醒、约谈函询，让本人作出说明、所在党委（党组）书记签字；对如实说明的予以采信，了结后向被函询人反馈澄清，体现党对干部的信任；对存在违纪问题的，查清主要违纪事实后，综合考虑违纪性质情节和认错悔错态度，给予批评教育、组织处理或纪律处分，体现党的政策。全年处置问题线索26件，运用“四种形态”的前三种形态处理33人次，分别占比82%、12%和6%；督促受到前三种形态处理的党员干部在民主（组织）生活会上作出说明。

（八）自觉践行忠诚干净担当，建设政治过硬、作风过硬、本领过硬的纪律部队。加强政治建设。结合“两学一做”学习教育常态化制度化和政治纪律教育活动，强化思想政治理论武装，夯实业务理论基础，准确把握新时代纪检监察工作目标和重点任务，确保始终与党中央保持高度一致。强化内部管理。严格执行纪委常委会和监委委务会制度，严格落实班子成员联系指导乡（镇）纪委工作机制，严格执行《当雄县纪检监察干部“八小时以外”行为规范（试行）》，对苗头性、倾向性问题早发现、早提醒、早纠正，坚决做到防患于未然，严防“灯下黑”。增强履职本领。选派21批34人次参加上级纪委监委组织的各类学习培训班，抽调乡（镇）纪检监察干部2批6人次到县纪委监委跟岗培训，形成以案代训、集中培训、交流轮训等多种长效培训机制，着力提升履职能力水平。

过去的一年，全县纪检监察工作取得明显成效。但是，我们也清醒地认识到问题和差距。一些部门管党治党宽松软问题尚未根本改变、不正之风和腐败问题仍然易发多发；“四风”反弹回潮的隐患犹存；查处腐败成案率不高，发现问题能力不足，乡（镇）纪委问题线索还未突破“零查处”“零立案”，巡察获取的问题线索普遍成案率不高，等等。对此，我们必须高度重视，采取有力措施，认真加以解决。

二、2019年主要任务

今年是新中国成立70周年，是西藏民主改革60周年，是打赢脱贫攻坚战、全面建成小康社会的决战之年，纪检监察机关肩负的责任重大。今年工作总的要求是：坚持以习近平新时代中国特色社会主义思想为指导，深入学习贯彻习近平总书记治边稳藏重要论述和关于西藏工作的重要指示批示，认真落实党的十九大和十九届二中、三中全会精神，全面抓好十九届中央纪委三次全会和区市纪委九届四次全会部署要求，增强“四个意识”，坚定“四个自信”，做到“两个维护”，强化“三个牢固树立”，坚持稳中求进工作总基调，持续发扬改革创新精神，忠实履行党章和宪法赋予的责任，以党的政治建设为统领，协助县委推进全面从严治党，坚持纪严于法、纪在法前，执纪执法贯通、有效衔接司法，一体推进不敢腐、不能腐、不想腐，努力实现新时代纪检监察工作高质量发展，巩固发展反腐败斗争压倒性胜利，取得全面从严治党更好更大战略性成果，打造忠诚干净担当的反腐铁军，为党的十九大精神、党中央重大决策部署和区市党委重要决议决定在当雄坚决贯彻落实提供坚强保障，确保决战脱贫攻坚、决胜同步小康，以优异成绩庆祝新中国成立70周年和西藏民主改革60周年。

（一）切实在学懂弄通做实习近平新时代中国特色社会主义思想上取得更大成效。一要在学深悟透上持续发力。按照区市纪委安排部署，认真开展“不忘初心，牢记使命”主题教育，紧扣主题主线，制定学习计划，让纪检监察干部在专题学习、日常学习、培训教育中，不断学思践悟，牢记纪检监察机关的初心使命，真正把“四个意识”“三个一以贯之”落实到行动上。二要在务实戒虚上持续发力。深刻把握领会当前反腐败斗争形势任务，把“稳中求进”这个习近平新时代中国特色社会主义思想的科学方法论自觉贯彻到纪检监察工作全过程，不断巩固稳中向好的发展态势，不断激发创新求进的发展动力。三要在整改提高上持续发力。把思想政治教育落到党支部，把主题教育与推进纪检监察工作结合起来，督促领导干部带头参加学习研讨，带头谈体会、讲党课、作报告，带头对照高标、认真检视、即知即改，以整改的实际行动促进学习效果转化。

（二）切实在加强党的政治建设，整治形式主义、官僚主义上取得更大成效。一要进一步坚定政治立场。坚决做到“两个维护”，强化对坚持稳中求进工作总基调、贯彻新发展理念、打好“三大攻坚战”、维护稳定等落实情况的监督，坚决破除言行不一、阳奉阴违等问题，确保党中央和区市各项决策部署在当雄落地生根。二要进一步严明政治纪律。严格执行《中国共产党纪律处分条例》，严肃查处违反政治纪律的行为，坚决纠正上有政策、下有对策，有令不行、有禁不止行为，全力清除贯彻落实上级决策部署的“拦路虎”“绊脚石”；深度聚焦“七个有之”，及时把政治上蜕变的“两面人”辨别出来、清除出去；持续深化党员政治纪律教育，引导党员和国家公职人员认清十四世达赖的反动本质，自觉同一切分裂破坏活动作斗争，自觉做到始终对党忠诚老实，决不在重大政治原则、大是大非问题上同党中央唱反调，搞自由主义。三要进一步严肃政治生活。要加强对新形势下党内政治生活若干准则执行情况的监督检查，紧盯“关键少数”和关键部门，督促各级各部门领导班子和领导干部严格执行民主集中制，对擅自改变集体决定，把个人意见强加给集体、组织或他人，以及插手干预不属于自己分管领域或者应该回避的工作事项的严肃处理；要坚持请示报告制度，严格落实《中国共产党重大事项请示报告条例》，督促党员领导干部及时主动如实向组织请示报告重大问题、重要事项；要严查选人用人上的不正之风和腐败问题，坚持“凡提四必”和“双签字”，动态更新领导干部廉政档案，注重日常表现，做好党风廉政意见回复，坚决杜绝“带病提拔”“带病上岗”。四要进一步深入推进集中整治。抓责任落实，督促推动各级党组织从“两个维护”的高度，把整治形式主义、官僚主义作为政治责任，贯穿工作全过程，落实集中整治主体责任；抓“关键少数”，督促推动各级党组织和领导干部直面具体问题，带头整改个人在贯彻落实上级重大决策部署、学习调研、监督检查等方面存在的形式主义、官僚主义问题，形成“头雁效应”；抓自身建设，纪检监察机关带头把自己摆进去，把职责摆进去，把工作摆进去，在反对形式主义、官僚主义上做好表率，推动和保障集中整治工作取得新成效；抓重点领域，持续围绕“三大攻坚战”，重点围绕市纪委“五项重点工作”，加强与相关行业部门协同联动，严查其中的形式主义、官僚主义问题，持之以恒打赢这场攻坚战、持久战。

（三）切实在创新纪检监察体制机制，把制度优势转化为治理效能上取得更大成效。一要深化内部机构改革。优化人员配置，适当充实监督检查、审查调查等部门力量，确保在提高办案质效上取得更大成果；强化教育培训，通过跟岗培训、以案代训等方式，让纪检监察干部特别是乡（镇）纪检监察干部接受锻炼、丰富经历、增长才干，全面增强执纪执法能力水平。二要深化监察体制改革。健全监察调查与刑事司法衔接机制，推动形成与审判机关、检察机关、司法机关、公安机关在涉嫌职务违法犯罪案件线索处理、立案调查、移送起诉等环节相互配合、相互制约的体制机制；全面贯彻监察法，既紧盯“关键少数”、关键岗位，又推动监察职能向乡（镇）、村（居）延伸，依法赋予乡（镇）纪委相应监察职责，把法定监察对象全部纳入监督范围，使群众身边的公职人员受到严密监督；认真履行对党委全面从严治党的协助职责，强化对同级和下级党组织的监督，推动“两个责任”贯通协同、形成合力。三要深化巡察监督。紧盯被巡察党组织政治立场和政治生态，把巡察工作与考核政治生态状况结合起来，与整治群众反映强烈的问题结合起来，与解决日常监督发现的突出问题结合起来，善于从政治高度全面审视被巡察党组织工作，着力发现政治和腐败问题；实行“问题销号制”和“限时办结制”，对责任不落实、整改不到位、问题不见底、群众不满意的绝不放过，进一步彰显政治巡察的严肃性和公信力。

（四）切实在做实做细监督职责，全面加强党的纪律建设上取得更大成效。一要强化监督职责。突出政治监督这个根本，以坚决做到“两个维护”作为根本政治任务，以“政治监督”的定位、“政治机关”的标准、“政治纪律”的要求作为考量，做到把握形势坚守政治立场；紧抓日常监督这个关键，把监督挺在前面，紧扣重点工作，紧盯重点人、重点事，主动介入，采取常态化监督检查、随机抽查等方式，切实推动监督取得更大效果。二要整合监督力量。规范监督执纪问责和监督调查处置两项职权，推动纪法衔接、法法贯通，理顺执纪监督部门与审查调查部门的职责界限，进一步明确执纪监督室调查权限、工作程序，明确在审查调查时既要查清职务违法犯罪问题，又要查清违纪问题；整合纪律、监察、巡察监督资源，建立健全信息互通、问题会商、联合审查调查等机制；强化自上而下的组织监督，改进自下而上的民主监督，完善相互制约的同级监督，推进党内监督同国家机关监督、民主监督、司法监督、群众监督、舆论监督有效贯通，切实把权力置于严密监督之下。三要深化运用“四种形态”。要严格按照“三个区分开来”的要求，督促有干部管理权限的党组织用好党章赋予的纪律处分权，强化日常监督执纪，做到选人用人和管理监督权责一致，做到保护改革者、教育失误者、惩治腐败者；要准确把握运用“四种形态”的政策界限和适用情形，既防止一谈了之、以谈代查，又防止适用不当、尺度不准；要加大核实力度，对敷衍塞责、欺瞒组织，边谈边犯、边询边犯的，从严从重处理。四要压实政治责任。深入贯彻执行《党组讨论和决定党员处分事项工作程序规定（试行）》和新修改的《中国共产党问责条例》，用好问责利器，使失责必问、问责必严成为常态，推动管党治党从宽松软进一步走向严紧硬；要对失职失责性质恶劣、后果严重的，坚持终身问责，持续推动“有权必有责、有责要担当、失责必追究”总体要求深入人心。

（五）切实在持之以恒正风肃纪，打好作风建设持久战上取得更大成效。一要保持正风肃纪的强劲势头。紧盯重点人、重点部门，督促领导机关和领导干部始终保持向党中央看齐的政治自觉，坚持以中央八项规定精神为行为准则，做到随时随地严格对照高标，不折不扣严格贯彻执行，紧盯重要节点，对违反中央八项规定精神问题露头就打，对“四风”问题线索一律严查快办，严防腐败和作风问题滋生蔓延。二要保持正风肃纪的雷霆态势。坚决整治领导干部利用名贵特产类特殊资源谋取私利问题，对违规公款购买、违规收送、违规占用、违规插手干预或参与经营等行为从严从快查处；盯牢公款吃喝、公款旅游、公车私用等“常见病”和婚丧嫁娶、子女升学等借机敛财问题，畅通监督举报渠道，持续打出“教育、监督、查处、警示”组合拳，释放越往后执纪越严、处理越重的强烈信号；强化责任追究，对屡教不改、顶风违纪行为发现一起、严查一起，推动党风政风持续好转。三要保持正风肃纪的顽强决心。全面贯彻执行《党政领导干部考核工作条例》，激励广大党员干部以更好的状态、更实的作风认真履职尽责；大力弘扬真抓实干作风，开展工作要实实在在，解决问题要见底见效，面对难题要敢抓敢管敢负责；推动建设长效机制，健全集问题发现、纠正整改、执纪问责、长效治理为一体的工作机制，不断挤压“四风”生存空间，驰而不息推动作风建设取得新成效。

（六）切实在深化标本兼治，巩固发展反腐败斗争压倒性胜利上取得更大成效。一要持续强化不敢腐的震慑。始终保持惩治腐败高压态势，紧盯重大工程、重点领域、关键岗位，强化对权力集中、资金密集、资源富集部门和行业的监督，对存在的腐败问题，发现一起坚决查处一起；要在有力消减存量、有效遏制增量上下功夫，从快从严查处党的十八大以来仍不收敛、不收手，特别是群众反映强烈、问题线索反映集中的要重点查处，持续释放铁腕反腐信号；要坚决查处涉黑腐败，把党员干部涉黑涉恶问题作为执纪审查重点，对扫黑除恶专项斗争中发现的“保护伞”问题线索优先处置，不管涉及谁，都一查到底、决不姑息。二要持续扎牢不能腐的笼子。加强组织领导，进一步充实调整反腐败协调领导小组，着力构建权威高效的反腐败工作机制；协助推动腐败易发多发行业部门，完善廉政风险防控机制，扎紧织密制度笼子，从源头上防治腐败，遏制腐败蔓延势头；严格落实审查调查安全责任制，严格问题线索管理，健全检举举报平台，建立案件审理质量责任制以及完善日常监督、线索处置、审查调查、案件审理的协作配合和监督制约机制，不断提高反腐败工作法治化水平，确保执纪执法办案质效经得起历史和各方面考验；做好巡察“后半篇文章”，强化整改落实和成果运用，推动举一反三、以案促改，整改建制、回访督促，实现查处一案、警示一片、规范一方的治本效果。三要持续筑牢不想腐的堤坝。加强党性教育，强化对党章党规党纪和党的系列方针政策学习情况的监督，促使党员干部转变观念、端正认识、提高觉悟，切实拧紧世界观、人生观、价值观这个“总开关”，进一步增强崇廉拒腐的思想自觉；加强宣传教育，推动广大党员干部用习近平新时代中国特色社会主义思想武装头脑，用思想的力量筑牢理想信念的根基；加强警示教育,在一定范围内通报重大典型违纪违法案例,适时组织党员干部参观警示教育基地,以案明纪、以案明法,形成强大心理震慑,警示党员干部知敬畏、存戒惧、守底线,真正实现从思想上消除贪腐之念。

(七)切实在持续深入整治群众身边腐败和作风问题,坚决维护群众的切身利益上取得更大成效。一要护航脱贫攻坚。将中央第三巡视组巡视反馈问题整改工作作为扶贫领域专项治理的工作重点,制定出台整改方案,督促各级党组织切实担负起整改落实的政治责任;完善扶贫领域信访举报定期汇总分析和问题线索移送处置机制,坚决防止群众信访举报“石沉大海”“杳无音信”;深入开展扶贫领域腐败和作风问题专项治理,高度关注影响产业扶贫、对口帮扶项目、扶贫工程推进、乡村振兴战略落实等问题,加强对扶贫领域行使公权力的公职人员的监察,优先立案调查扶贫领域涉嫌犯罪问题,严查扶贫责任不落实、向扶贫项目资金伸黑手等问题,以作风攻坚促进脱贫攻坚,切实维护群众自身利益。二要严查基层“微腐败”。深入开展基层“微腐败”专项整治,坚决整治刁难群众、吃拿卡要、盘剥克扣、贪污挪用、行贿受贿、优亲厚友等问题,严查小官大贪“微腐败”,切实解决好侵害群众利益的问题,不断增强群众幸福感。三要深挖黑恶势力。严肃查处领导干部向黑恶势力通风报信、干预案件调查处理等问题,坚决向“村霸”、宗族恶势力和黄赌毒背后的腐败行为亮剑,不断增强群众安全感。四要加大查处曝光力度。纪检监察领导班子成员要主动下访、督促办访,对民愤集中、性质恶劣的问题重点督办、限时办结,对失职失责的从严问责,对查处的违纪违法问题一律点名道姓通报曝光;要改进办案方式,加强交叉办案、联合办案,破除“熟人社会”干扰,以坚强有力的行动赢得人民群众拥护和支持,不断增强群众获得感。

(八)切实在建设政治过硬、本领高强纪检监察铁军队伍上取得更大成效。坚持打铁必须自身硬,着力打造高素质专业化执纪执法铁军。一要锻造过硬政治立场。带头锤炼党性,以开展“不忘初心、牢记使命”主题教育为契机,结合“两学一做”学习教育常态化制度化,进一步加强思想道德和党性教育,引导纪检监察干部用习近平新时代中国特色社会主义思想武装头脑、坚定信仰、坚守立场,自觉主动地将“四个意识”“两个维护”具体、有效地落实到工作和生活的全过程、各方面。二要锻造过硬工作作风。将“律人者必先律己”理念贯彻到学习教育管理始终,带头贯彻落实上级各项安排部署,严格执行党内法规;强化班子建设,严肃党内政治生活,严格执行组织生活制度,规范请示报告制度,坚决破除机关内部形式主义、官僚主义;深入开展廉洁教育,讲好正风反腐故事,发挥先进典型示范引领作用,激励纪检监察干部学榜样、做模范。三要锻造过硬斗争本领。持续深化“三转”,加强对乡(镇)纪委调研指导,督促和指导乡(镇)纪委找准职责定位,聚焦主责主业,推动乡(镇)纪委实现问题线索零突破;加大教育培训力度,通过专题培训、跟岗学习、以案代训等形式,在学习和实践中,逐步提高纪检监察干部的理论知识和业务水平,以过硬的本领推进纪检监察工作高质量发展。四要塑造过硬政治素养。开展经常性谈话谈心,多了解纪检监察干部思想情绪和家庭状况,及时解决在工作和生活中遇到的困难;建立激励机制,为敢于担当、踏实做事、不谋私利的纪检监察干部撑腰鼓劲,不断激发干事热情和履职担当;净化纪检监察干部队伍,严格执行监督执纪工作规则,健全内控机制,严格审批权限,定期排查反映纪检监察干部问题线索,坚持“手电筒”既照别人更要照自己,做到刀刃向内不手软、清理门户不护短,坚决防止“灯下黑”。

同志们,新时代要有新气象、新作为,做好新时代纪检监察工作使命光荣、责任重大。让我们紧密团结在以习近平同志为核心的党中央周围,在拉萨市纪委监委和县委的坚强领导下,不忘初心、牢记使命,为建设团结美丽健康幸福新当雄而不懈奋斗。

当雄县人民法院工作报告

——在当雄县第十二届人民代表大会第四次会议上

当雄县人民法院代理院长　刘兴富

（2019 年 3 月 30 日）

2018 年工作回顾

2018 年，我院在县委的坚强领导、县人大有力监督、政府、政协和上级法院的支持、关心、指导下，全面贯彻落实党的十九大、十九届二中、三中全会和区党委九届四次全会精神，深入贯彻习近平总书记关于治边稳藏的重要论述和治国理政新概念新思想新战略，认真落实中央第六次西藏工作座谈会精神，坚持党对法院工作的绝对领导，紧紧围绕“努力让人民群众在每一个司法案件中感受到公平正义”目标，牢牢坚持司法为民、公正司法工作主线，不忘初心，砥砺前行，在审判执行、司法改革、便民公开等方面取得了一些新进展。全年共受理案件 198 件，审（执）结 190 件，法定审限内结案率为 99.49%。

一、坚持从严治党、从严治院，建设忠诚干净担当的高素质法院队伍

坚持以习近平新时代中国特色社会主义思想为指导，深入贯彻落实党的全面从严治党战略部署。一是推进“两学一做”学习教育常态化制度化，先后学习习近平总书记在十九届中央纪委二次全会上的重要讲话精神、十九届二中、三中全会精神，认真学习宣传宪法，教育引导全院干警树牢“四个意识”、增强“四个自信”，坚决做到“两个维护”。二是扎实开展政治纪律集中教育、“全面加强政治建警，打造过硬法院队伍”专项教育整顿等活动，认真落实“三会一课”制度和党员主题活动日制度，全年共召开理论中心组扩大会 13 次，召开专题组织生活会 1 次，开展支部活动 3 次，组织全体干警开展集中学习 50 余场次、个人自学 100 余次，撰写心得体会 300 余篇。三是坚决落实全面从严治党主体责任和“一岗双责”制度，认真贯彻《中国共产党廉洁自律准则》和《中国共产党纪律处分条例》。院党组带头廉洁自律，与各庭室签订《党风廉政建设目标责任书》，做到一级抓一级，层层抓落实，筑牢拒腐防变的思想防线；严肃党的政治纪律，加大对不作为、慢作为、文山会海等形式主义、官僚主义的整治工作，全年无一起违法违纪现象发生。四是认真落实《办案人员权力义务清单》《审判责任追究实施办法》《院庭长管理监督规则》《关于落实防止领导干部干预司法活动及法院内部人员过问案件的记录和责任追究实施办法》等相关制度。我院结合实际，制定并实施涵盖干警日常行为规范、党员领导干部廉洁从政、“四重一大”、一岗双责、廉政风险点防控等相关制度 20 余条。同时，高度重视警示教育，强力推进以案促改工作，通过学习警示录、观看警示教育片《代价》《手莫伸》，学习典型案例等方式，努力构建不敢腐、不能腐、不想腐的有效机制，推进法院党风廉政建设和反腐败工作深入开展。

二、坚持公正为民，忠实履行审判职责

（一）突出司法服务的针对性、精准性、实效性，推动法院工作更好适应经济社会发展新常态，注重用司法裁判引导公众构建和谐有序的经济关系、劳动关系、家庭关系和债权债务关系，共受理各类民

商事案件145件，结案140件，结案率97%。坚持平等对待各类市场主体，保护诚实守信，维护公平竞争，审结民间借贷、买卖、租赁等合同类案件65件，占民事案件总数的45%；妥善处理家庭、婚姻等传统民事案件31件，占民事案件总数的21%；加强劳动争议审判，设立维护职工权益合议庭、追索劳动报酬专项执行小组，对涉及农民工工资案件严格执行“快立快执”原则开设“绿色通道”，审结劳动争议案件22件，占民事案件总数的15%；维护劳动者权益，切实以司法手段保障民生。

（二）聚焦执法办案主责主业，依法适用量刑规范化程序审理刑事案件，确保审判过程更加公开透明，量刑幅度更加均衡公正，共受理各类刑事案件12件，审结12件，结案率100%。其中交通肇事罪占67%，为应对道路交通事故逐年增多的情况，成立了专业的审判团队，该团队与交警部门、司法局联合办案，实现“一站式”工作模式，真正地做到“三位一体”紧密配合，就地提供司法服务，为办事群众提供最大化的便利，塑造法院公正、开放、便捷、高效的司法形象。坚决落实“三个专项斗争”，以法治思维和法治方式，加强执法办案规范化建设，强化程序意识和证据意识，严格落实罪刑法定、疑罪从无、证据裁判、非法证据排查、程序公正等法律原则。坚持突出重点、精准打击，注重区分普通违法犯罪与黑恶势力违法犯罪，杜绝“降格”处理，人为“拔高”等情况。

（三）2018年是“基本解决执行难”的决战之年，多措并举推进“基本解决执行难”效果显著。全年共受理各类执行案件40件，执结38件，执结率95%，执行结案总标的216.34万元。利用“点对点”网络查控系统，畅通被执行人财产发现控制的渠道，着力实现对被执行人主要财产“一网打尽”，化解查人找物传统执行难题；与县公安、财政、发改、住建、国土、工商、税务等十几家单位建立联合惩戒体系，提高失信被执行人的违法成本，使其“一处失信、处处受限”，倒逼被执行人自觉履行生效文书义务。为推进执行规范化、阳光化、信息化，根据最高院、区高院以及市中院关于建设执行指挥中心的要求，迅速建立了当雄县人民法院执行指挥中心。执行指挥中心已完成网络互联，统一管理、统一指挥、统一协调的执行工作新模式已基本构建，执行指挥中心的各项功能极大方便了执行办案。进一步强化力量建设，从各庭室抽调4名精兵强将补充到执行队伍中，保证了执行法官比例，保持执行队伍的稳定性和专业化。充分发挥司法救助在提升司法公信力的作用，制定了《当雄县人民法院司法救助实施办法》，今年来减免缓交诉讼费5.14万元，发放执行救助资金22万元，救助人数5人。

三、践行司法为民宗旨，强化司法公开力度，满足群众多元化司法需求

一是深化便民诉讼，继承创新发展“枫桥经验”，加快推进“点线面”相结合、积极推进“四位一体”诉讼服务中心建设，开通“12368”诉讼服务热线，接待当事人咨询300余人次，接受法律咨询500余人次。继续深化立案、咨询、调解、接访、流程公开等“一站式”服务，当场立案185件，当场立案率达到100%。二是依托“车载流动法庭”“法官包乡”等载体建立便捷的法治宣传网络，以人民群众司法需求为导向，不断提升法治宣传实效。全年车载流动法庭行程8000多千米，巡回审理案件30件，共开展法治宣传21次，发放宣传册1900余份，受教育群众2000余人。三是深化智慧法院建设，充分利用审判流程、裁判文书、执行信息和庭审网络直播“四大公开平台”，在中国裁判文书网公开裁判文书100份，其中公开案件信息35件，藏文裁判文书10份。在中国庭审公开网上，依法开展互联网实况转播庭审15次。四是主动协调司法、公安部门落实《人民陪审员法》，选任陪审员24名，积极邀请人民陪审员参与案件的调解、庭审、合议等过程，全年人民陪审员参审案件35件。

四、主动配合中心工作，深入推进“团结美丽健康幸福新当雄”建设

一是我院始终把维护稳定作为硬任务和第一责任，坚决克服麻痹松懈、盲目乐观情绪，坚持底线思维、增强忧患意识、防范化解重大风险，坚持“稳”字当头，不折不扣贯彻执行县党委各项维稳部署，坚定不移维护祖国统一、民族团结和社会稳定。在纳木错景区“10·8”抢险救援工作中，派四名干警

与县机关其他干部职工赶赴灾区清理积雪、疏导交通；做好畜牧转移及群众生命财产安全保障工作，为灾区牧民群众提供救助，并有一名干警荣获了“突出贡献个人”奖。

二是扎实开展强基础惠民生驻村工作和脱贫攻坚工作，1、全院共结对贫困户 32 户，捐赠帮扶财物 3 万余元；2、选派一名干警前往格达乡甲多村开展驻村工作，紧紧围绕 5+2 工作任务，全力协助村“两委”开展工作，结合业务特点开展专题法制宣传 2 次，受教育群众 600 余人，不断增强各族群众的获得感、幸福感。

五、深化司法体制改革，让人民群众分享改革成果

一是在司法改革启动之初，对法官员额配置、人员分类管理形成了初步测算后，设立了以法官为核心的“3+2+1”（即 3 个法官 +2 个法官助理 +1 个书记员）的立案、执行、审判综合等 3 个团队，将传统的以业务庭为办案单位的审判模式，向以审判团队为办案单位的审判模式转变。现我院有 10 名员额法官，组成 3 个审判团队，承办了全部审判执行案件。其中院庭长结案 156 件，占结案总数的 79%。严格按照司法责任制改革的要求，正确处理充分放权与有效监管的关系，规范了院庭长审判监督管理职责，切实解决不愿放权、不敢监督、不善管理的问题，并制定了《当雄县人民法院关于完善司法责任制的实施细则（试行）》《当雄县人民法院合议庭工作规则（试行）》《当雄县人民法院法官违法审判责任追究办法（试行）》《当雄县人民法院院庭长办案制度》等相关新型管理监督机制。

二是深化基层基础建设，按照年初干警培训工作计划和上级法院的要求，我院把能力提升作为重要基础，先后选派 4 名干警参加各类培训，其中赴内地进行学习锻炼 2 人次，增长基层工作经验、增强做群众工作能力。智力援藏，提升审判工作能力，北京市东城区人民法院与我院签订结对共建协议书。全年累计接收援藏经费 30 万元。在援藏资金的管理方面，严把审核关，对资金的使用，本着例行节约、卓见成效的原则，做到不乱花一分钱，不铺张浪费。2018 年我院重点加快两个基建工程的建设，1、为丰富干警的文化生活，根据干警的文化和业务学习需求，投资 10.47 万元开工建设图书馆，构建干警精神家园。预计能在 2019 年 4 月正式投入使用。2、为了提高干警的生活环境质量，在县政府及相关单位的关心与支持下，我院办公区域及周转房已铺设完地暖并在 1 月份正式投入使用。

三是自觉接受监督。始终秉持监督就是支持，监督就是爱护的工作理念，自觉把审判工作置于党的领导和人大监督之下，建立了以微信为平台的人大代表联系群、政协委员联系群，加强了与人大代表、政协委员及社会各界联系。全年办理人大代表意见 2 件，政协委员意见 1 件，向人大报告工作 2 次，邀请人大代表、政协委员视察法院工作 4 次。

各位代表，回顾一年来的工作，县法院工作所取得的成绩，是以习近平同志为核心的党中央治边稳藏重要战略思想正确指导的结果；是县委坚强领导、县人大及其常委会有力监督、上级法院正确指导的结果；是县政府及相关部门大力支持、县政协民主监督、社会各界关心支持的结果；是全体人大代表和政协委员真诚帮助的结果。在此，我代表法院表示衷心的感谢并致以崇高的敬意！

在看到成绩的同时，我们也清醒地认识到，法院工作还存在许多问题和不足：一是面对日益尖锐复杂的反分裂斗争形势和维稳风险挑战，法院工作从被动处置向主动应对的转变尚需加强；二是加强干警综合业务能力的提升，知识的更新和司法能力有待加强；三是执行难问题还没有得到完全解决，执行案件积了又清、清了又积的现象没有得到根本遏制；四是基层基础还需要进一步加强，信息化建设兼容地接、联通共享格局有待完善。针对上述问题和困难，我们将进一步研究对策，制定措施，切实加以解决。

2019 年工作安排

2019 年，我们将迎来祖国 70 华诞、西藏民主改革 60 周年。我院将继续高举习近平新时代中国特色社会主义思想伟大旗帜，深入贯彻落实党的十九大、十九届历次会议精神，以实现审判权科学运行

为总要求，狠抓党建队建、执法办案、司法体制综合改革、智慧法院建设“四项重点任务”，勇当人民利益的忠实守护者，党的意志的忠实落实者，公平正义的忠实维护者“三个目标”。

一是认真执行“三会一课”制度，引导党员务必把旗帜鲜明讲政治摆在第一位，并贯穿于业务工作的方方面面，切实提高政治站位，强化政治担当，不断提高基层党组织战斗堡垒作用。继续严格落实中央“八项规定”及其实施细则，对腐败零容忍，努力构建不敢腐、不能腐、不想腐长效机制，不断促进干警清正、队伍清廉、司法清明。二是抓好执法办案第一要务。充分发挥“诉前联调”“法官包乡”等机制的作用，努力把矛盾纠纷解决在萌芽状态，把实现“努力让人民群众在每一个司法案件中感受到公平正义”的目标作为司法审判工作的最高追求和最终归宿，把宪法法律作为履职的基本遵循，严把案件事实关、证据关、程序关、法律适用关，努力把每一案件都办成经得起法律和历史检验的铁案，坚决守好社会公平正义的最后一道防线。三是坚持加强队伍建设，内强素质，外树形象，不断推进全面从严治党、从严治院向纵深发展。加强专业能力、专业精神、专业素养培育，全面提升干警的法律政策运用能力、防控风险能力、群众工作能力、科技应用能力，打造政治过硬、本领高强、作风优良的高素质法官队伍。四是以信息化建设为保障，全力建设智慧法院。对车载流动法庭进行科技化改造，规范巡回审判指挥调度，按照“2+1+1+X”的模式（即2名员额法官、1名法官助理、1名书记员、随机选取1名人民陪审员），组建2个专业审判团队，让法官多跑路、群众少受累，努力打造流动的诉讼服务中心。推进诉讼服务中心建设提档升级，增强司法服务的针对性、及时性和有效性。采取“调审一体化”，进一步精简办案流程，对简单民商事案件，坚持速立、速送、速调、速审、速判、速结，运用微信、短信等信息手段，通过拍照、语音留言等方式，灵活便捷地将诉讼材料发至案件当事人，使当事人与法院“零距离”。

各位代表，新时代、新征程赋予司法审判机关新责任、新使命。我院将更加紧密地团结在以习近平同志为核心的党中央周围，在县委坚强领导、县人大、县政府及其常委会有力监督和区高院的有力指导下，不忘初心、牢记使命，攻坚克难、砥砺奋进，不断开创法院工作新局面，为保障全县社会稳定、经济发展、群众安居乐业、提供强有力的司法保障，以优异成绩为祖国70华诞、西藏民主改革60周年献礼。

当雄县人民检察院工作报告

——在当雄县第十二届人民代表大会第四次会议上

当雄县人民检察院检察长　次仁多吉

（2019 年 3 月 30 日）

2018 年工作回顾

2018 年是改革开放四十周年，也是检察机关恢复重建四十周年。一年来，在县委、上级检察院的领导和县人大及其常委会的监督下，在县政府的支持和县政协的民主监督及社会各界的关心帮助下，我院以深入贯彻习近平新时代中国特色社会主义思想为指引，忠实履行宪法、法律赋予的职责，着力加强法律监督、自身监督和队伍建设，各项检察工作均取得新进步。

一、坚持政治建检，确保新时代检察机关正确政治方向

把政治建设摆在首要位置，旗帜鲜明地坚持党对检察工作集中统一领导。继续推进“两学一做”学习教育常态化制度化。组织开展加强政治纪律教育活动和“全面加强政治建检、打造过硬检察队伍”专项教育实践活动，积极做好新形势下检察机关党的意识形态工作，通过开展院领导带头讲党课、十九大知识竞赛、参观廉政教育基地等活动，抓好政治建检和从严治检，把牢正确政治方向。全年开展理论学习 20 次，支部学习 25 次，交流发言 30 人次，撰写心得体会 90 余篇，检察长、班子成员上党课 5 次，召开组织生活会 3 次，党风廉政建设专题会议 3 次，开展检务督查 6 次，召开意识形态工作安排部署会议 2 次，层层签订《党风廉政建设责任书》《队伍建设责任书》。

二、坚持围绕中心工作，服务大局迈出新步伐

紧紧围绕全县中心工作，依法充分履行检察职能，努力实现检察工作与经济社会高质量发展。

全力护航经济发展。在环保食品领域类开展生态环境司法保护，守护当雄绿水青山，积极开展生态检察专项工作，召开有关部门联席会议 1 次，开展生态走访 6 次，开展生态检察宣传 2 次。开展食品安全专项检查活动，启动公益诉讼诉前程序，下发相关检察建议，切实维护了广大人民群众“舌尖上的安全”。

深入推进扫黑除恶打非治乱专项斗争。建立完善了领导机制，制定实施方案，检察长担任扫黑除恶打非之乱专项斗争直接责任人，带头办案、靠前指挥，先后 2 次召开动员大会，召开专题会议 5 次，开展扫黑除恶法制宣传 5 次，刑事执行检察部门不定期对全县 8 个乡镇司法所监管的 11 名社区矫正人员进行了会见走访排查。积极配合县委中心工作，参加土地领域整治工作。长期派驻 1 名干警在县政法委扫黑办工作。办理打非治乱案件（开设赌场罪）1 件 2 人，批准和决定逮捕 1 件 2 人，此案公安部门移送时，经我院审查发现漏诉 1 人，后在审查起诉阶段，追诉 1 人。我院通过履行监督职责，既不让黑恶势力漏网，又确保办理的每一起案件经得起历史检验。

着力强化社会综合治理。紧贴人民群众法治需求，大力开展“法治进校园”“民族团结月”“12·4 国家宪法日”等普法宣传 10 余场次，发放资料 500 余份，提供咨询 150 余人次，其中抽派两名业务骨干到羊八井镇多吉林寺和羊井寺举办“宪法宣传”

主题讲座，受教育僧尼90余人。送法进我县幼儿园3次。充分发挥法制教育基地作用，10余家县直单位、企业和村委会干部到基地接受教育达350余人次。紧紧围绕县委工作大局，选派1名干警进驻1个行政村，协同其他驻村工作队员，对341户2000名群众进行面对面服务，化解矛盾纠纷5起，开展法律宣传活动5次，开展精准扶贫政策宣讲19场次，受教群众900余人，到纳木湖乡达布村开展慰问活动6次，送去慰问金和物资2万余元，用实实在在的举措服务群众。

三、突出主责主业，戮力同心维护司法公平正义

严厉打击各类刑事犯罪。今年共受理提请批捕案件8件11人，批准逮捕4件5人，不捕4件6人；受理移送审查起诉案件13件15人，向法院起诉13件15人，全部作有罪判决。认真贯彻宽严相济刑事司法政策，以无社会危险性不捕6人；对依法可不需要刑罚处罚的不起诉3人。高度重视未成年人司法保护，坚持“教育、挽救、感化”的方针，受理公安机关移送审查逮捕案件1件1人，该案属侵犯多名未成年人案件，为进一步保护未成年合法权益，依法严厉打击涉嫌未成年人的犯罪。该案经呈报上级院办理。

强化刑事诉讼监督。今年发出纠正违法通知书1份，提前介入重大案件引导侦查取证3次，与县公安局开展案件侦查经验交流活动5次，向县法院发出量刑建议11件，法院均予采纳。

强化民事行政监督。从观念上、力量上重视民行工作，切实提高监督效果。加大诉前检察建议工作力度，我院启动公益诉讼诉前程序，对我县羊八井镇附近山上利用捕猎铁丝钩非法捕猎野生动物行政处罚情况进行了全面调查，在调查中发现的问题及时反馈给了相关行政部门，发出检察建议2份，均得到相关单位的采纳并及时反馈了整改措施，取得了良好的社会效果。

四、全力改革攻坚，与时俱进完善检察运行机制

深入推进司法责任制配套改革。我院按照区检院和市院部署要求，全面推开司法责任制配套改革，结合自身实际，积极克服困难，先后完成了第二批员额检察官遴选、新增员额检察官3人，17名人员分类定岗、4名员额检察官等级确定和4名员额检察官等级晋升、工资套改和绩效考核奖金兑现等工作。同时，积极推进入额办案责任制改革。严格执行检察官权力清单，员额检察官全部配置到一线办案部门，按照权责相统一的原则承担办案任务，真正做到“谁办案、谁负责，谁决定、谁负责”。今年，检察长带头承办案件3件5人。

畅通监检衔接机制，形成打击职务犯罪工作合力。坚决拥护、坚定支持国家监察体制改革，全力支持、积极配合，共同建立办案职务犯罪衔接机制，按照要求于1月份率先完成6名编制和2名人员转隶。受理了县监察委员会移送的县公塘乡拉某涉嫌挪用公款一案，涉案金额124万余元，本着依法快捕快诉的原则，目前该案依法已向县法院提起公诉。

深入推进自身监督机制建设，深化检务公开。对近5年办理的案件卷宗开展了2次自评自查工作，评查案件40余件，发现各类问题19个，并及时将这些问题反馈给承办检察官，以工匠精神打造司法精品。持续发挥自媒体对展示检察工作的窗口作用，及时宣传展示业务工作情况、工作动态和检察官风采。今年，共公开案件程序性信息9条，公开法律文书11份。共通过案件信息自动告知系统向承办检察官及律师推送案件信息15条。通过微信公众号发布检察信息53条，新浪微博发布信息35条。今年共接待律师5人次，安排律师阅卷3次，提供电子卷宗2册。

五、强化从严治检，驰而不息抓好检察队伍建设

着力推进业务能力建设。积极适应新时代检察工作专业化、精细化、智能化的要求，认真组织干警参加上级院举办的各类业务培训和业务竞赛15次，每周二组织各部门开展“检察课堂”活动28次，参与人数260余人次。今年共派出12人先后赴国家检察官学院西藏分院业务培训，其中10人在国家检察官学院西藏分院业务培训；2人分别在江苏靖江区检察院和北京市东城区检察院挂职锻炼；1人在江苏如东县检察院挂职锻炼授予了个人三等功；检察干警业务能力得到快速提升。

严抓党风廉政建设。深入贯彻县委和上级院

关于党风廉政建设和反腐败工作会议精神，逐级签订党风廉政建设责任书，组织廉政知识测试1次，开展观看廉政教育专题片、集中学习等活动16次，认真学习贯彻党章和《准则》《条例》。引导全体干警心中有纪，切实维护党的纪律的严肃性和权威性。

强化执行力建设，提升服务发展的检察水平。不断凝聚检察发展合力，开展检察长领学、带头办案等工作，领导班子成员带头办案，引领示范效果明显。扎实推进队伍专业化、职业化建设，开展“小课堂”“微讲堂”等教育培训活动10余次，检察综合素能进一步提升。结合“捕诉一体”等机构改革部署，整合内部业务和人力资源，在刑事案件数量、民行案件数量增长，所有案件均有效办理。

六、增强宪法意识，自觉全面接受人大监督

我院采取多种形式加强同人大代表的联系，走访人大代表。迎接自治区人大常委会司法改革专题调研1次，向区人大常委会专题汇报司法体制改革、公益诉讼等重点工作2次，积极争取支持。

各位代表，检察工作在过去一年中所取得的成绩，是县委的坚强领导，人大的有力监督，政府、政协和社会各界热情关心、有力支持、真诚帮助的结果。在此，我谨代表全体检察人员，向各位领导、各位代表及社会各界人士表示衷心的感谢和崇高的敬意！

回顾2018年工作，我们清醒地认识到，检察工作仍然存在不少突出问题，一是服务经济社会发展的针对性，实效性有待增强，简单机械办案依然存在；二是各级检察工作发展不平衡，民行检察，行政检察尤为薄弱；三是司法办案质量，效率有待提升，一些纠正违法通知书，检察建议实效不高，质量不高，跟进落实宣传不到位；四是队伍政治业务素质仍需加强；五是公益诉讼宣传力度不够，办案力度不大；六是检察工作信息化，智能化水平有待提高，问题催人警醒，责任倒逼担当，我们一定紧盯不放，着力解决。

2019年工作安排

2019年，我院将以习近平新时代中国特色社会主义思想为引领，深入学习贯彻党的十九大精神，按照上级检察院总体部署，全面强化法律监督，纵深推进司法改革，深入实施智慧检务，着力建设过硬队伍，为当雄县经济社会发展、和谐稳定提供坚强有力的司法保障。

一、在讲政治、守规矩上下功夫，深化政治建检新内涵

坚定不移坚持党对检察工作的领导，增强“四个意识”，坚定“四个自信”，践行“两个维护”，始终在思想上政治上行动上同以习近平同志为核心的党中央保持高度一致。深入推进“两学一做”学习教育常态化制度化，结合政治纪律教育、“全面加强政治建检、打造过硬检察队伍”专项教育整顿活动，推动习近平新时代中国特色社会主义思想和党的十九大精神贯彻落实。自觉把纪律和规矩挺在前面，推动全面从严治党、全面从严治检，让检察干警知敬畏、存戒惧、守底线。

二、在顾大局、保平安上下功夫，应对社会稳定新挑战

深入贯彻落实习近平总书记关于治边稳藏的重要论述，坚持把维护国家安全和社会稳定摆在首位，依法严厉打击各类刑事犯罪。妥善应对处置涉检舆情。持续开展“扫黑除恶打非治乱”专项斗争，依法惩处黑恶势力及其“保护伞”犯罪，不断提升公众安全感。

三、在抓重点、创特色上下功夫，服务我县经济发展

突出做好防范化解重大风险、精准脱贫、污染防治“三大攻坚战”，依法严惩侵犯经济秩序和财产权益的犯罪，平等保护非公有制经济发展，全力维护生态屏障和舌尖安全。继续开展“强基础惠民生”活动，做好群众工作。

四、在攻难点、补短板上下功夫，推动检察监督新突破

坚持问题导向，着力深化诉讼监督，加强民事、行政诉讼监督，努力让人民群众在每一个司法案件中都感受到公平正义。推进监察法与刑事诉讼法的衔接、完善认罪认罚从宽制度和速裁程序落地落实，实现检察工作转型发展。

五、在强业务、提素质上下功夫，展现检察队伍新形象

切实担当起新时代赋予检察工作的新使命，把全面从严治党深度融入各项检察工作，坚持以党建带队建，充分发挥党支部的战斗堡垒作用，把党员凝聚到一起，努力锻造过硬检察队伍。积极开展“全面加强政治建检、打造过硬检察队伍”专题教育活动，调高定位，坚持用“全国模范检察院”标准自我要求，破除“庸懒散漫”，严格考核奖惩，持续营造争先进位的浓郁氛围。建立员额检察官上讲台制度，授课情况纳入检察官绩效考评。突出检务督察重点，加大内部点名通报曝光力度。强化司法责任制办案模式下的流程控制和监督制约，完善纪检监察部门与案件管理部门协同监督机制。

回顾过去，风潮激荡；展望未来，任重道远。新的一年里，我院将在县委、上级院的坚强领导下，主动接受县人大及其常委会的监督，在县政府、县政协和社会各界的支持下认真落实本次会议精神，牢牢把握检察工作新的时代坐标，坚定信念、把握机遇、凝聚力量、锐意进取，不断开创当雄检察工作新局面。

关于2018年国民经济和社会发展计划执行情况与2019年国民经济和社会发展计划的报告

——在当雄县第十二届人民代表大会第四次会议上

当雄县发展和改革委员会

（2019年3月29日）

一、2018年国民经济和社会发展计划执行情况

2018年是全面贯彻党的十九大精神的开局之年，是“十三五”时期承上启下的关键之年，也是决战脱贫攻坚、决胜全面小康社会的攻坚之年。一年来，在区、市党委、政府的正确领导下，在县委、县政府的坚强领导下，在县人大、政协的监督指导下，紧紧围绕年初确定的各项目标任务，坚持党对经济工作的统一领导，牢牢把握稳中求进、进中求好、补齐短板的工作总基调，坚定不移贯彻新发展理念，落实高质量发展要求，统筹推进稳增长、促改革、调结构、惠民生、防风险各项工作。不断深化实施“六大战略”，打好“三大攻坚战”，供给侧结构性改革深入推进，人民生活持续改善，保持了经济持续健康发展和社会大局稳定，较好地完成全年经济社会发展主要目标任务，全县经济焕发新活力，迈上新台阶。

（一）优化结构、提质增效，发展动力持续增强

一是经济发展提质增效。2018年全县地区生产总值达到19.91亿元，同比增长9.3%；全社会固定资产投资同比增长19.2%；地方财政一般预算收入完成3.94亿元，同比增长32%；社会消费品零售总额达2.11亿元，同比增长13.5%；农牧民人均可支配收入达15850元，同比增长10.6%；各项税收完成3.79亿元，同比增长141.4%；农林牧渔业增加值完成3.37亿元，同比增长3.7%，经济发展呈现稳中向好，好中提质的态势。

二是净土健康产业发展迈出新步伐。成功引进西藏高原蓝农业发展有限公司投资建设高原蓝牦牛产业加工厂，成功举办西藏首届牦牛产业高峰论坛、“中国好牛肉·纳木错好牛肉”主题牛人峰会，当雄“有身份证”牦牛肉的知名度和影响力不断扩大。积极探索新举措拓展区内外市场，实现牦牛肉销售订单4755.26万元，直接受益群众2000余户。净土牧场建设试点工作在郭庆村全面开展，完成草场租赁、牦牛入股及超载牲畜收购协议签订，流转草场13万亩，入股牦牛1541头，收购2279头。为全市乃至全区现代畜牧业发展发出了当雄声音、贡献了当雄智慧、提供了当雄方案。

三是实体经济不断发展壮大。营商环境持续优化，各类市场主体达2780余户，注册资金39.33余亿元。依托丰富的天然饮用水资源优势，成功打造“纳木错圣水”品牌，已形成“5100”中国知名商标、“纳措琼姆”自治区著名商标的天然饮用水产业，2018年签订订单37800吨，实现营业额4500万元。以羊八井地热电站为轴的光伏与风能产业连线成片发展的新能源产业园区，2018年总产值达8654.18万元，已成为推动全县经济社会发展的新

动力。

四是特色旅游文化产业深度融合发展。加快推进全域旅游，深入挖掘文化旅游内涵，推动旅游与特色文化深度融合。顺利推进姆蓝雪山、廓琼岗日冰川、阿热湿地等旅游景区（点）的开发建设，“行者·黑帐篷”游客服务中心系列中“牛气冲天”项目已建成并投入运营，游牧文化旅游产业示范园、康玛温泉酒店基本建成，“旅游+”产业体系建设不断完善。全年共接待国内外游客54.58万人，实现旅游门票收入4800万元。

（二）细化措施、定向发力，项目建设推进高效

一是项目建设有效投资稳步扩大。加强项目管理，依托国家重大建设项目库和在线审批监管平台，加大项目调度频次和督查力度，建立完善项目储备和滚动接续机制，积蓄发展后劲。2018年全县开复工项目85个，建设投资52.37亿元，其中：续建项目26个，建设投资12.45亿元；新建项目59个，建设投资39.92亿元。实施建设县城污水厂处理及收集系统工程、纳木错生态旅游建设项目及羊易地热电站等市级重点项目，109国道改扩建工程、S303、206、龙江线改扩建工程等一批关系群众切身利益的民生项目和长远发展的重大项目稳步推进。

二是招商引资积极扩大开放合作力度。立足产业和项目招商，深化实施“走出去”和“请进来”的招商战略，2018年共签约招商引资项目7个，实际到位资金20.4亿元。羊八井蓝色天国地热旅游开发等一批投资大、带动力强的项目相继落地运营投产。“羊八井—格达新能源产业园区”完成规划编制及评审工作，实现成功投产光伏发电项目3个，地热发电项目1个。

（三）补齐短板、强化弱项，三大攻坚战扎实推进

一是重点领域风险总体可控。深入贯彻落实中央、自治区关于打好防范化解重大风险攻坚战系列文件精神，全面加强重点建设项目领域的政府隐性债务风险，进一步加强政府和社会资本合作项目建设管理，积极主动清理、自查政府债务及隐性债务。

二是脱贫攻坚战取得新突破。完成向经开区、堆龙德庆区758户3135人的易地搬迁任务，实现657户822名搬迁群众稳定转移就业。依托畜牧、文化旅游、天然饮用水三大优势产业，投资10.36亿元，实施产业扶贫项目23个，目前，已投入运营项目11个。为7260名建档立卡群众和边缘户群众发放产业分红资金508.25万元。全县8个乡（镇）29个村（居）与北京东城区8个街道办事处、北京29家企业建立结对帮扶关系，并签订教育、文化旅游、医疗卫生、净土产业等相关结对帮扶协议18项。2018年全县1845户8288人越过贫困标准线，顺利通过国家第三方评估验收，实现脱贫摘帽。

三是生态环境治理有效。完成对全县10家采砂采石厂整合整治成6家的收购工作，顺利拆迁纳木错自然保护区107处临时建筑和45个摊位，完成纳木湖乡牦牛减畜50%的任务。大力实施大规模国土绿化行动，全面消除海拔4300米以下“无树村无树户”。投资5726.3万元，开展环境保护管理、环境质量监测、环境保护宣传、环境综合整治、环境保护基础设施建设等工作。积极推进城镇周边村庄“厕所革命”，实施建设公共卫生厕所53座，确保了旅游沿线、景区景点公共卫生厕所的公众需求。完成了27个行政村、8个乡（镇）、当雄县的自治区级生态创建工作，并获得自治区命名，自治区级生态乡（镇）、村分别达到100%。

（四）协调发展、实现普惠，不断增强人民群众获得感

一是基础设施逐步完善。组织编制县乡村振兴战略规划，大力实施以“神圣国土守护者、幸福家园建设者”为主题的乡村振兴战略。加大城乡环境综合整治力度，开展私搭乱建及占道经营行为专项整治工作，拆除街边违建建筑20余处。县城污水处理厂土建工程全部完成，羊八井镇全国特色小镇稳步推进，25个村级组织活动场所标准化建设全面完成，建设完成各类厕所27座，县乡基础设施进一步完善。群众出行更加便捷，新增农村公路通畅里程18.65千米，开通农村客运班线3条，全县乡镇客车通达率100%，行政村客车通达率75%。住房保障持续加强，实施建设干部职工周转房48套，农村房屋提升改造354户。投入资金4137.18万元实施防洪设施等重大水利项目，新增和改善灌溉面积

101万亩，新建和维修农村饮水点40个，有效保障了牧业生产和饮水安全。实施县城有线电视数字建设二期及电视台改造升级工作，全县广播电视覆盖率达到99.5%以上。

二是基本公共服务均等化程度提高。坚持把民生改善作为一切工作的出发点和落脚点，全年投入2亿多元用于民生福祉，占财政支出的七成以上。发展教育事业成效显著。累计投入资金3900万元，相继实施11所村级幼儿园、中小学浴室改扩建等教育基础设施建设。争取援藏资金5600余万元，实施高原学校供暖项目，实现了学前、小学、中学全覆盖。投入资金1000万元，兑现教师岗位津贴、表彰教学成绩突出的单位和个人。全县普惠性学前教育覆盖率达到100%，义务教育基本均衡县高标准通过国家验收。医疗卫生水平大幅提升。投入资金2000余万元，用于改善全县医疗卫生软硬件条件，先后实施县医院信息化建设、县疾控中心建设、宁中乡卫生院改扩建等项目建设。投入资金700万元，充实全县农牧区合作医疗大病统筹基金。全年为434对育龄夫妇开展免费孕检，未出现孕产妇死亡病例。全县筛查出的203名包虫病患者全部得到救治。全面加强就业创业。积极举办创业大赛及就业培训、招聘会，加大就业创业渠道。2018年应届高校毕业生实名登记311人，实现就业280人，就业率达到90.03%。农牧民劳动力转移就业1.2万人，2.4万人次，实现收入7000万元。开发就业再就业岗位821个，实现新增就业944人。城镇登记失业率控制在2.2%以内。

三是社会保障更加完善。全县城乡居民养老保险参保人数25667人，发放养老保险金共计559.5万元。城镇居民医疗保险参保人数2371人，征缴金额123.29万元。按照“应保尽保”的原则，全年兑现各类保障资金共计924.65万元。

各位代表，过去一年所取得的成绩来之不易，经验弥足珍贵。在肯定成绩的同时，我们必须清醒地看到，我县经济建设仍然存在产业发育程度低，生态环境脆弱，开发与保护的矛盾突出，基础设施等短板瓶颈依然明显，经济持续快速健康发展的基础仍薄弱等方面的问题。我们要高度重视，增强忧患意识，强化底线思维，采取有力措施，妥善有效应对。

二、2019年国民经济和社会发展计划

今年是中华人民共和国成立70周年、西藏民主改革60周年，也是全面完成“十三五”规划和全面建成小康社会至关重要的一年。做好2019年经济社会发展工作，要高举中国特色社会主义伟大旗帜，以习近平新时代中国特色社会主义思想为指导，深入贯彻落实党的十九大和十九届二中、三中全会精神，贯彻落实自治区九届三次、四次、五次全会和经济工作会议精神，按照市委九届三次、四次全会和县委九届三次、四次全会及经济工作会议的部署要求，坚持以人民为中心的发展思想，坚持稳中求进、进中求好、补齐短板的工作总基调，坚持新发展理念，坚持推动高质量发展，持续推进供给侧结构性改革，落实“六稳”要求，以处理好“十三对关系”为根本方法，深入实施“六大战略”，继续打好“三大攻坚战”，实施乡村振兴战略，加快构建现代产业体系，扎实做好稳增长、促改革、调结构、惠民生、防风险各项工作，保持经济运行在合理区间，提升全县人民获得感、幸福感和安全感，确保经济保持持续健康发展和社会和谐稳定，以优异成绩迎接新中国成立70周年和西藏民主改革60周年。

2019年全县经济社会发展的主要预期目标为：地区生产总值增长10%以上；地方财政一般预算收入增长10%以上；全社会固定资产投资增长10%以上；民间投资增长10%；社会消费品零售总额增长13%；规模以上工业增加值增长13%；招商引资实际到位资金增长10%以上；城乡居民人均可支配收入分别增长10%和13%以上；城镇登记失业率控制在2.2%以内；城镇调查失业率控制在5%以内。

围绕上述目标任务，我们将重点做好以下五个方面的工作：

（一）坚决打好三大攻坚战

打好污染防治攻坚战。全面总结环保督察好的经验做法，建立形成制度和长效机制，指导推动

污染防治工作。抓好大气污染源头管理，持续推进第二次全国污染源普查工作；进一步强化节能降耗工作，继续淘汰黄标车、燃煤锅炉；开展乡镇生活垃圾无害化处理试点工作，建成县城污水处理厂项目。常态化开展自然保护区执法检查、环境基础设施监管等，完善环境质量监测网络和环境执法监督体系，力争县城空气质量优良天数比率达到98%以上。巩固“禁白”工作成果，加快实施纳木错扎西岛临时居住及商业搬迁点草场生态恢复工程。进一步建立健全“河长制”工作体系，加快推进县域内河流整治保护工作，不断强化防汛抗灾能力。推进宁中乡拉曲河麦灵段防洪工程、拉萨市达曲河（当雄段）治理工程、堆龙曲羊八井镇防洪工程、县城区防洪工程建设。

打好精准脱贫攻坚战。坚持目标不变、靶心不散、频道不换，注重脱贫攻坚与乡村振兴战略有机衔接，突出补齐基础设施和产业“两个短板”，建设“水电路讯网、科教文卫保”等十项提升工程，重点做实畜牧业、天然饮用水、文化旅游、牧区改革“四篇文章”，引导融入净土健康、乡村旅游等特色产业，巩固提升脱贫攻坚成果，实现高质量脱贫。抓好净土牧场、乌玛塘乡农贸市场等11个扶贫产业项目发展运营；加快推进姆蓝雪山旅游目的地开发、行者·黑帐篷等12个扶贫产业项目建设进度。研究制定当雄县产业发展长远规划，完善产业利益联结机制，明确产业股权分配。加大技能培训力度，引导群众就近就便融入本地产业发展，增强贫困群众自我发展能力。

打好防范化解重大风险攻坚战。加大政策衔接力度，用好、用足、用活国家赋予我区的特殊优惠金融政策，全面提升金融服务实体经济的效率和水平，提高直接融资比重和金融资源配置效率，确保金融资源更多投向精准扶贫、小微企业、民营企业、涉农和绿色信贷等实体经济、重点领域和薄弱环节。创新政府投融资方式，依法规范政府举债融资行为，严格落实项目审批制度，对没有明确资金来源和制定融资平衡方案的项目，一律不予以审批。

（二）深入实施乡村振兴战略

建设生态宜居乡村。全面贯彻落实自治区乡村振兴战略规划，大力实施牧区人居环境整治三年行动计划，积极推进乡村治理体系和治理能力现代化，年底实现村庄环境整治率达到50%以上。科学规划布局，积极推进城镇周边村庄“厕所革命”项目。深入开展国家生态文明建设示范县创建工作，在年底前入选自治区向国家推荐国家生态文明建设示范县名单。加快推进羊八井镇污水处理厂、当曲卡镇及宁中乡垃圾转运站建设项目。完善乡村生态环境保护基础设施，推行“县城有公园、一村一林卡”创建活动，激发建设秀美家园的内生动力。

加快推进特色村镇建设。加快推进羊八井、纳木湖特色小城镇建设，试点推进城郊融合类村庄桑巴萨村、特色保护类村庄纳措村、高寒牧区类村庄郭庆村3个示范村建设，在城乡融合发展、生态环境保护、引导牧民群众整体搬迁等方面想办法、出实招，打造美丽乡村样板。加快推进海拔4500米以上牧民群众的搬迁工作，加快完成龙仁乡郭庆村226户1071人的整体搬迁。

抓好县城提质扩容。完善城市总体规划，拓展城市发展空间，深化“多规合一”，提升城市建设品质。全面启动“极净当雄”区域公共品牌、县城城市VI系统设计、纳木错景区提升总体策划与核心区概念性规划等规划编制工作。加快推进县城自来水厂安全饮水建设项目，保障人民群众饮水安全。重点抓好县城地热供暖工程（二期）、县城管线工程、县城停车场、当曲河县城沿岸整治提升、既有建筑节能改造等项目建设，着力打造整洁美观、文明有序的县城环境。

（三）探索构建现代产业体系

做大净土健康产业。坚持量质并举，加快传统产业转型升级，发展壮大特色优势产业，增强发展后劲。推进净土牧场、家庭牧场、养殖合作社基础设施升级改造及粪污资源化利用，实施牦牛规模化、标准化育肥，顺利申报国家级牦牛产业园项目落户当雄。推进集装化智能牧草生产项目建设，力争年底实现每周牧草产量8—10吨。试点实施牦牛母乳喂养项目，实现“大牛吃得好，小牛吃得饱”“一年一胎”的科学养殖目标。不断完善牦牛全产业链体系建设，大力开拓内地市场，实现“有身份证”的牦牛肉销售年收入5000万元以上。树立“互联网+”营销思维，探索新型营销思路，计划年内销售天然饮用水1亿元，实现销售利润1500万元以上。

做精文化旅游产业。有效利用开发全县旅游资源，加快推进“全域旅游”和“拉北环线”重点景区基础设施建设。加强赛马场游客集散中心管理经营，创新旅游服务形式，开放室内马场、阿热湿地骑马体验游和牦牛主题餐厅等旅游服务项目，大力宣传当雄马文化，将当曲卡镇打造成马文化特色小镇。不断完善“旅游+”产业体系建设，持续提升旅游吸引力，打造当雄全域文化旅游新名片。年内，实现康玛温泉酒店、廓琼岗日冰川及姆蓝雪山景区投入运营，收入分别达到500万元以上；加快完成“天湖·四季牧歌”2.0版的升级工作，实现收入达到500万元以上。力争年内游客接待量增长15%，旅游收入增长20%。

（四）狠抓项目建设促进投资拉动

加快推进重大项目建设。始终坚持项目建设总抓手，着力推进市、县重点项目建设，进一步加大109国道改扩建工程，S206、303，G561，龙江线改扩建工程等国家重点项目的建设服务力度。加快完成羊八井特色小城镇、县委党校、纳木错生态旅游项目等16续建项目；狠抓郭庆村小康安居工程、羌塘牧人汽车检测中心建设项目、县城自来水厂安全饮水项目等全面开工建设；重点抓好县城集中供暖工程（二期）、藏医院建设项目、康盛地热资源开发项目等项目前期工作；扎实开展基础设施等重点领域补短板项目储备工作。力促全年建设项目100个以上，力争年底完成固定资产投资达到100亿。全面启动“十四五”规划编制前期研究工作，力争9月底前谋划完成“十四五”储备项目。

着力破解项目落地难题。持续推进项目审批上的创新，结合信用平台建设，探索容缺审批、承诺制、多图联审等模式，提高项目审批“一网通办”水平，确保非涉密项目在线审批办理率达100%。以“一库两计划”为载体，建立形成投资落实、前期推动和建设管理“三位一体”项目推动机制，同时加大对上争取项目督促考核力度，严抓项目调度与考核，确保项目开工率、资金到位率、投资完成率、资金支付率达到高位水平。

（五）保障和改善民生

促进就业创业。把稳定就业放在更加突出位置，积极鼓励农牧民群众外出务工。继续办好各类招聘会、创业大赛、精准精品创业培训等系列活动，大力实施“订单+培训”模式，以培训促创业、以创业促就业。投入394万元，实施铁路沿线失地农牧民310余人汽车及装挖机驾驶就业技能培训。有效组织农牧民群众参与项目建设，将技术简单、农牧民施工队能够承接的工程项目交给当地农牧民施工队实施，惠民增收。切实做好未就业大学生群体和城镇困难人群就业工作，年内实现城镇新增就业350人，转移农村劳动力就业1.2万人。

推进教育现代化。推进城乡公共教育均等化发展，年内实施幼儿园新建2所、完成改扩建2所，动工改扩建中、小学教师宿舍4所，落地北京东城区帮扶当雄县教研与课堂互动网络建设。启动实施第四期学前教育行动计划，力争年底前完成27个村级幼儿园规范化建设。开展好自治区义务教育管理标准化示范学校评估工作，力争年底前全县10所示范学校通过市教育局审批。确保适龄儿童入学率达到99.5%以上，初中阶段入学率达到98%以上。

建设“健康当雄”。充分利用医疗组团式援藏这一政策优势，积极做好当雄县人民医院“二甲”创建筹备工作，不断提升医技服务水平。充分发挥我县的优势资源和藏医药资源积极培育新的健康产业，进一步探索“旅游+健康”服务业发展模式。启动实施母婴安全和健康儿童行动计划。继续做好“三病”、包虫病综合防治工作，加快推进藏医院项目建设，年底前完成7个乡（镇）卫生院的藏医馆建设。

繁荣文化体育事业。加快推进基层文化设施建设，加快建立县级融媒体中心，大力开发当雄自办台栏目。深入实施文化惠民工程，进一步提升乡（镇）综合文化站服务能力，组织好“文化惠民进万家”、农村电影放映工程等群众文化活动和惠民演出，优化“寺庙书屋”“农家书屋”服务，继续做好国家第三批公共文化服务体系示范区建设工作，巩固创建成果。注重游牧文化、马文化和牦牛文化等民族传统文化的挖掘、保护与传承。

落实住房保障。继续实施保障性住房建设，积极争取中央预算内投资和中央财政专项资金的支持，年内新建公租房244套，实施151户的棚户区改造。继续开展农村房屋提升改造和小康安居工程建设，改善中低收入群众和困难群众的住房条件。

各位代表，“雄关漫道真如铁，而今迈步从头越”，让我们更加紧密地团结在以习近平同志为核心的党中央周围，坚持以习近平新时代中国特色社会主义思想为指导，坚决贯彻落实区、市党委、政府的决策部署，在县委、县政府的坚强领导下，不忘初心、继续前进，敢于担当、主动作为，撸起袖子加油干，促进经济社会持续健康发展，为全面建成小康社会收官打下决定性基础，以优异成绩向中华人民共和国成立70周年、西藏民主改革60周年献礼。

关于当雄县2018年财政预算执行情况和2019年财政收支预算的报告

——在当雄县第十二届人民代表大会第四次会议上

当雄县财政局

（2019年3月29日）

一、2018年财政预算执行情况

2018年全县财政工作在县委的坚强领导下，在上级财政部门的关心和支持下，在北京市的无私援助下，高举习近平新时代中国特色社会主义思想伟大旗帜，认真贯彻落实党中央关于西藏工作的一系列决策部署，按照县委的要求围绕中心、服务大局，尽职尽责、扎实工作，重点突出"稳中求进、进中求好、补齐短板"的工作总基调，坚持新发展理念，紧扣社会主要矛盾变化，按照高质量发展的要求，统筹推进"五位一体"总体布局和协调推进"四个全面"战略布局，统筹推进稳增长、促改革、调结构、惠民生、防风险各项工作，打好防范化解重大风险、精准脱贫、污染防治攻坚战，凝心聚力，真抓实干，创新突破，改善民生，着力推进经济社会持续健康发展。

（一）全县2018年度年初一般公共预算安排情况

当雄县十二届人大三次会议批准的2018年度全县地方财政收支预算为：财政总财力86858.23万元，其中：地方一般公共预算收入30800万元，返还性收入1300万元，一般性转移支付收入51023.88万元，专项转移支付收入2734.35万元，调入预算稳定调节基金1000万元。

2018年年初一般公共预算支出86858.23万元，其中：一般公共服务支出20809.26万元，国防支出300万元，公共安全支出6967.15万元，教育支出29184.08万元，科学技术支出837万元，文化体育与传媒支出1881.29万元，社会保障和就业支出4380.87万元，医疗卫生与计划生育支出2918.94万元，节能环保支出799.08万元，城乡社区支出2008.02万元，农林水支出9263.5万元，交通运输支出38.24万元，资源勘探信息等支出348.22万元，商业服务业等支出181.03万元，国土海洋气象等支出1240.6万元，粮油物资储备支出40万元，预备费616万元，其他支出2044.95万元。

（二）全县2018年一般公共预算执行情况

自治区、拉萨市财政对我县的财力补助不断增加和地方财政收入超收，2018年全县财政总财力145370万元，比上年决算增加23544万元，增长19%。其中：一般公共预算收入39401万元，比上年决算增加9490万元，增长32%；返还性收入5990万元，比上年决算增加3854万元，增长180%；一般性转移性支付收入61809万元，比上年决算减少4878万元，下降7%；专项转移支付收入36438万元，比上年决算增加14676万元，增长67%；调入预算稳定调节基金1732万元。

全县一般公共预算收入39401万元，其中：税收收入完成37932万元，比上年决算数增加22243万元，增长142%；非税收入完成1469万元，比上年决算数减少12753万元，下降90%。

2018年一般公共预算转移性支出145370万元，

其中一般公共预算支出136034万元(一般公共服务支出32520万元,国防支出300万元,公共安全支出7704万元,教育支出33655万元,科学技术支出295万元,文化体育与传媒支出1967万元,社会保障和就业支出5919万元,医疗卫生与计划生育支出8010万元,节能环保支出3147万元,城乡社区支出6508万元,农林水支出29800万元,交通运输支出130万元,资源勘探信息等支出349万元,商业服务业等支出986万元,国土海洋气象等支出1241万元,住房保障支出2338万元,粮油物资储备支出300万元,其他支出865万元),补充预算稳定调节基金9336万元。

二、2018年财政主要工作

(一)加强财政宏观调控,促进经济又好又快发展。2018年全县财政工作在县委、县政府的正确领导下,积极应对严峻复杂的宏观经济形势,解放思想,迎难而上,共克时艰,认真贯彻落实“稳增长、促改革、调结构、惠民生、防风险”各项决策部署,全力以赴抓收入,多措并举优支出,确保民生改善和重点建设支出需求,全县财政收入保持了平稳增长态势,有力支持了全县经济社会跨越式发展。加强收入征管,做到应收尽收。财政局积极与税务部门加强协调配合,完善征管手段、加大稽查力度、挖掘增收潜力、堵塞征收漏洞,保证了税收收入的平稳增长和及时足额入库。与此同时,进一步完善行政事业性收费收入缴入国库工作。截至2018年底,实现税收收入37932万元。

(二)不断加大“三农”投入,推进社会主义新农村建设。按照县委关于巩固和加强农牧业基础地位,全面推进农牧区小康建设的精神,遵循“因地制宜,突出重点,农牧结合,协调发展”的指导方针,继续加大对农牧业的投入,全面推进社会主义新农村建设。加大涉农资金投入,全县农林水事务支出达到29800万元。安排资金11557万元,用于农林业发展;安排资金3610万元,用于水利发展;安排资金14633万元,做好农业综合开发及扶贫工作,加快贫困群众增收步伐。

(三)坚持保障和改善民生,健全社会保障制度体系。按照以人为本的要求,把保障和改善民生作为推进改革、促进发展、维护稳定的大事。截至2018年末,社会保障和就业支出达到5919万元。一是完善城乡社会保险制度。及时足额发放离退休人员养老金,实现了养老保险制度全覆盖。二是完善城乡各项保险制度。做足做实职工医疗保险个人账户,在职职工保健经费直接记入本人医疗保险账户;三是继续提高标准,保障特困群众基本生活需要。调整了城镇居民最低生活保障标准和农村居民最低生活标准、“五保户”供养标准。四是落实自然灾害资金,确保受灾群众生活。

(四)大力支持社会事业发展,促进基本公共服务均等化。全县教育支出达到33655万元。支持城乡义务教育、薄弱学校改造和校园安全建设,改善办学条件,提高教学能力;进一步提高城乡义务教育保障水平,继续免收城镇义务教育阶段在校生学杂费、作业本费。将城镇困难家庭子女纳入“三包”经费保障范围,进一步提高义务教育阶段“三包”经费保障标准。医疗卫生支出达到8010万元。及时下达鼠疫防控、农村医疗救助、公共卫生项目等专项经费,进一步改善基层卫生室医疗条件。

(五)完善政法经费保障机制,确保社会局势稳定。按照“稳定压倒一切”原则,2018年,投入资金7704万元,不断加大反分裂斗争和维护稳定工作的投入力度,促进全县社会局势稳定和长治久安,支持民族宗教、治安巡防、流动人口服务与管理、政法部门维护稳定等工作,提供了有力保障。

(六)深入推进财政科学化精细化管理,强化财政监督稳步推进国库集中支付改革。一是完善政府预算体系。按照新《预算法》要求,编制公共财政预算、政府性基金预算、国有资本经营预算、社会保险基金预算,建立定位清晰、分工明确的政府预算体系,加大政府性基金预算与一般公共预算的统筹力度。二是盘活财政存量资金。进一步提高财政资金使用效益,对存量资金实行常态化、制度化管理。三是规范专项资金管理。根据上级要求,推进国库集中支付改革,加强专项资金管理,专项资金统一通过国库单一账户直接支付。四是公开财政预决算。进一步扩大范围细化内容，将县本级财政及预算单位年度财政预算、部门预算及“三公”经费预算信息和年度决算信息向社会全面公开，接受社会监督。全面推行国库集中支付制度改革，建立了以国库单一账户为核心的集中支付体系，使财政资金更加透明高效安全运行。

各位代表，在县委的正确领导下，通过全县广大财政干部的共同努力，2018 年各项财政工作取得了新的成绩。在总结成绩的同时，我们也清醒地认识到，当前我县财政工作中仍然存在着一些薄弱环节，一是目前影响我县经济发展的不确定因素较多，要实现财政增收和经济发展的目标面临着很大的压力和严峻的考验；二是随着各项社会事业的进一步发展和反分裂斗争的不断深入，财政刚性支出因素增多，给我县财政增添了新的难度；三是财务管理存在混乱现象，需进一步规范财务管理问题。对于这些问题，我们将认真研究，通过创新理念、更新观念、加强管理逐步加以解决和完善。

三、2019 年财政收支预算(草案)

根据新《预算法》《国务院关于编制中央预算和地方预算的通知》(国发〔2015〕65 号)要求，结合我县国民经济和社会发展目标以及全县财力情况，我们认真编制完成了 2019 年全县财政收支预算(草案)，现将有关情况说明如下：

(一)预算编制指导思想

高举习近平新时代中国特色社会主义伟大旗帜，贯彻落实党的十九大和十九届二中、三中全会精神，特别是“治国必治边、治边先稳藏”的重要战略思想和“努力实现西藏持续稳定、长期稳定、全面稳定”的重要指示，贯彻落实中央经济工作会议和区、市经济工作会议精神，坚持稳中求进、改革创新，继续实施积极的财政政策，确保实现稳增长、促改革、调结构、惠民生、防风险的宏观调控目标；充分发挥财税政策促进产业结构调整、经济转型升级和培育发展新动力的重要作用，加大财政资金统筹使用力度，盘活存量、用好增量，优化财政支出结构，突出“六大战略”，重点保障基本民生支出，从严控制一般性支出。深化财税体制改革，健全政府预算体系，完善预算管理各项制度，加大预算统筹力度，切实推进预算公开透明。加强地方政府性债务管理，切实防范财政风险，促进经济持续健康发展。

(二)预算编制基本原则

1、预算安排总体坚持量入为出，收支平衡。预算支出安排充分考虑财力可能，按照轻重缓急的顺序，优先考虑刚性及重点支出需求，确保年初预算编制收支平衡，不编赤字预算。

2、收入预算安排坚持实事求是，积极稳妥。收入预算安排充分考虑国家及自治区政策调整因素，结合预算执行情况，既保证一定增幅，又确保与全县经济社会发展实际相适应。

3、支出预算安排坚持量入为出，统筹兼顾。支出预算安排坚持有保有压、重点突出。牢固树立过紧日子思想，严格控制各部门、各单位的机关运行经费和楼堂馆所等基本建设支出，进一步压缩“三公”经费支出。将财力更多地向基层民生等重点领域倾斜。

4、预算编制工作力求全面完整，讲求绩效。将政府的收入和支出全部纳入预算管理。及时将拉萨市对下转移支付提前告知有关单位，将资金尽可能地落实到具体项目和单位。据实安排项目支出预算。加大结余结转资金统筹力度。推进预算绩效管理，提高财政资金使用效益。

(三)2019 年全县公共财政收支预算安排情况

——全县公共财政预算总财力。2019 年全县公共财政预算总财力为 108988.74 万元，比上年年初公共预算增加 22130.51 万元，同比上涨 20.31%。其中：一般公共预算收入 37900 万元，返还性收入 2935 万元，一般性转移执支付收入 56588.49 万元，专项转移支付收入 4565.25 万元，动用预算稳定调节基金 7000 万元。

——全县地方公共财政收入预算安排。2019 年全县地方财政一般公共预算收入安排 37900 万元，比上年预算增加 7100 万元，增长 23.05%。其中：税收收入 20100 万元，非税收入 17800 万元。

——全县公共财政支出预算安排及保障重点。全县财政一般公共预算支出安排 108988.74 万元，比上年预算增加22130.51万元，同比增长20.31%。按照现行收支分类，2019年度全县财政一般公共支出分项目安排情况为：

1、一般公共服务安排22486.04万元，比上年增加1679.78万元，增长8.06%。

2、国防支出安排510万元，比上年增加210万元，增长70%。

3、公共安全支出安排7144.86万元，比上年增加177.71万元，增长2.56%。

4、教育支出安排24601.77万元，比上年减少4582.31万元，下降15.7%。

5、科技支出安排924万元，比上年增加87万元，增长10.39%。

6、文化旅游体育与传媒支出安排1879.41万元，比上年减少1.88万元，下降0.09%。

7、社会保障和就业支出安排9701.05万元，比上年增加5320.18万元，增长121%。

8、卫生健康支出安排4410.26万元，比上年减少1508.68万元，下降25.49%。

9、节能环保支出安排1240.09万元，比上年增加441.01万元，增长55.19%。

10、城乡社区事务支出安排4404.26万元，比上年增加2396.24万元，增长1.19倍。

11、农林水事务支出安排13143.01万元，比上年增加3879.51万元，增长41.88%。

12、交通运输支出安排369万元，比上年增加330.76万元，增长8.65倍。

13、资源勘探信息等支出安排11363.93万元，比上年增加11015.71万元，增长31.63倍。

14、自然资源海洋气象等支出安排1822.2万元，比上年增加581.6万元，增长46.88%。

15、住房保障支出安排2500万元，上年无列支此科目。

16、粮油物资储备支出安排146.82万元，比上年增加106.82万元，增长2.67倍。

17、灾害防治及应急管理支出354.43万元，上年无列支此科目。

18、预备费安排1090万元，按一般公共预算支出的1%计提。

19、其他支出安排897.6万元。

（四）围绕民生财政，提高保障水平

本年度财政公共支出中，除优先保证人员工资发放和行政事业机构的正常运转外，重点支持县委、县政府各项中心工作有效开展，支持全县经济社会协调可持续发展，支持各项民生政策全面落实。初步计划，2019年县本级财政支出主要向以下方面倾斜：

——加强社会保障，切实保障和改善民生。2019年计划对教育、科技、文化、卫生、社保、环境保护等社会公共事业投入42756.58万元。继续改善城乡各类教学机构特别是农村中小学办学条件，加快职业教育发展。落实好教育“三包”“两免一补”和非义务教育阶段贫困生救助政策，改善教职工生活待遇。支持文化产业加快发展，打造特色旅游文化品牌；继续支持广播电视、新闻出版、群众文化等事业健康发展。支持全县精神文明建设，提高全民素质；继续把医疗卫生工作重点放在农村，提高农村公共医疗保障能力。进一步改善医疗机构办公条件。进一步完善养老保险、医疗保险、失业保险、生育保险、工伤保险；加大对精准扶贫的扶持力度，妥善解决困难群众生产生活问题；重点支持农牧民转移就业，鼓励大中专毕业生自主择业。

——加强公共安全，努力实现长治久安。2019年计划安排公共安全支出7144.86万元。其中包括社会治安综合治理专项经费、突发公共事件应急处置资金、普法专项资金、消防专项经费、处置疑难信访案件专项经费、加强和创新寺庙管理经费等。支持突发公共安全事件应急处突工作；支持社会治安综合治理、平安当雄建设及流动人口服务与管理，加大对社会面的管控力度；提高消防救援经费保障标准；加大解决社会热点、难点问题的资金投入，妥善处理疑难信访案件，化解社会矛盾，维护社会正常秩序和社会局势的长期稳定。

——加强基层政权建设，保证基层党组织正常运行。为保障我县基层组织的建设，县委、县政府不断加大财政投入，为基层组织的政权建设、活动开展、人员培训等各方面都提供了强有力的资金保障，确保基层组织工作健康发展和人员队伍的稳定

成长；加大基层党组织工作和活动经费投入，丰富基层党组织的活动内容和形式；加强党的路线、方针、政策的宣传力度，进一步提高基层党组织的战斗力和凝聚力；加强基层政权建设，保障基层党建经费。大力支持基层组织的“三个培养”工程建设、加强基层干部技能培训、提高基层干部管理水平、投入党员教育培训费、保障基层组织干部培训工作顺利开展；建立党内激励关怀帮扶资金。走访慰问“三老”人员、尽能力帮助慰问贫困党员、结对帮扶有困难的党员。

四、依法理财，科学管理，确保2019年财政一般公共预算任务圆满完成

各位代表，新的一年，站在新的起点，我们将在县委、县政府的坚强领导下，认真贯彻落实新预算法、监督法等法律法规，自觉接受人大监督，虚心听取政协的建议和意见，奋发进取、开拓创新、扎实工作，努力完成2019年财政预算任务，为我县全面建成小康社会做出新的积极贡献。

（一）抓增收节支出，确保财政平稳健康运行。高度关注经济走势和中央财税政策调整影响，加强财政运行动态分析。牢固树立勤俭节约的思想，严格控制一般性行政支出，控制会议规模、档次，对公车购置及运行费用、公务接待费用等实行更严格的管理。进一步强化公共预算执行意识，加强公共预算执行的监督和管理，增强部门公共预算执行的严肃性和约束力，切实做好公共预算平衡工作。

（二）抓对上争取资金和项目，增强全县经济发展后劲。充分发挥财政资金导向性、引导性和“四两拨千斤”的效益，引导和鼓励民间资本投向重大基础设施、重大民生项目、新兴产业和现代服务业等项目。积极向上争取资金，认真研究、准确把握国家产业政策和投资导向，立足于早计划、早动手，加强前期调研和筛选工作，建立起完备的项目库，增强横向联系、纵向沟通，保证对上争取资金和项目工作落到实处，取得新突破。

（三）抓深化改革，不断提高财政管理水平。一是深化预算改革。及时据实调整预算编制系统软件的参数设置，提升部门预算科学化、精细化水平，建立全面规范透明、标准科学、约束有力的预算制度。二是加强政府债务管理。妥善处理存量债务，控制新增债务规模，对债务进行风险预警，做好化解债务工作，逐步降低财政风险。三是进增强绩效评价理念。把绩效理念融入预算编制、执行、监督管理全过程，不断提高财政资金使用效益。四是严格预决算公开。扩大公开范围，细化公开内容，规范公开方式，强化社会监督。五是强化国库集中支付管理。积极推进财政电子化建设，不断完善国库集中支付改革，实现所有预算单位全覆盖国库资金动态监控和预警处置体系。六是健全乡镇财政所管理职能。全力推进标准化财政所建设。七是强化财政自身建设。进一步转变作风，提高工作效率，以财政信息大平台建设为依托，提高财政管理质量和水平；同时加强财政廉政制度建设，严肃财经纪律，规范职权行为，全面提升财政干部队伍整体素质，努力建成一支群众满意的财政干部队伍。

各位代表，2019年是新中国成立70周年，是西藏民主改革60周年，也是决胜脱贫攻坚、全面建成小康社会关键之年，做好各项工作意义重大。我们将牢牢把握“四个全面”这条主线，在县委、县政府的坚强领导下，自觉接受人大对财政工作的指导和监督，认真听取政协委员的意见和建议。高举习近平新时代中国特色社会主义思想伟大旗帜，深入贯彻落实党的十九大和十九届二中、三中全会精神，认真贯彻落实习近平总书记关于治边稳藏的重要论述和一系列重要指示批示精神，坚持党的治藏方略，统筹推进“五位一体”总体布局，牢固树立和贯彻落实新发展理念，坚持以人民为中心的发展思想，继续改革创新，坚定信心，团结协作，开拓进取，扎实工作，为全县经济跨越式发展、社会局势长治久安、奋力建设“美丽幸福新当雄”，抒写中国梦当雄新篇章提供强有力的物质保障。

综 述

【地理位置】 当雄县属拉萨市纯牧业县，位于西藏自治区中部，藏南与藏北的交界地带，拉萨市北部，距拉萨市170千米。县域国土面积1.23万平方千米，平均海拔4300米。地理坐标为北纬29° 31′ —31° 04′，东经90° 45′ —91° 31′ 。北部与班戈县、那曲市相接，南与林周县、堆龙德庆区交界，东部一隅与那曲嘉黎县相连，西南与尼木县毗邻，青藏公路（国道109线）由东向西横贯全境。东北至西南须长，长185千米，西北至东南狭窄，宽约65千米，其中最窄处约34千米。

【概况】 当雄县下辖6乡2镇、29个村（居）委会，172个村民小组，全县总人口52351人。在职干部职工1927人，退休干部职工353人，全县共有基层党组织306个，基层党支部267个，党员4936人，其中牧民党员3428人。现有中学1所，在校生2164人，教职员工182人；小学9所，在校生5659人，教职员工342人；幼儿园29所，在园幼儿2042人，教职工56人；有"牧家书屋"28个、"寺庙书屋"22个、文化站8所（含县文化活动中心）、文艺演出团体1个；县中心医院1所，医务人员72人，乡镇卫生院7所、医务人员91人；防疫站1所，专职人员11人；特困人员114人；享受城镇最低生活保障333户、590人，享受农村最低生活保障553户、2310人。全县共有各类宗教场所24个，其中有僧无场所2个，嘎巴点13个，旦康2个，大型寺庙4座，小型寺庙3座。

【经济发展】 2018年，全县完成地区生产总值19.91亿元，同比增长9.3%；全社会固定资产投资同比增长19.2%；社会消费品零售总额2.11亿元，同比增长13.5%；地方财政一般预算收入完成3.94亿元，同比增长32%；农牧民人均可支配收入15850元，同比增长10.5%。全年共接待国内外游客54.58万人，实现旅游门票收入4800万元。以羊八井地热电站为轴的光伏与风能产业连线成片发展的新能源产业园区，2018年总产值达8654.18万元。2018年当雄净土公司共签订牦牛肉订单4755.26万元，销售有"身份证"牦牛肉200吨，牦牛2000余头，实现营业额2000余万元。成功打造"纳木措圣水"品牌，2018年签订订单37800吨，实现营业额4500万元。

【气候】 受大气环流和地形影响，当雄县气候的主要特点为：冬季寒冷、干燥，夏季温暖湿润，雨热同期，干湿季分明，天气变化大。2018年年均温度1.7℃，年均降雨量459.6毫米，年均蒸发量1891.4毫米，年均日照时数2837.9小时，年均太阳辐射总量187.9千卡／平方厘米每年，年均≥0℃，无霜期62天，积温1800℃，无霜期仅62天，牧草生长期仅90—120天。地表温度平均为4.8℃，从头年11月至翌年4月有6个月的土地冻结期，全年八级以上风力平均达17.8天，多发生在十二月至第二年三月之间。大雪、冰雹、霜冻、干旱、大风等自然灾害频繁。

【地貌】 当雄地貌类型复杂。著名的念青唐古拉山脉沿县的西北横穿全境,海拔 7111 米的主峰位于县辖宁中乡境内,第十一届亚运会圣火取自念青唐古拉山主峰下。总地势由西北向东南倾斜,东北部为高原平原,西北部和东南半壁皆为高峻山地,其间夹着近同念青唐古拉山走向的山间构造宽谷盆地,呈现岭谷平行相间的较有规则的条状地形。盆地海拔都在 4200 米以上,山地海拔最高为念青唐古拉主峰 7111 米,相对高差 3000 米左右。在北部高原平原上,有西藏第一大湖——纳木错。地貌分为四个地貌单元,西北部冰蚀高山、极高山,东部高寒中山,北部高原湖盆地和中部洪积宽谷盆地。

【水文】 当雄县水域面积 12.744 公顷,占总面积的 12.7%,其中河流面积 1262.75 公顷,湖泊面积 7.6 公顷,沟渠面积 5. 81 公顷,水工建筑物(电站)面积 1.93 公顷,冰川及永久性积雪面积 5.03 万公顷。河流总长度 1152180.0 米,平均水面宽度 10.1 米,水系密度 115.6 米/平方千米。境内河流有桑曲、布曲、当曲、拉曲、尼木玛曲等,是拉萨河的主要支流和发源地,也是当雄——羊八井盆地、沼泽、草甸地带的水源所在,北部纳木错湖区为内流水系,水流注入纳木错。

全县地表年平均径流量 23.80 亿立方米,主要河流是典型的以雨水补给为主,融水和地下水补给为辅的河流,有着非常丰富的水资源,水利开发有极大的优势。

【水资源】 由地表水和地下水构成。地表水溪河流与山川相倚,呈支状分布。以念青唐古拉山为分水岭,分别注入纳木错湖和汇入拉萨河,注入雅鲁藏布江。县境内较大的河流有桑曲河、拉曲河、布曲河、秀古河等。主要河流以雨水补给为主,冰雪融水地下水补给为辅。地表径流量年平均 23.8 亿立方米。湖泊面积 7.6 万公顷。纳木湖储水量 228.06 亿立方米。永久积雪储量 252 亿立方米。地下水资源丰富,埋藏浅,水质好,可供人畜饮用。热泉资源比较突出,羊八井地热温泉涌水量为 1000 立方米/秒。当雄县水域面积 19.61 万亩,冰川积雪面积 19.02 万亩,山沟溪水密布,水源丰富。当雄县草场灌溉引用秀古河、雄嘎姆沟、罗荣沟、白朵沟等水源挖灌,根据实地调查,这些水源是典型的以雨雪水补给为主,地下水补给为辅的溪流,水质优良,为重碳酸盐类钙组水,属软水,适宜农牧业用水和人畜饮水。

【矿产资源】 当雄县境内矿产资源有砂锡、铅锌、玉石、商岭土、石膏、火山灰、石灰石、水晶石、硫黄、泥炭等,其中以羊八井热田和羊易热田最为著名,已探明并开采的矿产资源有乌玛乡的石膏矿,储量 1 亿吨,还有高岭土、火山灰、铝锡、铅锌矿和以铜矿为主的稀有金属矿,均有相当的储量和品质。

【旅游资源】 当雄县主要名胜古迹和旅游景点有:世界海拔最高的咸水湖——纳木错、历史名称冲嘎固始汗夏宫遗址、享有盛名的藏传佛教噶当派创始人——仲敦巴旧址、藏北八塔、嘎洛寺(噶举派)、羊井寺(噶举派)、康玛寺(格鲁派)、多吉林寺(噶举派)。羊八井镇拥有驰名中外的地热电站,喷景壮观;海拔 4718 米的纳木错是西藏著名的佛教圣地之一,是全国第二大咸水湖,享有“圣湖”的美誉;与“圣湖”遥遥相对的是“神山”念青唐古拉山;主峰下是 1990 年第十一届亚运会圣火采集点,同时也是牧民从事宗教活动及赛马、赛歌的好地方。当雄县宁中度假村借用天然的温泉资源,配以相应的设施,是一个旅游修养的绝佳之地。

【自然资源】 当雄自然资源丰富,境内草场广阔,天然草场总面积 691500 公顷,林地 90398.29 公顷,年鲜草可利用量为 629336.95 吨。当雄天然草场分为 4 个草场类,6 个草场亚类,15 个草场组,33 个草场型。优良草场占全县可利用草场的 68%,质量中等的占 29%。根据 2011 年草原生态保护补助奖励机制核定:草畜平衡理论载畜量为 87.0399 万只绵羊单位的牲畜。当雄土地资源特点是:山地冰川、河谷多,高山寒漠土、祖骨土、草甸土、高山草原土、亚高山草原土、草甸土和沼泽土，高山草甸土是当雄分布最大、面积最大、最主要的土壤类型，占当雄土壤总面积的 51.85%，人工草场 32000 公顷，灌溉面积 6000 公顷。

【野生动物资源】 有野兔、盘羊、黄羊、野驴、土拨鼠、石羊、高原鼠兔、狐狸、黄鼠狼、狼、豹、猞猁、麻雀、乌鸦、雪鸡、山鸡、水鸭、黄鸭、大雁、白天鹅、黑颈鹤、秃鹫和鹰等。

【经济药用植物】 有冬虫夏草、藏贝母、藏雪莲、单子麻黄、红景天、龙胆、甘遂、云南黄芪等。

（拉姆次仁）

大事记

1月

2日 当雄县召开2018年第一次理论中心组学习,传达学习“中央经济工作会议”和“中共中央政治局民主生活会”精神。

5日 当雄县召开2018年经济工作会议,总结2017年全县经济工作,表彰先进,安排部署2018年经济工作。

7日 中国人民政治协商会议第二届当雄县委员会第三次会议召开。该次大会应到委员73人,因事因病请假22人,实到51人。

8日 当雄县第十二届人民代表大会第三次会议举行预备会,县人大常委会主任康加贵作讲话。大会应到104人,因事因病请假26人,实到78人。

10日 当雄县监察委员会正式成立,当雄县监察委员会的组建,标志着全县正风反腐工作进入了法制化、制度化的又一新阶段。

13日 西藏自治区社科院党委副书记、副院长、自治区社科联主席索林任组长的全区党委(党组)意识形态责任制及“四讲四爱”主题教育实践活动考核组到当雄县考核验收。拉萨市委常委、宣传部部长吴亚松陪同考核。

14日 当雄县委副书记、县长其美次仁带领区级、市级人大代表12人,参观清政府驻藏大臣衙门旧址、根敦群培纪念馆、达孜区唐嘎牦牛育肥基地和城关区奶牛养殖基地。

18日 为全面提升当雄县摩托车上户率,当雄县交警大队联合6乡2镇政府、派出所连续开展走村入户宣传工作,制作摩托车上户手续宣传资料,积极向群众宣传注册登记事项,为群众答疑解惑。

19日 当雄县人民法院举行新一届24名人民陪审员任命和宣誓仪式。

20日 县委统战部、民宗局组织召开当雄县2018年宗教界代表人士学习通报会。传达学习《党的十九大报告提纲》《县政府工作报告》及“中共当雄县委九届三次全委会”精神,并就2018年当雄县工作开展座谈。

21日 根据中央和区、市党委召开2017年度民主生活会的总体安排,经请示市纪委、市委组织部同意,当雄县召开县委常委班子2017年度民主生活会。

22日 为实践好中央关于“打造富于民族特色的文化品牌,弘扬民族文化,为中国特色社会主义文化事业可持续发展注入活力,满足人民群众多层次、多样化、多方面的需求,极大地丰富人民群众的精神文化生活”的需求,拉萨市文艺轻骑兵送欢乐下基层文艺演出团到当雄县进行演出。

25日 当雄县文广局被评为第七届全国服务农民、服务基层文化建设先进集体。

27日 为进一步精准救助、关爱留守、单亲、贫困、孤残、服刑在矫人员子女等重点青少年群体,团县委联合妇联、当雄县创业青年公益团积极开展

“青创扶贫、利暖当雄”节前关爱帮扶重点青少年活动，通过线上线下有机融合的新方式，把社会各界的关爱传递到重点青少年群体。

2月

1日 在春节、藏历新年来临之际，为及时将党组织的关怀和温暖送达离退休干部职工，拉萨市委组织部副部长、老干局局长央金，县委副书记、县长其美次仁，县委常委、宣传部部长格桑加措在拉萨市老年干部活动中心五楼会议室召开2018年离退休干部职工喜迎春节、藏历新年座谈会。

2日 “新时代、新梦想”2018西藏网络媒体新春走基层活动走进当雄县郭庆村，3位书法家现场，为郭庆村的乡亲们书写节日祝福语。

3日 拉萨市委常委、统战部部长阿努次仁到当雄县嘎洛寺、羊八井寺、多吉林寺看望慰问广大寺庙僧尼和驻寺干部（干警），并送去节日的祝福慰问。

5日 当雄县召开中央环保督察反馈问题整改推进会，会议对全县中央环保督察反馈问题整改任务进行分解，对中央环保督察反馈问题整改协调联络及信息报送等有关工作提出明确要求。

6日 拉萨市宣传部副部长、文明办主任张碧芳一行到当雄县慰问索朗多吉等9位国家级、自治区级、市级道德模范。

7日 在春节和藏历新年来临之际，为及时将党和政府的关心关爱送到全县干部群众中去，当雄县举行喜迎2018年春节藏历新年团拜会。

8日 当雄县公安局总结2017年公安系统工作，梳理经验、表彰先进、部署2018年重点任务，以过硬的作风保障全县各族人民过上平安、祥和、喜庆的春节和藏历新年。

9日 为传承中华民族尊老、爱老的传统美德，发挥中国共产党先锋模范作用，当曲卡镇机关党支部联合团镇委组织党团员、青年干部利用业余时间开展“关爱孤寡老人”志愿服务活动。

13日 拉萨市委副书记、市长果果带着市委、市政府的亲切关怀，到当雄县格达乡羊易村，看望慰问乡、村基层一线干部职工、驻村驻寺干部、僧尼代表。拉萨市副市长贡扎曲旺，市委统战部及市扶贫办领导，当雄县委副书记、县长其美次仁陪同。

16日 拉萨市副市长、当雄县委书记张正带着县委、人大、政府、政协的关怀，走访慰问全县节日期间坚守一线的工作人员。

3月

1日 当雄县交警大队在县城各主要街道及路口设立宣传点，举行“安全带—生命带”当雄主题执法教育活动，积极引导广大驾驶员自觉系上安全带，确保安全行车。

同日 为确保校车安全，防止发生安全事故，县交警大队联合县安监局、旅游局、教体局深入开展校车安全隐患排查整治工作。

2日 受降雪天气影响，全县境内多处路面积雪、结冰，道路安全隐患增多，各相关单位在采取交通保障措施的同时，重点加强易积雪、结冰道路的巡逻管控，引导驾驶员合理选择出行时间和路线，努力确保群众生命财产安全和道路交通安全畅通。

3日 召开2018年“扫黄打非”工作推进会，会议要求，深刻认识“扫黄打非”工作的重要性，进一步增强“扫黄打非”工作实效，牢记责任、不辱使命，全力打好2018年“扫黄打非”工作攻坚战。

4日 根据《中共当雄县委员会、当雄县人民政府关于全面推行河长制工作实施方案》要求，在全县河湖推行“河长制”，构建责任明确、协调有序、监管严格、保护有力的河湖管理保护机制，为维护河湖健康生命、实现河湖功能永续利用提供制度保障，对当雄县河长名单及河湖管理名录信息进行公布。

5日 全县范围内深入开展“文明餐桌、从你我做起”签名活动，“弘扬雷锋精神、共创文明拉萨”消防知识宣传活动，“清洁家园、共创文明”等学雷锋志愿服务。

6 日 多吉林寺管委会组织 30 余名寺庙尼姑开展“学习 + 安全生产消防演练”主题活动，既学习党的十九大精神，又开展了寺庙安全生产大检查及消防演练活动。

7 日 2017 年当雄县委、县政府把“四讲四爱”主题教育实践活动作为全年全局工作的一项政治任务，全县 6 乡 2 镇，12 所中小学，4 座寺庙，各嘎巴点；8912 名中小学生及教职员工；234 名寺庙僧尼；100 余名国有企业干部职工参加宣讲教育，拥有 184 名宣讲员，全县宣讲教育覆盖面达 98%。

8 日 当雄县文广局牵头组织成员单位对当雄县网吧、KTV 等文化经营场所进行扫黄打非专项检查，全面排查治理辖区文化经营场所各类安全隐患，杜绝各类事故的发生。

10 日 县委、县政府按照提前谋划、精心组织、周密部署，扎实推进工作思路，在全县广泛开展学习宣传贯彻党的十九大精神系列活动。

11—16 日 当雄县疾控中心协同县教体局对全县中小学、托幼机构进行全面消毒，同时对学校餐具消毒及食堂的两证情况进行检查。

12 日 拉萨市委常委、常务副市长暴剑到纳木湖乡扎西岛寺，仔细查看寺庙消防设施和安全制度，要求乡政府要落实安全生产主体责任，要严格排查安全隐患，做到发现一处，指出一处，整改一处，切实做到不留隐患、不留死角，有效预防安全事故发生。

13 日 当雄县全面展开中央环境保护督察反馈问题整改 2018 年第一次专项督察工作。

14 日 拉萨市委常委、常务副市长暴剑到宁中乡麦灵村检查指导工作，与村干部、驻村工作队和基层干部进行座谈，全面了解群众生产生活、维稳安保、基层党建、基层文化服务和强基惠民工作开展情况。

15 日 为进一步做好彩渠塘村安置工作，解决好搬迁群众实际困难，确保搬迁群众“搬得出、稳得住、能致富”。自治区脱贫攻坚指挥部办公室主任、自治区扶贫办主任尹分水，拉萨市副市长扎西白珍，拉萨市相关单位负责人一行到安置点调研。

19 日 当雄县羊八井镇开展宣传十九大讴歌新时代暨庆祝“3 · 28”感党恩文艺活动，庆祝西藏百万农奴解放 59 周年。

同日 当雄县 8 个乡镇相继开展“宣传十九大 讴歌新时代 暨庆祝‘3 · 28’感党恩 展现游牧文化”文艺活动。

20 日 拉萨市副市长、当雄县委书记张正到基层对牧民合作社发展情况、群众生产生活进行调研。详细了解郭庆村牧场育肥基地基本情况、经营状况和牧场为当地周边群众带来的收益情况。

同日 根据区市“七五”普法规划，县统战民宗部门联合县司法局，以法律七进活动为载体，以爱国守法为目标，以高僧大德、经师、广大宗教教职人员为对象，组织全县在编宗教教职人员开展法律知识考试。

21 日 为进一步完善“党委领导、政府负责、社会协同、公众参与、法制保障”的社会治理体制，深入推进“平安当雄”“法制当雄”建设，县综治办联合全县各级各部门走上街头，开展宣传活动，为广大群众提供法律咨询、政策讲解等服务。

同日 中交三公局国道 109 线那曲至拉萨段控制性工程施工 KZTJ-1 标项目经理部和羊八井镇共同举行“与爱心同行，温暖相伴”活动，并为羊八井中心小学的孩子们送去 200 件学习用品。

同日 当雄县组织召开易地扶贫搬迁动员部署会议，全面安排部署易地扶贫搬迁相关工作。

22 日 拉萨市副市长廖波到当雄县司法局调研指导司法行政工作。当雄县委副书记、县长其美次仁，县委常委、副县长游关涛陪同。

23 日 当雄县妇联联合县总工会在龙仁乡政府大院开展以“妇女维权——婚姻法、反家暴法”主题的普法宣传活动。

30 日 当雄县召开 2017 年度“双述”质询评议会，6 家单位党组织书记现场进行述责述廉并接受质询评议。以抓住“关键少数”，破解“一把手”监督难题，进一步压紧压实管党治党政治责任，督促党组织书记进一步增强“四个意识”，切实落实全面从严治党主体责任。

同日 中国共产党当雄县第九届纪律检查委员会第三次全体会议召开。出席该次会议的当雄县纪委委员 9 人，列席 190 人。

4月

2—4日 县委组织部联合县委党校举办当雄县新任村(居)组织班子成员专题教育培训班。通过对党的十九大精神、维护稳定、法律知识、精准扶贫精准脱贫、民生政策等方面知识的学习,努力培养造就一支政治上靠得住、工作上有水平、作风过硬、务实清廉的高素质新一届村(居)干部队伍,为建设团结美丽健康幸福新当雄提供坚强的组织保证。

3日 拉萨市召开质监工作会议,当雄县工信局在2017年目标考核中荣获一等奖。

同日 2018年当雄县水利建设计划投资项目7个,总投资10064.75万元,其中流域治理项目共4个[国家投资项目2个,水利补充贷款(PSL)项目2个],总投资7756.87万(国家投资4112.97万元,PSL贷款资金3643.9万元)。小型农田水利项目县建设工程1个,总投资1107万元(国家投资1000万)。农村安全饮水巩固提升工程68个点,PSL贷款900万元。6个乡(镇)供水工程总投资350万元(援藏投资)。

同日 完成总投资2173.87万元格达乡防洪工程所有招投标工作,施工单位已于3月25日进场施工,8月底完成项目建设。

同日 完成总投资1939.1万元的宁中乡曲才村车曲防洪工程、总投资1884.39万元的堆龙曲羊八井防洪工程、总投资1759.51万元的当雄县城区防洪工程三个项目的招投标公告,分别于4月13—15日完成招投标工作,4月25日进场施工,在9月初完成建设任务。

同日 投资1107万元的小型农田水利项目县建设工程,已完成国土规划、风险评估、景区核准等批复,正在委托第三方办理环评、水保手续。完成编制初设代可研报告,并通过市局的评审,待市财政局财政评审通过后下达实施方案批复,4月底完成招投标,5月中旬动工实施。

同日 总投资900万元,新建68处供水点(其中大口井51口,机井16处和管道引水1处),解决2173人的安全饮水问题。该项目前置手续已全部完成,计划2018年4月底完成招投标工作,6月底建设完成建设并投入使用。

同日 总投资350万元的覆盖6个乡镇供水工程,基本达到饮水入户的条件。该项目已完成相关设计工作,环评、水保等已委托第三方编制,4月初完成项目的相关评审工作,5月中旬完成项目的招投标工作,5月底开工建设,7月底完成项目建设并投入使用。

4日 拉萨市政府副秘书长张志军带队到当雄县督导检查中央环境保护督察反馈问题整改落实情况。

7日 为进一步提高医疗服务水平,优化医疗服务流程,创新医疗服务模式,改善广大牧民群众就医条件,宁中乡卫生院组织医疗团队到全乡30多个村组开展义务诊疗活动。

8日 在洛杉矶南湾半岛举办的2018年第15届世界民族电影节上,《天源·纳木错》荣获世界民族电影节最佳长篇故事奖。

9日 为进一步增强驾驶员、机械操作手安全意识,县交警大队联合公路养护段为50多名驾驶员、机械操作手开展安全生产培训。

10日 当雄县委理论中心组学习召开(扩大)会议,集体观看电影《厉害了,我的国》,共同感受新时代中国的辉煌成就,弘扬中国精神,凝聚思想共识。

10—11日 当雄县异地扶贫搬迁经开区、桑木林安置点分房抽签仪式在拉萨举行,全县758户精准扶贫建档立卡贫困户领到住房。

12日 当雄县召开国有企业干部职工大会。县委副书记、县长其美次仁要求,牢记重大使命,增强工作信心;认清严峻形势,增强忧患意识;增强大局意识,正确对待得失;上下齐心、形成工作合力。

15日 当雄县"牦牛产业万户脱贫项目"正式启动。项目计划投资10亿元,解决就业1000人,辐射带动牧区10000户家庭脱贫致富。

17日 当雄县召开畜牧工作暨重大动物疫病防控动员部署大会。主要是深入贯彻落实区市农牧业工作会议精神,回顾总结2017年畜牧工作,并对2018年畜牧业工作进行安排部署。

同日 拉萨市委组织部副部长杨栋章率各县

(区)组织部部长到当雄县参观村级组织活动场所标准化建设示范点。

18 日 拉萨市统计局局长旺堆罗布率领全市各县(区)统计局局长到当雄开展工作交流学习。

19 日 由北京国际城市发展研究院京津冀协同发展研究基地秘书长秦坚松带队的北京市支援合作办公室调研组对当雄县脱贫攻坚工作相关业务部门和乡镇代表进行座谈。

20 日 为促进"河长"工作制度化和常态化,提高治水成果的长效性,当雄县开展"河长制"巡查活动。

21 日 主题为"情醉姆蓝雪山.寻觅虫草之旅"的当雄第三届虫草文化旅游新闻推介会在拉萨香格里拉大酒店召开。

23 日 当雄县"拥抱新时代·践行新思想.展示新风采"暨迎"五一"庆"五四"篮球比赛正式开始。26 支男女代表队,共 260 余名运动员参加。

24 日 县扫黄打非联合县中学在图书馆开展"扫黄打非·护苗 2018 绿色进校园"活动。引导广大青少年儿童养成多读书、读好书、善读书的良好习惯,增强自觉抵制、远离有害出版物和信息的意识。

26 日 县委常务副书记、县委党校校长王猛在县中学向全校 1500 余名师生作"雪域高原 1949—2018"西藏历史专题讲座。

27 日 当雄县旅游管理局联合县公安局、消防大队、食药局等部门对全县旅游景点、餐馆、宾馆开展综合执法检查。

同日 当雄县召开 2018 年各项重点工作部署会议。全面总结 2017 年全县维稳、政府重点工作、党风廉政建设工作,部署安排 2018 年各项工作。

5 月

2 日 当雄县召开全县"消除无树户、无树村"推进会,通报"无树户、无树村"摸底调查情况,并分配 2018 年消除"无树户、无树村"计划,2018 年基本消除"无树户、无树村"计划,2019 年全县消除"无树户、无树村"计划任务。

同日 北京东城区委书记张家明在东城区政府接见当雄县委副书记、县长其美次仁带领的当雄党政代表团,并召开"2018 年东城·当雄扶贫协作"座谈会。

3 日 当雄县举办"庆祝五四运动 99 周年暨'不忘初心跟党走,青春筑梦新时代'才艺大赛"。

同日 当雄第三届虫草文化旅游节北京新闻推介会在东城区京泰龙国际酒店举行。

同日 当雄县召开全面推进农村集体资产清产核资动员部署会议,并对相关工作进行安排部署。

同日 在"五四"青年节即将来临之际,拉萨市副市长、当雄县委书记张正主持召开以争做"神圣国土守护者·幸福家园建设者"为主题的第六届优秀青年干部座谈会。

6 日 为确保九届县委第二轮巡查工作有序开展,县委巡查办举办九届县委巡查工作第一期业务培训会,对全县巡查干部开展业务培训。

7 日 当雄县召开 2018 年"四讲四爱"群众教育实践活动动员部署会,贯彻落实自治区、市党委关于深化"四讲四爱"群众教育实践活动的决策部署,安排部署当雄县"四讲四爱"群众教育实践活动。

8 日 当雄县第二届爱国守法先进僧尼代表赴内地考察学习班在拉萨举行。县人大常委会主任康加贵率领 30 名爱国守法先进僧尼代表到杭州、上海、成都等地参观考察学习。

9 日 当雄县九届县委第二轮巡查工作正式启动。

12 日 位于拉萨市当热路团结新村北门当雄净土"有身份证"的牦牛肉体验店正式开门营业。

13 日 以"精准服务促就业,汇聚人才促发展"为主题的招聘会召开,主要是促进当雄县贫困劳动力、易地搬迁户"以就业、促脱贫",确保安置点人员搬得出、稳得住、不回留。

14 日 西藏大学艺术学院院长、著名音乐作曲家、格萨尔学研究学者觉嘎认真调研当雄县山水文化的形成过程和文化主题历史背景。

同日 拉萨市首届运动会暨民族传统体育运动会胜利闭幕,当雄县代表团获得团体总分第三名的好成绩。

15 日 为深入贯彻党的十九大、十九届二中、三中全会精神，按照党中央、国务院决策部署，加快转变政府职能，全面提高政府效能，坚持问题导向，以更加务实的态度解决问题。当雄县召开 2018 年环境保护暨生态文明建设工作部署会。

17—28 日 当雄县全面启动中央环境保护督察举报信访案件“回头看”工作。

20 日 当雄以“情醉姆蓝雪山 · 寻觅虫草之旅”为主题的第三届虫草文化旅游节在乌玛塘乡巴嘎 5 组正式开幕。

24 日 当雄县第二期学习贯彻党的十九大精神专题培训班开班，采用专题讲座、现场测试、现场互动等多种形式深入学习党的十九大精神。

28 日 当雄县举办“四讲四爱”群众教育实践活动暨精准扶贫百名宣讲员培训会，全县 188 名宣讲员参加培训。

29 日 为加快文化阵地设施建设，完善文化馆（文化站）服务器材、服务项目等基础保障，做好全区加快构建现代公共文化服务体系专项督察迎检工作，拉萨市文化局党组成员、调研员次拥到当雄督察指导基本公共文化服务实施工作情况。

30 日 拉萨市政府质量工作第一考核组组长、市质监局副调研员索红带领市政府质量工作第一考核组对当雄县 2017—2018 年度政府质量工作进行考核。

31 日 当雄县组织举办 2018 年生态文明建设和环境保护专题培训班（第一期）。

6 月

1 日 宁中乡辖区各类企业、农牧民专业合作社以及富裕群众积极响应党委、政府“先富帮后富，群策群力促脱贫”之号召，自发筹措资金 692500 元帮助贫困群众改造危房。

2—3 日 当曲居委会驻村工作队与下沉干部利用两天周末时间，上山深入虫草采挖点开展“四讲四爱”第一课“讲党恩、爱核心”宣讲。

4 日 羊八井镇彩渠塘村委会及驻村工作队组织 13 名风湿关节患者和 1 名肾衰竭患者到拉萨市人民医院进行筛查及住院治疗。

5 日 拉萨市总工会联合县总工会开展以“送温暖、送文化、送法律、送政策、送医送药”为内容的“学习贯彻十九大、工会服务在基层”系列服务活动。

同日 全县 27 家单位和 8 个乡镇紧紧围绕“美丽中国，我是行动者”的环境主题日，开展丰富多样的宣传活动。

6 日 当雄县组织召开 2018 年消防工作暨春夏火灾防控工作部署推进会。

同日 当雄县龙仁新农业科技有限公司举行开工奠基仪式，揭开当雄龙仁新农业观光产业园开工建设序幕。

7 日 当雄县人大召开十二届人大常委会第 11 次会议，听取和审议县人民政府关于《当雄县生态文明建设规划（2018—2020 年）》的议案。

9 日 当雄县易地扶贫搬迁后续管理组在桑木安置点进行“四讲四爱”以及精准扶贫政策宣讲活动。

10 日 由共青团当雄县委员会主办，西藏动力青年创客学院协办的当雄县青年创新创业赛前辅导培训开班，共计 20 名青年创业者参加。

11 日 当雄县妇联联合县司法局结合《当雄县开展法制宣传教育第七个五年规划（2016—2020 年）》内容，为广大妇女干部、群众讲授了新《中华人民共和国婚姻法》《中华人民共和国妇女权益保障法》《中华人民共和国反家暴法》以及非婚生子抚养费权益争取等妇女维权方面的知识。

13 日 西藏自治区人大常委会副主任李文汉率领自治区人大常委会调研组到当雄县“两院”专题调研全面深化司法改革情况。

14 日 北京市东城区委书记张家明一行到当雄调研，先后深入纳木错圣水、诺布食品有限公司了解项目规划建设和生产运营情况，实地查看龙仁乡郭庆村净土牧场建设情况。拉萨市委副书记肖志刚，市委常委、常务副市长暴剑，副市长、当雄县委书记张正，当雄县委副书记、县长其美次仁等陪同。

16日　为专项整治当雄县109国道扩建工程等国家重点项目推进过程中出现的“车霸、路霸”等扰乱项目建设秩序的行为和县域范围内土地违法圈地、私搭乱建等违法行为，当雄县召开“扫黑除恶、打非治乱”专项行动工作推进会。

19日　西藏自治区深入开展“遵行四条标准、争做先进僧尼”教育实践活动，宣讲团拉萨分团常务副团长、区党委统战部部务会成员、区宗教办副主任罗布顿珠，副团长区政协民族和宗教委员会副主任、拉萨市佛教协会副会长阿旺群培，中国佛教协会西藏分会副会长洛桑江村一行到当雄县羊八井寺管会、嘎洛寺管委会指导教育实践活动开展情况。

21日　西藏自治区工商局副巡视员次仁，市农牧局局长崔勇刚带领督导组到当雄县督导检查冬虫夏草采集交易管理工作。

22日　一名云南红河游客到纳木错旅游返回拉萨途中，下车赴念青唐古拉山登山被困山中，当雄县警方接警后，紧急组织搜救，历经9个多小时，成功解救被困人员。

23日　为大力发现、培育、选树一批走在“大众创业、万众创新”前列的青年创新创业人才，激发创业激情，提高创业能力，积极引导和帮助更多青年投身创业，助力当雄精准扶贫。以“梦创当雄、青春聚力”为主题的当雄县第三节青年创新创业大赛总决赛在拉萨举办。

24日　当雄县以拉萨第二届“美好生活、幸福拉萨”全国网络媒体拉萨行大型采访活动为契机，邀请40余家中央重点新闻网等网站，对当雄县脱贫攻坚工作和生态旅游建设服务工作中取得的显著成效进行采访报道。

25日　拉萨市副市长、当雄县委书记张正到公塘乡巴嘎当村检查精准扶贫户户档资料及台账归档情况，了解迎国检准备工作情况及村“两委”政策掌握情况。

27日　当雄县教育系统举行庆祝建党79周年暨第二届教职工篮球联赛。

29日　宁中乡举行“当吉仁”赛马节马匹筛选暨堆灵村传统“赞林吉桑”赛马活动。

7月

1日　中国斯诺克名将丁俊晖于2017年在纳木错于3位藏族小朋友对阵由此结下不解之缘，一年后3位小朋友受邀到比赛现场，双方互赠礼物，丁俊晖还携手希金斯开展了台球运动进校园以及捐赠台球器材公益活动。

2日　宁中乡隆重举行“当吉仁”赛马节马匹筛选暨堆灵村传统“赞林吉桑”赛马活动，并从98组参赛选手中评选出35组选手参加2018年县赛马节。

同日　为庆祝中国共产党成立97周年，当雄县各级部门通过开展多种形式的主题党日活动。

3日　当雄县委召开2018年反腐工作协调小组第一次会议，会议传达学习了市党委反腐败协调小组会议精神和自治区监察委员会同法院、检察、公安、司法等部门的有关衔接办法。

4日　当雄县中心幼儿园的小朋友参观当雄县电视台，近距离接触电视节目的制作和传播过程。当雄县委副书记，县长其美次仁一行到公塘乡巴嘎当村检查指导工作。

5日　当雄县举行为期十天的第七届“草原杯”足球联赛，最终公安队成为第七届当雄“草原杯”冠军。

6日　当雄县人大办组织部分区、市、县三级人大代表，围绕人大参与监督脱贫攻坚工作进行集中学习培训。

9日　由西藏自治区党委宣传部副部长丁勇带队的督导组到当雄县开展2018年第一次集中督导；当雄县召开迎接2017年贫困县摘帽国家专项评估检查工作汇报会。

11日　北京海淀区卫生计生系统爱心人士15人到当雄县乌玛塘乡第一中心小学开展爱心捐赠活动。

同日　由县教育局牵头，组织团县委、县妇联及各校携手开展推进“四讲四爱”暨“争做美德少年”少儿才艺大赛活动。

12日　由西藏自治区环境保护厅党组书记胡为民带队的自治区环境保护督察组当雄组到当雄

县检查纳木错自然保护区问题整改工作及纳木错自然保护区临时建筑拆除工作进展情况，中央环保督察反馈问题和自治区本级环保督察发现的问题整改工作基本完成。

16 日　当雄县中心幼儿园开展毕业典礼活动。在北京昌平区旅游委举办的“‘四县两旗聚昌平旅游发展谱新篇’暨昌平区旅游委对口单位旅游资源推介会”上，当雄县推介当地旅游商品和线路产品，当雄县净土公司销售总监对纳措琼姆天然饮用水进行宣传介绍和推广。

17 日　根据《关于评选表彰第四届拉萨市道德模范及推荐申报第六届西藏自治区道德模范的通知》要求，拉萨市文明办依据评选标准及办法对现有的中国好人、往届道德模范提名奖获得者，拉萨好人和各县(区)文明委、市(中)直各单位推荐人员进行逐个对照认真梳理后，拟推荐第六届自治区道德模范候选人 10 人，其中，当雄县普布和次仁多吉荣誉上榜。

18 日　北京东城区朝阳门街道考察团到当雄县当曲卡镇，就两地携手奔小康对口帮扶工作进行友好交流。

20 日　当雄县召开宗教领域深入开展“遵行四条标准、争做先进僧尼”教育实践活动和深化“四讲四爱”群众教育实践活动第一阶段工作总结暨第二阶段安排部署会议，部署下一步工作中将持续抓好宣传教育、实践活动、建章立制、督促检查等，保证群众教育实践活动扎实推进，取得新成绩、新进展。

23 日　西藏自治区疾控中心安排专人对相应疫苗采购、供应、库存等情况进行严格排查，再次确认西藏自治区从未在长春长生购买狂犬病和百白破相关的疫苗，也未采购使用武汉生物所生产的百白破疫苗。

同日　西藏自治区党委常委、拉萨市委书记白玛旺堆到当雄县羊八井镇精准扶贫风湿病患者集中搬迁安置点进行调研，强调要着力提高易地扶贫搬迁人口的后续发展能力，真正实现搬得出、稳得住、能致富，自治区副主席江白陪同调研。

24 日　为加快牦牛扩繁技术推广应用的步伐，提高拉萨市牦牛生产性能和产品品质，转变牦牛产业发展方式提高全市牦牛改良技术人员的业务水平，拉萨市牦牛改良培训班在当雄县开班。

同日　拉萨市副市长，创建国家公共文化服务体系示范区领导小组副组长朱建红一行到当雄县羊八井镇，对创建公共文化服务体系示范区工作进行实地督查。

25 日　为加强食品安全监督，保障群众和游客的饮食安全，由当雄县副县长郑莉带队，县食药局、工商局、防疫站组成食品安全联合检查执法组，对县城主干道沿线的餐馆开展了食品安全联合检查工作。

同日　当雄县举办第五期机要秘密暨保密知识培训会，各乡镇保密专干、县直各单位机要秘书共 61 人参加培训。

25—31 日　当雄县创业青年代表团到江苏省连云港市开展为期 7 天的交流活动，代表团先后与连云港青年进行座谈，实地参观相关集团，考察重创空间等青年创新创业载体，学习企业运营的管理模式。

26 日　当雄县 2018 年“当吉仁”赛马节宣传片发出。

27 日　当雄县组织召开“当吉仁”赛马节动员部署，安排部署“当吉仁”期间相关的工作事宜。

同日　拉萨市新闻出版广播影视巡查组到当雄县检查指导工作，了解基础设施建设项目，检查“寺庙书屋”“农家书屋”建设及管理使用情况。

同日　当雄县公安局刑警大队联合当曲卡镇派出所深挖赌博线索，成功捣毁一聚众赌博窝点，抓获违法犯罪嫌疑人 14 名，有力地维护了人民群众财产安全和社会安全稳定。

28 日　纳木错牦牛肉旗舰店微信支付功能上线运行。

30 日　当雄县人大常委会副主任、乡党委书记朗嘎带领宁中乡就放提升改造领导小组赴各村开展 B 类、C 类改造工程的验收工作，提出要继续加大旧房提升改造力度，保障牧民群众安居乐业。根据中央和区市委纪委要求，对暑假休假期“四风”问题提出的工作要求，结合当雄县实际提出要注重教育提醒、强化监督检查、严格执纪问责。

31 日　当雄县大学生宣讲团到各乡镇开展第一届以“将贡献，爱家园”为主题的大学生三下乡健康知识宣讲和文艺演出活动。

8 月

1 日　为纪念中国人民解放军建军 91 周年，县委常委、副县长文林代表全县慰问全县驻军部队、生活困难退伍军人以及生活困难民兵。

2 日　为深化“四讲四爱”群众教育实践活动，增添浓厚的传统文化色彩，丰富赛事活动内容，2018 年“当吉仁”赛马节将增加吉韧、骰子、象棋和书法类比赛项目，2 日对各项目进行事先预赛活动，传统赛事的决赛将于 8 月 9 日、8 月 13 日在赛马场锅庄舞广场举行。

6 日　由当雄县人民政府、拉萨市净土公司主办的首届西藏牦牛产业高峰论坛在拉萨成功举行。

8 日　已有 300 多年历史的“当吉仁”赛马节在拉萨市当雄县拉开帷幕。该次赛马节将持续 7 天，来自当雄 8 个乡镇的 300 多匹赛马和几百名骑手将在走马、马长跑、马短跑、纳木错环湖赛等项目展开角逐。抱石头、男女拔河、古朵、赛牦牛、马术表演等藏族传统体育项目也将同期举行。

同日　当雄交警开启异地用警模式，来自林周县、尼木县公安局交警大队 12 名民警与县交警大队一道严查各类交通违法行为，特别是针对酒驾、超员等重点交通违法行为进行打击整治，切实推动重点交通违法行为整治工作有效开展。

9 日　“当吉仁”赛马节重头戏 10000 米的马长跑在江热寺附近的河谷展开，来自宁中乡堆灵村五组的罗拉班旦及其马匹（闪电）获得长跑冠军。

13 日　由拉萨市人民政府主办，拉萨市旅发委、拉萨市体育局以及拉萨净土文化传媒有限公司承办的第十二届纳木错徒步大会出发仪式在拉萨文创园文成公主实景剧场举行，该届徒步大会，共有来自全国各地的 235 名队员报名参加，其中外地队员近 120 名，队员代表曾浩毅在启动仪式上发言。

14 日　第十二届纳木错徒步大会正式拉开帷幕。该届徒步大会的主题是“行走圣湖，挑战自我。

20 日　由当雄县人民政府、拉萨市交产旅游发展集团主办的“行走的天籁、走进拉北环线”心藏社群向心之旅活动开启。

21 日　西藏自治区副主席江白一行到格达乡羊易村实地调研指导“牧繁农育”试点工作开展情况。

23 日　西藏自治区人大常委会副主任其美仁增到当雄县羊八井镇彩渠塘村，详细调研该村精准扶贫风湿患者集中搬迁点搬迁情况。

24 日　为切实推进当雄县生态文明理论体系建设，为生态文明建设打下坚实的理论基础，当雄县邀请相关学者专家，开展生态文明建设专题培训。

27 日　当雄县羊八井一级检查站往拉萨约 1000 米处发生泥石流，道路被堵塞 100 米左右，导致 109 国道双向无法通行，县公安局接警后，县委、县政府高度重视，立即启动应急预案，组织警力第一时间前往现场开展救援抢通工作。

28 日　以“牛气冲天”的草原牧区美好祝愿为主题的西藏当雄“行者 · 黑帐篷”羊八井游客服务中心正式开业。

30 日　为深入学习领会习近平新时代中国特色社会主义思想和党的十九大精神，《习近平谈治国理政》专题辅导自治区宣讲团报告会在当雄开展。

9 月

3 日　北京修实公益基金会理事长李凤玲一行到当雄县纳木湖中心小学开展“阳光京蕾 2018 资助暨表彰座谈会”。

4 日　拉萨市水利局党组书记强巴坚才带队到当雄县调研防汛工作开展情况。

6 日　当雄县召开第十二届人大常委会第 13 次会议，审议通过县监察委员会 2018 年上半年工作总结暨下半年工作安排。审查和批准县人民政府当雄县 2018 年上半年国民经济和社会发展计划执行情况与下半年国民经济和社会发展计划安排。审查和批准县人民政府关于当雄县 2017 年财政决算和2018年上半年财政预算执行情况。审议通过当雄县人民法院2018年上半年工作总结暨下半年工作安排。审议通过当雄县人民检察院2018年上半年工作总结暨下半年工作安排。审查和批准当雄县人民政府2018年财政预算调整方案。

7日 当雄县召开全县第34个教师节表彰大会，表彰全县教育工作先进单位和先进个人。

8日 拉萨市农牧局产业科科长罗珍一行先后对龙仁乡郭庆村牦牛育肥基地专业合作社、布珠农牧民民族服装专业合作社等进行调研。

11—12日 由县总工会牵头，县委宣传部、教育局、国土局、交警大队等单位相关工作人员深入乌玛塘乡巴嘎村开展以“送温暖、送文化、送法律、送政策、送医送药”为主题的学习贯彻十九大，工会服务基层活动。

12日 凌晨2时，当纳中队民警接到报警，县城往纳木错方向34千米处，有游客被困。接警后，立即开展救援工作，将被困28名游客全部转移。

14日 着力营造社会共同参与社会治安综合治理的良好氛围，扎实推进当雄县“小康当雄、平安当雄、法治当雄、生态当雄”建设，努力营造良好的治安环境，县政法委牵头、各成员单位组织开展宣传活动。

18日 由当雄县旅游管理局牵头，联合公安局、食药局、工商局、消防大队、文化执法大队等部门对全县旅游沿线和各景点旅游服务市场进行联合执法检查。

19日 西藏自治区人大常委会副主任李文汉、自治区人大常委会农环工委副主任次真、拉巴潘多一行到当雄县检查指导纳木错生态环境保护工作。

20日 当雄县举办2018年高校毕业生专场招聘会。

26—29日 当雄县宗教领域组织各乡镇党委书记进寺庙，面向辖区内寺庙僧尼开展“书记讲”宣讲教育活动。

28日 当雄县扶贫工作站挂牌仪式在当雄县纳木错圣水厂举行。

29日 当雄县文广局以“加强各民族传统文化的保护和发展，促进各民族文化的共同繁荣”为主题，组织民间艺术团在国道109线那拉公路改建工程那区至羊八井段工程指挥部开展了文艺演出。

同日 当雄县环保局污普办组织开展全国第二次污染源普查工作专题培训，8个乡镇和企业普查员共计30人参加培训。

30日 为贯彻落实区、市防办有关文件精神和会议精神，按照当雄县防汛抗旱指挥部统一要求，确保在险情出现时，牧民群众有领导、有组织、有秩序、按预定路线撤离，保证人民生命财产安全，提高应急预案的可操作性和实用性，在羊八井甲玛村开展当雄县山洪灾害防御应急演练。

10月

1日 “行者·黑帐篷”游客服务中心开业典礼在拉萨当雄县羊八井镇拉多村举行。“行者·黑帐篷”游客服务中心兼具自驾车露营与游客综合服务功能，是针对藏北草原地区实际情况而制定的旅游服务精品业态，设有文创体验空间、阳光茶餐厅、摄影观景台、停车场、生态环保厕所等设施，集雪山草原风光、牦牛文化空间、VR体验区、休闲餐饮、公共卫生服务、文创产品、牧心邮局等为一体，是通往纳木错景区路上的一道生态文化景观。

8日 当雄团县委联合连云港市市级机关团工委开展“携手奔小康圆梦行动”活动。

9日 拉萨市宪法学习宣传实施督察组组长赵铁岭一行到当雄县督察宪法学习宣传实施自查工作情况。

同日 当雄县委副书记、县长其美次仁主持召开纳木湖乡雪情工作部署会议。根据纳木湖乡4个行政村实际，成立由4名县级干部任组长，分别抽调15名党员干部组成4个工作小组，蹲点负责雪情应急事项。

同日 根据拉萨市“两创示范”暨高校毕业生就业创业工作领导小组办公室关于举办2018年全国“双创周”拉萨站集中宣传活动的相关通知文件要求，当雄县在柳梧管委会广场开展全国“双创周”拉萨站宣传活动。

11 日 当雄县委副书记、县长其美次仁在拉萨菲拉斯酒店会议室主持召开当雄县双创基地改扩建项目设计运营团队专题协商会。

12 日 根据市食药监局《关于进一步加强猪肉等动物产品质量安全监管工作的通知》和自治区农牧厅《区农牧厅关于开展非洲猪瘟防控工作督导检查的函》,当雄县食药局联合县动检站开展“非洲猪瘟疫”防控工作。

15 日 当雄团县委组织县中学 50 名青年团员志愿者,在当曲河两岸和县域主街道开展以“环保志愿行 · 奉献新时代”为主题的志愿服务活动。

16 日 2018 电商助力西藏行——“极净当雄 · 环球捕手”精准扶贫战略合作发布会在拉萨举行,现场签订极净当雄 · 环球捕手电商精准扶贫战略合作协议。

同日 当雄县召开第四次全国经济普查工作动员部署会。

17 日 为进一步做好全县重大动物疫病防控工作,确保全县动物疫情稳定和公共卫生安全,减少各类牲畜疫病的发生概率,当雄县召开重大动物疫病防控工作动员部署会。

18 日 当雄县召开党员政治教育工作动员部署会暨第一期培训开班。

19 日 拉萨市卫计委组织市妇幼保健院、市疾控中心、县人民医院、乌玛塘乡卫生院 10 余名医疗业务骨干到乌玛塘乡纳龙村开展“扶贫日”健康义诊活动。

20 日 西藏自治区文明办调研员曲绍东带队到当雄县调研新时代文明实践中心试点建设工作。

21 日 拉萨市副市长、北京援藏指挥部副指挥长孙占生带队到当雄县调研北京援藏项目建设情况。实地考察当雄净土纳木错圣水厂、净土牧场、康玛温泉、“天湖 · 四季牧歌”剧场,以及公塘乡中心小学援藏项目建设和运行情况。

22 日 拉萨市环境保护督察整改工作领导小组办公室和当雄县委宣传部了解到,纳木错自然保护区临时建筑拆迁安置工作已全面启动,99% 的拆迁户已签订拆迁协议书。

24 日 为深入贯彻落实健康当雄建设工作要求和进一步加强村医队伍建设,当雄县卫计委召开村医大会。

25 日 拉萨市经普办常务副主任郝思军到当雄县调研经济普查进展情况。要求全县普查队伍要克服困难,抢抓时间,在确保查清单位、查实数据的同时按时完成。

同日 拉萨市交通局副局长次仁洛追带队到当雄县检查指导安全生产工作开展情况。

26 日 西藏自治区党委组织部巡视员、区强基办副主任李小宁一行到当曲卡居委会调研指导工作。

27 日 当雄县当曲卡镇举行政治教育培训开班仪式。该次培训由村“两委”班子、驻村工作队、下沉干部、全体牧民党员共计 120 余人参加。

28 日 为进一步做好道路交通安全法规宣传工作,切实提高群众的交通安全意识和文明交通意识,当雄县司法局开展“交通文明两相连、大众安全一线牵”为主题的宣传活动。

29 日 北京北汽集团团委副书记肖晶一行到当雄县举行“希望之星”助学金发放仪式。北京北汽集团以“希望之星”助学行动,连续为当雄县 17 名贫困中小学生发放了助学金。

30 日 当雄县广播电视台利用 3 天时间深入多吉林寺、羊八井寺、嘎洛寺、康玛寺、扎西岛寺、色德寺为新增僧尼发放、安装卫星接收设备。该次为寺庙僧尼共发放、安装数字电视设备 37 套。

31 日 当雄县举行北京援助拉萨“两县两区”建档立卡户大学生助学项目物资发放仪式。该次受助人数共 35 人,受助物资达 35 万元。

11月

3 日 纳木错景区新浪官方微博“纳木错国家公园”发布通知,由于纳木错道路改扩建路况较差,加之冬季冰雪天气较多,存在交通安全隐患,考虑到游客出行安全,纳木错景区暂停开放。

4 日 当雄县召开振兴教育教学质量座谈会。县委副书记、县长其美次仁出席会议并作重要讲话,县委常委、副县长文林、教育局各教研室负责人、县中学书记等参加座谈会。

5日 宁中乡组织在家机关党员、村“两委”班子成员、驻村工作队举行党员政治教育工作动员部署暨培训开班仪式。

6日 拉萨市河长制督查领导小组办公室主任、市政协常委、市政协经济委员会主任旺杰带队到当雄县检查指导河长制工作。

7日 拉萨市新闻出版广电局党组成员、副局长格桑顿珠带队到当雄县检查指导“扫黄打非”工作开展情况。

8日 西藏自治区农科院畜牧研究所专家联合当雄县畜牧局组织各乡（镇）兽防所负责人及科技特派员、养殖大户等从事牦牛养殖工作的专业技术人员举行“牦牛育肥与养殖技术”技能培训，共有250人参加培训。

9日 当雄县召开第七次妇女代表大会。拉萨市妇联党组副书记、主席向巴彩喜，当雄县委副书记、县长其美次仁出席会议并作讲话，县委常务副书记王猛主持会议。

10日 为贯彻落实好拉萨市第三次联席会议精神，分析好当前当雄县信访工作形势，全面安排部署岁末信访工作，当雄县召开第四次信访工作联席会议。

11日 当雄县对全县8个乡（镇）开展动物包虫病流行病学采样工作。按照要求，当雄县共需采集1200份羊血清、500份牦牛血清、500份犬粪样品，剖检5头牛、10只羊。

12日 当雄县妇联向4位“两癌”患者及时兑现全国妇联和自治区妇联给予的“贫困母亲两癌救助”专项公益金共计4万元（每人1万元）。

13日 当雄县第七次妇女代表大会完成各项议程闭幕。

同日 拉萨市食药监局副调研员罗静一行到当雄县考核食品药品监督管理工作。

14日 当雄县委副书记、县长其美次仁主持召开当雄县公立医院改革座谈会。

15日 当雄县财政局召开惠民惠农财政补贴资金“一卡通”管理推进会。

17日 拉萨市委巡察七组到当雄县羊八井寺、多吉林寺开展巡察工作。拉萨市委巡察一组组长平措旺堆、市委巡察七组组长巴琼，副组长普布卓玛，当雄县委副书记、县长其美次仁等领导出席会议。

19日 当雄县召开“先进双联户”创建活动表彰大会。全面总结“先进双联户”创建活动情况，表彰在全县“先进双联户”创建工作中做在突出贡献的先进集体和“先进双联户”代表，安排部署下一步各项工作。

20日 拉萨市基层团组织标准化建设现场会在当雄县召开。团市委党组成员、副书记慈旦德吉，当雄县委副书记、县长其美次仁，县委常委、组织部部长徐建华出席会议。

21日 北京援藏指挥部部长刘文举一行到当雄县考察调研北京市第八批援藏工作。

22日 那曲市新闻出版广电局组织那曲市县（区）广播电视台主要负责人到当雄县考察调研广播电视台新闻宣传、新媒体发展、产业拓展等工作。

23日 当雄县组织嘎洛寺、多吉林寺尼姑到县医院进行免费体检。

24日 在拉萨市动物疫控中心包县技术专家朗嘎次仁带队对当雄县8个乡（镇）进行动物疫病、羔羊包虫病免疫效价、口蹄疫免疫效价的采血监测工作。

26日 29名大学生被分配至29个村（居）担任村级组织助理员，已经正式上岗工作，当雄县已实现村级组织助理全覆盖。

27日 当雄县司法局工作人员到各乡（镇）为全县的社区服刑人员佩戴电子手环，同时调研社区矫正工作开展情况。

28日 拉萨市妇联党组副书记、主席向巴彩喜一行到当雄县开展“两癌”慰问和合作社调研活动。

29日 拉萨市妇联党组书记、副主席赵金花一行到当雄县开展“下基层、访妇情”调研活动。

12月

4日 当雄县文广新局联合乌玛塘乡人民政府

开展送戏下乡文艺演出活动。当雄县委副书记、常务副县长郭春杰出席活动。

5日 当雄县召开妇女儿童发展规划中期评估督导汇报座谈会。拉萨市副秘书长、妇儿工委副主任次旦卓嘎出席会议，当雄县副县长扎西曲觉主持，当雄县妇儿工委所有成员单位负责人、联络员参加座谈会。

7日 达布村“两委”班子及驻村工作队组织联户长代表、基层党员及群众代表60余人集中学习基层群众思想政治教育应知应会知识问答及习近平总书记经典名句。

11日 受北京市东城区文化委邀请，当雄县原创游牧情景音画诗《天湖·四季牧歌》在东城区演出。

13日 为进一步做好妇女关爱工作，切实降低妇女文盲人口，当雄县当曲卡居委会妇联联合驻村工作队组织20余名妇女开展巾帼夜校学习活动。

14日 当雄县第一期村级组织班子成员宪法法律和扫黑除恶打非治乱专题教育培训班正式开班。当雄县委党校、县司法局负责人及村“两委”班子成员共计100余人参加开班仪式。

19日 当雄县组织全县干部群众观看庆祝改革开放四十周年大会，县委副书记、县长其美次仁，县委副书记、常务副县长郭春杰等在岗县级领导和县直各单位、国有企业负责人收看了大会实况，认真聆听习近平总书记重要讲话。

20日 为防止各类交通事故发生，全力确保人民群众生命财产安全和道路通行安全，当雄县交警大队联合当纳中队对109国道当雄段、当纳旅游专线等路段开展路面撒盐、撒土及除冰工作。

21日 当雄团县委举行“希望之星(1+1)奖学金”发放仪式。

22日 当雄县总工会开展节前困难职工系列帮扶集中慰问活动。当雄县委副书记、县长其美次仁，县委常务副书记王猛，县委常委、组织部部长徐建华出席慰问活动，当雄县人大常委会副主任、总工会主席仁青主持。

23日 当雄县人大常委会组织市、县、乡三级人大代表在拉萨市经开区、堆龙桑木易地扶贫搬迁点就相关工作开展情况进行考察。

24日 中共当雄县第九届委员会第四次全体会议召开。当雄县委副书记、县长其美次仁主持会议，九届县委委员、九届县委候补委员、县纪委委员、非县委委员、候补委员、县纪委委员在岗县级领导、各乡(镇)党委书记、乡(镇)长、县(中)直部门负责人、村(居)第一书记和驻县企业负责人共计138人参加。

27日 为扎实推进当雄县宗教领域“遵行四条标准、争做先进僧尼”教育实践活动，进一步增强教育实践活动的针对性和实效性，当雄县宗教领域召开学习会议。

中共当雄县委员会

【概况】 2018年，高举中国特色社会主义伟大旗帜，以邓小平理论、“三个代表”重要思想、科学发展观、习近平新时代中国特色社会主义思想为指导，全面贯彻落实党的十九大精神和中央第六次西藏工作座谈会，中央、全区、全市农村工作会议精神；深入贯彻习近平总书记系列重要讲话精神，特别是关于“治边稳藏”重要论述和“加强民族团结、建设美丽西藏”重要指示，加强党对“三农”工作的领导，坚持稳中求进工作总基调，牢固树立新发展理念，落实高质量发展的要求，以“五位一体”总体布局和“四个全面”战略布局为统领，坚持巩固提升脱贫攻坚工作成果，坚持牧业牧区优先发展，按照产业兴旺、生态宜居、乡风文明、治理有效、生活富裕的总要求，统筹推进乡村产业、人才、文化、生态、组织“五个振兴”，促进牧业全面升级、牧区全面进步、牧民全面发展，让牧业成为有奔头的产业，让牧民成为有吸引力的职业，让牧区成为安居乐业的美丽家园。

2018年8月23日，西藏自治区人大常委会副主任其美仁增（左一）到当雄县调研高海拔集中搬迁情况

【第九届委员会第四次全体会议】 12月22日，中共当雄县第九届委员会第四次全体会议在当雄举行。出席该次全会的县委委员14人，候补委员3人。县纪委委员和各乡（镇）、县直各部门负责人及各村（居）党组织第一书记列席会议，共138人参会。

全会以推进全面实施乡村振兴战略为主线，全面回顾总结2018年各项工作，对今后一段时期全面实施乡村振兴战略各项工作进行安排部署，全会由县委常委会主持，审议通过当雄县委副书记、县长其美次仁代表县委常委会所作的题为《全面实施乡村振兴战略，争做神圣国土守护者幸福家园建设者》的工作报告。

全会认为，实施乡村振兴战略是党中央作出的重大决策部

2018年3月15日，西藏自治区扶贫办主任尹分水（右一）一行到彩渠塘村调研安置点后续工作

署，是巩固提高脱贫攻坚工作成果的有力举措，是以人民为中心发展理念的具体实践，是健全现代社会治理体系的固本之策，是实现全体人民共同富裕、全面建成小康社会的必然选择。

全会要求，全县各级各部门、各级干部职工要进一步统一思想，充分认识实施乡村振兴战略的重大意义，切实增强实施乡村振兴战略的责任感使命感。更加坚定自觉地把思想和行动统一到党中央、区、市党委和县委的决策部署上来，统一到"产业兴旺、生态宜居、乡风文明、治理有效、生活富裕"的总要求上来，切实把各项任务落到实处。

全会认为，2018年县委坚持以习近平新时代中国特色社会主义思想为指导，深入学习贯彻党的十九大、十九届二中、三中全会和自治区九届三次、四次和拉萨市九届三次全会精神，全面贯彻落实中央、区市党委决策部署，取得经济发展提质增效、产业布局全面完成、民生保障不断改善、城乡面貌日新月异、维护稳定体系完备、党的建设全面加强的良好局面。

全会指出，在全面实施乡村振兴战略的进程中，当雄面临着新的问题和挑战，同时也蕴藏着难得的机遇。全县上下要高举中国特色社会主义伟大旗帜，以邓小平理论、"三个代表"重要思想、科学发展观、习近平新时代中国特色社会主义思想为指导，全面贯彻落实党的十九大精神和中央第六次西藏工作座谈会，中央、全区、全市农村工作会议精神；深入贯彻习近平总书记系列重要讲话精神，特别是关于"治边 稳藏"重要论述和"加强民族团结、建设美丽西藏"重要指示，加强党对"三农"工作的领导，坚持稳中求进工作总基调，牢固树立新发展理念，落实高质量发展的要求，以"五位一体"总体布局和"四个全面"战略布局为统领，坚持巩固提升脱贫攻坚工作成果，坚持牧业牧区优先发展，按照产业兴旺、生态宜居、乡风文明、治理有效、生活富裕的总要求，统筹推进乡村产业、人才、文化、生态、组织"五个振兴"，促进牧业全面升级、牧区全面进步、牧民全面发展，让牧业成为有奔头的产业，让牧民成为有吸引力的职业，让牧区成为安居乐业的美丽家园。

全会明确，要分三步推进乡村振兴。第一步，到2020年，乡村振兴取得重要进展，制度框架和政策体系基本形成。第二步，到2035年，乡村振兴取得决定性进展，牧业牧区现代化基本实现。第三步，到2050年，乡村全面振兴，牧业强、牧区美、牧民富全面实现。

全会强调，当前和今后一个时期，要围绕短板弱项巩固提升脱贫成果，筑牢乡村振兴的前提基础；要围绕融合发展实现产业振兴，稳固乡村振兴的经济支撑；要围绕招贤引才实现人才振兴，提供乡村振兴的人才保障；要围绕乡风文明实现文化振兴，夯实乡村振兴的保障基石；要围绕绿色发展实现生态振兴，凸显乡村振兴的生态效益；要围绕乡村治理实现组织振兴，完善乡村振兴的基础体系，全面实施乡村振兴战略。

全会强调，实施乡村振兴战略，要强化党的领导，完善党领导乡村振兴工作的体制机制。要强化思想引领，突出牧民群众的主体地位，充分调动牧民群众在乡村振兴工作的积极性、主动性和创造性。要强化组织基础，充分发挥基层党组织的组织优势、组织功能、组织力量。要强化纪律保障，加强农村基层党风廉政建设，推进全面从严治党向基层延伸。

全会还根据《中国共产党地方委员会工作条例》规定，决定递补中共当雄县第九届委员会候补委员卓嘎为中共当雄县第九届委员会委员。

全会号召，全县上下要更加紧密地团结在以习近平同志为核心的党中央周围，在区、市党委的坚强领导下，聚焦聚神聚力、真干苦干实干，全面实施以“神圣国土守护者、幸福家园建设者”为主题的乡村振兴战略，为建设团结美丽健康幸福新当雄、与全国一道全面建成小康社会而不懈奋斗。

【贫困群众实现稳定增收】 年内，当雄县遵循就业上扶“岗”、创业上助“力”的原则，紧盯“就业一人、脱贫一户”的目标，积极开展搬迁对象转移就业工作，2018年抽调干部15人，成立易地扶贫搬迁后续管理组，积极与经开区、堆龙德庆区对接，通过举办专场招聘会、自主就业、政府购买岗位等形式，根据贫困群众技能和意愿逐个进行岗位安置，已实现676人贫困群众稳定就业。

【产业带动成效明显】 年内，当雄县深化产权制度改革，有序推进集体资产清查核资工作，在家庭牧场和净土牧场建设中，科学流转牧民群众草场，推进规模化生产。在依托“四业工程”实现就业的基础上，重点配套绵羊短期育肥和牦牛短期育肥两个产业项目，由贫困群众以合作社形式经营管理，选派2名专业技术人员蹲点羊八井绵羊养殖基地，开展绵羊科学养殖工作，并聘请自治区畜科所专家为当雄县绵羊养殖专家顾问，确保绵羊在科学的养殖下，实现短期育肥目标效益，带动搬迁群众增收。同时以“志、智”双扶巡回宣讲为突破，组织当事人讲述脱贫经历，进一步增强贫困户脱贫致富信心。以开展双创技能大赛等，鼓励贫困群众自主创业，充分发挥其内生动力，已实现自主创业23家。

【脱贫攻坚】 2015年全县识别建档立卡贫困群众1835户7809人，贫困发生率16.45%；动态调整后，2018年，全县建档立卡户1850户8312人。截至年底，共有1845户8296人的人均可支配收入越过国家标准线，实现“两不愁、三保障”目标，未达标5户16人，全县贫困发生率降至3%以下，9月，顺利通过国家考核验收，实现脱贫摘帽。同时，持续深入开展扶贫领域作风建设专项整治工作，2018年，严肃查处扶贫领域问题10件，已办结9件，正在办理1件，给予党纪处分2人，约谈10人，通报4人，切实用严明的纪律为脱贫攻坚工作保驾护航。

【组织建设】 年内，县委组织开展理论中心组学习25场次，邀请市委党校讲师集中授课6次，参学党员干部560余人次，开展十九大精神宣讲230余次，覆盖党员3200余人。各基层党组织利用三会一课、主题党日等开展学习教育2500余场次，书记讲党课300余次，参学党员干部达8000余人次。

【党员队伍建设】 年内，发展党员118人，选树党员先进典型3名，签订共产党员不信教责任书4907

2018年1月13日，拉萨市委常委、宣传部部长吴亚松（右一）率考核组到当雄检查指导意识形态领域及“四讲四爱”工作开展情况

份，核查党员档案信息1000余份，确保党员队伍纯洁稳定。

【干部执行力建设】 年内，研究制定《中共当雄县委员会关于开展“抓两头促中间带基层”工程 促进干部执行力建设的实施意见》，先后60余次深入各乡（镇）、县直各单位对县级干部、乡镇党政领导班子、县直单位负责人考勤在岗、请示报告、决策落实等情况进行督查，以上率下，推进干部作风转变。

【充分发挥党员先锋模范作用】 年内，通过开展党员结对帮扶、成立党员志愿者服务队、无职党员设岗定责和开展党员公开承诺践诺等方式，引导党员发挥先锋模范作用。2018年，表彰纳木错景区“10·8”抢险救援及拆迁工作先进集体10个，先进个人105人。

【优化党组织设置】 年内，调整设置党支部12个，确定村（居）软弱涣散党组织3个，进一步延伸党的工作触角，建强基层党组织。

【基层党组织服务】 年内，投入资金3000余万元，对村委会附属设施进行统一规范完善，投入资金近500万元，对建成后的村级活动场所办公设施进行集中采购，并对功能设置及内部优化进行全面规范，以办公场所功能设置的标准化，促进基层组织工作的规范化。继续发挥560万元村级集体经济扶持资金作用，培育壮大村级集体经济33个。投入资金789万余元，用于提高“第一书记”工作经费、村级组织运行经费、村干部工作待遇，保障村（居）工作高效运转。

2018年1月5日，拉萨市副市长、当雄县委书记张正主持召开全县经济工作会议

【开展抓党建促脱贫攻坚】 年内，将精准扶贫精准脱贫与“强党、固基、扶村”、强基惠民、“结对帮扶”“四讲四爱”等活动有机结合，发挥下沉干部、驻村工作队、村干部等一线力量，引领1845户8296人实现脱贫。

【特色城镇建设】 年内，当雄县县城总体规划已通过拉萨市人民政府审批，高起点规划并开工建设羊八井特色小城镇、纳木湖特色小城镇。截至年底，羊八井特色小城镇和纳木湖特色小城镇建设正在有序推进。

【拓展牦牛产业发展链条】 年内，成功举办西藏首届牦牛产业高峰论坛，先后参加藏博会、北京农业嘉年华、昆交会、海峡两岸（昆山）农产品展示展销会等各类展销博览会，12月12日，由中国牛人俱乐部举办、当雄净土公司冠名，将在鸟巢举行“中国好牛肉·纳木错好牛肉”为主题的牛人峰会，不断扩大当雄牦牛肉的知名度和影响力。与浙江电商企业环球捕手强强联合，于10月16日在拉萨举行2018电商助力西藏牦牛产业——“极净当雄 环球捕手”电商精准扶贫战略合作发布会，采取“互联网＋公司＋基地＋客户”模式，现已形成线下体验，线上销售的格局，上线4小时销售额就达到120余万元。与北京丰盛品商贸有限公司合作，利用现有平台，在一线城市设立25个营业点；与中国牛人俱乐部签订当雄牦牛肉三年销售额1亿元的销售合同。

年内，在江苏昆山设立西藏味道体验店。通过多种探索性、创造性的举措，辐射带动区内外市场，2018年，净土公司共签订牦牛肉订单额4755.263万元，直接受益群众2000余户。同时，进一步完善《当雄县净土牧场建设试点方案》，成立由县政协主席担任组长的净土牧场专班，在郭庆牧场全面展开牦牛入股、草场租赁、超载牲畜一次性收购的试点工作，截至年底，已签订草场租赁、牦牛入股及超载牲畜收购协议，共租赁郭庆村草场13万亩，入股1541头，收购2279头，计划在2020年前全部达到草畜平衡。

【打造“拉北环线”旅游精品线路】当雄县以纳木错为核心，运用多点、线、面、环的旅游景点布局，力推“民族文化、草原风情、山水风景”三张名片，逐步形成“1个国家级旅游度假区、2个旅游特色小镇、3个温泉度假村、4个国家公园、7个系列驿站、N个特色业态”的发展格局。截至年底，在2017年建设的基础上，当雄县“岭·格萨杰布温泉酒店”已基本建成，“行者·黑帐篷”游客服务中心系列项目正在有序推进，其中位于羊八井拉多村“行者·黑帐篷”之“牛气冲天”项目建成并投入运营，姆蓝雪山景区建设项目于5月开工建设，廊琼岗日冰川、唐滨湖、阿热湿地等旅游景区(点)正在进一步开发建设中。

同时，整合羊八井、宁中和格达温泉资源，启动“温泉+”旅游模式，大力支持羊八井蓝色天国地热开发项目，全力打造“高原地热温泉之乡”。同时，成功举办当雄县第三届虫草文化节及“当吉仁”赛马节，并完成“当吉仁”商标注册，力争将县城所在地当曲卡镇打造成为马文化特色小镇。

【发展天然饮用水产业】年内，依托当雄县丰富的天然饮用水资源优势，打造“纳木错圣水”品牌。投资3亿元对5100冰川矿泉水72000BPH灌装车间进行改造，现已投入试产运营；投资1.2亿元对纳木错圣水厂房改扩建和生产设备更新，现已投产运营，全县已形成“5100”中国知名商标、“纳措琼姆”自治区著名商标的天然饮用水产业。依托5100品牌效应，纳木错圣水现已在京津冀和长三角设立一级代理商，在江苏昆山、连云港和广州碧桂园推出纳木错7100矿泉水，进一步拓宽销售渠道。下一步，还将在环球捕手电商平台进行推广销售，进一步提升当雄天然饮用水的知名度。2018年签订订单37800吨，并与北京易佳农连锁超市签订供货协议，供货300余家店铺，截至年底，纳木错圣水已陆续在北京超市上架。

【牢固树立生态优先发展理念】年内，完善旅游基础设施建设，投入5.12亿元，建设集游客接待中心、商户区、酒店、餐厅及配套设施为一体的纳木错生态旅游综合服务区，将纳木错打造成为生态旅游精品景区、高原湖泊旅游胜地。项目于2018年4月开工建设，预计2019年底完工。投入1000余万元加快推进纳木错精品景区示范点建设，新建AAA级生态环保厕所3座，增设污水收集桶70个，缓解纳木错生态环境压力。投入5626.37万元，治理草地退化110.5公顷，恢复绿化面积17602平方米，治理鼠害面积3.86万公顷，治理尼亚曲上游水土流失面积500公顷，修复尼亚曲鱼类洄游通道1.2千米，建设招鹰架1160根，修复道路景观40余千米，建设垃圾收集池25座、垃圾转运站1座、配备5辆垃圾收

2018年5月29日，拉萨市文化局调研员次拥（右一）到当雄县检查指导工作

集转运车，建设800余户保暖阳光房，推广使用清洁能源等。投入16277.94万元，在纳木错景区开展降牧减畜工作，已完成投资5000余万元，完成牦牛减畜3404头、羊减畜16422只，促进景区生态恢复和良性循环。

【民生事业】 年内，投入1000万元，在教师节期间，兑现教师岗位津贴630万元，平均每位教师除正常待遇外，享受1万—2万元津贴；拿出370万元表彰教学成绩突出的单位和个人，同时，对优秀退休教师一次性给予10万元奖励，有效增强和激发全县教师队伍的积极性，形成尊师重教的良好氛围。投入4137.18万元实施防洪设施等重大水利项目，新增和改善灌溉面积101万亩，新建和维修农村饮水点40个，有效保障牧业生产和饮水安全。投入3630万元实现县有人民医院，乡有规范化卫生院，村有标准化卫生室，全县医疗卫生服务功能不断健全。投入6743万元实施农村电网改造升级工程，电力覆盖率达到100%。积极推进公共数字文化建设，当雄县电视台改造升级，全县广播电视覆盖率达99.5%，县城内有线数字电视网络已全面覆盖。全县78个文化活动场所文化设施设备均已投入使用。全县8个乡（镇）29个行政村交通通畅率均达到100%，172个自然小组通达率达到100%，22座登记寺庙通达率100%。

【生态文明建设】 截至年底，当雄县涉及中央环境保护督察问题整改工作23个问题（90项措施），共计完成39项，达到序时进度51项。积极开展河道清障联合行动，完成对全县10家采砂采石厂整合整治成6家的收购工作。完成阿热湿地生态功能保护区内46户、207名牧民群众的搬迁工作，完成纳木湖乡牦牛减畜50%的任务。大力实施大规模国土绿化行动，对海拔4300米以下的5个乡（镇）的10个村、4082户栽植杨树、柳树、榆树、班公柳20410株。投资4434.01万元，大力推进近期日处理污水量1500立方米、远期日处理污水量3000立方米的县城污水处理厂建设项目，已完成总体进度的40%。积极推广“河长＋警长＋公众河长”模式，建立健全“河长制”工作体系，完成河长河湖名录的编制工作和河长制公示牌的设立工作。投资691.11万元，实施当曲卡镇、宁中乡两个乡（镇）垃圾转运站建设项目，正在开展前置工作。

积极推进“厕所革命”，开工建设27座自治区指标公厕，完成拉萨市指标26座公厕选址工作，确保旅游沿线、景区景点公共卫生厕所的公众需求。

【全面深化改革】 年内，积极探索建立牦牛养殖全程可追溯系统，推出有“身份证”牦牛肉，通过国家地理标识和“SC”认证，并在成都、江苏等地设立当雄牦牛肉旗舰体验店，辐射带动全国市场，直接受益群众2000余户。同时出台《当雄县净土牧场建设试点方案》，重点围绕牧区如何改革、牧业如何发展、牧民如何致富等问题，大胆进行探索，已完成净土牧场郭庆场和15个家庭牧场的建设任务。探索金融扶贫＋产业扶贫新模式，引进牧业龙头企业，投资2亿元，在当雄县实施“牦牛产业万户脱贫项目”，可解决当雄县400余人就业，辐射带动1000余户增收。出台《当雄县牧民、城镇

2018年4月15日，拉萨市副市长、当雄县委书记张正在当雄县牦牛产业万户脱贫致富项目启动仪式致辞

2018年5月3日，拉萨市副市长、当雄县委书记张正出席青年干部座谈会

（低保）家庭大学生资助法》，对大学生实行学费、住宿费、教材费、路费全额资助，生活费2000元，针对精准扶贫户子女区内上学5000元，区外上学6000元，确保全县大学生顺利毕业。

【党风廉政建设】 年内，认真落实党风廉政建设主体责任，拉萨市副市长、县委书记张正作为县委党风廉政建设第一责任人，始终坚持亲自组织、协调、指导、监督党风廉政建设工作，督促检查考核全县各级领导班子和领导干部执行党风廉政建设责任制和班子成员落实“一岗双责”情况。把党风廉政建设和反腐败工作摆在重要突出位置，同经济建设、政治建设、文化建设、社会建设、生态文明建设同研究、同部署、同落实、同检查、同考核。年初，县委召开九届三次委员会，就2018年党风廉政建设工作作出安排部署；同时，县委常委会把党风廉政建设作为经常性议题，常研究、常部署。截至年底，县委常委会共召开16次，研究议题104件，其中研究党风廉政建设相关议题20件，召开3次专题会，对党风廉政建设和反腐败斗争工作进行研究部署，积极解决党风廉政建设和反腐败工作中的困难和问题，大力支持县纪委监委履行监督执纪问责职责，有力推动全县落实党风廉政建设责任制工作的深入开展。压实“两个责任”。

年内，县委书记同县委班子成员、各乡（镇）党委书记签订2018年党风廉政建设目标责任书；安排县纪委监委制定《当雄县领导干部落实党风廉政建设责任制清单》，要求县级领导干部本人按季度填报履行分管领域党风廉政建设主体责任情况，督促认真履行“一岗双责”，倒逼“两个责任”落实。

选取6家单位在县纪委九届三次全会暨2017年“双述”工作会议上现场述责述廉并接受评议质询，现场指出问题17条，质询问题12条，选取24家单位书面提交述责述廉报告并接受书面质询；县委常委会专题提取各乡（镇）党委、人大党组、政府党组、政协党组、法院党组、检察院党组及党委（党组）第一责任人履行党风廉政建设主体责任述责述廉报告，切实加强“一把手”监督。

县委制定《当雄县委书记、副书记和纪委书记对下级党委（党组）书记进行约谈的实施方案》，成立9个约谈小组对县“四大班子”成员、各乡（镇）党委书记、纪委书记，县直部门负责人进行约谈，共计约谈81人，其中县级领导干部39人、科级以下干部42人，共谈出存在问题113条，针对谈出的问题建立台账，认真督促整改，现已全部整改完毕。

【党管武装】 年内，严格按照“注重学习提能力、加强领导重责任、突出班子强队伍、重视双拥促和谐、投入资金解难事”的总体要求，认真贯彻落实上级关于加强国防后备力量建设及双拥工作的一系列指示精神，紧紧抓住全面深化改革有利契机，创新发展理念，突出工作重点，加强统筹协调，把握关键环节，建立“主官抓总、常委分工”的责任机制，努力形成抓战备工作的合力，为当雄县国防后备力量的建设和经济社会的发展稳定提供有力保障。

【民族团结】 年内，当雄县始终把宗教工作摆在重要位置，研究部署宗教领域重点工作，推动中央决策部署及区、市党委和县委部署要求落到实处。结合新修订的《宗教事务条例》及《拉萨市藏传佛教寺庙僧尼请销假管理规定》，对《当雄县宗教领域“1+5”管理办法》进行第四次修改。筹备2018年统一战线和民族宗教工作会议，与各乡（镇）、寺管会、特派员签订2018年目标考核管理责任书。以“3·28”西藏百万农奴解放纪念日、“三月综治宣传月”“九月民族团结宣传月”为抓手，深入开展宣传教育活动；开展全县2018年度民族团结进步模范集体和个人表彰活动，共表彰9个集体，11个个人，2个模范家庭。推选拉萨市民族团结先进集体3个，先进个人5人（包括1个模范家庭）。

（熊　强）

【领导名录】

拉萨市副市长、当雄县委书记
　　张　正
县委副书记、县长
　　其美次仁（藏族）
县委副书记
　　樊锋旭
县委常务副书记
　　王　猛（北京援藏）
县委副书记、常务副县长
　　郭春杰（北京援藏）
县委副书记
　　杨作云

中共当雄县委办公室

【概况】 2018年，坚持以习近平新时代中国特色社会主义思想为指导，深入学习贯彻党的十九大，十九届二中、三中全会和自治区九届三次、四次及拉萨市九届三次全会精神，全面贯彻落实中央、区市党委及县委的决策部署，以“参谋有道、协调有方、督查有力、服务有序”为工作目标，不断创新工作思路，进一步提高为领导、为基层、为群众服务的水平，为保持县委工作的高效快捷运转作出积极贡献。

2018年8月17日，县委常委、办公室主任刘刚到公塘乡看望慰问贫困户

【支部建设】 年内，坚持以人为本，优化人员结构，加强组织建设，提高干部队伍素质。县委办积极适应自身建设的新形势、新任务和新要求，坚持集中学习和自学相结合，利用每周四支部集中学习时间，深入学习贯彻党的十九大精神，习近平新时代中国特色社会主义思想，中央、区、市、县全委会议及经济会议等重要会议、文件精神，并要求学深学透、必知必会，提笔能写。通过学习，全办干部职工的理论素养、创新意识、廉政意识、业务水平都得到了明显提升。完善科学发展观长效机制，切实加强县委办公室机关建设、党支部建设和党员干部队伍建设。

【办文情况】 年内，坚持把参谋服务摆在突出位置，重点在文稿起草、调查研究、内刊信息、督查督办、对外宣传上下功夫，不断提高为领导决策服务的能力和水平。从严要求，全面提升办公室文字材料质量。规范文件起草、审核和签发流程，严把公文质量关。在起草工作文稿上贴近县委思路，把握好“五关”，即政治关、政策关、法律关、文字关和格式关，提高以文辅政能力。

年内，全办共起草、修改、审核各类文字材料300余篇，其中领导讲话稿、致辞、主持词等70余篇，各类总结汇报材料100余篇，得到市委主要领导批示4条，深入调研，为县委决策提供参考。

紧紧围绕全县大局和县委中心工作，针对经济社会发展中存在的突出问题和人民群众关注的热点、焦点问题，就净土牧场建设、牦牛产业发展、全域旅游等课题深入基层到实地开展专项调研，形成一批有深度、有分量的调研成果，为当雄发展提供决策参考。

2018年11月13日，党办支部组织学习

【办会情况】 年内，县委办公室工作人员做好会场布置工作，在会前布置、会中协调、会后落实方面下功夫，做到会前布置科学周密、会中服务细致到位，会后落实有力得当。按照中央、区、市党委办公厅的要求，指导全县各乡（镇）和县直各部门规范公文格式，严格落实退文制度。进一步规范县委办文件收发和传阅制度，不断提高公文流转效率。积极筹备完成全县经济工作会议、县委常委会议、迎接上级领导调研座谈会等会议。全年共承办各级大小会议60余场次，各项会议均圆满完成。不断密切与人大办、政府办、政协办之间的协调，增进四家班子领导成员之间的沟通，切实加强与乡（镇）、县直部门的联系，积极为领导、部门、基层和群众提供优质高效的服务。

【信息工作】 年内，围绕县委中心工作和改革、发展、稳定大局，以实现“第一手情况”“第一道研判”“第一时间报送”为目标，高度重视紧急信息报送，抓好党委信息报送，努力做到紧急信息报送不出错，党委信息有特色、出亮点。全年共上报信息770条（篇），其中动态710余条，专报60余篇，被《拉萨信息》采用信息60余条（篇）。

【保密工作】 年内，调整充实以县委常委、办公室主任刘刚为组长，县委、人大、政府、政协等所属涉密部门负责人为成员的当雄县保密工作领导小组。制定完善《当雄县保密工作制度》《保密文件管理、归档制度》《涉密信息保密审查制度》等使保密工作管理得到进一步规范化。加强保密宣传教育工作。认真贯彻落实上级保密部门各项工作部署，邀请上级业务部门专业人员开展讲座，组织学习保密基础知识、通报失泄密案例，组织观看保密警示教育篇，进一步提高领导干部和涉密人员保密管理知识和防范技能。购置一套保密检查工具，移动存储介质检查技能得到进一步提升。为全县63名机要秘书配发“机要秘书证”，并签订“安全保密责任书”，县委办与各县级干部、县直各单位、个乡（镇）签订“保密承诺书”“保密责任书”，2017年对全县47家单位，共406台移动存储介质进行登记备案，其中涉密存储介质共94台，严格实行涉密载体专人专管。保密工作围绕保密法治宣传，突出抓好通信和计算机信息系统以及重点部门、要害部门和重大节日的保密工作，对全县主要涉密单位进行保密检查3次，检查移动介质共406台，涉密存储介质94台，对检查中存在的问题，并限期进行整改，杜绝泄密事件的发生，确保国家秘密的绝对安全。

【督查工作】 年内，制定全年督查工作规划，重点围绕市委、市政府下发各类督办件及县委、县政府重要工作部署，对县委、县政府安排的相关工作，人大建议、政协提案，各项民生政策、项目建设、经济运行情况、干部职工在岗在位情况、环境卫生整治以及维稳敏感期间带班值班等情况进行督察，同时，对重要会议、文件精神贯彻落实情况的督促检查，完成全年县委重要会议议定事项落实情况的督查工作，有力促进区、市、县党委、政府各项决策部署的落地生根。全年，深入乡（镇）督促检查60余次，上报各类督察专报82期，督察简报62期，下发督办通知25期。年内，当雄县共收到市人大代表建议30件，政协委员提案22件，共52件。截至年底，均已全部办结，办结率达到100%。

【党风廉政建设】 年内，高度重视党风廉政建设工作，将落实党风廉政建设责任制作为反腐倡廉的关键措施来抓，创新机制保证党风廉政建设责任制的全面落实。高度重视党风廉政建设和反腐败工作，多次利用支部周四学习时间，研究部署党风廉政建设工作，把党风廉政建设责任制明确责任，层层分解落实。同时，严格按照上级关于加强党风廉政建设和反腐败斗争工作部署，认真贯彻落实党内监督条例和纪律处分条例，深入开展党风廉政教育，不断提高干部职工思想政治素质和拒腐防变能力，坚持不懈地抓好党风廉政建设和反腐败斗争。进一步建立完善办公室车辆管理、后勤接待等各项规章制度，并严格管理，做到廉洁自律，遵纪守法。

【档案工作】 综合档案馆占地面积达736.64平方米，其中档案库房面积达到299.16平方米。现有馆藏档案2769卷，40219件档案，主要为县委、县政府文书档案。档案馆编制5人，实有5人。全县现有档案员51人。完成所有2018年度文书档案收集、整理、归档工作。根据区、市档案局要求，制定《当雄县关于到期档案接收进馆的实施方案》，下发传达到全县各单位、各乡（镇），为顺利完成到期档案接收进馆任务奠定了扎实的基础。通过以会代训、业务指导方式的培训等加大全县档案人员的档案业务知识的培训。对档案馆出入人员进行及时登记，对借阅文件，在及时登记基础上，能在归还期进行催收，全年清点、查阅、借阅、安全检查，为县直部门工作开展提供了便利，获得了较好的评价。

（熊 强）

【领导名录】

县委常委、办公室主任

刘 刚

常务副主任

邓 洪

当雄县人民代表大会常务委员会

【概况】 2018年，当雄县人大常委会以习近平新时代中国特色社会主义思想为指导，深入贯彻落实党的十九大精神和区市县第九次党代会精神，紧紧围绕县委中心工作和重大决策部署，依法行使职权，积极开展工作，用实际行动践行对以习近平同志为核心的党中央的坚决拥护和绝对忠诚。2018年，共召开7次常委会会议和9次主任会议，听取工作报告5个、专项报告2个，参与自治区和拉萨市人大组织的各类执法检查、调研4次，作出决议决定7项，较好地完成县十二届人大三次会议确定的各项目标任务。

【维护核心地位】 习近平总书记作为全党的核心、党中央的核心，是众望所归、实至名归，是党心所

2018年3月28日，当雄县人大常委会主任康加贵慰问护路工作人员

向、民心所向。常委会始终牢固树立“四个意识”、坚定“四个自信”，真正把思想和行动统一到习近平总书记重要讲话精神上来，统一到党中央重大决策部署上来，站稳政治立场，把握政治方向，坚定不移维护习近平总书记核心地位，坚定不移维护党中央权威，始终在思想上政治上行动上同以习近平同志为核心的党中央保持高度一致，为推动人大工作创新发展打牢思想政治基础。

2018年12月12日，当雄县人大常委会副主任拉巴旦增带队考察桑木搬迁点工作开展情况

【服务县委工作】 年内，坚持向县委请示、汇报制度，年初将人大全年工作计划报县委审定。凡审议重大问题，做出决议、决定，组织开展集中视察、执法检查等，都事先向县委请示报告。在工作上，着眼于改革、发展、稳定大局，与县委、县政府、政协班子共同承担历史责任，以不同的分工和角度服务全局性工作。确保人民通过人民代表大会行使国家权利，党的主张经过人大法定程序转化为国家意志和人民意愿，党组织推荐的人选经过法定程序成为国家机关工作人员，较好地发挥了人大常委会的作用。

【依法任免】 年内，当雄县人大常委会共任免国家机关工作人员13人，依照宪法规定，共举行2次宪法宣誓活动。在依法行使人事任免权中，常委会认真履行法律赋予的职权，充分发扬民主，严格依法办事，坚持党管干部原则，严格依照法律程序办理，增强了国家机关工作人员的宪法意识和公仆意识。

【决定重大事项】 年内，当雄县人大常委会坚持把重大事项决定权的行使作为推动县域经济社会发展的重要抓手，围绕当雄县经济社会发展目标，先后召开2次专题会议，听取和审议县监察委员会2018年上半年工作总结暨下半年工作安排的报告；县人民政府2018年上半年经济运行情况和社会发展计划执行情况报告；2017年财政决算情况和2018年上半年财政预算收支执行情况的报告；审查批准县政府2018年财政预算调整方案。提出进一步加强计划、财政工作，抓紧抓实项目建设，不断推进公共服务体系建设，加大财政资金统筹力度，严格预算的编制、执行和调整，切实提高财政资金的管理水平和使用效益等意见建议，促进了当雄县经济持续健康稳步发展。

【开展专题询问】 年内，开展专题询问工作在当雄县尚属首次，为扎实做好该项工作，当雄县人大常委会通过前期近两个月时间的入户走访和深入调研，共收集到对扶贫领域的21个询问问题，为开展专题询问奠定了基础。5月14日组织召开专题询问会，县扶贫办作关于全县脱贫攻坚工作开展情况的报告，与会人员当面询问，扶贫办工作人员当场解答，16人共对21个问题进行询问。围绕脱贫攻坚工作中存在的问题，面对面询问，点对点回复，通过双方一问一答的形式，大家对全县脱贫攻坚工作有了更加深入的了解，对下一步更加有效推动县委决策部署的全面落实，着力加快全县脱贫攻坚进程起到了积极的作用。

【进行司法监督】 9月，当雄县人大常委会听取县人民法院和县人民检察院工作开展情况汇报，积极协调有关部门解决法院和检察院在行使职权中遇到的困难和问题，特别是执行难的问题。通过开展司法监督，人大常委会为推动司法规范化建设，推进司法公正，阳光执法、廉洁司法，发挥了法律赋予的监督职责，为当雄县经济社会发展和长治久安提供了强有力的司法保障。

【组织代表视察】 12月，当雄县人大常委会组织人大代表和县直相关部门负责人组成人大代表视察组，对当雄县精准脱贫工作开展情况进行视察。视察中以落实各项惠民政策情况为重点，听取县脱贫攻坚指挥部工作开展情况汇报，实地查看拉萨经开区易地搬迁点。视察中发现，产业扶持项目落地的不多，易地搬迁户稳定增收的渠道还不够宽。针对这些问题，常委会建议要针对不同的贫困原因、致富意愿和能力因户施策，强化集中安置就业保障，确保群众稳定就业，扎实推进扶贫攻坚进程，坚决巩固好脱贫成果。

【开展执法检查】 年内，当雄县人大常委会组织市、县、乡三级人大代表对当雄县贯彻实施《中华人民共和国食品安全法》情况进行执法检查，实地查看县中学食堂、县城饭店、药店、超市。检查中未发现突出问题，常委会建议县政府及其相关部门要切实加强对食品安全工作的领导，要严格执法，对生产、销售假冒伪劣食品等行为，要从源头抓起，从严处罚；要加大食品安全的宣传教育力度，提高公民的食品安全意识、卫生意识和法律意识，充分动员社会力量实施监督，确保让广大群众吃得安全、喝得放心。

【代表管理】 年内，依托“人大代表之家”指导加强代表小组建设，全县103名县级人大代表共划分为12个代表小组，定期召开代表小组活动现场会，组织代表小组组长互相交流，不断推动代表小组建设规范化。常委会成员坚持走访、接待代表制度，及时向代表通报经济社会发展情况和常委会工作开展情况，拓宽代表知情知政渠道。同时，组织部分县人大常委会组成人员和乡镇人大主席赴广东深圳人大干部培训中参加学习培训，拓宽了代表的视野，提升了履职能力。

【保障代表履职】 年内，邀请23名人大代表列席县人大常委会会议，36名人大代表参加常委会组织的执法检查、视察、调查、工作评议等活动，进一步扩大代表对人大常委会工作的有效参与。县乡人大分别组织代表开展了执法检查和集中视察，既推动了相关工作，又为代表提出高质量的议案建议提供了基础资料。

【督办代表建议】 年内，当雄县十二届人大三次会议期间共收到22件意见建议，为使代表提出的议案和建议尽快落到实处，5月常委会主持召开议案建议交办会，要求各承办单位应在3个月内，最迟不超过6个月书面答复代表。对于条件不成熟或超出能力范围，短时间内无法办理的向代表作出说明，取得代表的谅解。截至年底，建议均在规定的期限内得到办理，代表反映普遍较好，推动了代表建议办理由“答复满意”向“落实满意”转变。

【组织建设】 年内，当雄县人大

2018年6月27日，当雄县人大常委会组织新任命人员进行宪法宣誓

常委会始终坚持狠抓党建工作责任落实，不断加强党的思想建设、组织建设、作风建设和制度建设，把党建工作和人大日常工作同安排、同部署、同落实。年内，共召开党建工作专题会议3次，开展讲党课活动4次。人大组织建设不断完善，党建水平进一步提升。

【开展扶贫帮困】 年内，积极开展扶贫送温暖活动，认真做好结对帮扶工作，每季度至少走访一次结对贫困户，为贫困户送上慰问品、慰问金，帮助协调解决就业、就医等方面的困难。同时，向贫困群众认真宣传党和政府的惠民政策，让群众感受到党和政府的关怀和温暖，增强他们自强不息、自力更生的决心和信心，用自己的辛勤劳动过上幸福的生活。

【坚持服务群众】 年内，当雄县人大常委会始终保持谦虚谨慎、不骄不躁的作风，坚持把为人民服务作为第一职责，把为群众办实事作为第一追求，把群众呼声作为第一信号，把群众满意作为第一标准。人大常委会在做出各项决议决定之前，都坚持做到扑下身子，深入基层，问政于民，问需于民，问计于民，努力使人大常委会的决策和工作更加符合实际，更加符合群众的利益和愿望。

【塑造廉洁党风】 人大常委会的权力是人民赋予的，只能用来为人民谋利益。常委会始终坚持以人为本，勤政为民，尽心尽力履行好自己的法定职责。把关系改革发展稳定大局和人民群众最关心、最直接、最现实的利益问题作为重点内容加强监督，使人大工作顺应民心，贴近民生，切实把最广大人民群众的根本利益实现好、维护好、发展好。平时认真学习党风廉政建设的各项规定，认真履行"一岗双责"，严格落实中央"八项规定"，坚持个人重大事项、廉洁从政报告制度和领导干部带头述责述廉制度，始终把人大的行为置于人民群众的监督之下，保持为民、务实、清廉的良好形象。

（央　宗）

【领导名录】

主　任

康加贵（藏族）

副主任

张道顺

拉巴旦增（藏族）

仁　青（藏族）

朗　嘎（藏族）

当雄县人民代表大会常务委员会办公室

【概况】 2018年，当雄县人大常委会办公室以习近平新时代中国特色社会主义思想为指导，认真贯彻落实党的十九大精神，紧紧围绕县十二届人大三次会议确定的目标任务和常委会年度工作计划，按照"围绕中心、服务大局、提高质量、当好参谋"的工作思路，坚持解放思想、开拓创新，积极发挥办公室参谋助手、综合协调、后勤保障作用，较好地完成各项工作任务，为县人大及其常委会依法履职和机关有序高效运转提供了良好服务保障。

【学习贯彻党的十九大精神】 年内，当雄县人大常委会办公室把学习宣传贯彻落实党的十九大精神放到首要位置，制定学习方案和计划。2018年，办公室共组织集中学习16次。通过参加学习、

2018年9月19日，西藏自治区人大常委会副主任李文汉（左五）一行到当雄县检查指导纳木错生态环境保护工作

组织宣讲、专题讨论、撰写心得等方式，把学习十九大精神的收获转化为解决问题的新思路、破解难题的新方法、推动工作的新举措，把智慧和力量凝聚到决胜全面建成小康社会，夺取新时代中国特色社会主义伟大胜利上来。

【做好文稿起草】 年内，认真起草好常委会年度工作计划，力求使常委会的工作紧扣县委中心工作和全县发展大局，推进办公室工作有条不紊地实施，为常委会依法行使监督、决定、任免等各项职权提供优质服务，充分发挥“以文辅政”的重要作用。认真起草好常委会工作报告，全面客观准确反映常委会过去一年所做的工作及提出今后一年工作思路，为常委会总结工作经验和谋划来年工作提供有益参考。

【会议服务】 年内，以提高会议质量为重点，切实把好上会议题关、材料关、分组讨论安排关、常委会审议意见督办关，不断提高办公室服务水平。全年完成人民代表大会、常委会会议、主任会议等重要会议17次，其中人民代表大会会议1次、常委会会议7次、主任会议9次。

【服务代表】 年内，成功举办两期县乡人大代表培训班，共有26名基层人大代表参加了集中培训。调整县十二届人大常委会组成人员联系基层县人大代表走访工作方案，切实加强常委会组成人员与人大代表的密切联系，不断畅通社情民意反映和表达渠道。制定代表小组活动方案、确定视察路线和后勤保障等各项服务工作，完成常委会交给的2次代表小组活动的组织协调和服务工作。组织协调部分市县乡人大代表参加市县人大常委会组织开展的专题调研、督办代表建议、观摩法院案件庭审等活动。为县人大代表订阅《中国人大》杂志，为代表依法履职积极创造条件。

2018年10月16日，昌都市人大考察团一行到当雄县羊八井镇“蓝色天国”参观考察

【督办代表建议】 年内，当雄县十二届人大三次会议期间共收到22件意见建议，为使代表提出的议案和建议尽快落到实处，5月召开议案建议交办会，要求各承办单位应在3个月内，最迟不超过6个月书面答复代表。对于条件不成熟或超出能力范围，短时间内无法办理的向代表作出说明，取得代表的谅解。截至年底，这些建议均在规定的期限内得到办理，代表反映普遍较好。

【指导乡镇人大】 年内，为切实加强乡（镇）人大工作，县人大常委会办公室不断加大工作力度，加强对人大主席的培训，常委会领导分片联系指导工作，进一步规范乡（镇）人民代表大会的召开和人大主席团的日常工作。在县人大办公室的指导下，各乡（镇）人大主席团主动作为，充分发挥人大在工作监督、法律监督、密切联系群众等方面的作用，及时把党的主张通过法定程序变成国家意志和人民群众的自觉行动。同时，保障人民群众在行使管理国家事务、管理经济和文化事业、管理社会事务等方面的民主权利，维护了人民群众的切身利益。

【作风建设】 年内，当雄县人大常委会办公室按照县人大常委会年度工作计划的安排，坚持把深入调查研究作为转变工作作风的突破口，深入开展精准脱贫、环境保护等专题调查研究，充分听取和吸收基层群众意见建议，综合分析汇总形成调研报告，为常委会会议审议专项工作报告、做出审议意见提供重要参考依据。

【坚持勤政为民】 年内，坚持以人为本，勤政为民，尽心尽力履行好自己的法定职责。把关系改革发展稳定大局和人民群众最关心、最直接、最现实的利益问题作为重点内容加强监督，使人大工作顺应民心，贴近民生，切实把最广大人民群众的根本利益实现好、维护好、发展好，保持为民、务实、清廉的良好形象。

（韦祥余）

【领导名录】

副主任

央 宗（女，藏族，主持工作）

当雄县人民政府

【概况】 2018年，是全面贯彻党的十九大精神开局之年，也是全县各项工作取得重要突破的一年。坚持以习近平新时代中国特色社会主义思想为指引，深入学习贯彻党的十九大精神，特别是习近平总书记关于治边稳藏的重要论述和李克强总理在藏调研期间的重要讲话精神，始终坚持以人民为中心的发展思想，坚持稳中求进、进中求好、补齐短板的工作总基调，以高质量发展为要求，以改革创新为抓手，以产业转型升级为目标，深入推进供给侧结构性改革，不断深化实施“六大战略”，打好“三大攻坚战”，全面实施以“神圣国土守护者、幸福家园建设者”为主题的乡村振兴战略，统筹推进稳增长、促改革、调结构、惠民生、防风险等各项工作，全县经济社会发展取得了新的进步，较好地完成了县十二届人大三次会议确定的各项目标任务。

2018年，全县完成地区生产总值19.91亿元，同比增长9.3%；全社会固定资产投资同比增长19.2%；社会消费品零售总额2.11亿元，同比增长13.5%；地方财政一般预算收入完成3.94亿元，同比增长32%；农牧民人均可支配收入15850元，同比增长10.5%。

【精准扶贫精准脱贫】 年内，坚持把脱贫攻坚工作放在各项工作的首位，狠抓各项工作落实。紧紧围绕产业扶贫、易地搬迁、技能培训和转移就业、教育扶贫、生态补偿、医疗救助、社会保障、志智双扶、北京援藏扶贫、“十项提升工程”等措施，转变群众思想观念，激发群众内生动力，鼓励群众创业就业，带领贫困群众脱贫致富。截至年底，全县共1845户8288人的人均可支配收入越过国家贫困标准线，实现“两不愁、三保障”目标，未脱贫5户16人，全县贫困发生率从脱贫开始的16%降至0.03%，顺利通过国家贫困县退出专项评估检查，实现全县脱贫摘帽。

【净土健康产业】 年内，成功举办西藏首届牦牛产业高峰论坛、“中国好牛肉·纳木错好牛肉”主题牛人峰会，当雄牦牛肉的知名度和影响力不断扩大。与浙江电商企业环球捕手强强联合，当雄有“身份证”的牦牛肉上线4小时销售额超过120万元。在全国一线城市设立25个营业点，与中国牛人俱乐部签订当雄牦牛肉三年1亿元的销售合同。与江苏昆山深度合作，成功参加2018年海峡两岸（昆山）农产品展示展销会，并设立西藏味道体验店。2018年

2018年9月11日，县委副书记、县长其美次仁，县人大常委会主任康加贵，县委常委、政法委书记扎西亚培，副县长普布扎西参加区市维稳视频会议

当雄净土公司共签订牦牛肉订单4755.26万元，销售有“身份证”牦牛肉200吨，2000余头，实现营业额2000余万元，直接受益群众2000余户。净土牧场改革试点郭庆点已初获成功。

截至年底，已签订草场租赁、牦牛入股及超载牲畜收购协议，流转草场13万亩，入股牦牛1541头，收购2279头，正在创建的国家级“牦牛产业园”已通过自治区级评审。依托丰富的天然饮用水资源优势，成功打造“纳木错圣水”品牌，已形成“5100”中国知名商标、“纳措琼姆”自治区著名商标的天然饮用水产业。与北京易佳农连锁超市签订供货协议，供货300余家店铺。2018年签订订单37800吨，实现营业额4500万元。

【文化旅游产业】 年内，共接待国内外游客54.58万人，实现旅游门票收入4800万元。康玛温泉酒店基本建成，“行者·黑帐篷”游客服务中心项目拉多点已建成并投入运营，姆蓝雪山、廓琼岗日冰川、唐滨湖、阿热湿地等旅游景区（点）开发建设顺利推进。同时，启动“温泉+”旅游模式，建设完成羊八井蓝色天国地热开发项目，“温泉+休闲”的旅游布局已完成，全力打造“天然温泉之乡”。深入挖掘文化旅游内涵，成功举办当雄县第三届虫草文化旅游节、“当吉仁”赛马节及西藏首届农民丰收节。“天湖·四季牧歌”首次走出当雄走进北京演出，反响热烈。特别是2018年赛马节开幕式的舞蹈“吉祥二十一步”成功入选2019年藏历新年晚会、故事片《天缘·纳木错》获得国家奖项，进一步提升了全县牧民群众的文化自信。

【招商引资】 年内，西藏高原蓝公司的牦牛产业万户脱贫项目等一批投资大、带动力强的项目相继落地。以羊八井地热电站为轴的光伏与风能产业连线成片发展的新能源产业园区，2018年总产值达8654.18万元，已成为推动全县经济社会发展的新动力。

【乡村振兴】 年内，109国道控制性工程，S206、303，G561，龙江线改扩建工程等国家重点项目相继开工实施，进一步提升了当雄县的交通区位优势。2018年，共实施保障性住房项目3个，新建干部职工周转房48套。投入资金4434.01万元，实施县城污水处理厂建设项目。投入资金7175.87万元，加快推进羊八井特色小城镇建设项目（一期）。完成乌玛塘乡农贸市场建设项目、当雄县规范化村（居）活动场所建设项目等基础设施建设项目。投入资金3074万元，完成县城集中供暖工程（一期）建设项目。

年内，积极推进城镇周边村庄“厕所革命”项目，共实施建设公共卫生厕所53座，其中27座已基本完工。加大城乡环境综合整治力度，开展私搭乱建及占道经营行为专项整治工作，拆除街边违建建筑20余处。投入资金4137.18万元，实施防洪设施重大水利项目、新增和改善灌溉面积101万亩、新建和维修农村饮水点40个，有效保障了牧业生产和饮水安全。投入资金6743万元实施农村电网改造升级工程。投入资金413.91万元，实现县城内有线数字电视网络全覆盖。加快推进牧区（寺庙）广播电视直播卫星设备覆盖工程。全县广播电视覆

2018年5月17日，县委常委、副县长文林主持召开2018年当雄县冬虫夏草采集管理工作动员部署会

盖率达到99.5%以上。形成四级非遗保护名录体系,2018年公布当雄县第五批非物质文化遗产代表性项目100个、代表性传承人10人,创历史新高。

【生态环境】 年内,通过自治区基本草原划定验收。完成当雄县自治区级生态创建工作。完成生态保护红线初步核定工作。完成纳木错自然保护区107处临时建筑和45个摊位的拆除整治工作。完成全县10家采砂采石厂整合整治工作。累计投入资金1161万元,用于县域空气质量环境监测网络体系建设、实施当雄县2017年度农村饮用水水源地环境保护工程、加强生活垃圾收集转运及乡镇综合环境整治能力建设、开展污染源普查、开展消除海拔4300米以下"无树村无树户"工作和县域、农村环境质量监测工作。累计兑现资金3268.11万元,实施2018年重点区域公益林建设、2018年草原生态补偿工作和退牧还草工程,对50万亩草场实施围栏休牧。推广"河长+警长+公众河长"模式,建立健全"河长制"工作体系。

【社会事业】 年内,坚持把民生改善作为一切工作的出发点和落脚点,全年投入2亿多元用于民生福祉,占财政支出的七成以上。优先发展教育事业。累计投入资金3900万元,相继实施11所村级幼儿园、中小学浴室改扩建等教育基础设施建设。投入资金1000万元,兑现教师岗位津贴、表彰教学成绩突出的单位和个人。义务教育基本均衡县高标准通过国家验收。大力提升医疗卫生水平。累计投入资金2000余万元,相继实施县医院信息化建设、县疾控中心建设、宁中乡卫生院改扩建等项目建设,进一步改善全县医疗卫生软硬件条件。投入资金700万元,充实全县农牧区合作医疗大病统筹基金。开具"先住院、后结算"贫困绿卡214张、孕产妇及婴儿绿卡356张,为贫困群众提前垫支医疗费190万元。为全县434对农牧区育龄夫妇做了免费孕检,未出现孕产妇死亡病例,全县筛查出的203名包虫病患者已全部得到救治。

2018年,应届高校毕业生实名登记311人,实现就业278人,就业率达到91.7%。农牧民劳动力转移就业1.2万人,2.4万人次,实现收入7000万元。开发就业再就业岗位821个,实现新增就业944人。切实提高居民收入。城乡居民人均可支配收入分别突破3万元和1.6万元,农村居民收入增速持续快于城镇居民。社会保障更加完善。全县城乡居民养老保险参保人数25667人,发放养老保险金共计559.5万元。城镇居民医疗保险参保人数2371人,征缴金额123.29万元。按照"应保尽保"的原则,全年共计兑现各类保障资金924.65万元。

【民族团结】 年内,依法管理宗教事务,严格执行新修订的《宗教事务条例》,深入开展"遵循四条标准、争做先进僧尼"教育实践活动,寺庙管理长效机制不断完善。共表彰县级和谐模范寺庙4座,表彰爱国守法优秀(先进)僧尼218人次,表彰民族团结进步模范集体、个人和家庭共22个。完善调整信访联动工作体系,全县共受理群众来访133批(件)231人次,共办结133批(件),办结率100%,涉及人数1380人,协调兑现双拖欠资金3000余万元。开展"扫黑除恶"等三个专项斗争,群众安全感明显提升。结合创建"国家食品安全示范城市"活动,对全县500余家餐饮单位进行"明厨亮灶"升级改造。持续推进食品药品监管,开展食品安全专项整治17次。开展安全生产大检查,狠抓国务院安委会各工作组反馈问题的整改落实,实现事故起数、死亡人数"双下降"的目标。青藏铁路当雄段连续12年保持安全运行、圆满完成"萨嘎达瓦"等重要节点的维稳安保任务,全县社会局势持续稳定、全面稳定。

【自身建设】 年内,及时传达学习、贯彻落实中央、区党委、市委和县委各项决策部署,扎实开展"两学一做"学习教育。切实加强服务政府、责任政府、法治政府、廉洁政府建设。主动接受人大及其常委会法律监督和政协民主监督,全年办理市、县人大代表建议33件,政协委员提案24件,办复率、回访率均为100%。全面落实从严治党主体责任,加强党风廉政建设,加强行政监察和审计监督,严肃查处违纪违法案件,干事创业环境得到明显改善。"10·8"

抢险救援及扎西岛商户拆迁搬迁工作的圆满完成，进一步检验了全县干部职工的工作作风和处理复杂问题的能力。

（拉姆次仁）

【领导名录】

县委副书记、县长

其美次仁（藏族）

县委副书记、常务副县长

郭 春 杰（北京援藏）

县委常委、副县长

文　　林（蒙古族，内蒙古调藏）

游 关 涛（湖北调藏）

副县长

旺堆罗布（藏族，2 月免）

张　　洁（北京援藏）

骆　　宁

多吉平措（藏族）

普布扎西（藏族）

郑　　莉（女）

胡 小 平

扎西曲党（藏族，5 月任）

当雄县人民政府办公室

【概况】 2018 年，当雄县政府办公室以第十九次全国代表大会精神及习近平总书记系列讲话精神为指导，全面贯彻落实县九届四次全委会精神，自觉服从和服务于全县经济社会发展大局，紧紧围绕县委、县政府中心工作，积极履行参谋助手职责，强化服务，狠抓落实，保证了政府工作的优质高效运转，为全县经济社会平稳较快发展发挥了积极作用。

【发挥参谋助手】 年内，围绕县委、县政府工作重点，围绕影响经济社会发展的重大问题、社会热点难点，深入调查研究，提出对策建议，充分发挥参谋助手作用。始终坚持把信息作为服务领导的重要渠道抓紧、抓好。加强信息体系建设，拓宽信息渠道，强化信息整理，集中反映领导关注的重点、群众关心的热点和改革过程中的难点，及时反馈工作动态和社情民意。年内，采编上报政务信息 409 条。

【协调服务】 年内，对重大工作部署、阶段性中心工作、重点项目建设、重大活动认真组织，加强调度，多方协调，抓好落实，促进各方面工作相互衔接，形成合力。完成政府常务会、县长办公会、专题会等各种会议服务工作。注重协调好领导班子与领导之间、领导与领导之间的关系，处理好政府与县委、人大、政协的关系，重视与县委办、人大办、政协办的沟通协调。充分发挥办公室的桥梁纽带作用，注重建立和培养工作协作关系，注重协调处理好县直部门之间、部门与乡（镇）、乡（镇）与乡（镇）间的关系。

【政务工作】 年内，坚持精心办文、节俭办会、高效办事。把文字工作作为办公室的“第一要务”来抓，牢固树立精品意识和效率意识。对重要文稿撰写，强化集体撰写制度，集中集体智慧，努力把文稿质量提高到一个新水平。积极推进公文流转规范化建设，严格收发文程序，降低差错率。年内，印发政府文件 303 份，政府办公室文件 77 份。坚持热情、节俭、规范，精心搞好政务接待，体现地方特色，不搞铺张浪费。

【事务管理】 年内，政府信息公开工作进一步加强，在财政预决算、征地拆迁补偿、住房保障等重点领域的信息公开力度得到加

2018年3月10日，当雄县政府办公室党支部召开组织生活会

2018年9月13日，当雄县政府办公室党支部召开党员学习会

强，各类政府信息发布的及时性、规范性进一步得到提高。建立较为全面的政府应急管理体系。根据新形势、新变化、新要求，认真做好突发性公共事件应急管理工作，突出重点，综合协调，狠抓落实，卓有成效地开展工作。在各类突发性公共事件中，办公室全体成员保持临战状态，加强应急值班，有力保障了各项抢险救灾工作顺利进行。

【法制工作】 年内，全面推进依法行政，围绕中心，打造法制性政府，聘请政府法律顾问。增强依法行政能力，聘请专家开展知识讲座。加强县政府规范性文件管理，从计划、起草、审查、备案和清理五个阶段分别做了详细的阐述，加大法制办的审查力度，全面完成全县范围内的规范性文件清理工作。

【后勤保障】 年内，当雄县政府办公室坚持以“创建学习型机关”为重要抓手，以学习启迪思路的创新，以学习促进作风的转变，以学习推动效能的提高，努力实现后勤工作“管理科学化、服务社会化、保障法制化”，取得了一定的成效。同时要求每名工作人员在“钻”“勤”“有心”“优”上下功夫，变被动服务为主动服务，不断提高服务能力和水平。

【理论业务学习】 年内，始终把学习作为办公室素质提升的重要途径，根据办公室工作实际，制定了年度学习计划，进一步健全完善办公室学习制度，坚持开展集中学习与自学相结合的理论、业务学习，有效提高干部的业务和理论水平。坚持重大事项班子集体研究，广泛征求意见，推进决策的科学化、民主化，充分调动班子成员的主动性、积极性和创造性。坚持以人为本、民主管理，经常开展谈心交心活动，办公室内部始终保持团结协作、积极向上的工作氛围。

【党风廉政建设】 年内，从宣传教育入手，加强廉政思想教育，不断增强党员干部廉洁自律的自觉性。班子成员以身作则，率先垂范，严格遵守干部廉洁自律各项规定，耐得住寂寞，守得住清贫，干净干事。干部职工始终坚持自重、自省、自警、自励，从严规范自身言行，时刻与党的纪律要求保持一致。注重自身形象，严守党的纪律，严格依法办事，着力打造清正廉洁的干部队伍。带头狠刹各种不良风气，办公室干部职工从未利用职务之便谋取不正当利益，全年无违反廉政准则、违规经商办企业、以权谋私、违法违纪行为发生。

（拉姆次仁）

【领导名录】

主　任

普布扎西（藏族）

副主任

德庆曲珍（女，藏族）

陈　　彬

中国人民政治协商会议当雄县委员会

【概况】 政协当雄县委员会成立于2012年5月，是中国人民政治协商会议的地方组织，在中共当雄县委员会领导下开展工作。政协当雄县委员会自成立以来，在当雄县委员会的坚强领导下，一贯坚持围绕党和政府各个时期的中心工作，以高度的责任感和主人翁精神，充分发挥政协委员作用。通过召开政协全体委员会议和常务委员会议，以总结、研究、部署政协工作和到牧区、城镇、企事业、寺庙视察调研等，对全县经济、政治、文化、科技、城镇建设、局势稳定进行调查研究，了解人民群众普遍关心的难点、热点问题，掌握第一手资料，为党委、政府决策提供依据。

2018年，政协当雄县委员会委员名额75名（实有委员73名、机动名额2名），共设6个界别，即中共界、群团界、教体文卫界、工商界、农牧科技界、民族宗教界。其中主席1名、副主席3名，常务委员11名，办公室主任1名。

【思想理论建设】 年内，当雄县政协党组召开四次党组（扩大）会议，研究部署县政协工作，听取党组成员履行分管领域主体责任情况，学习党的十九大精神、新修订宪法、政协章程等。召开两次政协常委会，向政协常委和党员委员传达学习十九大精神、全国两会及区、市两会精神、新宪法和政协新章程。县政协机关党支部开展12次“主题党日”学习活动，组织机关干部职工重点学习习近平新时代中国特色社会主义思想和党的十九大精神、习近平总书记系列重要讲话精神，马克思主义“五观”“两论”党的政治纪律和政治规矩等。县政协领导班子成员带头深入所联系乡镇、村（居）、寺庙、扶贫点宣讲十九大精神及党的惠民政策10余次。选派党员领导干部、政协委员参加区、市政协业务培训班及专题培训班7人次，组织党员领导干部参加县监察委、县委组织部、县委宣传部、县委党校等相关部门开办的专题培训班20人次。通过学习，使政协委员和政协工作者深入理解践行习近平新时代中国特色社会主义思想，毫不动摇地坚持中国共产党的领导，把牢政治方向，自觉把思想和行动统一到中央和自治区党委、市委、县委的决策部署上来，确保当雄县人民政协事业始终沿着正确方向健康发展。

【民主监督，参政议政】 年内，把推动全面深化改革各项措施的落实作为民主监督的重要内容，加强对中央重大方针政策，自治区党委、市委、县委重大决策部署和重要工作、重点项目推进实施情况及精准脱贫、城市规划建设、生态环境保护、净土健康产业发展等与民生密切相关问题的民主监督力度。就“规范车辆停放、商铺占道经营行为、提升城市综治水平”进行专题视察。通过视察，提出建设性意见和建议，为县委、县政府科学民主决策提供依据。牢牢把握全县工作主题，选择党委、政府关心，人民群众关注的课题，立足当前、放眼长远，组织精干力量，加强战略性、全局性、前瞻性课题研究，建有用之言、献务实之策，使调研视察真正贴近党政所需、回应群众所盼，努力为党政科学民主决策聚智献策，体现政协的特点和优势。

3月，县政协党组成员带头组织开展“净土牧场郭庆场运营情况”专题调研，并形成翔实的调研报告，县政府主要领导做出重要批示，并召开专题会议研究部署，全面梳理、分类分批稳步有序解决，深受广大牧民群众的好评。

【助力脱贫攻坚】 年内，始终把政协的事业发展、责任担当与党政

2018年4月1日，西藏自治区政协社会法制外事委员会副主任布其格（左一）带领调研组到当雄县开展“如何做好新形势下人民调解工作”专题调研

中心工作紧密联系起来，认真完成县政协领导联系重点项目、脱贫攻坚等各项重点工作，引导组织广大政协委员在全县经济社会发展主战场上主动作为、再创佳绩。

年内，县政协把脱贫攻坚作为首要政治任务和头等大事抓好抓实，根据县委脱贫攻坚任务分工，党组成员各负其责，主动认领任务，带头深入到扶贫攻坚第一线。县政协党组书记次仁桑玻担任县脱贫攻坚指挥部副指挥长全程参与精准扶贫工作，从开展精准扶贫贫困户识别、“五个一批”政策落实、干部结对帮扶、统筹产业布局、利益联动共享、乡村退出考核等环节精心组织；县政协党组成员李军参加拉萨市脱贫攻坚指挥部交叉督导工作，在检查过程中借鉴兄弟县（区）好的做法，为当雄县精准扶贫异地搬迁、产业分红、政策宣讲等工作提出好的建议、意见；党组成员巴桑任脱贫攻坚指挥部以助组组长，两年来开展全县包虫病筛查，组织全民体检，开展妇女“两癌”筛查，开辟牧民绿色就医通道，大力实施健康当雄专项行动助脱贫，提高全民健康意识。县政协坚持每季度组织党员干部开展入户帮扶工作，先后4次组织看望、慰问结对户，重点从“扶志气、长精神”和政策宣讲方面实施帮扶。倡导各界别委员利用自身优势，积极参与全县脱贫攻坚工作，各界别委员积极响应县政协号召，在政策宣讲，深入一线义诊，企业吸纳本地就业岗位等方面，做了大量工作，深受群众好评，通过一系列举措，有力助推了脱贫攻坚工作。

2018年2月27日，当雄县政协党组书记、主席次仁桑玻主持召开专题民主生活会

【提升提案工作水平】 年内，县政协二届三次会议收到提案31件，经审查，立案30件。确定3件重点提案，作为县政协领导牵头督办的重点提案，加以推动落实。同时加强提案办理的督查、追踪、协办工作。以电话催办、书面督办，走访沟通等形式，与提案承办“大户”和提案办理有困难的承办单位协商，提出提案办理的要求、意见和建议，促进了提案办理工作的顺利开展。

【社情民意信息反映】 年内，制定出台《关于加强反映社情民意信息工作的意见》，健全社情民意信息收集、编报、反馈、落实机制，引导全县政协组织、政协各参加单位和广大政协委员围绕国家大政方针和全县经济建设、政治建设、文化建设、社会建设、生态文明建设中的重要问题以及人民群众普遍关心的问题，通过政协的专门渠道汇集、分析、反映情况，提出意见建议。年内，县政协机关共完成编报《社情民意》4期。

【政协文史工作】 年内，当雄县政协积极协助市政协编撰“藏北明珠”——当雄篇文史资料，在市政协文史委的指导下，通过积极征集、编撰史料，现已完成藏文的录入工作，汉语版的当雄历史篇也进入收尾工作。此次编撰的藏北明珠——当雄篇文史资料，从不同角度和侧面展示当雄县的昨天和今天，展现当雄县各条战线工作取得的辉煌成就，为人们了解、研究当雄县历史，对人民群众特别是青少年进行爱国主义和革命传统教育，提供具体生动的素材。同时将增进各界人士对当雄历史的认识，扩大政协的团结面和联系面，客观反映当雄县近代、现代历程，为政协委员和各界人士在参政议政活动中借鉴历史经验提供一些翔实可信的史料，较好地发挥存史、资政、团结、育人的作用。

【不断增进各方团结合作】 年内，坚持县政协领导班子成员联系走访委员制度，广泛听取委员的意见建议，深入宣传县委、县政府的重要工作部署，把委员们的思想和行动统一到县委、县政府的重大决策部署上来。5月，县政协开展联系服务委员企业活动，县政协领导班子成员深入走访纳木错圣水、5100冰川矿泉水有限公司、当雄圣地生物发展公司等几家委员企业，帮助企业解决困难和问题5件。

【系统联动协作】 年内，积极协助做好全国政协、自治区政协、拉萨市政协到当雄开展调研视察考察活动。年内，当雄县政协认真协助全国政协民宗委赴藏调研组前往当雄县举行座谈会，听取“当雄县关于扶贫工作情况汇报”，并深入12户牧民家中调研；先后3次做好自治区政协、拉萨市政协领导率队到当雄县开展的“如何做好新形势下人民调解工作”“拉萨市农村集体经济发展状况”“拉萨市全面推行河长制督查领导小组2018年第四季度工作督查”专题调研、督查视察服务保障工作；做好接待南京市政协等兄弟政协到当雄县进行的调研考察交流活动。

【政协自身建设】 年内，加强党建工作、意识形态建设，认真开展2017年度民主生活会，认真开展批评与自我批评，不断提高政治站位和服务意识，适应新常态，提高履职能力，助推政协工作上新台阶。

【“两学一做”学习教育】 年内，坚持每月开展“主题当日”活动，用党的创新理论武装头脑，指导实践。加强制度建设，进一步完善常委会、主席会工作制度，提高常委会、主席会的协商议政水平，充分发挥常委会、主席会的集体领导作用。

2018年3月15日，当雄县政协副主席李军带领界别委员调研净土牧场郭庆场运营情况

【委员主体作用】 年内，继续在政协委员中开展“五个一”活动，即每位政协委员每年提出至少一件有质量的提案；反映一条有价值的社情民意；参加一次委员视察活动；撰写一篇履职报告；参加界别活动一次。引导和组织委员在建设当雄的事业中，施展才华、积极作为，努力将其打造成为全员参与的履职舞台。

（胡石磊）

【领导名录】

党组书记、主席

次仁桑玻（藏族）

副主席

洛桑塔克（藏族，党外人士）

李　　军

巴　　桑（藏族）

中国人民政治协商会议当雄县委员会办公室

【概况】 2018年，政协当雄县委员会办公室全面贯彻党的十九大精神，深入学习贯彻习近平新时代中国特色社会主义思想，紧紧围绕县委既定目标和县政协中心工作，认真履行政治协商、民主监督、参政议政职能。思想理论建设取得新成效，服务改革发展取得新成绩，推进协商民主取得新进展，改进工作作风取得新突破。

【开拓创新，理清工作思路】 年内，政协当雄县委员会办公室作为政协的综合协调部门，始终牢固树立创新理念，强化协调沟通意识、参谋助手意识和服务进取意识，不断创新办公室工作思路。把调研、督查、服务作为办公室的工作重心，全面推进各项工作的开展。

年内，县政协机关按照县政协委员会工作部署和要求，根据专题调研视察活动的内容和特点，认真研究，制定专题调研视察活动的具体实施计划，专题调研视察活动都安排政协机关工作人员分工联系，责任到人，确保服务。年内，县政协办公室组织有关界别委员就当雄县“净土牧场郭庆场运营情况”“规范车辆停放、商铺占道经营行为、提升城市综治水平”等课题开展专题调研视察活动。在开展专题调研和专题视察活动过程中，通过采取分散与集中、走访、召开座谈会等多种形式，深入了解有关方面的详细情况，广泛听取各单位部门领导和广大群众的意见建议，进行详细分析，融入委员智慧，撰写专题调研、视察报告，积极为县委、县政府及有关部门推动相关工作提出科学可行的意见建议。县政协办公室主要从选题引导、搭建知情平台、加强培训辅导和对提案严格审查把关等入手提高提案质量。2018年县政协机关共完成编报《社情民意》4期。进一步发挥了人民政协联系群众的桥梁纽带作用，推动一系列民生问题的解决。坚持从小事做起，从大事着眼，努力提高服务水平。牢固树立服务意识，当好参谋助手。

2018年2月12日，当雄县政协办公室党员到龙仁乡看望慰问结对扶贫户

【开创工作新局面】 年内，注重把握根本，坚持抓大事、抓关键，推进办公室工作上台阶。认真对照《中国共产党机关公文处理条例》和《国家行政机关公文处理办法》的规定，对公文处理工作作了改进和完善，坚持严把起草关、审核关、收发关，确保办文质量。年内，办公室圆满完成全委会议，常委会议、党组会议、主席会议、半年协商座谈会和界别座谈会的组织筹备和服务工作，无论是会前的材料起草、会场上的服务保障工作，还是会后材料的收集整理等工作，都竭力做到细致周到，尽量为与会人员提供一个良好的环境，确保会议顺利召开。凡是上级或外地政协到当雄县政协进行调研、视察、考察等活动，在严格接待标准、规范接待程序的前提下，拟定详细的接待方案，统一安排在县政府食堂接待。平时在接待委员或外单位人员到当雄办事时，坚持做到一张笑脸、一杯热茶、一声问候。加强制度建设，坚持以政协章程为依据，以制度建设为核心，以规范运作为基础，先后制订和完善主要会议议事规则和机关管理制度等系列规章制度，使政协工作有章可循。加强作风建设，强化机关考勤，改进工作作风，严格执行按时上下班制、请销假制，年终对机关干部出勤情况进行统计汇总，作为考核的依据之一。

【政协机关建设】 年内，以构建“学习型机关”为抓手，努力提高政协机关干部整体素质。修订和完善多项规章制度，坚持每周4学习制度，组织机关党员干部学党章党规、学系列讲话、做合格党员，切实抓好专题党课、专题研讨、专题民主生活会和整改落实四个关键动作，定期开展机关党支部“主题党日”活动，认真落实“三会一课”等党内基本政治生活

2018年12月18日，当雄县政协办公室党员干部到基层收集社情民意信息

制度，在机关内部形成了浓厚的学习氛围。努力打造务实高效、团结协作、风清气正的和谐机关。激励机关干部勤于学习、善于创新，大力弘扬敢于负责、勇于担当、求真务实的精神，切实提高政协机关工作的创新能力、执行效力和服务保障能力。

（胡石磊）

【领导名录】

主 任

旺丹次仁（藏族）

中共当雄县纪律检查委员会（当雄县监察委员会）

【概况】 2018年，当雄县纪委全面贯彻落实十九届中央纪委二次、三次全会和区市纪委九届三次全会精神，严格按照九届县委三次全会和九届县纪委三次全会安排部署，始终把监督执纪问责工作置于拉萨市纪委和县委的决策之下，坚持“两个为主”，忠诚履职、敢于担当、从严监督、严肃问责，以监督执纪问责实际成效推动全面从严治党向纵深发展。

【学习贯彻中共十九大精神】 年内，把学习贯彻习近平新时代中国特色社会主义思想、习近平总书记重要论述和党的十九大精神作为首要政治任务，列入机关党支部必学内容，制定学习计划，认真组织学习讨论，确保学懂弄通做实。机关党支部全年组织学习77场次，召开专题民主生活会1场，累计发言30余人次。

【党员干部廉政警示教育】 年内，在“逐梦当雄”微信公众号中开设“清廉当雄”专栏，开展线上廉政教育，系统解读党章、新修订《中国共产党纪律处分条例》《中华人民共和国监察法》等党纪法规，定期推送上级纪委监委和县纪委监委工作动态、典型案例通报。精心制作60幅廉政警示语、廉政格言，悬挂于政府办公楼走廊两侧，实现县委、人大、政府、政协机关办公区域廉政警示教育全覆盖。组织党员干部观看《贪欲·黑洞——黄羽天违纪违法案件警示录》等3场次，参观廉政警示教育基地600人次，对50名新任科级干部进行集体廉政谈话。

【严明政治纪律和政治规矩】 年内，印发《关于加强政治纪律教育的实施方案》，按照学习提高、查摆整改、总结巩固三个阶段推进全县政治纪律教育活动，督促全县各级党组织对照政治纪律要求，组织开展好专题组织生活会，进一步表明政治立场和政治态度。共有57个党支部召开政治纪律教育专题组织生活会，1017名党员撰写剖析材料；充分考虑牧民党员文化层次的实际情况，结合支部学习、专题培训等，做到党员人人表明政治立场，深入揭批十四世达赖集团反动本质，指导基层党支部创造性地开展好政治纪律教育专题组织生活会。会同县委组织部联合下发《关于严禁共产党员信仰宗教的通知》《关于严禁共产党员和国家公职人员参与“萨嘎达瓦”宗教活动的通知》，进一步严明政治纪律和政治规矩，督促共产党员严守不得信仰宗教、更不能传播发展宗教的要求，自觉做到不参加“萨嘎达瓦”宗教活动。县纪委监委持续加大党员干部信仰宗教问题的监督检查力度，共督查单位200余家次，现场纠正问题30余个。

【把好选人用人关】 年内，在干部选拔任用、评职交流、推优评先等工作中严格政治审查，把好党员干部选拔任用政治关、廉洁关，坚决防止“带病提拔”“带病上岗”“买官卖官”等不正之风，共出具党风廉政征求意见复函75批次487人次。

【落实全面从严治党政治责任】 年内，县委先后3次专题研究听取党风廉政建设和反腐败工作，及时调整充实县委党风廉政建设责任领导小组和县委反腐败工作协调小组。县纪委监委先后3次召开县委反腐败协调小组会议，就扫黑除恶、党员信仰宗教、党员干部赌博等工作进行安排。紧紧抓住领导干部这个关键少数，县委书记同县委班子成员、各乡（镇）党委书记签订2018年党风廉政建设目标责任书，制定《当雄县领导干部落实党风廉政建设责任制清单》，要求县级领导干部本人按季度填报履行分管领域党风廉政建设主体责任情况。选取6家单位在县纪委九届三次全会暨2017年“双述”工作会议上现场述责述廉并接受评议质询，现场指出问题17条，质询问题12条，选取24家单位书面提交述责述廉报告并接受书面质询，切实加强“一把手”监督。协助县委制定《当雄县委书记、副书记和纪委书记对下级党委（党组）书记进行约谈的实施方案》，成立9个约谈小组对县“四大班子”成员、各乡（镇）党委书记、纪委书记，县直部门负责人进行约谈，共计约谈81人，其中县级领导干部39人、科级以下干部42人，共谈出存在问题113条，针对谈出的问题建立台账，认真督促整改，现已全部整改完毕。

【作风建设】 年内，出台《当雄县2018至2020年开展扶贫领域腐败和作风问题专项治理工作方案》，明确监督重点和问责手段。建立扶贫领域协调联动机制，督促行业主管部门认真履行好扶贫领域监管责任。3月，成立由县纪委书记、监委主任亲自带队的扶贫领域监督检查组，深入8个乡（镇）开展专项检查，抽查村（居）20余个，入户40余户，发现共性问题30个，并全部反馈给乡（镇）加以整改，明确整改措施，提出工作要求。制定《当雄县扶贫领域资金专项检查方案》，围绕可能出现的贪污挪用、虚报冒领、截留私分、优亲厚友、挥霍浪费等问题，专项抽查产业项目9个，共受理扶贫领域问题线索27件，其中，了结24件，立案2件，正在办理1件，给予党政纪处分2人，约谈17人，通报6人，一批发生在扶贫领域的突出问题得到有效解决。

紧盯春节、国庆等重大节日，以电话提醒、印发通知、微信公众号推送节庆纪律要求等方式严明节庆纪律，加强纪律执行情况监督检查，出台《当雄县村（居）民生车管理办法》，印发《关于严格执行公务车辆使用管理的通知》，持之以恒正风肃纪，推动中央“八项规定”精神化风成俗、落地生根，共开展“八项规定”监督检查32次，督查单位16家，发现问题17个。制定《当雄县关于集中整治不作为慢作为、文山会海等形式主义、官僚主义突出问题的实施方案》，明确工作要求、细化整治范围，认真开展自查自纠，对照3个方面21个重点问题进行深入细致的查摆，共查摆出各单位存

2018年11月8日，县委常委、组织部部长徐建华，副县长、公塘乡党委书记胡小平为当雄县监察委员会派出公塘乡监察室揭牌

在的问题16个，班子存在问题3个，在岗班子成员和县人大、县政协主要领导带头把自己摆进去，带头对照查摆自身存在的问题，真正做到见人见事见细节，确保查找问题准，整改问题实。县纪委监委对各单位集中整治情况严格把关，认真督促整改落实。截至年底，共退稿13家单位的自查自纠报告。同时，县纪检监察系统严格落实区市纪委文件精神，认真开展本系统内集中整治工作。8个乡（镇）纪委已全部上报自查自纠报告，针对存在问题及时督促整改。印发《不赌博、不沉迷游戏承诺书》，同全县党员干部职工签订。截至年底，共签订承诺书1564份，查处、立案审查党员参与赌博问题1起1人，并依纪给予处分。将深入开展“扫黑除恶”专项整治工作并列为2018年重点工作抓落实，在年初召开的县纪委九届三次全会上，就扫黑除恶专项斗争工作作出专门部署，与政法机关建立问题线索快速移送和反馈机制，着力发现和惩治群众身边的涉黑涉恶腐败和充当黑恶势力“保护伞”问题。

【推动监察体制改革向基层延伸】 年内，县委提高政治站位，坚持县委负总责、纪委负专责，相关部门协同配合，稳步推进机构调整、人员定岗、教育培训、纪法衔接、建章立制等工作，顺利完成县监察委员会组建挂牌、人员转隶、融合磨合等阶段性工作。制定《当雄县推动监察工作向基层延伸的实施方案》，积极推动监察工作向基层延伸，明确派出监察室的组织形式、监察范围、职责权限等；对派出各乡（镇）监察室主任、副主任提名人选严格按照选人用人标准，严格考察程序，由县委常委会研究后任命。截至11月7日，顺利完成派出8个乡（镇）监察室组建挂牌工作，与乡（镇）纪委合署办公，实现了机构、人员、职能“三到位”。县委、县政府投入7.6万余元为8个乡（镇）派出监察室购置办公设备，确保执纪审查工作高效高质推进。

【持续深化政治巡察】 年内，配齐配强县委巡察干部，规范完善巡察工作规章制度，起草制定全县巡察五年规划和年度巡察计划，截至10月，九届县委巡察覆盖面达14.1%，派出3轮11个巡察组，采取“1托1”“1托2”等方式对19个党组织开展常规巡察和扶贫领域专项巡察，前两轮巡察发现问题167条，反馈意见106条，反馈立行立改问题52个，移交问题线索（事项）9件；第三轮巡察对标中央和区市扶贫领域巡视巡察，组建5个巡察组对龙仁乡、畜牧局、住建局、统计局、扶贫办、旅游局、发改委、县净土公司等8家扶贫领域重点单位开展专项巡察。

【综合运用监督执纪“四种形态”】 年内，县纪委监委牢牢把握纪在法前、纪严于法的要求，综合运用监督执纪“四种形态”，探索建立集体谈话、提醒谈话、函询谈话和诫勉谈话“四种谈话机制”。县纪委监委全年共受理信访举报29件次（含上级转交办），处置问题线索29件，初核谈话函询结12件，立案审查7件，正在办理10件，运用第一种形态16人次，第二种形态4人，第三种形态1人，全县腐败存量进一步减少，腐败增量得到有效遏制。

【纪检监察干部队伍自身建设】

2018年1月10日，县委常委、纪委书记、新当选县监察委员会主任王俊龙对宪法宣誓

2018年6月26日，组织召开2018年度第一次反腐败小组协调会议

年内，结合“两学一做”学习教育常态化制度化和政治纪律教育要求，引导党员干部提高政治站位、坚定政治立场，坚决维护习近平总书记作为党中央的核心、全党的核心地位及党中央权威和集中统一领导。先后选派21批34人次参加上级纪委监委组织的各类学习培训班，抽调乡（镇）纪检监察干部2批6人次到县纪委监委跟岗锻炼，形成以案代训、集中培训、基层纪检干部轮训等多种长效培训机制。县纪委常委会坚持以上率下，完善纪委常委会和监务会制度，规范公车使用、财务管理，健全信访接待、问题线索台账等机制。坚持把“信任不能代替监督”“监督者更要接受监督”做实做细，严格执行《当雄县纪检监察干部“八小时以外”行为规范（试行）》，对苗头性、倾向性问题早发现、早提醒、早纠正，坚决做到防患于未然，严防“灯下黑”。

（黄兴勇）

【领导名录】

县委常委、纪委书记、监察委员会主任

王俊龙（10月免）

纪委副书记，监察委员会副主任

张国喜

云丹加措（藏族）

纪委常委、监察委员会委员

黄兴勇

纪委常委

江波

监察委员会委员

吉米多吉（藏族）

当雄县综合督查室

【概况】 2018年，当雄县综合督查室围绕全县中心工作和县委、县政府重大决策部署，坚持问题导向，发扬严实作风，真督实干，精准发力，全面完成各项工作任务。开展决策督查17次，调研督查7次，会议督查20次，项目督查11次。办理批示件50次，建议提案57件。编发《督查专报》82期，《督查通知》25期，《督查简报》31期。向市委、市政府和市委、市政府督查室报送材料55篇。

【市委、市政府决策部署督落实】 年内，当雄县综合督查室围绕市委、市政府督查室交办工作，加强调查研究，搞好协调服务，注重分析，注重总结，为市委、市政府决策部署当好参谋。2018年办理市委、市政府督办通知件45期，到期40件，办结40件，办结率100%。督办市人大代表建议和政协委员提案5件，到期办结率均为100%。突出解决全县牧民集中点增设垃圾收集站问题、宁中乡堆龙村新建幼儿园问题等一批热点难点问题。2018年，当雄县综合督查室派出专门人员到市委督查室跟踪培训，加强督查业务的锻炼，学习市委督查室先进督查工作经验。为迎接拉萨市重点工作检查，县督查室对相关单位贯彻落实拉萨市重点工作情况开展了督查检查，及时向被督查单位反馈意见。对市委常委会、市委专题会议、经济工作会等重大会议决定事项，开展跟踪督查。每月汇总工作进展情况，分类造册登记，及时反馈市委督查室。

【县委、县政府决策部署督落实】 年内，当雄县综合督查室紧紧围绕全县中心工作，开展各项督查工作，有力推进县委、县政府决策部署全面落实。按照年初县长其美次仁的指示精神，当雄县综合

2018年1月3日，当雄县政协党组书记、主席次仁桑玻（右一）带领县督查室人员到龙仁乡入户检查脱贫攻坚情况

督查室联合发改委对全县2018年新建项目、续建项目进行认真梳理，形成“县委主要领导负总责，各分管领导亲自抓、各承办单位具体抓”的工作局面，采取“一月一督、一季一通报”的形式，开展全县项目工作督查。按照县委、县政府主要领导的指示精神，当雄县综合督查室对县政府常务会议纪要、专题会议纪要进行认真分解，会议议定事项区分轻重缓急，采取“一季一督”形式，开展会议决策部署落实情况的督查，及时将落实情况呈送主要领导报告。当雄县综合督查室联合相关单位对节假日期间维稳督查工作、国道沿线环境卫生整治工作、赛马节筹备工作、脱贫攻坚工作、控辍保学工作等进行全面督查，及时向主要领导报告。

【人大建议和政协提案督办理】 年内，当雄县共收到市人大代表建议3件、政协委员提案2件，共5件，县人大代表建议30件、政协委员提案22件，共52件，当雄县综合督查室坚持以科学发展观为指导，自觉把办理好代表建议和委员提案工作作为一项严肃的政治任务，列入督办事项，及时下发督办通知及办理要求。各承办单位按照要求，形成“主要领导亲自抓、专门人员具体办”的工作格局，认真承办2018年人大建议和政协提案。截至年底，所有人大建议和政协提案已全部办结，答复率达100%，满意率达95%以上。

（土登欧珠）

【领导名录】

负责人

扎　桑（女，藏族）

中共当雄县委组织部（编办）

【概况】 2018年，当雄县坚持以习近平新时代中国特色社会主义思想为指导，深入贯彻落实党的十九大精神，全面落实新时代党的建设总要求，精心谋划抓落实，扎实深入开展组织、编制、老干部等工作，努力为全县经济跨越式发展和社会长治久安提供强有力的组织保障和人才支撑。截至年底，当雄县共有基层党组织306个，党委29个，党总支10个，党支部267个；党员4933名，其中，牧民党员3511名。

【党员干部思想政治建设】 年内，选派县级党员干部参加区市政治教育学习培训，认真学习习总书记系列重要讲话精神，党章、党的基本知识和党内有关纪律规定等党务知识，并及时对该县党员进行传达。同时，积极组织县级干部开展上台讲党课活动，在全县形成县级干部带头加强自身思想政治建设、带头践行党的路线方针政策的浓厚氛围。截至年底，全县已有40名县级领导干部参加培训，组织开展讲党课5场次。充分发挥基层党组织、远程教育站点和县委党校作用，加强党员经常性思想政治教育，提升党员党性修养。以“两学一做”学习教育常态化制度化工作为基础，通过邀请市委党校讲师、组建县级讲师团队、建立党员教育微信平台，组织党员关注“西藏先锋”微信公众号、安装“西藏党员教育”App等方式，做到党员政治教育常态化、全覆盖，在实践活动和理论学习中加强党员党性教育，使广大党员的组织归属感得到明显增强。

年内，充分发挥县乡干部、驻村工作队、村（居）下沉干部和村“两委”班子成员以及县“四讲四爱”主题教育实践活动和党的十九大精神宣讲团的作用，组建“流动党校”，抓好普通群众的思想政治教育，使感党恩教育和爱国主义教育更加深入人心，使维护祖国统一、反对分裂成为广大群众的自觉行动。2018 年，各级基层党组织书记讲党课 60 余场次，受训党员达 4660 余人次。

2018年6月7日，县委党校副校长刘明检查指导干部教育培训工作

【干部教育培训】 年内，制定《当雄县 2018 年干部教育培训计划》，依托区市委党校、人才智力援藏项目，充分发挥县委党校作用，采取“请进来教、走出去学和利用本地资源组织学”等方式，开展各类学习培训，切实为打造一支高素质干部队伍奠定坚实基础。截至年底，县委组织开展理论中心组学习 25 场次；邀请市委党校讲师集中授课 19 场次，参学党员干部 560 余人次；县委党校向县直单位授课 18 场次，参训党员 3200 余人次；对村级组织班子成员集中授课 13 场次，参训村干部达 1000 余人次，涉及宪法、党务、国土、生态文明、财务、扫黑除恶等多方面业务知识；组织开展十九大精神宣讲 230 余次，覆盖党员 3200 余人。各基层党组织利用三会一课、主题党日等开展学习教育 2500 余场次，书记讲党课 300 余次，参学党员干部达 8000 余人次。

年内，充分利用多媒体方式，以微信为平台，分层级建立了村支部党员微信群、村党委（党总支）微信群、乡党建微信群、县基层党建微信群，宣传党的十九大精神和各项决策部署，切实做到党员教育服务管理的全覆盖、无盲区。

【干部选拔任用】 年内，始终坚持党管干部的原则，坚持以《中国共产党纪律处分条例》为准绳，以“好干部”标准和“三严三实”要求为标尺，注重加大从基层一线、维稳一线、优秀年轻干部中选拔培养力度，扎实做好动议、民主推荐、考察、讨论决定、任职等干部选拔任用各个环节工作，做到把那些政治上靠得住、廉政上过得硬、群众信得过、工作上有本事的干部选拔上来，树立有为才有位的正确选人用人导向。

2018，开展干部提拔 1 批 60 人。完善干部选拔任用监督管理办法，定期开展选人用人专项督查，对发现的问题深入调查，不走过场、不搞形式、不留死角；扩大干部群众对选人用人的参与度，督促党委审慎用权、依法用权，并对评议结果进行认真统计，及时反馈，不断规范选人用人程序，提高干部选拔任用工作的满意度、透明度。同时，结合实际，定期对选人用人工作开展自查自纠，防止“带病提拔”和超职数配备干部问题的发生。

【工资福利】 年内，全县工资福利工作稳中有进。为进一步提升工作效率，提高工资发放准确度。当雄县积极开展工资档案专项清查工作，集中解决工资档案历史遗留问题，截至年底，累计清查理顺干部职工工资档案 784 份，工资福利工作更加程序化、规范化。组织专门工作人员参加拉萨市关于自治区人社厅研发的紫极工资操作系统业务知识培训，进一步提高业务水平，提升工资福利工作信息化程度，更好地服务广大干部职工。同时，积极配合上级检法部门协调推进检法改革工作，根据文件指示精神，扎实做好检法工资改革呈报及绩效考核奖金发放工作。

【人才工作】 年内，在全面落实干部工资待遇、休假包干经费等基本经济待遇的基础上，累计投入800余万元先后解决了乡镇干部生活补助、村（居）下沉干部生活补助、村（居）党组织第一书记工作经费问题，并设立师资队伍建设激励资金，增强了基层干部干事创业的积极性。继续执行干部职工提升学历学费报销制度，2018年共为74名干部报销学历提升学费56万余元，营造乐学、赶学、比学的浓厚氛围。

年内，采取组织召开座谈会、建立指导联系制度、选派参加培训等方式，继续做好引进人才、专招大学生“传帮带”工作。2018年，结合各乡（镇）、各单位人才需求和实地调研了解人才队伍建设，申报需求人才共15名，引进畜牧系统专业人才2名。同时，县委组织部和各乡（镇）建立班子成员联系指导专招大学生机制，积极引导专招人才身入当雄、心入当雄、贡献当雄。聘任优秀援藏专家许猛子担任当雄县人民医院副院长职务，并积极发挥医疗专家作用健全完善了县医院的各项规章管理制度，为当雄县医院等级评审工作顺利推进奠定坚实基础。同时，积极与对口支援县区沟通协调，先后选派10余名有培养潜力的当地医务人员到对口支援医院进行跟岗培训、业务进修，学习管理经验，提升诊疗服务能力。同时，组织60余名基层医务人员到县医院跟随医疗专家跟岗学习，现场教学。截至年底，已有多名骨干医生在援藏医师的精心指导下能够熟练掌握专业技能，业务水平得到明显提高。

【基层党组织建设】 年内，以《中共当雄县委组织部关于推进基层党组织标准化建设试点工作方案》，分领域、分层次统筹推进基层党组织标准化建设工作，落实好基层党组织“三会一课”、主题党日、组织生活会等基本制度。利用党费资金投入7万余元，高标准高质量建设县直机关党员标准化活动场所，对全县机关党组织开展组织生活进行规范化督导。调整设置党支部12个，确定村（居）软弱涣散党组织3个，进一步延伸党的工作触角，建强基层党组织。按照先易后难、分类指导、有序推进的工作思路，积极发挥国有企业党工委作用影响，扩大企业党组织覆盖面、培养党建骨干力量、加强企业党员党性教育；成立县“两新”工委，对全县范围内的非公有经济组织和社会组织进行全面摸底排查，强化党的领导，推进党的组织和党的工作实现全覆盖。

年内，投入资金3000余万元，对村委会附属设施进行统一规范完善，投入资金近500万元，对建成后的村级活动场所办公设施进行集中采购，并对功能设置及内部优化进行全面规范，以办公场所功能设置的标准化，促进基层组织工作的规范化。继续发挥560万元村级集体经济扶持资金作用，培育壮大村级集体经济33个。投入资金789万余元，用于提高“第一书记”工作经费、村级组织运行经费、村干部工作待遇，保障村（居）工作高效运转。将精准扶贫精准脱贫与“强党、固基、扶村”、强基惠民、“结对帮扶”“四讲四爱”等活

2018年4月8日，当雄县委组织部组织各乡（镇）党委书记到村级组织活动场所标准化建设试点参观学习

动有机结合，发挥下沉干部、驻村工作队、村干部等一线力量，引领1850户8214人实现脱贫。

【基层干部队伍建设】 年内，深入开展干部下沉工作，根据市委相关文件精神，因工作需要及时调整村（居）党组织第一书记3名，确保第一书记队伍坚强有力。认真做好大学生“村干部”、专招大学生、引进人才的安置、服务和管理工作，努力为当雄县干部队伍注入新鲜血液。截至年底，全县共有大学生“村干部”22名，“第一书记”29名，专招大学生34名，专招士官2名，引进人才11名，进一步充实了基层一线工作力量。

年内，以规范党员发展为抓手，以注重党员干部“育留用”为基础，以梳理优秀党员典型为标杆，在全县范围内推进党员先进性、纯洁性建设。2018年发展党员118人，选树党员先进典型3名，签订共产党员不信教责任书4911份，核查党员档案信息1000余份，确保党员队伍纯洁稳定。研究制定《中共当雄县委员会关于开展“抓两头促中间带基层”工程 促进干部执行力建设的实施意见》，先后60余次深入各乡（镇）、县直各单位对县级干部、乡镇党政领导班子、县直单位负责人考勤在岗、请示报告、决策落实等情况进行督查，以上率下，推进干部作风转变。通过开展党员结对帮扶、成立党员志愿者服务队、无职党员设岗定责和开展党员公开承诺践诺等方式，引导党员发挥先锋模范作用。2018年，表彰纳木错景区“10·8”抢险救援及拆迁工作先进集体10个，先进个人105人。

【机构改革】 年内，及时成立政府部门权力和责任清单制度工作领导小组及其办公室，积极组织政府工作部门协调上级部门对需下放权力、需保留的权力进行梳理，有效增强简政放权、放管结合的协同性。截至年底，全县核定行政各类审批事项共计3452项。坚持每月更新实名制数据系统，使机关事业单位编制与实有人员一一对应，加强机构编制实名制常态化、动态化管理。

年内，在机构改革前期，积极开展编制调查摸底工作，准确掌握机构编制情况，并结合干部调动和调整提拔工作，动态掌握实有人员情况，始终做到“底数清、情况明”。对确需补充机构编制的，结合审批权限，采取“内部调剂”的方式予以解决。根据区市政府职能转变和机构改革相关文件精神，成立以张正为组长的深化党政机构改革领导小组，扎实推进全县机构改革工作，参照中央及内地省市机构改革方案，初步完成本县机构改革方案（初稿），截至年底，正在与市编办对接。对当雄县机构及编制进行了全面梳理，根据中央、自治区公布的“三定”，初步制定县“三定”方案模板。同时，选派专门工作人员赴江苏跟班学习，借鉴先进地区机构改革经验。

2018年3月5日，当雄县召开第六届青年干部座谈会

【老干部工作】 年内，利用老干部每月三次的集中学习日，及时宣传党的十九大精神和习近平新时代中国特色社会主义思想以及区市党委九届三次全委会会议精神，做到离退休干部职工思想和行动与中央、区市党委保持高度一致。2018年，当雄县2个离退休干部职工党支部组织老干部开展各类常态化学习24次，参学率达80%以上。

2018年6月25日，当雄县委组织部组织业务知识测试

年内，不断细化老干部管理工作，创新工作理念，逐步建立部门管理与利用单位资源和社会化服务相结合的老干部管理服务新机制，探索建立就近学习、就近活动、就近得到关心照顾、就近发挥作用的“四个就近”管理服务模式。同时，积极创造条件，让广大离退休干部更多地参与社会活动，多与外界交往，合理安排时间，丰富他们的精神文化生活，做到老有所乐、老有所为。2018年，落实老干部活动经费8万元，组织召开离退休干部职工“迎春节、藏历新年”座谈会3场，参加夏季运动会活动3次；走访慰问生病住院离退休干部职工63名，送去慰问金3.15万元，慰问去世家属10次，发放慰问金1万元。

【组织部门自身建设】 年内，以“开好一次工作例会、练好两种能力、办好三个科室、用好四个平台”为工作思路，依法依规开展组织工作，注重提升服务能力，着力把组织部门建设成为“模范部门”。截至年底，已上报组工信息77期，党建手机报408期。以建设学习型组织部党支部为抓手，每周组织组工干部集中学习干部档案管理、组工信息写作、发展党员流程、党组织换届选举程序等，并定期开展业务知识交流会、举行组工干部业务知识测试，使每名组工干部都能成为“知识库”活字典，着力提升组工干部政策把握和落实能力；以传帮带为手段，充分发挥老组工干部表率和标杆作用，为部内年轻干部提供更好的工作经验，提升组工干部整体战斗力；充分利用区市委党校培训、积极组织参观警示教育基地等阵地，加强信仰教育、信念教育和纪律教育、担当教育，引导组工干部自觉弘扬组织部门优良传统，共同维护组织部门良好形象。

【创先争优强基础惠民生活动】 年内，各驻村工作队协助村“两委”班子，优化班子结构。帮助培养入党积极分子96名，发展新党员65名，预备党员52人。为村(居)“两委”班子成员上文化课445学时，上党课256学时，上政策理论课295学时，经培训达到初中以上文化程度142人；帮助解决村级组织办公设备经费43600元，协助村(居)“两委”开展活动215场次，召开支部党员大会98次、党支部委员会168次、党小组会285次、党课114次，使用村级组织活动场所236次。

年内，当雄县各驻村工作队坚持把维护社会稳定作为硬任务和第一责任，全面落实上级各项维稳措施和工作要求，帮助建立健全维稳工作机制、应急预案，调整充实维稳应急组织，协助做好重点领域、重点部位管控工作，深入村组调研走访，严格执行值班备勤和包户包人制度，“三大节日”“萨嘎达瓦”宗教活动、虫草采挖期间、雪顿节，全员全时在岗在位，履行维稳职责，执行维稳要求，确保维稳要素齐全，切实做到“管好自己的人、看好自己的门、办好自己的事、护好自己的院”，实现“三无”“三不出”工作目标。当雄县各工作队紧紧围绕经济建设这个中心，坚持把推动当雄县经济发展作为重要任务，支持引导牧民群众用好富民政策，帮助找准发展定位、理清发展思路，扶持合作组织、实施强基惠民经费项目，教育引导牧民群众增强自我发展意识，把主要精力投入到发展生产、勤劳致富、提高生活水平上,着力改善生产生活条件。

年内,当雄县各驻村工作队结合“四讲四爱”群众教育实践活动,采取通俗易懂的语言、喜闻乐见的方式方法,深化感党恩教育,坚定牧民群众感党恩、听党话、跟党走的信心决心。明确“讲党恩爱核心”这一重点,采取“请进来(请群众到村委会聆听宣讲)”“走出去(宣讲员到虫草采挖点、牧户、牧场为群众宣讲)”两种方式,设计与国旗合影、向国旗许愿、对国旗宣誓三个载体,依托牧民宣讲员、村“两委”班子、村党支部第一书记、驻村干部四方力量,突出制定活动方案、组建宣讲队伍、进行动员部署、开展巡回宣讲、加强宣传报道五项举措,开展“算富账、感党恩、要稳定、求发展”主题教育活动、“深入揭批达赖集团图谋分裂祖国活动”专题座谈暨反分裂斗争教育、民族团结进步模范表彰暨民族团结进步教育、“充分发挥先锋模范作用,以实际行动争做讲党恩爱核心的好公民”专题座谈交流、新旧西藏对比座谈研讨等活动。

年内,当雄县各驻村工作队把为牧民群众办实事、做好事、解难事作为驻村工作的突破口和落脚点,带着感情、带着责任,走村入户、进牧场,察民情、听民意,从群众最关心的热点难点问题抓起,从群众最希望做的事情做起,诚心诚意为群众办实事、解难事、做好事。截至年底,帮助村(居)解决“三就”“两保”“六通”等民生突出问题21件,为群众办实事好事116件,投入资金19899元,实现就业、再就业102人。当雄县各驻村工作队认真学习、广泛宣传中央和自治区、拉萨市有关强农惠农富农政策,将惠民政策清单、藏汉双语优惠政策“明白卡”发放到每户牧民群众手中,让牧民群众知道惠民政策、享受到惠民政策,确保各项补贴奖励政策落到实处,真正让牧民群众得到实惠,不断提高幸福指数和获得感。

(韩宏霞)

2018年10月10日,当雄县组织党员干部到纳木错开展抗雪救灾工作

【领导名录】

县委常委、组织部部长

徐建华

副部长

扎　桑(女,藏族)

杨成光

副部长、老干部局局长

扎西卓玛(女,藏族)

中共当雄县委宣传部

【概况】 2018年,当雄县意识形态领域工作严格贯彻执行区市县党委的总体部署和要求,坚持以学习宣传贯彻党的十九大精神、习近平总书记系列重要讲话精神、提升党员干部职工和各族群众“四个意识”“五个认同”“四个自信”、做到“两个维护”为主线,进一步巩固深化网络舆论阵地和社会面宣讲教育阵地建设,发挥先进典型示范带动作用,弘扬社会主义核心价值观,展开移风易俗和精神文明创建各项事宜。

在持续弘扬社会正能量,巩固马克思主义在意识形态领域的指导地位,坚持以社会主义先进文化引领时代潮流、增强各族群众文化自信的基础上,当雄县意识形态工作助力贫困群众转变思想、舆论引导烘托经济社会发展良好的外部环境的工作思路,抓好“三大任务”,强化督促指导,推进各项工作有序开展。

【社会面宣讲教育阵地建设】年内，以“四讲四爱”群众教育实践活动为抓手，不断探索创新群众教育引导的新模式；以“融媒体”为重要手段，开拓树形象、推亮点的新平台。

沿袭“接地气”宣教工作思路，让群众听得懂、记得住。“四讲四爱”宣讲教育过程中，继续把“接地气”作为宣教的基本原则，充分运用群众身边的故事、身边的发展和变化，全面铺开党的各项惠民政策、习近平总书记的特殊关怀、党的十九大精神，以及各节点重点内容的宣讲。把深奥的理论知识用动漫、图画的方式表达出来，制作成“宣讲牌”，创新出“举牌”宣讲法。

继续做好结合文章，摒弃就理论谈理论、枯燥乏味的“课堂式”宣教。各驻村工作队结合强基惠民七项重点任务，入户宣讲“四讲四爱”，个别工作队的汉族队员，主动学习藏语，尝试用藏语向牧民群众宣讲；涉宗领域把“遵行四条标准、争做爱国爱教僧尼”主题实践活动，与“四讲四爱”群众教育实践活动融为一体，同部署、同推进；县（直）各职能部门结合自身业务工作，参与宣讲教育，做好群众思想引导。团县委调动返乡大学生积极性和主动性，成立大学生宣教志愿队，在各自户籍所在乡镇开展宣讲教育。同时，举办各类主题演讲比赛、文体活动等。县妇联利用“巾帼夜校”，培训妇女群众健康知识，集中宣讲“四讲四爱”，带动牧户家庭成员学习积极性，拓宽宣讲覆盖面。

2018年5月5日，当雄县委宣传部副部长边贵到公塘乡开展“四讲四爱”示范宣讲

截至年底，仅“四讲四爱”群众教育实践活动中，就展开宣讲教育1000余场次，宣讲覆盖面达到95%以上。

综合运用传统媒体和新媒体，推动“融媒体”工作再上新台阶，为抓好各族群众的教育引导工作提供强力的舆论支撑。年内，充分借鉴上年对外宣传的方式方法，坚持与时俱进，统筹考虑，综合利用现有宣传报道平台，有针对性、有侧重点地加强县域新闻报道的指导力度。

针对转变群众思想观念，逐步消除不良思想的影响，重点报道各行业的先进典型，邀请区市新闻媒体记者，采访报道文明旅游引导员、文明交通引导员，乡村人居环境改善和生态文明建设，先进宣讲员事迹，以文化大舞台为载体的群众精神文化生活，“先富帮后富”典型人物等。各类先进人物和典型事迹见报刊、上电视、上网络，给全县牧民群众和各界人士带来了强劲的心理触动，各种不良思想受到了强力冲击。

针对引导群众知党恩、感党恩、跟党走，逐步消除宗教消极思想的影响，树立“过好今生最幸福”观念，侧重于报道党的各项惠民政策在当雄县的落实及效果。

针对引导群众自主就业创业，增强他们致富内动力，重点报道县域内创业典型，合作社助推群众脱贫的典型，金融优惠政策的落实和效果，县（直）各职能部门开展的各类技能培训、人才招聘，该县毕业大学生就业创业典型等。中央、自治区、市、县各级新闻媒体、网络平台累计报道3000余篇次，点击阅读量超过1500万人次。

【弘扬主流意识】年内，在系统性普及马克思主义“五观”“两论”，毛泽东思想、邓小平理论、“三个代表”和科学发展观的基础上，进一步明确2018年度主流意识的宣传普及重点，即习近平新时代中国特色社会主义思想。紧扣这个重点，推进五个方面的工作：以“四讲四爱”群众教育实践活动为平台，面向青少年学生、牧民群众、寺庙僧尼、国企干部职工展开宣讲；统筹安排理论中心组学习，抓好党政机关党员干部职工教育；组织主题实践活动、“五下乡”、重大节庆日庆祝活动，灵活运用宣讲方式，深化宣讲效果；安排公益广告栏、沿街（沿线）广告牌，扩大宣传覆盖面，营造浓厚的社会氛围；安排好全县各领域、各单位学习贯彻习近平新时代中国特色社会主义思想的新闻报道，营造浓厚的舆论氛围。

2018年1月13日，西藏自治区社科院党委副书记、副院长、区社科联主席索林（左一）任组长的全区党委（党组）意识形态责任制及“四讲四爱”主题教育实践活动考核组到当雄县考核验收

年内，根据县委的要求，每周二定期组织县委理论学习中心组集中学习，县委办、县委宣传部不断创新、丰富学习方式，确定学习重点，抓好县级干部、县直各单位负责人、附近乡镇党委书记的思想教育，提升他们的理论水平；各乡镇、县直各党组织参照县委理论学习中心组的总体部署，周密安排党员干部职工理论学习；村级党组织、驻村工作队把加强班子成员、驻村工作队队员的理论学习作为重要工作，抓好落实；牧民党员、牧民群众积极参加各类宣讲教育、知识和技能培训；国有企业、民营企业干部职工，由国资委、工商联负责组织理论学习。思想教育工作实现了从党员到普通群众、各界人士的全覆盖。截至年底，已开展县委理论学习中心组集中学习27次。

年内，坚持把提升专（兼）职网评员政治敏锐性和责任感作为首选工作，利用下乡督查的机会，做好各兼职网评员思想教育，要求他们一定要讲政治、讲纪律、顾大局，要坚决做到“两个维护”不动摇，弘扬社会正能量；利用召开部务会的机会，抓好专职网评员及部门兼职网评员思想教育，要求他们主动提升网评能力，发挥示范带头作用，落实好正确的舆论导向，巩固主流意识的指导地位。

【抵制消极思想】 年内，县域内各族各界人士的消极思想主要表现在传统游牧习俗带来的不文明生活习惯，在50岁以上的牧民群众中表现得尤为突出。因当雄县基础教育起步较晚、底子薄，35—45岁年龄段的青壮年牧民群众文化层次普遍较低，文盲、小学学历的占60%以上，大部分无一技之长，用汉语交流的能力偏弱，接收致富信息能力较弱，致富的思路和视野不开阔，部分牧民群众正趋向转经、念佛等传统生活方式；宗教的消极思想一定程度上还影响着牧民群众的思维方式，“过好今生最幸福”的观念未深入人心；“等靠要”消极思想在各年龄段都不同程度存在，1990年及以后出生的牧民群众受到的影响相对较轻，但在部分贫困户、边缘贫困户中表现得较为突出。针对调研结果，县委宣传部就解决好各类消极思想的影响，推进意识形态领域工作撰写了1篇调研报告。

年内，着眼于保护、传承和发展优秀民俗文化、游牧文化，加大宣传报道力度，提振全县牧民群众的文化自信，以此控制各类消极思想影响的泛滥。县委宣传部、县文广局秉承县委、县政府的决策部署，以“当吉仁”赛马节为载体，以“天湖·四季牧歌”为窗口，协助做好“相约纳木湖畔·寻觅虫草之旅”活动，继续助力文化与旅游的深度融合，打造文化旅游品牌。

截至年底，正积极筹划把“奖勤罚懒”与改革开放40周年庆祝、“五下乡”活动结合起来，在全县各乡镇举办旨在转变群众思想观念的系列活动，以表彰勤劳致富先进典型，激励贫困群众自主脱贫，自动抵制各类消极思想的影响。

年内，坚持“内外兼修”的工作原则和思路，一方面面向县域内各族各界人士长期开展爱国主义教育、新旧西藏历史对比教育、“三老人员”现身说法谈变化、青少年学生思想道德建设、法治宣传教育等，宣传好党的各项惠民政策，以及县委、县政府推进社会公益事业做出的不懈努力、取得的喜人成绩。坚决拥护党中央对达赖集团的定性，深入揭批达赖集团政治上的反动性、宗教上的虚伪性、手段上的欺骗性，巩固“后达赖”向“达赖后”过渡期间反分裂斗争的思想基础、群众基础和正确的舆论导向成果；另一方面坚决抵制境外不良言论、不良思想的侵蚀，加强引导与斗争。

2018年8月8日，当雄县举办“当吉仁”赛马节

【倡导文明理念】 年内，结合“五有五好”精神文明创建，展开“除陋习树新风”。大力实施“五有”基础设施建设、推荐评选文明引导员、成立志愿者服务工作站，做好志愿者队伍建设和规范管理，开展系列志愿者服务活动，保证实现“五好”的工作目标。拉萨市委常委、宣传部部长吴亚松带队，督查当雄县“五有五好”创建事宜。结合督查后的重要指示，县委常委、宣传部部长姜伟带领县委宣传部工作人员督查各乡镇整改落实情况。两级督查之前，代管宣传思想工作的县委常委、统战部部长边巴扎西巡查各乡镇、部分中心校意识形态领域工作、“五有五好”“四讲四爱”群众教育实践活动进展情况，就相应工作提出了具体要求。

协助生态文明建设，在全县范围内倡导生态环保理念。大力宣传报道当雄县相关工作的进展情况，典型做法和经验，助推“河长制”“湖长制”深入推进，助力“禁白”工程，着力倡导“青山绿水是金山银山，冰天雪地也是金山银山”理念。

协助卫生健康工程，倡导“健康生活”理念。安排专人对接县卫生局、县医院，全面报道当雄县医疗卫生基础设施完善建设、援藏医务工作、医疗技术提升培训、十三项基本公共医疗卫生服务、医疗保障和大病救助、医疗卫生应急举措等，跟踪报道当雄县公立医院改革进程，在全县范围内普及健康知识，推进文明生活习惯“养成教育”。

（旦增旺姆）

【领导名录】

县委常委、宣传部部长

格桑加措（藏族，5月免）

姜　　伟（5月任）

副部长

刘 光 毅（正科）

边　　贵（副科，藏族）

文化执法大队队长

李 政 鹏（6月任）

中共当雄县委统战部（民族宗教事务局）

【概况】 2018年，当雄县始终把宗教工作摆在重要位置，研究部署宗教领域重点工作，推动中央决策部署及自治区、市党委和当雄县委部署要求落到实处。传达学习习近平总书记关于统战民族宗教工作的系列重要讲话精神及新修订的《宗教事务条例》等，并传达学习贯彻落实党中央关于宗教工作系列重要文件精神。修改完善《当雄县宗教领域“1+5”管理办法》，提交当雄县委常委会、政府常务会议研究重点工作。

【民族团结进步工作】 年内，以“3·28”西藏百万农奴解放纪念日、“三月综治宣传月”“九月民族团结宣传月”为抓手，深入开展宣传教育活动；开展当雄县2018年度民族团结进步模范集体和个人表彰活动，共表彰9个先进集体，11个先进个人，2个模范家庭。推选拉萨市民族团结先进集体3个，先进个人5个（包括1个模范家庭）。评选当雄县民宗局等五家单位为市级民族团结创建单位。逐步形成“共同团结奋斗、共同繁荣发展”的良好氛围。

【“遵行四条标准，争做先进僧尼”】 年内，开展法治宣传工作，稳步推进“四讲四爱”及“遵行四条标准，争做先进僧尼”教育实践活动，在僧尼中以“大集中、小分片、单独补、送教上门”的形式，广泛开展宣教工作，同时积极开展“东进、南下、北上”考察学习活动。

截至年底，共开展109场次宣讲教育活动，受众僧尼达3166人次，组织30名爱国守法先进僧尼到内地，组织16名爱国守法先进僧尼到区内分别考察学习1次。通过参与活动，僧尼开阔眼界，增长见识，树立僧尼“爱国爱教、团结进步、护国利民”的良好社会形象，为争做旗帜鲜明立场坚定的先进僧尼营造良好氛围。

【宗教事务管理】 年内，认真贯彻执行新修订《宗教事务条例》，按照“三个不增加”原则，严把关、严审核、严监管；严格审批佛事活动，严审诵经内容，保证正常宗教活动有序开展。年内，实现宗教和睦、佛事和顺、寺庙和谐。对持民间宗教服务证人员和外县派驻的嘎巴点僧人按《寺庙在编僧人请销假》办法严格管理。按照拉萨市民宗局权力下放的指示精神，2018年对持民间宗教服务证人员认真进行年审工作，组织安委会成员单位对当雄县各宗教活动场所开展安全生产隐患排查20次，及时采取有效措施消除宗教场所安全隐患。开展“七五普法”工作及当雄县在编宗教教职人员法律知识考试。对当雄县宗教活动场所、烧香点、经幡悬挂点进行登记造册工作。本着吸收一批“政治上靠得住、品德上能服众、宗教上有造诣、关键时刻起作用”的新增僧尼的目的，对2017年新吸收的僧尼及其担保经师开展为期3天的培训工作。持续深入开展和谐模范寺庙暨爱国守法先进僧尼评选表彰等工作，推进“模范寺庙”和“先进僧尼”表彰评选活动，在广大僧尼中掀起争当先进的热潮，推动各项治本之策的落实。

2018年上半年共表彰2座县级和谐模范寺庙及114名爱国守法先进僧尼，兑现奖励资金11.9504万元；推选市级和谐模范寺庙2座、先进寺管会1个、优秀驻寺干部（干警）3名、爱国守法先进僧尼共72名；下半年共表彰2座县级模范寺庙及104名优秀僧尼，兑现奖励资金10.4万元；推选市级模范寺庙1座、优秀组织单位1个、优秀寺管会干部（干警）3名、优秀僧尼共59名。推选

2018年2月12日，当雄县人大常委会主任康加贵“三大节日”前慰问寺庙僧尼

区级模范寺庙1座、优秀组织单位1个、优秀寺管会干部(干警)2名、优秀僧尼共71名。通过表彰评选活动,进一步营造争当优秀、维护稳定的良好氛围,达成“我要稳定”的共识。组织高僧大德对宗教教义做出符合时代进步要求的阐释,结合正在开展的“遵行四条标准,争做先进僧尼”教育实践活动,组织高僧大德开展“高僧大德讲戒律和佛学阐释”宣讲教育活动19场次,将教义融入僧尼日常教育中。在群众和僧尼中开展形式多样的活动,让“幸福是靠奋斗出来的”观念深植于群众心中,通过举办“当吉仁”赛马节,开展文化下乡活动,利用“3·28”“5·23”等节点大力开展民俗文化活动,不断提升群众文化自信。贯彻区市党委、政府关于坚决防止宗教热,最大限度减少宗教消极影响。教育引导党员干部及其家属不得信仰宗教,不断深化“四讲四爱”主题教育实践活动,积极教育引导广大信教群众就近就便参加宗教活动,把注意力放到提高生产力,改善生活水平上。广泛开展坚决抵御境外利用宗教进行渗透破坏和防范校园传教宣传教育工作,将抵御渗透及防范传教工作纳入学生德育课中,杜绝十四世达赖集团及其他宗教对学生的渗透及影响。

2018年6月25日，拉萨市委第三督导组组长尼玛（左二）到当雄县考察涉宗领域工作开展情况

【兴边富民】 年内,积极落实《当雄县2014年宁中乡民族特色村寨项目》整合工作和《乌玛塘乡纳龙村汽车维修厂项目》等兴边富民项目。截至年底,该项目主体建设已完成,待2019年开春将续建。

【党外工作】 年内,全面统计当雄县党外人士、党外知识分子、党外干部及新的社会阶层人士,推荐表现优秀人员成为代表人士,并配合上级妥善做好党外知识分子的调研工作,建立党外人士各项数据库,补充完善党外人士和党员领导干部广交朋友制度,切实加强党外干部培养教育和选拔使用工作。此外,不断加强宗教界统一战线工作。广泛深入开展“一工程”培养计划,培养15名爱国爱教宗教界人士,在政治上团结协作、信仰上相互尊重,以“六个一”“僧尼联保服务”等工作形式经常接触、谈心、帮助,引导发挥其特殊作用。

【工商联工作】 年内,建立健全领导联系企业制度,政企“恳谈日”制度及企业主代表参加经济分析和项目推进会制度,建立当雄县商标注册库。截至年底,共有注册商标8件,其中1件为中国驰名商标(5100),有1件(纳错琼母)为第九批获得自治区著名商标;开展各种反不正当竞争行为工作6次,扎实开展非公企业党建工作,开展形式多样的扶贫帮困活动。截至年底,已有46名精准扶贫建档立卡人员及那曲异地搬迁人员在当雄县各企业实现就业。

【藏胞工作】 年内,核对境外藏胞档案及滞留藏胞,规范藏胞回国接待管理工作,建立健全入境探亲藏胞信息档案,加强教育引导,提升服务水平。

【涉宗干部能力建设】 年内,指导分管部门和单位制定党风廉政建设工作计划、目标要求和具体工作措施,定期组织开展党风廉政建设工作部署会,指导落实具体工作。通过当雄县宗教工作领导小组办公室组织系统培训，同时积极推送区市相关培训，通过多渠道培训，不断加强宗教工作干部能力建设。截至年底，参与拉萨市党校、当雄县委党校培训28人次，宗教领域未训人员纳入乡镇的党员政治教育的培训中。

（索郎巴增）

【领导名录】

县委常委、统战部部长

边巴扎西（藏族）

副部长

阿旺赤列（藏族）

民宗局局长

德　　吉（女，藏族）

副局长

普措旦周（藏族）

当雄县总工会

【概况】 2018年，当雄县总工会高举中国特色社会主义伟大旗帜，坚持以马克思列宁主义、毛泽东思想、邓小平理论、“三个代表”重要思想、科学发展观、习近平新时代中国特色社会主义思想为指导，全面贯彻落实党的十九大精神，贯彻落实党中央对深化群团改革的要求，贯彻落实自治区、市第九次党代会精神，坚持“五位一体”“总体布局”和“四个全面”战略布局，牢固树立“四个意识”，全面把握中国特色社会主义群团发展道路“六个坚持”的基本要求和“三统一”的基本特征，贯彻党的全心全意依靠工人阶级根本方针，站在巩固党的执政的阶段基础和走中国特色社会主义工会发展道路，勇于责任担当、勇于直面问题、勇于自我革新，最广泛地把职工群众组织动员起来，为推进当雄长足发展和长治久安、全面建成小康社会而努力奋斗。

【政治理论学习】 年内，为进一步强化工会干部政治意识、创新意识、群众意识、责任意识、服务意识，加快工会干部理论化、知识化、专业化进程，提高工会干部综合素质，工会在2月、3月组织全体干部职工开展学习习近平总书记系列重要讲话精神及十九大精神，进一步强化学习意识，在提高素质能力上下功夫，为指引不断开创当雄县工会工作新局面，坚定政治信仰和全心全意为人民服务的精神，不断加强学习，把学习当作工作的要求，从而指导自身的行动。牢固树立长期坚持学习的观念，做到活到老学到老，要掌握学习方法，切实用学习武装自己，提高自己，做到学以致用，在学习中努力提高自身水平。

3月8日，工会为大力推动全民阅读和女性阅读，促进家庭文明建设，提升女性自身素质，探索促进中国女性阅读的方法和途径，根据西藏自治区总工会办公室《关于在全区女职工中开展“书香三·八”读书活动的通知》要求，组织机关、企业女职工在“职工之家”阅览室开展以“引领女性阅读，建设文明家庭”为主题的读书分享会活动。

【工会自身建设】 1月6日至2月4日，当雄县工会组织职工（分两批）到海南开展疗休养活动。该项活动，主要面向基层一线优秀职工及从事苦、脏、累、险工种的50名一线职工。活动以健康理疗、聆听讲座和参观学习为主要内容，通过疗、休结合，使一线职工的体能得以恢复。疗休养活动的开展，促进职工的身心健康，保护和调动职工工作的积极性，增强

2018年3月21日，当雄县总工会工作人员开展综治宣传活动

工会组织的凝聚力和向心力。

【履行工会帮扶职能】 2月,根据市总工会及县委、县政府的要求,工会在全县范围内开展以"同庆双节日、温馨送万家"为主题的系列送温暖活动。活动中工会共慰问一线护路队员、困难职工会员50名,送去慰问金50000元;2月9—10日,在"三大节日"来临之际,拉萨市人大党组成员、市总工会主席平措朗杰,市总工会副主席冉龙平到当雄县开展节前慰问活动,为当雄县33名护路队员及当曲卡铁路护路营区、龙仁村驻村工作队、龙仁乡龙仁村委员会、郭庆村嘎巴点送去新春的祝福和节日问候,并敬献哈达,送上共计价值41000元的慰问金。

2月13日,当雄县总工会组织困难职工及驻村、驻寺工作队开展节前集中送温暖活动。活动共有机关、企事业困难职工、一线铁路护路队员、困难农牧民会员199人,驻村、驻寺工作队员37个点,送去慰问金217000元;为女职工办好事、做实事,更好的服务女职工,根据拉萨市总工会文件精神,3月27日,开展慰问生育女职工送祝福慰问金发放活动,在工会领导高度重视和认真做实做细生育女职工慰问活动前期统计工作的基础上,为符合该活动要求的行政机关中共有23名已生育女职工产妇及即将生育的女职工产妇发放慰问金,慰问标准每人800元,共计发放慰问金18400元。

2018年6月25日,当雄县举办第七届"草原杯"干部职工足球联赛

7月6日,拉萨市总工会召开全市工会会员大病求助资金兑现仪式,工会对所有申报的大病救助对象都将逐一进行实地考察。要求认真践行党的群众路线,切实做到"察实情、办实事、解民忧",扎扎实实做好2018年的大病救助工作。经过认真排查,当雄县符合大病求助条件共有4名,每人共拿到大病救助10000元,共计40000元;12月20日,计划开展当雄县总工会节前困难职工系列帮扶集中慰问活动,对50个县级困难职工建档困难户,每人1000元标准,共计50000元,47名全总建档困难户,每人标准40000元,共计188000元,12名大病救助困难户,每人5000元标准,共计60000元,兑现2017年"金秋助学金"18人,62000元,兑现2018年"金秋助学金"5人,16000元,发放建设"职工书屋"5家,每家10000元,共计50000元。

【增强工会组织凝聚力】 4月24日,工会联合共青团当雄县委员会、县妇女联合委员会、县教体局开展当雄县"青春喜迎十九大 不忘初心跟党走"暨迎"五一"庆"五四"篮球比赛,该次活动共有23支男女代表队共240余名运动健将参加。5月4日,联合共青团当雄县委员会、县妇女联合委员会开展当雄县庆祝五四运动99周年暨"不忘初心跟党走 青春筑梦新时代"才艺大赛,全县400余名青年观看该比赛。

6月25日,由县总工会牵头开展第七届"草原杯"当雄县干部职工足球联赛活动,县人大常委会副主任、县总工会主席仁青,县公安局政委边巴次仁出席活动。8月8日,在"当吉仁"赛马节时,联合共青团当雄县委员会、县妇女联合委员会、县宣传部开展藏文书法、藏式筛子、吉韧、象棋比赛项目,是2018年赛马节新增比赛的项目。

6月5日,由拉萨市总工会

牵头联合县总工会为当雄县铁路护路队员开展以“送温暖、送文化、送医送药、送法律、送政策”为主题的“五送”活动，参加人数达160余人。

6月25日，由工会牵头举办的第七届“草原杯”当雄县干部职工足球联赛圆满完成，该次足球联赛，展现当雄县干部职工以强健的体魄、饱满的热情，积极投身团结美丽健康幸福新当雄建设中，促进全县经济和各项事业健康快速发展；11月9日，工会对各级单位的所有单身的青年开展“团聚青年 缘启当雄”青年联谊活动。

【技能培训】 5月20日，由县总工会主办的当雄县贫困农牧民工烹饪培训班在拉萨千里马职业技能培训中心正式开班。参加培训的农牧民工学员50名，培训内容为中式烹饪师岗位培训，通过学员们的勤奋学习和教师们的精心指导，学员们顺利拿到到烹饪技能资质证，为农牧民工创业打下了坚实的基础，也为其日后的生产生活和就业提供了保障，该次培训共投入资金125000元。

【法律法规宣传】 年内，工会同县妇联、县人社局在纳木湖乡以开展“文化惠民进万家”为契机开展“春风行动”宣传法律法规宣传咨询活动。该次活动中共登记、咨询农牧民群众及妇女群众达200余人。

3月5日，县总工会组织机关干部职工到县农行前面开展以“弘扬雷锋精神，参与志愿活动”为主题的志愿服务活动。在县农行营业厅前和各乡镇、企业活动通过张贴法制宣传标语，悬挂法制宣传横幅，发放宣传材料、解答群众疑难问题等方式开展宣传活动，共发放《中华人民共和国工会法》《中华人民共和国劳动法》《农民工进城务工人员指南》《法律援助宣传册》等宣传材料300余份。

2018年10月12日，当雄县总工会开展“安康杯”技能竞赛

10月10日，总工会到供电站、纳木错水厂开展“做新时代雪域高原文明职工”活动，集中企业员工发放倡议书讲解倡议书内容，要求所有员工以更加饱满的工作热情和更加昂扬的精神状态投入工作中，争做政治文明建设的坚定者、道德文明建设的践行者、科学文明建设的倡导者、生态文明建设的守护者。

【牢固树立先进典型】 年内，工会经过在各乡镇寻访，通过当曲卡镇工会委员会推荐，将当曲卡镇曲登村牧民阿旺推荐评选自治区“藏地工匠”活动，他以纯手工制作羌塘藏族服饰在当地闻名。在阿旺与其妻子宗卓的带领下曲登村不少人熟练掌握了服装缝纫技术，充分利用牧区闲散妇女劳动力，增加牧民群众现金收入，加快牧民精准脱贫奔小康步伐，带动牧区民族服装和特色手工艺品产业发展，进一步丰富村集体经济民族特色产业结构，促进牧区旅游产业多元化发展。

【维护职工合法权益】 年内，工会在县中学、县医院、县供电公司开展厂务公开职代会规范化建设工作，建立和健全企事业职工代表大会制度和民主管理制度，保障与发挥工会组织和职工代表在审议企事业重大决定、监督行政领导、维护职工合法权益等方面的权利和作用，职工代表大会是企事业民主管理的基本制度，是职工行使民主管理的机构，工会小组是职工代表大会的工作机构，负责职工代表大会的日常工作。

【增强职工安全意识】 年内,当雄县总工会在企业中开展“安康杯”竞赛活动,对企业安全生产管理、规范现场作业、设备设施安全、人员防火避险等情况进行了解,督促企业查找安全生产上存在的隐患和问题,制定解决方案和防控措施,对出现的问题及时解决整改,确保企业无重特大安全事故发生。11月13日,县总工会在当雄县供电有限公司开展2018年“安康杯”当好主人翁,建功新时代劳动和知识技能竞赛,通过理论与实际相结合,进一步增强安全生产的重要性和必要性。

【工会会费收缴及管理】 9月,当雄县总工会下发《关于缴纳2018年个人会费》的通知,个人会费收缴工作已基本完成,上缴拉萨市总工会2018年2%工会经费任务已于10月完成,根据市总工会委托西藏楚源会计师事务所,于2018年10月18日对当雄县总工会2016年和2017年的工会经费预算执行情况以及财务收支情况进行审计,按照西藏楚源会计师事务所《关于工会经费财务收支整改报告》。工会针对存在的问题及时进行认真梳理和整改,县总工会将进一步增强财务管理使用工作的重要性,加强学习财务知识,提高工作效率和水平,做到票据、账目清楚,预决算合理、收支合理、平衡,加强经费使用管理工作,杜绝工会经费的流失和损失。

（边巴央宗）

【领导名录】

主　席

仁　青(藏族)

主任科员

琼　达(藏族)

共青团当雄县委员会

【概况】 2018年,团县委以十九大及十九届一中、二中、三中全会精神和习近平系列重要讲话精神为指导,以服务青年为主线,以重点工作为基础,以特色工作为创新,团结带领广大团员青年努力拼搏,团组织的号召力、凝聚力和战斗力得到进一步增强,团组织密切联系青年、服务青年的能力得到进一步提高。

2018年,全县共有基层团组织81个,团支部70个,其中村团支部29个,3个非公经济团支部,4个农村专业合作社团支部,4个青年工作委员会。14至28周岁青少年共17395人,团员1108名,团青比例为6.4%。团干部237名,其中专职团干部11名,兼职团干部226名。

【思想政治引领】 年内,在全县团干部、团员青年中广泛开展认真学习宣传贯彻党的十九大精神系列活动18余次,受教育10000余人次,发放各类宣传资料15000余份,掀起党的十九大精神“青年大学习”热潮,引导全县团组织牢固树立“四个意识”,自觉增强“四个自信”。开展“新时代、新青年、新形象、新作为”主题教育实践活动10场次,引领广大青年不忘初心、牢记使命,拼搏创新、务实创新,在决战决胜全面小康社会建设中,发挥生力军和主力军作用。在各级团组织、团干部以及广大团员青年中开展“大学习、大讨论、大调研”活动,以大学习促进能力再提高,大讨论促进思想再解放,大调研促进工作再提升。

2018年11月9日,县总工会、团县委和县妇联共同主办“团聚青年·缘启当雄”青年联谊活动

2018年11月28日，拉萨市就业创业政策进乡村及岗位对接系列活动现场

年内，以“青年之声”互动社交平台建设为抓手，进一步畅通团组织、团员双向联系的互通渠道。新建“青年之家”服务阵地，与“青年之声”全面融合 用“声”守候，有“家”依托，实现线上收集诉求，线下开展服务。利用“青春当雄”微信公众号、“青春当雄”微博号等新自由媒体宣传党团工作，增强团的影响力和号召力。开展“青创扶贫·益暖当雄”关爱帮扶重点青少年活动项目工作，为54名困境未成年人送去慰问关怀，投入资金7.7万元，建立健全关爱困难青少年工作长效机制，推动关爱行动规范化、项目化。抓典型示范带动，表彰先进组织和个人。2018年“五四”期间，总结表彰2个“五四红旗团委”、3个“五四红旗团支部”、5名“优秀共青团员”、5名“优秀共青团干部”，成功在全县各级团组织、团干部和广大团员青年中树立先进榜样，鼓舞了全县广大青年奋勇争先、努力学习、勤奋工作、锐意进取的精神。

【服务党政中心大局】 年内，引领青年创业发展，进一步强化服务意识，提升服务能力，挖掘服务资源，积极为广大创新创业青年提供良好的平台和资源共享空间，成功举办雄县第三届青年创新创业大赛暨“创业英雄汇”海选拉萨站当雄县初赛，发放扶持资金33万元，实现创新与创业相结合、线上与线下相结合，切实服务青年成长成才；通过开展“双创”分享会、座谈会、创业导师授课、培训、成果展、学习交流等形式提供创业扶持、政策咨询等服务。通过就业创业宣讲进乡村及岗位对接活动为在当雄县未就业大学生和待业青年提供就业岗位和实习岗位49个，该工作正在推进当中。

年内，凝聚广大青年牢固树立“青春建功新农村”的自觉意识，积极投身美丽乡村建设。培育牧区青年致富带头人。在牧区创业青年中，选拔一批具有专业技能、愿意扎根牧区、有致富经验的农村青年带头人，培养其成为适应农村发展的“领头雁”。紧扣打造生态当雄、美丽当雄的目标要求，动员组织广大青少年争做绿色理念的传播者、绿色实践的倡行者、绿色发展的推动者和绿色力量建设者，召开争做“神圣国土守护者、幸福家园建设者”主题座谈会，广泛开展“美丽当雄青年在行动”“助力河长制，共建美丽当雄”等生态环保实践、志愿服务活动20余场次，在服务大局、服务社会、服务群众中发挥积极作用，弘扬“奉献、友爱、互助、进步”的志愿精神，产生良好效应，得到社会各界的肯定。

【聚焦青少年现实需求】 年内，积极整合团内资源，当雄携手连云港开展“携手奔小康·圆梦行动”，为当雄县202名建档立卡贫困实现愿望，投入资金9.5万元，充分发挥共青团助力脱贫攻坚的职能作用；重点瞄准牧区因学致贫家庭，深入开展“国酒茅台·国之栋梁”“希望之星”“国资委党费资助”“希望工程”等系列助学活动，累计申报符合条件学生34人，落实助学金额10.3万元。服务青少年现实需求。开展预防青少年违法犯罪的知识宣传活动，通过问卷调查、案例分析以及实地调研等方式，持续开展重点青少年群体建档帮扶，建立“一对一”帮扶档案，加强服务管理工作，依法维护涉案未成年人合法权益，积极履行教育感化挽留职责。与县检察院、县法院、县公安局、县司法局等成员单位召开联席会，联合开展法律进校园等活动10场次，发放《中华人民共和国未成年人保护法》《中华人民共和国预防未成年人犯罪法》等与青少年密切相关的法律知识宣传资料2万余份，进一步加强预防青少年犯罪工作，提高未成年人的法治意识；定期组织青年志愿者，围绕学业辅导、亲情陪伴、自护教育等常态化开展“阳光助残”“爱心助考”系列活动，达到了预期效果。

【共青团自身发展建设】 年内，认真落实“党建带团建”工作要求，加强传统领域团建工作，乡镇、村（居）区域化团建和国有企业、机关事业单位团建稳步提升。构建“凝聚青年、服务大局、当好桥梁、从严治团”的四维工作格局，带动全县各级团组织共同建设思想政治坚定、组织体系健全、运行机制科学、联系青年密切、作风扎实过硬，更加充满活力、更加坚强有力的共青团。

年内，严格落实“4+1”“8+4”“1+100”团干部直接联系服务青年制度，237名团干部直接联系青年1108名。进一步修改完善团县委各项工作制度，做到按制度办事，用制度管人。认真实施“青年大学习”行动，推动习近平新时代中国特色社会主义思想在青年中入耳入心。全面加强共青团系统党的建设，深入推进“两学一做”学习教育常态化制度化，扎实开展“学总书记讲话精神，做合格团干部”学习教育活动，团干部党性得到加强、作风持续改善。全面完成“智慧团建”系统组织树建立。为推进共青团深化改革，落实从严治团，团委根据团市委要求部署，提高政治站位，压实工作责任。继续落实好“三会两制一课”制度，开展主题团日活动。依托区、市、县党校、团校等载体，将团干部培训工作纳入全年团干部教育工作的总体规划中，组织全县团干部开展年初工作培训会。继续开展“团干部健康成长大讨论”，从“学习”“讨论”“落实”三个阶段入手，聚焦团干部成长中存在的突出问题，通过讨论引导，教育团干部严格做到自省自励、懂得感恩、坚定信念、扎根基层。

2018年12月7日，团县委联合有关部门向各类困境未成年人群体开展“青创扶贫·益暖当雄”关爱帮扶重点青少年活动（第三期）

【深化共青团改革攻坚】 自2017年共青团改革全面推进以来，团县委始终坚持以政治性筑魂、先进性固身、群众性扎根，以踏石留印、抓铁有痕的精神将改革进行到底，使共青团在正本清源、回归本质中不忘初心，在只争朝夕、自我革新中奋勇前进。从强化团员先进性建设、扩大团的基层组织覆盖、完善财政经费基本保障机制等方面开始探索改革举措的落地实施。

（卓 嘎）

【领导名录】

书 记

卓 嘎（女，藏族）

当雄县妇女联合会

【概况】 2018年，当雄县各级妇女组织深入学习贯彻党的十九大、中国妇女第十二次全国代表大会、自治区妇女十大精神及区市县第九次党代会精神和系列会议精神，牢牢把握联系和服务广大妇女宗旨，充分发挥职能作用，切实维护妇女儿童合法权益，促进男女平等，富有创造性地开展了一系列工作，为当雄县的经济和社会各项事业的发展做出不懈的努力。

为进一步深化妇女法制宣传工作和维权服务，以“三八”妇女维权周、“综治宣传月”“向雷锋同志学习”和“防治碘缺乏日”“12·4”法制宣传日等各宣传节点为契机，集中开展宣传活动共12次，通过采取发放宣传资料、现场解答等形式，着重宣传《中华人民共和国妇女权益保障法》《中华人民共和国未成年人保护法》《中华人民共和国婚姻法》《中华人民共和国反家庭暴力法》等各类法律法规，并发放相关宣传资料5800余份。活动受益牧民群众达3200余人次，其中牧民妇女群众达1540余人次，进一步营造了全社会关爱妇女儿童的良好氛围。

【妇联组织自身建设】 年内，为充分发挥基层妇女组织带领全县妇女群众，在新时代振兴农村建设中的领头雁作用，促进妇女事业的健康发展，举办2期村（居）妇联主席业务能力提升培训班，分别联合县委党校和县司法局、县扶贫办、县疾病预防中心主要围绕妇女儿童工作维权、新婚姻法、精准扶贫政策、妇女儿童卫生健康知识及妇女“两癌”预防、村（居）妇联主席各项工作职责等方面展开培训，同时到曲水县南木乡南木村观摩学习区、市、县先进妇女合作组织基地暨欧珠旺姆合作社和村级“巾帼夜校”，使参训学员们开阔眼界，增长见识，参加培训的村（居）妇联主席58人次；为进一步增强妇女依法维权的法律意识，提升大家知法、懂法、用法的能力，进而提高全县广大妇女建设幸福家庭的能力，联合县司法局结合《当雄县开展法治宣传教育第七个五年规划（2016—2020年）》内容开展了巾帼维权普法讲座，邀请县法律援助中心“1+1”援助律师王军卫为全县广大妇女干部、群众讲授新《中华人民共和国婚姻法》《中华人民共和国妇女权益保障法》《中华人民共和国反家暴法》以及非婚生子抚养费权益争取等妇女维权方面法律法规知识，参加全县干部职工和流动妇女人数达48人。

【召开第七次妇女代表大会】 11月，召开当雄县妇女第七次代表大会，选举产生出席拉萨市妇女第十次代表大会代表11名、县妇联第七届执委会23名、常务委员9名、主席1名、兼职副主席3名，增强县妇联组织的代表性和广泛性。

在县第七次妇女代表大会上代表提出的关于妇女儿童中存在的热点难点问题的建议，县委、县政府一一予以解决：解决225名当雄县第一届村居妇联执委工作补贴58万元纳入2019年的财政预算；解决全县患有“两癌”妇女的治疗费用问题，与北京“修实公益基金”对接解决治疗费用垫付问题；解决全县2座尼姑寺院新建澡堂的建议。

【发放“妇字号”扶持资金】 年内，为充分发挥“妇字号”基地的示范带动作用，引导广大牧民妇女积极创业就业。县妇联为当雄县曲登妇女纯手工民族服装定做专业合作社争取市妇联扶持的“妇字号”资助金10万元，并要求严格按照与市妇联签订的责任书的要求，充分发挥妇女创业就业基地的示范带动作用，宣传引导更多妇女投身创业就业实践。

2018年3月8日，当雄县副县长、妇儿工委主任郑莉慰问困难环卫女职工及困难女教职工

【妇儿工委工作】 年内，召开妇女儿童发展规划中期评估督导汇报座谈会。汇报会上，县妇儿工委领导向拉萨市中期评估督导组一行汇报当雄县妇女儿童发展规划2016—2020年中期评估报告，县委组织部等7家单位做了自查汇报，会后督导组一行到公塘乡卫生院、白玛卓嘎妇女合作组织等实地查看“两规”落实情况。

拉萨市中期督导组一行对当雄县落实妇女儿童发展规划工作给予充分肯定，同时指出存在问题并提出工作要求，县妇儿工委以该次拉萨市妇女儿童发展规划中期评估工作督导为契机，进一步总结经验，完善工作机制，提高思想认识，强化职能，推动当雄县妇女儿童事业不断创新发展。

【开展庆祝“三八”系列活动】 年内，组织召开全县各级妇联组织代表座谈会，邀请一名北京市援藏医生、县医院副院长，在座谈会上传授职业女性形象素质提升等常识，县直各妇委会主任、“两新”组织妇委会主任、各乡镇妇联主席纷纷畅谈了各自工作体会；开展慰问困难女职工活动，向9名环卫女职工及1名女教职工发放共计5000元的慰问金，致以节日问候同时传达党和政府关怀；分别参加当雄县退休妇女老干部以及单位驻村点（当曲卡村）、曲登村妇联等组织的庆祝“三八”纪念联欢活动共送去3000元的节日慰问金；全县妇联各级组织根据自身实际开展了多姿多彩、喜闻乐见的纪念活动。

2018年6月11日，当雄县妇联联合县司法局，邀请法律援助中心“1+1”援助律师王军卫开展巾帼维权普法讲座

【“六一”庆祝活动】 年内，为庆祝第69个“六一”国际儿童节，促进少年儿童健康快乐成长，全县各家长学校开展“书香飘万家 做合格家长 培养合格人才”为主题的亲子阅读活动，为“六一”节日活动增添了气氛，参加活动的师生和家长达980余人。

【开展送温暖活动】 年内，为助推精准扶贫、精准救助工作，联合团县委开展关爱帮扶重点青少年儿童慰问（第二期）活动，向全县45名留守、单亲家庭、孤残、服刑在矫人子女等重点儿童发放由全国钢丝善行团捐赠的爱心校服45套、短袖衣45件，并引导其树立好脱贫致富信心，传承注重家风、家教理念，常记“饮水思源、忆苦思甜”，要立志长大后为家乡的建设做出积极贡献；在年初“双节”来临之际，慰问单位驻村干部，并送去1000元的慰问金和慰问品；深入多吉林寺、嘎洛寺、热庆日追开展节前送温暖活动，共计送去5000元的慰问金；深入全县妇女“两癌”患者家庭进行慰问，为2012年至2017年登记造册的所有“两癌”患者贫困妇女家庭（10户，其中6名患者相继去世）送去共计2万的慰问金。全年7名“两癌”患者妇女得到全国妇联和自治区妇联、拉萨市妇联发放的“贫困母亲两癌救助”专项救助金共计7万元整；扎实进行与帮扶对象的沟通联系，引导其了解好帮扶政策内容，单位工作人员先后共走访慰问3户帮扶联系户4次，并送去折款1200元的慰问品和1300元慰问金；在“当吉仁”赛马节期间，拉萨市妇联主席向巴彩喜深入县妇联驻当曲卡村驻村工作队、当雄县岗嘎卓姆民族服装缝纫专业合作社、6乡2镇参加赛马节女子拔河队，进行慰问金额共计达1.35万元；中秋佳节之际，对当曲卡镇和公塘乡的10户留守儿童、孤寡老人、贫困户、空巢老人、残疾人、外来务工人员家庭代表开展折款1600元的中秋慰问；开展2018年贫困女大学生助学金发放仪式，为10名贫困女大学生发放由拉萨市妇联资助的5000元助学金，共发放5万元整。

【开展文体活动】 年内，为团结引领全县广大女青年在建设团结美丽健康幸福新当雄伟大实践中贡献青春力量，工青妇联合举办“拥抱新时代 践行新思想 展示新风采”暨迎“五一”庆“五四”篮球比赛和“不忘初心跟党走 青春筑梦新时代”才艺大赛、青年联谊活动。

【开展“春风行动”】 年内，联合县人社局以“文化惠民进万家”为契机开展“春风行动”宣传咨询活动。共发放《农牧民医疗保险政策问答》《劳动人事争议申请仲裁须知》《农牧民法律知识读本》《中华人民共和国反家庭暴力法》《中华人民共和国妇女权益保障法》等宣传资料共500余份，登记、咨询农村妇女群众达200余人，帮助转移就业妇女285人。

【开展“巾帼夜校”】 年内，根据市妇联下发的《关于印发〈拉萨市妇联关于成立巾帼夜校助力“成才”活动实施方案〉的通知》精神，县妇联及时制定实施方案，并组织各乡（镇）妇联举办“巾帼夜校”。截至年底，各村（居）妇联共举办“巾帼夜校”65余次，参加人数6000人次，投入资金5万余元，授课内容包括全国妇女十二大、自治区妇女十大精神、县第七次妇女代表大会上市妇联领导和县长讲话精神、妇女卫生健康常识、基础藏汉双语知识、妇女手工品制作学习（香囊视频，由北京东城区妇联提供技术支持和帮助），使农牧民妇女文化素养得到较明显的提升，思想道德和守法意识、抵御宗教极端思想渗透意识明显增强。

2018年3月23日，当雄县妇联联合县总工会到龙仁乡开展“妇女维权—婚姻法、反家暴法”主题普法宣传活动

【驻村干部发挥应有作用】 年内，妇联驻当曲卡居委会工作队员积极与村“两委”班子协调，在做好驻村工作任务的同时，推进村妇联组织工作：在节前慰问中为当曲卡居委会“会改联”后新当选的5名妇联执委进行慰问；举办“巾帼心向党 建功新时代”纪念108周年“三八”国际劳动妇女节活动；为进一步提高辖区群众识毒、防毒、拒毒能力，不断拓展禁毒宣传覆盖面，确保宣传不留死角。深入居委会附近居民和商户中开展以“拒绝毒品 珍爱生命”为主题的禁毒宣传教育活动；在五四青年节之际，举办以“践行五四爱国精神 展示青年时代风采”为主题的纪念活动；联合村“两委”召开“讲贡献 爱家园”为主题的“最美家庭”表彰会，并表彰5户“最美家庭”。年内，县妇联派驻的驻村工作队员，积极作为，荣获自治区级先进驻村工作队和县级优秀个人奖。

（普布卓玛）

【领导名录】

主 席

拉巴琼达（女，藏族）

当雄县信访局

【概况】 2018年，当雄县信访工作紧紧围绕全县改革、发展、稳定大局，继续以信访“七化”措施为抓手，以“事要解决”为核心，在全县范围内全力打好重点领域、重点群体、重点问题信访矛盾化解攻坚战，全力维护群众合法权益，为促进当雄和谐稳定做出了积极的贡献。

【组织领导】 年内，当雄县信访局按照党委总揽全局、政府牵头负责、部门分工落实的原则，切实把源头预防工作摆在重要议事日程。调整充实信访工作联席会议领导小组、信访工作领导小组和矛盾纠纷排查领导小组，县委副书记、县长其美次仁担任信访联席会议第一召集人，定期召开信访工作形势分析会议、联席会议、专题会议，各单位“一把手”既挂帅也出征，参会分析信访形势、准确把握信访苗头、及时研究应对措施，真正形成主要领导亲自抓、分管领导具体抓、班子成员配合抓、职能部门落实抓的工作机制。同时，当雄县信访局与各乡（镇）、县直部门签订信访工作目标责任书，形成一级抓一级，层层抓落实的良好态势。

【开展信访矛盾化解攻坚战】 年内，根据拉萨市信访局《关于印发〈拉萨市信访局开展信访矛盾化解攻坚战的实施方案〉的通知》精神，结合当雄县实际，制定印发《当雄县信访局开展信访矛盾化解攻坚战的实施方案》，成立由分管信访工作政府副县长普布扎西任组长，政法委、信访局主要领导任副组长，各乡（镇）、县（直）相关部门为成员的“攻坚战”领导小组，并划分重点领域、重点群体、重点问题、重点人员4个“攻坚战”专班，以重点工作推动全面工作，以“攻坚战”的有效实施，促进信访业务规范化。

2018年4月2日，当雄县信访局局长卓嘎在新任村（居）班子成员培训班上开展信访培训

【信访矛盾排查化解】 年内，把信访工作重心从事后处理转移到事前排查上来，坚持定期排查与动态排查相结合、全面排查与专项排查相结合。制定印发《当雄县2018年第一季度信访维稳工作方案》《关于做好春节 藏历新年 全国两会 自治区两会期间信访工作的通知》《当雄县2018年第二季度信访维稳工作方案》《当雄县2018年第三季度信访维稳工作方案》《当雄县2018年第四季度信访维稳工作方案》等文件，在重要节点及时开展信访矛盾排查化解工作，对排查出的各类信访矛盾进行梳理汇总，建立台账，落实办结销号工作。2018年，当雄县信访局共排查出19起矛盾纠纷，化解19起，化解率达100%，有效预防和减少信访事项的发生，切实做到“发现在早、防范在先、处置在小”工作要求。

【畅通信访工作渠道】 年内，为进一步畅通信访工作渠道，提高工作效率，当雄县信访局充分发挥政务服务大厅“集中部门职权、集中解决问题”的优势，在政务服务大厅设立信访窗口，与政务服务大厅联合办公，把信访工作纳入政务服务大厅服务范畴，设立专岗，接待上访群众。按照“统一接访、归口分流”原则，对属于政务服务大厅入驻部门职权范围的信访问题，能现场解决的，做到现场解决、现场答复；不能现场解决的，承诺解决时限，落实专人办理，限期答复；对不属于政务服务大厅入驻部门范围的信访问题，全面了解核实情况，分类转交有权处理的单位和部门办理，做好督促协调工作，切实实现信访事项一站式接待、一条龙服务、一揽子解决的目标，把问题解决在首办环节，最大限度地减少问题积累、矛盾上行。

2018年10月11日，当雄县信访局召开2018年第三次信访工作联席会议

【信访事项依法及时解决】 年内，为使每个问题都能及时进入处理程序，依法按政策办理。根据信访事项实际情况，当雄县信访局对受理的信访事项进行电话督办130余次、书面督办4次、书面催办1次、实地督查10余次，对18件重点信访事项落实县级领导包案化解，有效推动各类信访事项依法及时就地解决。年内，当雄县共受理群众来访133批(件)231人次，其中本级受理115批(件)204人次，上级转交办18批(件)27人次，共办结133批(件)，办结率100%，涉及人数1338人，协调兑现“双拖欠”资金2000余万元。同时，当雄县信访局专门邀请县司法局志愿律师任法律顾问，全程参与疑难复杂信访事项调解，对依法化解有疑虑的群众及时提供法律指导和服务，进行法治宣传教育，引导按正常的司法途径依法化解，并为有经济困难的信访群众开通“绿色通道”，现场给予法律援助，特别是拖欠农民工工资信访事项，先行代理办理，再落实审批程序，成效显著。

【法制信访宣传引导】 年内，为使新任村(居)组织班子成员进一步明确信访工作的目标任务，提高在新形势下做好信访工作迫切性和重要性的认识。在当雄县新一届村(居)组织班子成员培训班上，当雄县信访局负责人向参训学员讲解《信访条例》，还通过当雄县依法逐级走访的正面案例和越级无序上访的反面案例进行认真分析，引导培训学员将依法逐级走访宣传至广大群众，教育“信访不信法”的群众运用法治思维和法治方式合理合法反映诉求，使群众依法逐级反映合理诉求变为常态。同时，当雄县信访局以宣传“依法规范逐级走访 杜绝无序越级上访”为重点，制作依法逐级走访宣传单3万余张、宣传纸杯2万余个发放到每户牧民家中，更好地将信访程序、依法逐级走访办法、信访条例等宣传工作深入群众之中，切实提高群众依法信访意识。

【完善基层信访工作体系】 年内，根据拉萨市信访工作联席会议办公室《关于印发〈关于建立乡(镇、街道)信访工作联席会议的意见(试行)〉的通知》要求，建立健全基层党委、政府主导的维护人民群众合法权益、为民排忧解难的信访工作联席会议制度。全县各乡(镇)严格对照文件中的工作职责、工作机制、机构人员组成初步建成信访工作联席会议，进一步推动信访矛盾源头预防和化解，夯实信访基层基础工作，全面落实信访工作责任制，形成上下联动、沟通顺畅、运转有序、协调有力的工作机制。

(付 涛)

【领导名录】

局 长

卓 嘎(女，藏族)

副局长

米 玛(女，藏族)

军 事

当雄县人民武装部

【概况】 2018年,当雄县人民武装部认真贯彻党的十九大精神和习近平主席系列重要讲话精神,以“传承红色基因,担当强军重任”主题教育活动为契机,狠抓作风建设。始终坚持以加强学习提高思想理论水平,以思想教育振奋革命精神,靠真正团结维护集体权威,靠廉洁自律树立良好形象,做到政治上坚定,保持清醒的头脑;素质上有进步,提高议大事、抓大事的能力;较好地发挥党委核心领导作用,带领官兵(民兵)圆满完成各项任务,有力推动了人武部全面建设稳步发展。

【学习氛围浓,政治敏锐性强】 当雄县人民武装部处在分裂与反分裂斗争的第一线,社情复杂,地理位置特殊。在这种情况下,党委“一班人”在政治上是可靠的,反分裂、反颠覆、反渗透斗争的立场是坚定的,在重大问题上政治敏锐性是强的。突出表现在三个方面:注重理论学习。从检查理论学习看,党委“一班人”对理论学习十分重视,在“班子”内部形成比较浓厚的学习氛围。做到学习有计划、有安排、有讨论、有交流,个人有读书笔记。学习中大家大力发扬求真务实的学风,注重学用结合,并运用理论学习成果指导部队解决根本性、全局性的重大现实问题。政策观念强。尤其是面对复杂的社会环境,党委“一班人”从维护国家统一、社会稳定、部队稳定和支援地方经济建设大局出发,自觉学习党的民族、宗教政策,了解西藏的风土人情,严守政策,遵守群众纪律,正确处理各种复杂问题。执行上级命令指示坚决。在贯彻落实上级一系列命令、指示上,领会意图较好,落实态度坚决,无打折扣、搞变通的现象。

【夯实“听党指挥”思想根基】 年内,按照年度政治工作总体部署,深入学习贯彻党的十九大精神和

2018年4月24日,当雄县武装部组织民兵开展高炮训练

2018年8月9日，当雄县武装部组织官兵开展征兵宣传活动

习近平主席系列重要讲话精神，以主题（专题）教育活动学习为主线，大力加强官兵思想政治教育，加强党组织建设和作风纪律建设，进一步增强了人武部党委班子的凝聚力、战斗力和号召力。

【军事工作】 年内，按照警备区年度训练计划，根据新的形势任务，及时修订完善作战预案、维稳预案、安全预案、抢险救灾预案和国防动员预案。圆满完成民兵整组、征兵、民兵训练等任务。

【部队“四个秩序”正规有序】 年内，牢固树立“稳定压倒一切”的思想，始终坚持在确保安全稳定的前提下开展各项工作。坚持从正规“四个秩序”入手，以严格落实部队条令条例为准绳，以“六个管好”为主要内容，重点突出人员、车辆的管理，持续开展“三责”“三互”活动，以调动广大官兵人人自律、人人自省相互监督的主动性、积极性。持续保持武装部官兵良好的精神状态和昂扬的工作斗志。

【后装管理】 年内，坚持“仗怎么打，兵怎么练，后勤就怎么保障”的要求，大力开展人武部后勤正规化建设。坚持党委“一支笔”审批制度，强化党委理财观念，增强党委理财权威，严格经费报销程序。科学编制预算，严格执行预算，做到当用则用，不该用的一分都不能用，有效杜绝了超预算办事、超标准花钱的现象。

【为官兵办实事】 年内，当雄县人民武装部坚持从实际出发，为官兵办实事，协调县委、县政府，改造营房设施、为官兵完善营区建设。加强温室内种植蔬菜改善官兵伙食。重视装备的维护保养，定期组织车辆维护保养和武器点验擦试，确保装备质量和良好性能。及时更换过期灭火器等消防设施，为确保消防安全打下基础。

【征兵工作】 年内，高标准完成年度征兵工作任务。武装部结合实际、主动作为、早筹划、早着手，6月在县政府召开“拥军爱民”的专题讲座；7月深入农牧民进行“面对面”的讲解和宣传，使群众进一步了解党的路线、方针和政策，提高了广大适龄青年参军入伍的积极性，向部队输送合格应征青年。

（白玛朗杰）

【领导名录】

部　长
　　毕海涛
政　委
　　秦先全
副部长
　　马太自

当雄县消防大队

【概况】 2018年，当雄县消防大队围绕发展稳定的中心工作，在消防改革关键期间，带领全体人员以强烈的责任感和使命感，吃苦耐劳、勤奋务实，努力履行法律职责和上级交给的各项工作任务，消防工作和队伍建设得到了发展进步，为实现当雄县社会局势长治久安做出了应有的贡献。

当雄县消防大队现有队员18人，其中干部5人，士官8人，专职消防队员5人。现有消防车4辆，其中抢险救援车2辆，水罐泡沫联用消防车1辆，城市主站消防车1辆；行政车3辆；生活皮卡车1辆。

【思想政治教育】 年内，坚持教育引导，夯实队员思想根基。当雄县消防大队把管理教育作为部队正规化建设的重点，扎实开展各项主题教育活动，深入学习贯彻《中国共产党纪律处分条例》、新《条令条例》《中国共产党廉洁自律准则》、十九大会议精神以及习近平总书记系列重要讲话精神，全力推进“两个经常性”工作常抓不懈，积极开展部队改革思想教育活动，不断坚定官兵的人生信念和职业追求，有效筑牢官兵的思想防线，切实稳定官兵思想，激发工作热情。

2018年1月11日，当雄县消防大队联合县有关部门到工地开展联合检查

【圆满完成消防安全保卫任务】 截至年底，全县共发生火灾12起，死亡0人，受伤0人，直接经济损失26650元。消防队伍共接警22起，出动22次（含增援），出动消防车48辆次，消防人员143人次，抢救被困人员15人，抢救财产价值13万元。2018年，当雄县消防大队扎实开展岗位练兵及道路水源和重点单位“六熟悉”，修订完善各类预案18份，组织、指导各类演练和拉动11次，开展道路水源和重点单位“六熟悉”47次。2018年，当雄县消防大队在“两节”、全国“两会”“五一”黄金周、“当吉仁”赛马节等消防安全保卫任务期间，先后投入警力210余人次，车辆50余台次，圆满完成安保执勤任务。

【开展消防安全检查】 年内，当雄县消防大队按照支队及公安局的统一安排部署，全力排查整治火灾隐患，严厉打击消防违法行为，切实提升社会面火灾防控能力。截至年底，共检查单位1229家次，发现火灾隐患569余处，督促整改火灾隐患560余处，下发“责令改正通知书”566余份，建设工程审核验收10项，建设工程备案抽查10项，开业前消防安全检查5家，行政处罚2起，罚款30500元。大队与县政府、各职能部门、各乡镇、18家重点单位年初逐层签订消防安保责任书40余份。

年内，努力提高全民消防安全意识，是当雄县消防大队在开展防火监督检查的重点。2018年，当雄县消防大队多次组织人员到各乡镇、学校进行消防常识宣传。2018年，当雄县消防大队为乡镇干部消防知识安全培训4次，对6乡2镇派出所、便民服务站民警、加油站工作人员培训18次，对寺庙消防安全宣传23次，深入各乡镇6次，开展中小学消防知识讲座8次，发放宣传资料10000余份。

【抢险救援】 在“10·8”纳木错抢险救援中大队队员表现突出，赢得县委、县政府的高度肯定和赞扬，并荣获“突出贡献集体”奖。当雄县消防大队利用业务经费为全县24个（人口在1000人以上的自然村）志愿消防队购置144件套个人防护装备，有效确保了志愿消防队员自身安全。根据拉萨支队安排部署，当雄县消防大队积极向支队汇报为全县寺庙配备16具细水雾灭火装备。

（汪晓伟）

【领导名录】

副大队长

仁青曲达（藏族，主持工作）

法 治

中共当雄县委政法委员会

【概况】 2018年，当雄县政法委认真贯彻落实党的十九大和十九届二中、三中全会精神及中央第六次西藏工作座谈会精神，深入贯彻落实习近平新时代中国特色社会主义思想，特别是加强社会治安综合治理新理念、新思想、新战略和治边稳藏重要战略思想，紧紧围绕统筹推进“五位一体”总体布局和“四个全面”战略布局，充分发挥当雄作为拉萨北大门的关键作用，紧紧围绕实施“六大战略”，以深化落实维稳十项举措为抓手，以建设“平安当雄、法治当雄”为主线，以人民群众对平安的需求为导向，突出维护社会稳定、开展严打整治、强化平安创建、创新社会治理、深入司法改革、建设过硬队伍六项重点，加快补齐基层基础、科技应用、社会共治、法治建设四个短板，不断提升政法综治维稳工作整体水平，努力维护社会大局稳定、保障人民安居乐业、服务经济社会发展。

【政法工作】 年内，根据中央深化司法体制改革工作精神，坚持“司法为民、公正执法”的工作主线，通过完善司法部门内设机构建设、规范司法程序行为、优化服务水平、推进司法公开等方式，稳步推进司法体制改革进程；政法委充分发挥部门职能优势，积极组织协调公、检、法、司等部门扎实做好法治保障等各项工作，切实增强人民群众安全感和满意度。进一步提高政法工作亲和力和公信力，努力让人民群众在每一个司法案件中都能感受到公平正义。通过综合运用信息化技术，依托微信、网络等新平台，为全县干部群众提供在线的法律宣传、法律咨询和法律援助服务，推进司法公开、广泛接受群众监督，拉近与群众的距离；通过综治宣传、“七五”普法、法律“七进”、法治副校长等途径，深入开展法治宣传

2018年7月17日，西藏自治区党委政法委工作人员到当雄县调研“扫黑除恶、打非治乱”专项斗争工作开展情况

工作，全年共组织开展综治宣传活动32场次，发放各类宣传材料达2.5万余册，受益群众达到1.6万余人，为推动基层社会治理工作营造良好氛围。

2018年9月16日，当雄县委政法委工作人员开展综治宣传日活动

【维稳防控】 年内，当雄县政法委坚持以"三无""三不出"为目标，突出重点时段、重点部位、重点群体的维稳防控，实行总体上严密布防和重要节点高度戒备相结合，坚持党政军警民联动、显隐并用，坚持细化维稳部署、强化工作措施、严格工作纪律，深入持久地开展各项维稳工作。

各护城河检查站充分发挥"过滤网"职能，严格落实"五逢必查"要求、优化服务质量，坚决防止"输入型、潜入型"维稳安全隐患途径全县流入市区；突出县城、各大寺庙、党政要害单位、学校、医院、油气站、景区等人员密集场所为重点，各级党委、党组织以及公安、武警、消防等力量完善联勤联防联动机制，强化定点守护和巡查力度，有效防范各类不稳定隐患发生；积极整合"大情报信息"平台，全面发动各乡（镇）、各派出所、护路队伍、联户代表等群防群治力量，充分发挥专群结合作用，强化情报信息收集，加大沟通协作、信息共享，形成全民搜集情报信息的良好工作局面；严格落实特殊人群分类分层分级管控责任，切实加强走访联系、逐人落实教育稳控措施；严格落实实名制登记加油和零散成品油销售管理办法，联合派驻安全监管员25名，并逐层签订安全监管责任书，强化督导检查，确保成品油源头管控不出任何问题。

【社会治理】 年内，进一步完善党委领导、政府负责、社会协同、公众参与、法治保障的社会治理体制，提高社会治理社会化、法治化、智能化、专业化水平。突出社会治安综合治理领导责任制，把社会治安综合治理工作当作"一把手"工程来抓，把社会治安综合治理作为本部门、本系统、本区域工作的重要内容，逐步建立起分层次、分系统、分责任的工作体系。

提升依法治理水平，深入开展法律"七进"活动，把全民普法和守法作为推进平安当雄、法治当雄建设的长期基础性工作，推动社会组织制度化建设及立法工作，促进社会组织健康有序发展，引导社会成员增强主人翁精神，激发社会自治、自主、能动力量，调动社会成员维护公共安全的积极性，形成共同防御风险模式。深化"网格化"工作，以网格化管理、社会化服务为方向，健全基层综合服务平台，建立完善全县1158个联户单位。其中，180个城镇联户单位，978个农牧民联户单位，进一步壮大群防群治工作力量。

加强综治干部队伍教育管理，提高培训质量，全面开拓干部视野，全面落实好综治干部离岗申报、离人补缺制度，努力造就一支政治强、懂法律、善治理的工作队伍。截至年底，全县共设1个综治委、9个综治办、29个综治工作中心，配备综治及"双联户"专干共59名，共开展综治"双联户"培训18场次，培训1195人次。突出督查督办及跟踪问效工作，综治五部委切实履行统筹协调、督办落实追责问责的职能作用，全年共组织召开全县综治委工作会议2场次，有效促进全县综治工作全面形成问题联治、工作联动、平安联创的良好局面。

【严打整治】 年内，全面铺开当雄县重点区域、重点部位、地下组织和非法组织的摸排、清查工作；针对派出所民警对辖区相对了解的情况，各派出所包村民警按照包村工作职责，全面入住各村组开展摸索排查工作；开展“扫黑除恶打非治乱”法制宣传和线索摸排启动仪式。在当雄县6乡、2镇、各村范围内进行法制宣传和线索摸排，以深入牧区、深入群众为方式，对乡村主要领导、群众进行了解，同时充分发挥秘密力量作用全面摸排群众反映强烈、社会危害较大的黑恶线索，并对刑满释放等管控人员进行分析研判，以便发现扰乱经济建设等违法行为的线索。

结合实际以张贴公告、网络宣传、走村入户等多种形式开展宣传“扫黑除恶打非治乱”工作，大力呼吁广大干部群众积极参与到扫黑除恶打非治乱专项斗争中来，踊跃举报黑恶势力违法犯罪线索。其间，出动警力600余人次，开展专题宣讲60次，悬挂横幅40条，张贴四部委《通告》500余份，为群众答疑解惑9000余次，发放宣传资料1万余份，参与群众达1.5万余人。共计走访摸排黑恶线索乡镇共7个，行政村28个，商铺180个，学校6所，22个施工地，8家砂场，3家矿场。

【“当吉仁”赛马节】 8月8—14日，当雄县举行一年一度的当雄县“当吉仁”赛马节。县委书记张正，县人大常委会主任康加贵，县委副书记、县长其美次仁，县委常委、政法委书记、公安局局长扎西亚培等多位县级领导到活动现场指挥引导，各点执勤民警、群防群治队伍、“双联户”等各方面力量，按照方案既定部署，认真落实各项工作措施。

以“四个确保”要求圆满完成“当吉仁”赛马节期间的安保任务。确保零人员伤亡。护城河检查站盘查过往人员52317人次、盘查车辆25625台次，现场安保执勤人员2088人次，社会面防控安保人员1846人次（包括：联户代表、四户队、村“两委”班子），成立9个工作小组、制定完善总方案、维稳安保方案，由于引导控制到位、服务管理到位、保障跟进到位，活动开展、人员管控各项工作秩序井然，参观群众、游客、执勤力量无一人伤亡。

确保零案（事）件。坚持抓早抓小抓苗头，有效整合各类维稳力量，切实强化社会面管控、强化情报信息搜集研判、强化矛盾纠纷排查化解、强化人员管控、强化安全隐患排查、强化公共安全防范管理、强化交通安全治理、强化机关单位内保、强化铁路护路联防、强化应急处突演练、强化督导检查。赛马节期间未发生刑事治安案件、暴恐案件、个人极端案件、非法聚集事件、群体性事件和火灾、拥挤、踩踏、交通、卫生等安全事故，保持当雄县社会局势的和谐稳定。

确保零负面印象。坚持从严管理与便民利民相结合，坚持文明执法、礼貌执勤，创新服务方式方法，有效管控负面舆论，做好便民利民工作。

2018年10月30日，当雄县召开政法系统“全面加强政治建警，打造过硬政法队伍”专项教育整顿活动动员部署会

【矛盾纠纷排查调处】 年内，坚持风险管控，严格落实《拉萨市重大决策社会稳定风险评估实施细则》，严格按照重大事项稳评复核工作流程，依法、依规、科学、有序开展社会稳定风险评估工作，共受理建设项目社会稳定风险评估报告50件。在确保稳定的基础上，最大限度地保障各大工程项目的顺利建设。坚持预防为主，完善

机制建设、加大调处力度、推进信息化建设、提升队伍能力，扎实开展矛盾纠纷排查调处工作。

【“双联户”工作】 年内，当雄县以“牧心者，方能牧天下”的工作主题，扎实开展“联户平安、联户增收”服务管理工作，县委、县政府高度重视，高点谋划、统筹推进，探索出符合当雄县实际的城镇、牧区复合型社会管理模式，有力维护了社会长久治安的根基，有力增强了保障和改善民生的能力。充分发挥联户代表“联户平安”的积极作用，有效维护各节点全县社会局势的和谐稳定。特别是在精准扶贫工作、虫草采挖期、“当吉仁”赛马节期间当雄县各联户代表充分发挥各项职能，进行矛盾纠纷排查、化解，环境卫生整治、义务巡逻等工作。全年共排查矛盾纠纷600余次，调解矛盾纠纷33起，排查各类安全隐患617次，整治安全隐患78余次，开展治安巡逻1108余次，登记流动人口854人，帮扶困难家庭405户，投入帮扶资金（含物资）11.7350万余元；小额信贷10笔45万余元，新增实体经济3个，卫生整治953处，联管联教469人次。

当雄县综治办发挥政策优势，引导支持牧民群众增收致富，制定《当雄县“联户增收”项目扶持方案》，健全牧民专业合作社组织考核激励制度，安排专项资金，对有一定生产规模、发展潜力大、增收效益好、管理规范的合作社进行扶持奖励。年内，对3个“联户增收”项目进行扶持（分别为当雄县当曲卡镇当曲卡居委会鲁固茶馆建设项目、当雄县羊八井镇彩渠塘村压面房蛋糕房、当雄县达布村湖岸夏季牧乐园牧民专业合作社），共发放扶持资金15万元。

【铁路护路联防】 年内，坚持“防恐怖、防破坏、防爆炸、防事故、保畅通”，以桥梁、涵洞为重点，采取人巡为主、车巡为辅的方式，对青藏铁路当雄段实行24小时不间断巡查守护，确保青藏铁路当雄段的安全畅通。进一步加强爱路护路宣传，县护路办积极拓宽宣传渠道，创新宣传方式，丰富宣传内容。通过设立宣传牌、悬挂横幅、发放宣传资料、邀请文化媒体部门现场录制宣传片等多种形式，在全县广大干部职工、中小学生、群众及过往人员中广泛开展爱路护路宣传。以3月综治宣传月、6月综治宣传周、“9·16”西藏平安日等活动为契机共计发放宣传资料5632份，展示展板221块，悬挂横幅120条，制作宣传片1张。受教育人群达到3.2万人次，营造了良好的爱路护路氛围。

积极参与综治维稳工作，重大节点对铁路沿线乡（镇）进行巡逻执勤。降雪天气，各大队主动清理109国道路面积雪12次，协助交警部门维持交通事故现场22次。积极参与“当吉仁”赛马节期间维护安保工作1次，出动护路队员120名。参与草场火灾的扑火灭火工作4场次。从多个方面开展护路宣传工作，提高护路工作、护路队伍的知晓率和认知度，营造护路队伍良好形象。

（张 宁）

2018年6月7日，当雄县“扫黑除恶、打非治乱”法制宣传和线索摸排启动仪式

【领导名录】

县委常委、政法委书记、公安局局长
扎西亚培（藏族）

党支部书记、专职副书记、综治办主任
尼玛旺堆（藏族）

党支部副书记
次仁德吉（女，藏族）

当雄县公安局

【概况】 2018年，当雄县公安局紧紧围绕全县维稳工作这条主线，深入推进法治当雄、平安当雄、和谐当雄建设，坚持法治思维和法治方式为指导，以贯彻落实自治区维稳工作十项措施为抓手，以基层基础、重大敏感节点防控、重大活动安保、社会综合整治、反恐防暴工作为重点，以加强公安机关“四项建设”和“公安改革”为根基，团结带领全局民警、基层治保力量和治安辅警员圆满完成各项维稳安保任务，确保当雄县政治局势持续稳定。

【维稳工作扎实推进】 当雄作为拉萨的“北大门”，格拉输油管线、青藏铁路、兰西拉光缆、青藏交直流电网、109国道、当纳路旅游专线“六线”贯穿当雄县，为做好当雄县各项维稳防控工作，按照区市县党委、政府的工作部署，当雄县公安局紧紧围绕各级视频会议精神，严格落实区市县党委、政府和拉萨市公安局各项维稳工作要求，从当雄县实际出发，坚持底线思维、问题导向，从严、从实、从细组织开展当雄县各项维稳防控工作，确保2018年当雄县大局安全、平稳、和谐。

【“护城河”查验】 各“护城河”检查站肩负着当雄县、拉萨市的维稳工作，发挥着过滤器、防护网的作用。2018年，各“护城河”检查站严格按照“五逢必查”工作要求，坚决落实“点对点、点对店、店对警、警对社区”管控工作模式和“3小时落地核查、12小时办证、10分钟旅店核查”的工作机制，认真、细致的开展盘查、检验、办证工作，对过往人员坚决做到“来知去向、动知轨迹”。

【矛盾纠纷排查化解】 年内，为做好矛盾纠纷排查化解工作，当雄县公安局坚持属地管理、分级负责，妥善处理各类社会矛盾，同时落实领导干部接访、下访制度，切实做好化解调处工作，执行疑难信访案件领导包案制，切实按照“一个案件、一名领导、一套班子、一支队伍、一个方案”的要求，明确责任主体、明确解决时限，制定化解和防范工作预案，落实专人具体负责，努力把矛盾纠纷解决在萌芽状态。

2018年6月28日，县委常委、政法委书记、公安局局长扎西亚培现场指导勤务安保工作

【扫黑除恶打非治乱】 年内，紧紧围绕“扫黑除恶打非治乱”专项行动部署精神，深入贯彻落实“全国公安机关三打击一整治专项行动部署会”、区党委政法委工作会议、全区公安处局长会议精神，依法严厉打击传统盗抢骗犯罪、新型电信网络诈骗犯罪和网络贩枪犯罪，坚决打击各类黑恶势力，整治社会乱象，为当雄县营造安全、和谐、平安的社会治安环境。

当雄县公安局结合实际以张贴公告、网络宣传、走村入户等多种形式开展宣传“扫黑除恶打非治乱”工作，大力呼吁广大干部群众积极参与到扫黑除恶打非治乱专项斗争中来，踊跃举报黑恶势力违法犯罪线索。

【交通整治】 年内，按照“政府领导，部门协作，社会联动，齐抓共管，综合治理”的总体要求，当雄县公安局与上级签订《拉萨市公安局交警支队综合考核工作责任书》《当雄县安全生产目标管理责任书》，与当雄县各运输单位、企业签订《当雄县公安局交警大队2018年线路车交通安全责任书》《当雄县公安局交警大队2018年校车交通安全责任书》《当雄县公安局交警大队2018年运输企业交通安全责任书》。通过签订责任状，形成一级抓一级，层层抓落实的工作格局，确保安全防范措施和综合治理工作的全面落实。为提高应急处突的能力和要求，全面、科学地指导当雄县公安局交警大队有效处置各类交通案件、事件、事故，结合交管工作实际，制定《重特大交通事故应急处置预案》以及相关安全保卫工作方案，并及时完善各类安保方案和应急处突预案。为全面提升预防重特大道路交通事故的能力和水平，当雄县公安局交警大队深入分析事故分布特点，加强辖区道路秩序管理，狠抓道路交通事故预防工作。

2018年10月20日，当雄县公安局组织开展拉动演练

为进一步加强道路交通安全隐患排查，当雄县公安局充分借鉴前期处理安全隐患的经验做法，对当雄县道路交通安全潜在的安全隐患进行拉网式、全覆盖排查工作，切实把隐患苗头扼杀在萌芽状态。2018年对国道109线及当纳公路开展交通安全隐患排查，共排查交通安全隐患38处，督促整改7处。自3月以来，为全面提高当雄县广大群众道路交通安全法治意识，增强广大群众抵制道路交通违法行为的自觉性，养成不开违章车、不坐违章车、不坐带病车良好习惯，在全县营造良好的道路交通安全氛围，当雄县公安局紧扣交通宣传“六进”活动及“安全带—生命带”主题教育活动，不断强化交通安全宣传教育工作，积极组织警力深入村组、学校、单位、运输企业开展交通安全宣传活动，用真实的事故案例动之以情、晓之以理教育群众遵守道路交通安全法规，自觉养成安全行车、文明乘车良好习惯。其间，当雄县公安局共组织开展道路交通安全宣传活动12次。

【治安隐患排查整治】 年内，当雄县公安局切实加强内保重点单位的安全检查。以落实人防、物防、技防为重点，认真开展金融、旅店、娱乐场所等重点要害单位安全大检查，指导各内保重点单位完善安全措施；切实加强危爆物品安全监管。以“不丢失、不打响、不炸响”为工作目标，牢固树立“危爆物品无小事”思想；切实加强对危爆物品的审批监管，抓好民爆、枪支信息管理系统运行管理，提高科技监管水平；有针对性地开展涉爆、涉危单位排查整治；全面加强涉危、涉爆物品审批与监管。加强涉危、涉爆物品使用单位的资格审查，严把审核关，对手续不全、证照不全、证照过期的单位一律不予审批。同时加大了监管力度，动态跟踪涉危、涉爆物品使用情况和去向。在重大节日和重要会议期间，按照上级要求，实施更加严格的管控措施，派驻涉爆监管安全民警进驻；加强成品油管理。加大对成品油的管理工作，特别是对国家重大项目用油管理、使用情况进行定时不定时检查，确保当雄县的用油单位、企业用油安全。

大力开展宣传，广泛发动群众。共组织各派出所在群众密集场所广泛张贴收缴非法枪支弹药爆炸物品严厉打击涉枪涉爆违法犯罪活动的通告46份，共收缴藏土枪1把；扎实开展“护校安园”专项行动。组织在全县范围内深入开展校园及周边重点区域专项整治，切实加强中小学和幼儿园安全保卫工作。到辖区校园开展全方位、多角度的法治宣传教育活动，提高学生的自防意识和法律意识，引导学生学会处理解决矛盾纠纷的途径和办法，预防涉及学校及师生的案件发生，保障了学校安全。强化校园及周边巡逻防控力度各派出所抽点民警加强校园周边等重点区域，上、放学等重点时段巡逻防控。加强旅馆业的管理整顿。深入推进旅馆业治安管理信息系统建设应用，积极开展旅馆业大检查行动，重点对无证经营、不登记住宿，持他人证件登陆住宿、一人登记多人住宿的现象，开展专项整治。共检查旅馆检查 276 家次，停业整顿 3 家，限期整改 4 家。加强娱乐场所的管理整顿。深入推进娱乐场所设备的完善。共检查娱乐场所 132 家次，停业整顿 1 家，限期整改 2 家。严格养犬管理暨流浪犬清理整治工作。严格落实市委、市政府关于加强养犬管理工作的文件精神，全面开展家养犬办证工作以及流浪犬清理整治工作，年内，当雄县共抓捕收容流浪犬 714 只，登记家养犬 6180 只。

【基层基础】 年内，为加强重点区域、重点部位防控工作力度，以三个便民警务站为依托，按照"警力跟着警情走"的原则，为进一步夯实当雄县基层基础工作，当雄县公安局狠抓信息采集工作，全面退推动走村入户工作，全面深入辖区各村组、农户家中全面采集、核实相关信息，实现对人、地、物、事、组织等基本治安要素进行动态掌控。

【"当吉仁"赛马节安保】 年内，当雄县公安局专门成立由县委常委、政法委书记、公安局党委书记、局长扎西亚培任组长的安保工作领导小组。从 8 月 7 日开始，每日投入 261 名执勤人员，共计 2088 人次参与赛马场现场活动安保勤务工作。交通整治方面。8 月 7 日—16 日，共引导规范车辆停放 12000 余辆次；开展夜查酒驾整治 7 次，出动警力 47 名，其中林周交警 15 人次、尼木交警 18 人次，检查车辆 6580 辆次，查处交通违法行为 344 起，其他违章 66 起。2018 年"当吉仁"赛马节期间，未发生交通事故。赛马场商业区及附属活动区治安防控工作。共徒步巡逻 151 次，车巡 50 次，收缴赌具 137 件，调解经济纠纷 9 起，查处治安案件 3 起。2018 年"当吉仁"赛马节期间未发生刑事案件。确保活动现场安全稳定、秩序井然。

（杨军浩）

2018年8月6日，当雄县公安局组织召开2018年"当吉仁"赛马节安保工作动员部署会

【领导名录】

县委常委、政法委书记、公安局党委书记、局长、督察长

扎西亚培（藏族）

副政委

边巴次仁（藏族）

党委委员、羊八井一级公安检查站站长

旦增贡嘎（藏族）

副局长

张志强

蒋 忠

当雄县人民检察院

【概况】 2018 年，当雄县人民检察院深入贯彻落实习近平新时代中国特色社会主义思想和党的十九大及十九届二中、三中全会

精神，以及中央第六次西藏工作座谈会精神，贯彻落实习近平总书记治边稳藏重要战略思想和加强民族团结、建设美丽西藏的重要指示精神。不忘初心、牢记使命、主动作为，牢牢把握党和政府对检察工作的新要求、新期待，不断提高强化法律监督，维护人民权益和维护社会公平正义，切实服务保障当雄经济建设。

【党建工作】 年内，大力推进检察院各项工作落到实处，建好班子、带好队伍、忠诚履职。始终把学懂弄通做实习近平中国特色社会主义思想作为必修课、常修课，自觉维护以习近平同志为核心的党中央权威和集中统一领导，不折不扣地贯彻落实区市县委和上级院的决策部署。以"两学一做"学习教育常态化制度化为抓手，"不忘初心、牢记使命"主题教育活动和"四讲四爱"主题教育实践活动以及加强政治纪律教育活动，层层签订《党建工作责任书》，坚持"三会一课"制度，2018年组织党支部理论中心组学习20次，支部学习25次、交流发言30余人次，撰写心得体会90余篇，党员干部知识竞赛3场次，组织收看全国"两会"、纪念马克思200周年诞辰大会，观看《厉害了，我的国》《走不出山南》《榜样3》等经典纪录片，保证党的路线方针政策和重大决策部署在检察院得到贯彻落实。

【学习贯彻党的十九大精神】 年内，当雄县人民检察院党组高度重视，先后制定学习方案和学习计划，将认真学习宣传习近平新时代中国特色社会主义思想和党的十九大精神作为当前和今后一个时期的首要政治任务，充分认识习近平新时代中国特色社会主义思想和党的十九大精神的重大意义和学习的重要性，要求党支部成员带头学，党员干部原原本本地学，在学懂弄通做实上下功夫，以党的十九大精神为指引，推进新时代事业现代化；党支部书记分别4次主持召开党支部学习会议，传达区市县委和上级院学习贯彻习近平新时代中国特色社会主义思想和党的十九大精神的有关要求，传达学习区市党委九届三次全会精神，研究部署学习宣传贯彻习近平新时代中国特色社会主义思想和党的十九大精神工作；十九大召开以来，党支部组织开展党组织理论学习中心组学习2期，院党组书记讲党课和党支部书记讲党课共2次，起到了良好的领学作用。

【党对检察工作领导】 年内，聚焦"年一保三"目标，从政治高度、业务精通、保障强度上自我加压、奋力工作，班子队伍精诚团结、服务大局忠诚可靠，强化党对检察工作的绝对领导，增强"四个意识"、坚定"四个自信"、做到"两个坚决维护"，以政治纪律教育活动、"两学一做"学习教育活动常态化制度化为契机，组织党员干警开展9次学习活动，参加县委党校政治教育培训5场次，开展1次全面加强政治纪律教育组织生活会，牢牢掌握意识形态工作领导权，全体党员干警签订承诺书，无一人参与宗教活动，同时，大力开展"全面加强政治建检、打造过硬检察队伍专项整治活动2次，制定出台《当雄县人民检察院加强政治建检、打造过硬检察队伍项整治活动实施方案》，及时动员和部署各项工作任务，使各项工作按照方案贯彻和落实。

2018年6月13日，西藏自治区人大常委会副主任李文汉（中）到当雄县人民检察院调研

【党风廉政建设】 年内，深入学习贯彻《中国共产党章程》《关于新形势下党内政治生活的若干准则》《中国共产党党内监督条例》《中华人民共和国宪法修正案》以及《中华人民共和国监察法》，并组织全院干警利用手机下载检察教育云课堂App，进一步加强思想政治素质和业务实践能力，层层签订《党建工作责任书》《党风廉政建设责任书》《队伍建设责任书》等，严格落实党组书记讲党课和支部书记讲党课制度。坚持“三会一课”等制度，组织召开民主生活会和党支部组织生活会共2次。贯彻落实“两责任”和“三转”要求，扎实履行“一岗双责”，召开党风廉政建设工作专题会议6次。严格执行中央“八项规定”、区党委“约法十章”“九项要求”、市委“八项要求”，无一名干警受到党纪政纪处分。

【依法惩治犯罪】 1—9月，当雄县人民检察院受理公安侦查机关移送的各类刑事案件15件17人。受理审查逮捕案件5件7人，逮捕4件5人，不批准逮捕1件2人，其中，职务侵占案件1件2人（不批准逮捕）、涉嫌盗窃案件1件1人，开设赌场案件1件2人、交通肇事案件1件1人、故意伤害案件1件1人。受理审查起诉案件10件10人，不起诉2件2人，提起公诉7件7人，正在审查1件1人。分别为：涉嫌盗窃案件1件1人，故意伤害案件1件1人，涉嫌交通肇事案件8件8人，公诉的案件均得到有罪判决。同时2018年网上公开程序性案件信息9件，公开法律文书11份，提升检察工作透明度，保障人民群众的知情权。

【打击经济领域犯罪】 年内，当雄县人民检察院未受理一起经济领域内犯罪的案件。

【促进社会和谐】 年内，深入开展涉检信访案件排查和化解工作，积极推行文明接待制度，严格落实检察长接访和阅批来信、信访案件首办责任制等制度，通过办理案件来化解相关矛盾纠纷。

【法治宣传】 年内，主动邀请县公安局干警、县农业银行、县交通局公路养护段和中交公司干部职工以及县完全小学和县中学广大师生参观教育基地；为加强幼儿园安全管理工作，进一步提升幼儿教师的安全意识，增强幼儿从小自我保护观念，开展1次以“加强法制教育，建设和谐校园”为主题的法制宣传讲座，该项工作有关信息被区检察院采用；充分展现检察官法律宣传队风采，大力开展普法宣传教育，普法宣传5次，发放资料700余份，提供咨询100余人次。同时，借助“两微一端”全覆盖优势，发布检察动态53条，关注人数达200余人，产生了良好的社会效果。

【未成年人检察工作】 年内，积极争取各有关部门支持，坚持“教育、感化、挽救”方针和“教育为主，惩罚为辅”原则，认真开展未成年人刑事检察工作，为保障未成年人健康成长，开展送法进校园活动3次，为促进社会和谐稳定做出积极努力。受理公安机关移送审查逮捕案件1件1人，该案属侵犯多名未成年人案件，此案为重大疑难案件，对社会造成不良影响，经院党组研究，已交由拉萨市人民检察院办理。

2018年6月14日，当雄县人民检察院党组书记、检察长次仁多吉讲党课

【其他业务工作】 年内，通过审查卷宗、提前介入、组织座谈、走访公安部门等多种形式，有效查找公安机关侦查违法行为，并查清问题产生的根源、解决问题；在审判监督上，强化判决书认定案件事实及定性等实体监督的同时，积极加强对判决书、上诉状等法律文书超期送达等程序性违法行为的监督。年内，共计提前介入公安办案1件，走访相关公安办案部门2个，组织和参加座谈4次，审查法院判决10余份；对辖区内的社区矫正人员管控情况进行全面摸底排查，同时与矫正人员进行面对面交谈，了解其思想动态，并对日常监管落实情况进行监督检查，在检查中未发现任何脱管、漏管现象，并主动邀请社区矫正人员，通过开展"四讲四爱"主题教育实践活动，组织社区矫正人员观看教育片，使其感党恩、听党话、跟党走。办理各类民事行政监督案1件，对辖区内行政执法部门对被执法者处罚不当问题进行法律监督。

2018年9月16日，当雄县检察院干警开展法治宣传活动

【扫黑除恶打非治乱专项工作】 年内，建立完善领导机制，制定实施方案，院党组检察长担任扫黑除恶打非治乱专项斗争直接责任人，到头办案、靠前指挥看，先后召开2次扫黑除专项斗争工作动员大会，同时积极配合县委、县政府和县政法委中心工作，先后派10余人次参加县政府组织的扫黑除恶、打非治乱工作，并派1名干警长期在县政法委扫黑办工作，建立健全扫黑除恶长效工作机制，遏制新的黑恶势力形成，防止黑恶势力滋生蔓延。通过打黑除恶专项斗争，推进检察监督工作，实现社会治安持续稳定。

【公益诉讼工作】 年内，为规范立案、诉前程序、跟进监督等办案行为，检察院按照市检察院下发的有关文件精神，深化理论研究，提高公益诉讼办案水平，增强工作能动性，为更好开展工作奠定坚实的基础。2018年初查公益类案件1件，属行政执法部门对被执法者处罚不当问题进行初查，并发出书面检察建议1份，该部门接到检察院发出的检察建议后，对相关问题进行及时整改。

【深化监察体制改革】 年内，无条件让利用检察院法治教育基地，开展职务犯罪警示教育工作。清查检察院已转隶的职务犯罪检察部门固定资产，形成书面材料报县监察部门。进一步加强检察与监察的沟通协调，积极参加县监察委典型案例讨论会，并对各类案件从法律角度回答问题；认真学习宣传贯彻《中华人民共和国监察法》，增强全体干警贯彻落实监察法的能力水平，做好新时代检察监督工作，帮助检察干警尽快适应监察体制改革，以自学和集中学习的方式学习《中华人民共和国监察法》，集中学习次数达6次。

【涉检信访案件排查】 年内，深入开展涉检信访案件排查和化解工作，积极推行文明接待制度，严格落实检察长接访和阅批来信、信访案件首办责任制等制度，通过办理案件来化解相关矛盾纠纷。

【开展为民服务】 年内，驻村干警协助村"两委"班子做好龙仁乡龙仁村贫困户搬迁和搬迁后安置各项工作，全力以赴做好脱贫攻坚工作；全院党员干部与48名贫困户结对帮扶；全院干警积极投入到精准扶贫迎国检工作中，累计投入人员40余人次、车辆20余台，协助扶贫办完成交付的各项工作任务。

【司法体制改革】 年内，根据区市检察院司法改革具体方案，第二批检察官入额遴选人员参加了考试+考核，其中3名干警已通过考试和考核，待上级院审批；根据司法体制改革的工作要求对侦查监督业务及审查起诉进行了捕诉合一，按照随捕随诉的原则，严格按照检察官权利清单，实行案件负责制；实行检察官轮案制度，建立四个办案团队，每名团队由入额检察官负责实行入额检察官轮案制（包括检察长、副检察长全部参与办案），确保案件办理在检察环节上不出纰漏；实行案件回访制，对检察院办理的案件在审查批捕和起诉环节上进行案初、案中、案结回访制度，征求案件当事人意见，提高案件办理质量的同时确保不发生检察人员违法、违纪行为。

【贯彻落实上级决策部署】 年内，为全面落实区市县委各项维稳工作部署，围绕元旦、春节和藏历新年期间及全国“两会”和西藏最传统“萨嘎达瓦”宗教活动、藏博会等重要节日和各重要节点，及时制定出台《当雄县人民检察院维稳工作方案》《当雄县人民检察院应急处突预案》《当雄县人民检察院反自焚、防暴恐实战演练方案》和相关制度，及时制作值班表安排单位内保和重点民生部位值班。

【干警业务知识培训】 年内，共派出12人先后到国家检察官学院西藏分院进行业务培训，到北京、江苏省参加岗位实践锻炼。其中，10人到国家检察官学院西藏分院业务培训，1人到江苏靖江区人民检察院挂职锻炼，1人到北京市东城区人民检察院挂职锻炼。

【检察机关领导班子建设】 年内，进一步做好党风廉政建设“第一责任人”职责，深入推进检察院党风廉政建设和反腐败工作，始终保持清醒的头脑，时刻警钟长鸣，坚决贯彻落实《关于实行党风廉政建设责任制的规定》和要求，严格遵守法律法规，重要工作做到亲自部署，重大问题必须亲自过问，重大环节亲自协调，重要案件亲自督办，全面落实领导干部党风廉政建设“一岗双责”制度，加强党风廉政建设的组织领导，建立健全考核奖惩机制，强化党风廉政建设责任制的落实，确保责任体系全面、科学、可操作性强；责任目标具体、明确、符合实际，将风险责任分解到各科室到每个人。同时，强化组织推动。严格落实党组书记讲党课，坚持“三会一课”等制度，组织召开民主生活会和党支部组织生活会。贯彻落实“两责任”和“三转”要求，主动沟通，推动落实，进一步加大司法体制改革工作力度，努力推进内设机构大部制改革，建立健全各项规章制度，认真贯彻落实“扫黑除恶、打非治乱”工作，使各项工作在检察院不折不扣贯彻落实，并通过“检察开放日”和民行公益诉讼活动，达到协调和解决检察监督工作中重要难点问题。为进一步做好各项检察工作，及时与县委、县政府、县有关部门沟通协调，使检察院基础设施和各项工作得到了较好发展。

根据干部选拔任用工作的相关办法，与县委有关领导沟通协调，及时呈报干部调配方案报告，解决2名干警的职级待遇，待县常委会审批。按照司法改革具体方案，组织政治立场坚定，业务能力较强的干警参加第二批检察官入额遴选考试+考核，其中3名干警已通过考试和考核，待上级院审批。

【社会各界监督】 年内，坚持把检察工作置于人大监督之下，主动向人大及其常委会汇报2018年检察各项工作开展情况，党政信息网报送检察信息50期。严格落实人大代表、政协委员和人民监督员联络工作制度，邀请县、乡级代表委员等视察检务公开工作，征求意见建议，不断改进和完善检察工作。通过微信公众号、微博、今日头条、检察信息网等新媒体平台实时向社会各界公开发布检察院的工作情况和工作动态。

【检察信息化建设】 年内，建立健全案件指挥调度终端联网，对维稳、涉检重大事项、案件办理随时向两级检察院进行视频汇报；加强检察案件管理保密工作、检察案件管理统一应用系统全部完成升级改造，案件录入系统进一步规范化。

【基层基础建设】 年内，在县委和县政府的关心和支持下，对办公楼和职工周转房进行维修。扩建建当雄县人民检察院图书馆和健身房。按照县政府的安排办公区和生活区在建地暖工程，很大程度上改善了干警的工作和生活环境。

（阿旺措成）

【领导名录】

党组书记、检察长

次仁多吉（藏族）

党组副书记、副检察长

平措扎西（藏族）

党组成员、副检察长

姚 东 平

当雄县人民法院

【概况】 2018年，当雄县人民法院共受理各类案件195件（含旧存5件）；审、执结各类案件172件，综合结案率88.21%。受理民事案件145件（旧存1件），审结125件，结案率86.21%。其中，受理婚姻家庭纠纷31件，合同纠纷87件，权属纠纷37件，审结民事诉讼标的额539万元。加强司法调解与人民调解的相互配合，形成良性互动，合力构建“大调解”格局，调解案件64件，撤诉20件，调撤率67.2%，共为经济困难的当事人减免缓交诉讼费5万余元。

【审判执行】 2018年，共受理刑事案件12件，审结11件，结案率91.67%。保持“扫黑除恶”专项斗争的高压态势，进一步彰显除恶务尽的决心。在审判环节上，坚持定罪量刑“准”，稳妥推进以审判为中心的刑事诉讼制度改革，坚持以事实为依据、以法律为准绳的基本原则，确保把每一起涉黑案件都办成“铁案”，让每一名黑恶犯罪分子都受到应有的法律惩处。办案手段坚持“狠”，深挖背后的“保护伞”，该受到重判的坚决重判，该顶格处罚的顶格处罚。坚决查封、扣押、冻结和没收黑恶势力的全部违法所得，加大财产刑的适用力度，彻底摧毁其滋生蔓延的经济依托。

按照全国法院决胜“用两到三年时间基本解决执行难”动员部署会的要求，结合法院实际于3月29日起对所有未实际执结案件进行全面的清理，对所有未执结案件以及所有新收案件，逐案建立《执行案件综合信息登记卡》，将执行案件精准到每位申请执行人，建档立卡，做到一案一卡、一案一策、案案有说法。对所有执行案件名列详细清单，按照案件情况不同，分类施策，实行“七个一批”工作机制，即主动执行一批、促使自动给付一批、依法协调和解一批、强制查控扣划一批、严厉制裁惩戒一批、司法救助帮扶一批、确认执行不能一批。充分利用网络查控系统强力执结案件35件，执结率94.59%。其中执行和解10件。

【司法为民】 年内，坚持以人民为中心的发展思想，努力把司法服务群众“最后一千米”变成“零距离”，用法院干警的辛苦指数换取各族群众的幸福指数。深化拓展司法便民利民举措，推进阳光司法，努力减轻当事人的诉累。依托“车载流动法庭”“法官包乡”等载体建立便捷的法治宣传网络，以人民群众司法需求为导向，不断提升法治宣传实效。年内，共参与法治宣传10次，法治副校长进课堂3次，参与专题法治宣传6次，发放宣传册2000余册，

2018年6月13日，西藏自治区人大常委会副主任李文汉（右一）一行到当雄县人民法院调研

2018年1月10日，邀请人大、政协委员、学生代表到县法院参观开放日

直接受教育人 2000 余人次。

为进一步加强法律援助工作与人民法院业务工作的衔接配合，更好地落实司法便民利民举措，拓宽法律援助服务渠道，法院于 3 月 26 日举行当雄县法律援助中心驻人民法院工作站揭牌仪式。该工作站设在法院诉讼服务大厅，人员由法律援助中心的律师和法院干警组成，主要负责协助人民法院做好有关当事人服判息访工作，免费为初审自诉人、再审申请人、申诉人等有关人员申请法律援助。

坚持加快推进诉讼服务大厅建设，着力破解群众反映强烈的诉讼不便等问题。通过登记立案、导诉分流、诉前调解、查询案件信息、法律援助等功能的完善，做到功能齐全，设施完备，管理精细，作风优良。年内，诉讼服务大厅共接待当事人 600 余人次，接受法律咨询 500 余人次。

坚持把司法改革和“智慧法院”建设作为动力引擎，经过分析全院各审判庭及每名审判人员的审判数据，对法官员额配置、人员分类管理形成初步测算后，设立以法官为核心的“3+2+1”（即 3 个法官 +2 个法官助理 +1 个书记员）的立案、执行、审判综合等 3 个团队，将传统的以业务庭为办案单位的审判模式，向以审判团队为办案单位的审判模式转变。针对现有审判团队在职责分工方面，主审法官行使审判权、业务管理权和行政管理权，辅助人员从事辅助性事务并协助主审法官高效审理案件，做好庭审记录及主审法官交办的工作。

【党要管党、从严治党】 年内，坚持深入开展“两学一做”学习教育活动，坚定理想信念，筑牢思想根基，全体干警牢固树立“四个意识”，特别是核心意识、看齐意识，坚决在思想上政治上行动上同以习近平同志为核心的党中央保持高度一致。院党组带头组织专题研讨会，带动全院干警开展集中学习、个人自学，撰写心得体会。年初制定《当雄县人民法院廉政监察员工作细则》并设置廉政监督员岗位，着重对法院法官及其他工作人员的廉政建设、审判作风、纪律建设等情况进行监督。坚持把司法能力作为核心战斗力

2018年9月28日，当雄县人民法院干警开展执行专项法宣活动

来抓，全年培训干警10人次。认真开展“强基础、惠民生”活动，助力脱贫攻坚战。2018年，派驻一名干警到格达乡甲多村，深入贯彻当雄县扶贫攻坚工作会议精神，充分利用自身的业务优势，主动参与社会矛盾化解工作，合力推动各项精准扶贫的有效举措落地生根。

【主动接受监督】 年内，始终秉持监督就是支持，监督就是爱护的工作理念，自觉把审判工作置于党的领导和人大监督之下，加大与人大代表、政协委员及社会各界联系，认真听取人民群众的意见和建议，不断改进工作，推进法院建设发展。

年内，向人大报告工作1次，邀请人大代表政协委员视察法院工作2次，召开专题座谈会1次。法院现有人民陪审员36名，参审案件16件。

（洛桑次仁）

【领导名录】

党组书记、院长

贡　嘎（藏族，3月免）

刘兴富（6月任）

党组副书记、副院长

罗布次仁（藏族）

党组成员、副院长

陈　敏（女）

当雄县司法局

【概况】 2018年，全县司法行政系统深入学习贯彻党的十九大精神，坚持以习近平新时代中国特色社会主义思想武装头脑，以新发展理念引领发展，认真贯彻落实党中央、自治区、市的决策部署，紧紧围绕县委、县政府中心工作和改革发展稳定大局，深入推进“法治当雄”建设，各项工作取得了显著成绩，为促进全县经济和社会各项事业的发展做出了积极贡献。

2018年，全县各级调委会共排查各类纠纷424次，预防纠纷20件，调处69件，调解成功68件，涉及当事人194人，涉及资金101.04万元，其中涉及拖欠农民工工资案件20件。积极推进基层司法所规范化建设，重点抓乌玛塘乡司法所建设和公塘乡司法所建设项目，两所建筑面积530平方米，两层框架结构，概算总投资326.76万元，其中乌玛塘乡概算投资164.99万元，公塘乡概算投资161.77万元，乌玛塘乡司法所已通过初验，公塘乡司法所6月开工建设，预计2019年建设完成。

【创新普法载体】 年内，积极顺应“互联网+”时代的发展的需要，立足“法律服务咨询、矛盾纠纷化解、法律服务保障”的功能定位，狠抓“法治当雄”微信公众号运行，自推广以来，发布各类消息20余条，为群众提供方便快捷的法律服务，极大地拓宽群众学习法律知识的渠道。深化“法律七进”主题活动，狠抓重点节日法治宣传，根据普法对象不同需求“量体裁衣”，开展符合群众“胃口”的法治宣传，联合相关单位开展“开学法治第一课”活动、“加强法治教育 共建和谐校园”活动、“文化惠民进万家”“综治宣传月”“3·28西藏百万农奴解放纪念日活动之法治宣讲”“全民国家安全教育日”“6·5世界环保日”“扫黑除恶 打非治乱”法治宣传活动和“妇女维权专题法治宣讲”等法治宣传活动，突出加强青少年法治宣传教育、各中小学法治副校长普法讲座、援助律师进乡村、寺庙普

2018年8月1日，北京市通州区司法局党组副书记、副局长郭玉明（左三）一行到当雄县司法局调研指导工作

法和送法进校园等活动，全年共开展各类法治宣传活动42场次，发放各类法治宣传资料20000余份。召开在编宗教教职人员法律知识考试协调会，落实宗教教职人员考试制度，全县驻寺干部、僧尼全部考试达标。

2018年3月26日，当雄县司法局工作人员到县中学开展“开学法治第一课”活动

【人民调解】 年内，健全完善多元化矛盾纠纷调解机制，积极推进人民调解研判预警机制，实行“一案一补”制度，按调解协议数发放人民调解员案件补贴，并确保经费落到实处。重点发挥婚姻家庭等行业性专业性调解组织第三方调解矛盾优势，妥善化解纠纷，维护双方合法权益，有效避免了集体访和越级访发生。

【社区矫正，刑满释放】 年内，严格落实各项制度，规范执法程序，利用电子腕表定位监控管理，有效消除了社区矫正监管盲点，但因当雄地理位置和基站信号等原因，电子监控措施有待加强。加强成员单位的工作衔接配合，落实社区矫正安全隐患排查整治活动，严把社区服刑人员请假外出、居住地变更和进入特定场所审批关。推行安置帮教工作责任制，加大基层安置帮教工作组织机构建设力度，加强各项制度的落实力度。年内，全县共接收刑满释放人员10余人，帮教率达到100%，就业安置率达到100%，发放安置经费1.4万余元（其中刑释人员接送费0.4万余元，刑释人员生活补助1万余元）。

【法律服务惠民暖心】 年内，县法律援助中心，共办理法律援助案件40余件，为各类受援群体挽回经济损失80余万元。同时拓宽法律援助渠道，完善便民服务机制，有效推动法律援助向基层延伸，县司法局分别在各乡（镇）司法所设立法律援助工作站，方便人民群众更好地申请法律援助。

【队伍建设】 年内，认真组织学习党的十九大报告，深入开展“两学一做”学习教育，狠抓思想政治建设，落实意识形态工作责任，开创每周二学习会、每月一次司法行政工作例会制度，加强局机关各项制度建设，尤其是加强日常考勤管理，建立考勤例会通报制度。坚持“三会一课”，全面加强基层党建工作，开展丰富多彩的活动凝心聚力。年内，开展各类学习会议10余次。

【服务发展大局】 年内，深入推进困难群体法律援助民生工程，把法律援助与精准扶贫有机结合，积极组织援助律师开展“精准法律扶贫”活动，对建档立卡的贫困人员申请法律援助免于经济困难审查，做到应援尽援，以实际行动赢得帮扶联系村和当地群众的高度赞誉。

（蔡琳川）

【领导名录】

党支部书记、局长

范国林

副局长

达娃卓玛（女，藏族）

经济管理

当雄县发展和改革委员会

【概况】 当雄县发展和改革委员会是政府宏观调控、经济管理的综合职能部门，下设粮食局和物价局两个二级局。当雄县发展和改革委员会牢牢把握稳中求进、进中求好、补齐短板的工作总基调，坚持以提高经济发展质量和效益为中心，全面推进供给侧结构性改革，保持稳增长、促改革、调结构、惠民生、防风险综合平衡，调动各方积极性，狠抓工作落实，全力促进县域经济持续健康发展和社会大局稳定。

当雄县发展和改革委员会现有行政人员6人，工人2人，公益性岗位1人。

【编制年度报告】 年内，根据中央经济工作会议精神，按照区、市党委、政府的安排部署，结合县情，深入细致地开展调查研究，认真分析总结2018年度计划执行情况，提出2019年工作目标和任务，编制完成当雄县《关于2018年国民经济和社会发展计划执行情况与2019年国民经济和社会发展计划（草案）的报告》。

2018年，当雄县经济总体运行平稳，各项经济指标完成情况良好，主要经济指标均达到预期目标，各项社会事业保持着良好的发展趋势，全县经济社会呈现了提质增效的发展势头。

2018年，地区生产总值达到19.91亿元，同比增长9.3%；全社会固定资产投资增长19.2%；规模以上工业增加值同比下降14.5%（可比价）；社会消费品零售总额达2.11亿元，同比增长13.5%；地方财政一般预算收入完成3.94亿元，同比增长32%；农牧民人均可支配收入达15850元，同比增长10.5%。

【项目建设】 年内，根据上级单位下放的项目审批权限，规范项目建设程序，充分利用当雄县项目

2018年6月26日，当雄县副县长扎西曲觉主持召开当雄县第2次基建领导小组会议

评审中心，积极开展当雄县项目的审批工作，促进当雄县项目更好、更快的实施。2018年开复工项目共计85个，自年初累计完成投资52.37亿元。当雄县污水处理厂、2017年周转房建设项目、中共当雄县委党校建设项目等一批项目按照年初建设计划如期开工建设；继续推进“放管服”工作，严格执行上级下放和取消行政审批事项有关要求。投资项目在线审批监管平台运行良好，项目审批、核准、备注等均实现网上受理、网上审查、网上办结；依托地域资源禀赋，全面启动“羊八井—格达新能源产业园区”建设，完成“羊八井—格达乡能源产业园区”规划编制及评审工作，打造以羊八井地热电站为轴，光伏与风能产业连线成片发展的新能源及旅游观光区。截至年底，园区已成功实施光伏发电项目3个，地热发电项目1个，预期总产值达8000万元。

【项目申报】 年内，为统筹规划当雄县各领域建设项目，使各项目建设工作科学、有序开展，充分调动工作积极性，全面落实项目申报责任。根据拉萨市发改委关于编报2019年计划实施项目通知要求，结合2018年项目建设推进情况和2019年项目需求，经征询各项目单位、各行业部门及相关单位意见，基本梳理统计完成2019年建设项目计划。2019年计划实施建设项目171个，其中续建项目19个，新建项目152个。计划项目总投资51.79亿元，其中国家投资11.93亿元，申请国家投资11.27亿元，自治区投资1.04亿元，市级投资0.05亿元，县级投资1.12亿元，援藏投资0.99亿元，企业投资24.72亿元，其他资金0.67亿元。

【价格督导】 年内，联合县委宣传部、旅游局、食药局、防疫站、工商局、税务局等部门，多次对县城住宿餐饮业零售业经营户进行联合执法大检查。现场检查县城沿线的住宿餐饮零售业经营户，发放服务行业价目簿、服务行业价格表、商品和服务实行明码标价的规定、价格法规宣传手册等，对证照不齐全、设施不达标的经营户提出补办或整改要求，限期补办整改，要求百余家餐厅将所有菜品明码标价到发改委(物价局)备案。

按照《价格认定行为规范》及《价格认定文书格式规范》的要求，强化服务意识、大局意识，工作中要求全体价格认定人员做到意识到位、责任到位、落实到位，增强认定人员责任感和使命感。以履行价格服务职能为中心，做好涉案财产价格认定工作。年内，共办理涉偷盗价格认定案件1件，涉案标的金额为5542.75元。

2018年11月2日，当雄县发改委党支部书记扎西曲觉主持召开关于加强政治纪律教育活动专题组织生活会

【粮食工作】 年内，严格坚持“以防为主，综合防治”的保粮方针，抓好储备粮管理工作，确保数字真实，质量完好。进一步修订和完善保防工作制度，实行安全储粮双重责任制，严格程序，强化管理，确保库存粮食的安全。联合县林业局、教育局、民政局及妇联等相关单位开展以“端牢国人饭碗，保障粮食安全”为主题的粮食宣传周活动。提高群众的爱粮节粮意识，形成勤俭节约的良好风尚。

(葛凤飞)

【领导名录】

副县长、发改委主任

扎西曲觉(藏族)

副主任(粮食局副局长、物价局副局长)

杨光富(苗族)

副主任科员

洛松新巴(藏族)

当雄县财政局

【概况】 当雄县财政局位于当雄县当曲河东路19号,是政府经济综合部门,主要负责全县的经济工作。人员编制4人(其中科级含科级以上2人),现有干部职工8人,其中:行政编制5人,事业编制1人,公益性岗位2人;男女比例为5:3;本科3人,大专2人,初中3人。

【经济持续健康发展】 年内,当雄县财政局高举习近平新时代中国特色社会主义伟大旗帜,贯彻落实党的十九大和中央第六次西藏工作座谈会精神,特别是"治国必治边、治边先稳藏"的重要战略思想和"努力实现西藏持续稳定、长期稳定、全面稳定"的重要指示,贯彻落实中央经济工作会议和自治区、市经济工作会议精神,坚持稳中求进、改革创新,继续实施积极的财政政策,确保实现稳增长、促改革、调结构、惠民生、防风险的宏观调控目标;充分发挥财税政策促进产业结构调整、经济转型升级和培育发展新动力的重要作用,加大财政资金统筹使用力度,盘活存量、用好增量,优化财政支出结构,突出"六大战略",重点保障基本民生支出,从严控制一般性支出。深化财税体制改革,健全政府预算体系,完善预算管理各项制度,加大预算统筹力度,切实推进预算公开透明。加强地方政府性债务管理,切实防范财政风险,促进经济持续健康发展。

【科学编制年初预算】 年内,预算安排总体坚持量入为出,收支平衡。预算支出安排充分考虑财力可能,按照轻重缓急的顺序,优先考虑刚性及重点支出需求,确保年初预算编制收支平衡,不编赤字预算。收入预算安排坚持实事求是,积极稳妥。收入预算安排充分考虑国家及自治区政策调整因素,结合预算执行情况,既保证一定增幅,又确保与全县经济社会发展实际相适应。支出预算安排坚持量入为出、统筹兼顾、有保有压、重点突出。牢固树立过紧日子思想,严格控制各部门、各单位的机关运行经费和楼堂馆所等基本建设支出,进一步压缩"三公"经费支出。将财力更多地向基本民生等重点领域倾斜。预算编制工作力求全面完整,讲求绩效。将政府的收入和支出全部纳入预算管理。及时将拉萨市对下转移支付提前告知有关单位,将资金尽可能地落实到具体项目和单位。取消教育、科技、支农投入与其他指标的挂钩机制,据实安排项目支出预算。加大结余结转资金统筹力度。推进预算绩效管理,提高财政资金使用效益。

【经济运行情况】 截至年底,全县财政总财力达到145370万元,比2017年同期增加23544万元,增长19%;全县公共财政收入完成39401万元,超额完成年初目标任务(3.18亿元)的123.9%;其中,税收收入完成37932万元,非税收收入完成1469万元。全县财政总支出完成145370万元,其中,教育总支出33655万元,占总支出的23.15%;医疗卫生与计划生育总支出8010万元,占总支出的5.51%;社会保障就业总支出5919万元,占总支出的4.07%;农

2018年9月5日,西藏自治区审计组一行到当雄县对拉萨市副市长、当雄县委书记张正,县委副书记、县长其美次仁进行经济责任审计

林水支出 29800 万元，占总支出的 20.5%；保证了全县职工工资、机构运转、改善民生、促进发展等各项刚性及重点支出需要。

【财政宏观调控】 2018 年是实施“十三五”规划的关键之年，全县财政工作积极应对严峻复杂的宏观经济形势，解放思想，迎难而上，共克时艰，认真贯彻落实“稳增长、促改革、调结构、惠民生”各项决策部署，全力以赴抓收入，多措并举优支出，确保民生改善和重点建设支出需求，全县财政收入保持了平稳增长态势，有力支持了全县经济社会跨越式发展。加强收入征管，做到应收尽收。财政局积极与税务部门加强协调配合，完善征管手段、加大稽查力度、挖掘增收潜力、堵塞征收漏洞，保证了税收收入的平稳增长和及时足额入库。进一步完善行政事业性收费收入缴入国库工作，非税收入实现了较快增长。截至年底，实现税收收入 37932 万元。

【“三农”投入】 年内，按照县委关于巩固和加强农牧业基础地位，全面推进农牧区小康建设的精神，遵循“因地制宜，突出重点，农牧结合，协调发展”的指导方针，继续加大对农牧业的投入，全面推进社会主义新农村建设。加大涉农资金投入，截至年底，全县农林水事务支出达到 29800 万元。全力做好扶贫工作，加快贫困群众增收步伐。

【坚持保障和改善民生】 年内，按照以人为本的要求，把保障和改善民生作为推进改革、促进发展、维护稳定的大事。截至年底，社会保障和就业支出达到 5919 万元。完善城乡社会保险制度。实现养老保险制度全覆盖。完善城乡各项保险制度。做足做实职工医疗保险个人账户，在职职工保健经费直接记入本人医疗保险账户。继续提高标准，保障特困群众基本生活需要。调整了城镇居民最低生活保障标准和农村居民最低生活标准、“五保户”供养标准。落实自然灾害资金，确保受灾群众生活。

【社会事业发展】 截至年底，全县教育支出达到 33655 万元。支持城乡义务教育、薄弱学校改造和校园安全建设，改善办学条件，提高教学能力；进一步提高城乡义务教育保障水平，继续免收城镇义务教育阶段在校生学杂费、作业本费。将城镇困难家庭子女纳入“三包”经费保障范围，进一步提高义务教育阶段“三包”经费保障标准。医疗卫生支出达到 8010 万元。及时下达鼠疫防控、农村医疗救助、公共卫生项目等专项经费，进一步改善基层卫生室医疗条件。

【完善政法经费保障机制】 年内，按照“稳定压倒一切”原则，截至年底，投入资金 7704 万元，不断加大反分裂斗争和维护稳定工作的投入力度，促进全县社会局势稳定和长治久安，支持民族宗教、治安巡防、流动人口服务与管理、政法部门维护稳定等工作，为全县维护稳定工作提供了有力保障。

【财政科学化精细化管理】 年内，深入推进绩效评价工作，在全面总结分析 2017 年工作开展情况的基础上，进一步提高当雄县财政绩效评价工作的覆盖面，努力挖掘深度，提升内涵，探索建立绩效评价结果与预算管理有效结合的长效管理机制。逐步理顺全县

2018年9月12日，当雄县财政局局长泽仁顿珠主持召开政治纪律教育专题组织生活会

地方政府债务管理制度，不断细化监管环节，动态掌握债务规模，健全完善政府偿债准备金制度，增强防范风险能力。进一步规范政府性投资项目资金管理，建立政府性投资项目库管理系统，严把资金拨付审核关，避免资金使用风险。公开财政预决算。进一步扩大范围细化内容，将县本级财政及预算单位年度财政预算、部门预算及“三公”经费预算信息和年度决算信息向社会全面公开，按照时限，公开单位数达到100%，接受社会监督。国库集中支付完善到位，转变会计集中核算中心职能，全面实行国库集中支付工作。健全乡镇财政所管理职能，全力推进标准化财政所建设。不断强化财政自身建设，进一步转变作风，提高工作效率，以财政信息大平台建设为依托，提高财政管理质量和水平；同时加强财政廉政制度建设，严肃财经纪律，规范职权行为，全面提升财政干部队伍整体素质，努力建成一支群众满意的财政干部队伍。

（兰庆伟）

【领导名录】

局　长

　　泽仁顿珠（藏族）

副局长

　　谭 铁 亮

当雄县国土资源规划局

【概况】 2018年，当雄县农用地面积760632.61公顷，建设用地2385.52公顷，其他土地259879.23公顷。高山草甸土是分布最广、面积最大、最主要的土壤类型，占当雄土壤总面积的51.85%。当雄自然资源丰富，境内草场广阔，天然草场总面积786093.69公顷，林地33563.47公顷，年鲜草可利用量为62667.1吨。天然草场分为4个草场类，6个草场亚类，15个草场组，33个草场型。优良草场占全县可利用草场的68%，质量中等的占29%。积极推进建设用地预审工作。继续严格按照节约集约用地制度和用途管制的原则，严格控制建设用地审批，认真做好项目用地的规划审查工作。办理用地预审6件，预审面积28943.1平方米。

【土地登记管理】 年内，进一步规范土地审批程序，依法严把用地初审关。截至年底，提交各类用地办理划拨土地2宗，面积12150平方米；完成挂牌交易2宗地，挂牌出让成交总用地面积265027.992平方米，收缴出让金3412.2693万元。办理国有建设用地租赁1宗，面积48亩，收取租金10万元。全县因国道109改建工程需拆迁的房屋或畜圈48处，红线范围永久性征地11122.53亩。截至年底，共兑现房屋、征地拆迁补偿资金149117170.8元。2018年通过多方协商，完成对羊八井国家地质公园的规划修编。

【严厉打击违法违规行为】 年内，多部门联动，专项整治县城私搭乱建。当雄县国土资源规划局联合各乡（镇）对违法建设行为进行摸底、调查，经调查统计全县共发现96处土地违法行为。下达整改通知7处。对3家矿山的违法行为进行处罚，下达行政处罚决定3份，收缴罚款13万元。以点带面，多措并举。参照县城私搭乱建整治工作，全面开展私搭乱建整治工作。截至年底，当雄县各乡镇私搭乱建整治工作取得了良好的效

2018年4月10日，县委副书记、县长其美次仁参加县国土资源规划局组织生活会

2018年6月25日，县委副书记、常务副县长郭春杰，县国土局局长嘎松达吉参加全国第28个土地日宣传工作

果,违法行为得到有效的遏制。

【卫片执法】 做好2017年度土地矿产卫片执法监督检查工作。2018年国土部下发2017年度土地卫片图斑33个、矿产图斑4个,全部完成上报并建档。

【加快审批进度,推进项目落地】 年内,严格按照西藏自治区城乡规划"一书三证"管理办法的要求,简化审批程序,精简申请办理"一书三证"所需提供的材料。2018年共办理建设项目选址意见书5个,建设用地规划许可证13个,建设工程规划许可证18个。

【不动产登记】 截至年底,当雄县不动产登记中心共办理不动产登记106件,其中首次登记32件、变更登记15件、房屋转移登记36件、抵押登记23件。不动产历史遗留问题稳步开展。当雄县国土资源规划局共收到287件办理不动产权证书申请,经当雄县国土资源规划局专题会议(三次)研究,已研究通过121件,并已逐一通知申请人办理相关手续。

【集体土地确权】 年内,集体土地确权工作成果已通过自治区国土资源厅验收,正根据验收意见进行调整完善。

【普法宣传】 年内,利用"4·22"地球日、"6·25"土地日,以发放传单、设咨询台灯方式,开展相关土地法律法规宣传活动,为群众答疑解难,发放宣传资料2000份。

(尼玛卓嘎)

【领导名录】

局　长

嘎松达吉(藏族)

副局长

吕 海 滨

不动产登记局副局长

尼玛卓嘎(女,藏族)

当雄县统计局

【概况】 当雄县统计局为县政府的正科级行政单位,下设社会经济调查队。2018年,共有编制5人,行政编制4人,事业编制1人。其中,正科级1人,副科级1人,3名统计工作人员,公益性岗位1人。当雄县统计局主要承担组织领导和协调全县统计工作,确保统计数据真实、准确、及时;负责对全县九大经济指标数据的统计监测工作;会同有关部门组织实施全县人口、经济、农牧业等重大国情国力普查,汇总、整理和提供有关国情国力方面的统计数据。组织实施农林牧渔业、工业、建筑业、批发和零售业、住宿和餐饮业、服务业等全县性基本统计数据,定期发布全县国民经济和社会发展情况的统计信息。

【经济总量】 2018年,地区生产总值实现19.91亿元,同比增长9.3%(可比价)。

【全社会固定资产投资】 2018年,全社会固定资产投资同比增长19.2%。

【农牧民人均收入】 2018年,农牧民人均可支配收入达15850元,同比增长10.5%。

【社会消费品零售总额】 2018年,社会消费品零售总额达2.11亿元,同比增长13.5%。

【规模以上工业】 2018年，全县规模以上工业企业实现增加值同比下降14.5%。

【党的建设】 年内，以“围绕中心抓党建、抓好党建促发展”为思路，严格落实“一岗双责”要求，强化党对统计调查工作的领导。坚持学习教育经常化，“两学一做”学习教育常态化制度化，全年组织学习20次，观看专题教育片5次。

【党风廉政建设】 年内，认真贯彻落实中央“八项规定”、自治区党委“约法十章”“九项要求”和国家统计局“九不准”，坚决反对“四风”，党风政风不断巩固。年初局党支部与每名党员签订党风廉政责任书，每个重要节点都会召开会议提醒干部职工落实中央“八项规定”等规章制度。

【第四次全国经济普查】 当雄县第四次全国经济普查工作开展以来，统计局工作人员独立完成了单位清查、普查阶段数据的录入、审核、上报工作。单位清查阶段法人和产业活动单位共登记440户，个体经营户共登记930户。2019年1月1日起正式开展普查登记。

【专项调查】 年内，当雄县统计局认真完成了群众安全感满意度、2018年人口变动抽样调查以及2018年“当吉仁”赛马节经济效益调查等一系列社情民意调查任务和专项监测。进一步拓宽了统计调查领域，及时反映了社情民意诉求和决策实施效果。

【数据质量实现新提高】 年内，始终把提高统计数据质量作为统计“三个提高”的核心任务，努力探索既符合国家、自治区、市统计制度要求又切合当雄实际的统计工作新路子。在涉及乡镇的统计报表中，尤其是畜牧业季报、年报及国民经济统计报表等，统计局对原有农林牧渔业年报进行重新科学编排，做成双语版、套用公式等，使报表更加清晰明了；定期开展数据质量自查工作，每季度畜牧业报表上报前统计局对各乡镇报表进行抽查，找出存在的问题和薄弱环节，针对发现的问题当场提出整改意见；始终重视对相关数据的基础材料收集工作。在统计固定资产投资时，各个项目立项批复，一一收集有关会议纪要，在统计农牧民现金收入时，收集各部门对农户所兑现的资金发放表和相关文件，对畜产品市场价格进行市场调研，掌握合理的价格取值范围，从而真实反映农牧民收支情况，另外统计局加强体现农牧民人均收入的5个调查点记账员填报数据审核把关力度等；报表及时整理归纳分类别，按季度或半年存档。6月，为进一步做好1954年以来当雄县统计资料文献存档工作，留下宝贵原始数据资料，统计局利用县政府拨付的专项资金，并集中利用4天时间对历年来的统计资料收集整理归档。

2018年5月16日，当雄县统计局局长索央到格达乡看望慰问结对帮扶对象

【统计服务水准不断提升】 年内，坚持“用数据说话，为决策服务”的理念，切实为县委、县政府当好统计参谋助手。精心编印各种统计资料。及时发布《2017年国民经济和社会发展统计公报》，及时编印《统计年鉴》《月度数据》《季度数据》。截至年底，统计局总共撰写动态信息18篇，统计分析1篇，统计分析《综合旅游能否让

我们走得更远》得到县委副书记、县长其美次仁的重要批示，并在县理论中心组上组织学习。

【精准扶贫】 年内，按照县委、县政府对精准扶贫工作的部署，统计局积极参与精准扶贫工作。积极协助扶贫办做好统计信息监测工作，及时提供必要的统计台账；坚持结对帮扶经常化，年内，共开展走访慰问结对帮扶活动3次，及时了解掌握结对帮扶户详细信息，宣传国家、自治区、市扶贫政策，了解贫困户生活、生产状况和存在的困难，发放慰问品，做到了全体干部入户走访全覆盖。

【乡镇统计站规范化建设】 年内，为切实加强基层统计工作，根据拉萨市编办转发《西藏自治区编办西藏自治区统计局关于进一步加强基层统计工作力量的通知》，当雄县“乡镇统计站”牌子，人员职责、工作制度已于2018年3月28日上墙。统计队伍得到进一步夯实，办公条件得到进一步改善。

（陆　庆）

【领导名录】

局　长

　　索　　央（女，藏族）

副局长

　　尼玛次旦（藏族）

2018年8月21日，当雄县统计局工作人员到林芝市参加国家统计局2018年统计援藏项目培训

当雄县工信（商务）局

【概况】 当雄县商务局（工业和信息化局）属当雄县政府的一个正科行政单位，主要执行国家、自治区、拉萨市有关工业和信息化工作、内外贸易和经济合作方针政策和法律法规，拟定当雄工业和信息化、内外贸易和经济合作的发展规划并组织实施。2010年9月19日正式挂牌成立以来，配备人员编制4名，其中科级领导职数2名。干部职工为11人，公务员8人，工人2人，公益性1人。男女比例为男干部职工5人，女干部职工6人。民族成分为藏族8人，汉族3人。学历结构为本科7人，大专1人，高中及以下3人。年龄结构为35岁以下8人，35—40岁2人，41—45岁1人。领导职数3人，局长1人，副局长1人，副主任科员1人。

【开展商务领域安全生产大检查】 年内，县商务局对商务领域安全生产检查工作高度重视，贯彻落实自治区维稳工作会议精神，对工作进行周密的安排和部署，在定期不定期安全生产大检查工作中，做到文明执法、依法行政，采取“严防、严管、严治”同步进行的措施，做到不留空白、不留死角，督促指导企业严格落实《中华人民共和国安全生产法》等法律法规。要求切实落实安全生产责任制，加大安全隐患排查力度，保障安全措施；加强消防安全管理，维护加油站正常工作和生活秩序，保障人民群众生命财产安全；加强安全内保工作，给工作人员配备必要的防爆器材；加强群防群治，严格落实带班值班制度，组织开展值班巡逻，全面提高加油站安全管理水平，增强加油站事故预防、应急处置能力。2018年，县商务局对商务领域安全隐患排查共20次，出动人员60人次，提出整改5项，企业整改落实5项。

【完成加油站油气回收系统整改任务】 年内，为保障油气回收治理工作顺利开展，县商务局在确保成品油市场正常供应的基础上，全面有序推进油气回收治理工作。主要以严管当雄县正在运营的羊八井中石油加油站、羊八井中石化加油站、县城中石油顺达加油站、县城中石油加油站和宁中加油站5家成品油加油站为治理重点，开展加油站油气回收治理，并于2018年6月20日前完成县辖严管区内2座加油站（羊八井中石油加油站、县城中石油加油站）油气回收治理工作，并逐一建立专档。主要对辖区加油站进行每日巡查，督导完善各项安全措施，协调应对机制，合理倒排工期，督导工程进度，确保严管区油气回收治理工作在6月20日前如期完成。截至年底，从检查情况来看，总体情况良好。当雄县宁中加油站2016年已按照上级防雷安全隐患整改通知要求，全面进行翻新重建并于2017年5月18日进行试运营，截至年底，该加油站占地面积为2200平方米，设有双枪双油品加油机四台，其中，汽油加油机两台（带油气回收功能），柴油加油机两台。罐区卸油口设有油气回收装置，以确保卸油作业过程中挥发油气的回收处理，现阶段，加油机油气回收装置及卸油口油气回收装置工作正常，不存在油气回收装置不合格问题。

县城中石油顺达加油站已按照相关要求，开展油气的整改提升，不存在油气回收装置不合格问题；羊八井镇中石化加油站按照相关要求已安装一次油气回收装置和二次油气回收装置，不存在油气回收装置不合格问题；县城中石油加油站、羊八井镇中石油加油站现已按照迎接中央环保督察专项整改工作要求，前面已请示西藏销售公司，据中国石油西藏销售公司制定的《中石油西藏拉萨销售分公司加油站油气回收改造》计划表中，羊八井镇中石油加油站计划手续办理完成并进场时间为2018年3月20日，改造工期为60天，竣工时间为2018年6月20日，主要是在原有的油气回收管线进行安装设备工作；当雄县城中石油加油站计划手续办理完成并进场时间为2018年3月20日，改造工期为60天，竣工时间为2018年6月30日，计划全面进行油气回收管线的开挖、铺设及安装油气回收装置设备。

现根据2家加油站油气回收改造工程结束后，委托西藏中科检测技术有限公司出具的检测报告显示，羊八井镇中石油加油站油气回收整改完成时间为2018年6月29日，当雄县城中石油加油站油气回收整改完成时间为2018年7月4日，需涉及的密闭性、液阻、气液比检测内容，均符合《加油站大气污染物排放标准》（GB 20952-2007）的要求。

2018年3月13日，拉萨市副市长方桂林（前排右二）一行到当雄县5100冰川矿泉水有限公司调研

【农牧民食用碘盐配送】 年内，做好全县8个乡（镇）碘盐配送工作任务，确保各项工作预先完成，按照区、市有关碘盐工作配送任务的要求，分赴各个碘盐销售点和碘盐市场进行详细调查研究，制定当雄县盐务市场秩序整顿实施方案，同时，各个成员单位按照实施细分的工作职责和具体要求，利用发传单、广播宣传等传播渠道，进行碘盐宣传，并对碘盐发放的群众进行碘盐健康教育问卷调查；各乡（镇）对自己所在的盐业市场进行一次全面清理、整顿，从多方面入手来保证碘盐配送工作的顺利完成。2018年，县商务局已完成8个乡（镇）共配送碘盐

275786.5公斤的目标任务，碘盐配送、覆盖率都达到100%。

【完善市场调控】 年内，进一步完善商品市场运行监测、预测、预警机制。加强对成品油市场、农贸市场、超市的监测力度，做到日常监测、节日监测和应急监测紧密配合，建立健全监测周报、月报制度，及时上报监测结果，确保全县商品市场监测和应急调配机制的正常运转，确保重要商品市场供应不脱节，不断档。扩大生活必需品监测范围，增强市场调控工作的前瞻性和主动性。加强对县城昌盛购物中心、央迈批发店等生活必需品市场监测样本企业的监测，确保数据填报的及时性与准确性。

【杜绝安全生产事故发生】 年内，利用“综治宣传月”咨询日宣传活动平台，全面对商务领域企业开展安全生产宣传教育活动，宣传安全法律法规，普及安全知识，弘扬安全文化，为有效防范和坚决遏制重特大事故，促进安全生产状况持续稳定好转，加快实现根本好转提供强大精神动力、文化力量和舆论支持。宣传期间设置咨询台1处，发放宣传单资料100余份。

【市场管理】 年内，首先全县根据“两创示范”创建有关工作要求，进一步细化市场管理规章制度，强化对市场管理人员平时成效的考核，健全和完善激励约束机制，提高职工的工作积极性、主动性和创造性。其次针对农贸市场存在的脏乱差及市场内设施不完善不规范现象，按《标准化菜市场设置与服务管理规范》的要求，联合城管、商务执法、工商等有关部门对市场进行几次大整治行动，重新完善市场内的各种标识，严防市场外溢，并责令市场内熟食品摊点全部加装防尘纱窗。经整治农贸市场卫生、摆放及经营秩序都得到较大的改观。

2018年8月30日，副县长扎西曲觉一行检查当雄“双创基地改扩建项目”

另外，还加大当曲河东路改造提升，积极按照市“两创办”工作要求，继续协调相关部门，将着手开展当雄县索朗小镇、羊八井镇、纳木湖乡特色乡（镇）的改造升级，其中，当雄县索朗小镇项目建设地由西藏邦昊实业有限公司具体负责兴建，总投资8078.57万元，到位资金2000万元，项目总用地面积8077.35平方米，总建筑面积13233.73平方米，包括涉及住宅建筑面积3755.36平方米，商业建筑面积8667.32平方米，配套公共服务用房811.05平方米，道路广场面积为830.08平方米，绿化面积2331.68平方米，一期项目于8月底试产运营。该项目一落地投产，将填补全县无现代、高档商贸区的历史，进一步提高牧区群众购物能力水平。

【商务信息上报】 年内，为让更多的人了解县商务局的工作职能，宣传各项工作政策以及具体的实施细则。从年初开始，指定安排1名信息员，要求迅速、真实、可靠的报送信息，并通过上报信息，不断宣传全县商务工作开展情况，同时更加全面了解全县商务的发展情况。2018年，县商务局在市、县相关单位报送的商务信息已达52期。

【工业企业指标完成情况】 年内，全县共有22家工业企业，其中，规上工业企业9家（西藏冰川矿泉水有限公司、西藏华钰拉屋分公司、龙源西藏新能源有限公司、国网西藏电力有限公司羊八井地热发电公司、西藏嘉天新能源投资开发有限公司、当雄县富民国有矿业有限公司、当雄县羊易地热电站有限公司、西藏纳木错实业有限公司和当雄县长谷商砼有限责任公司)。截至年底,全县累计完成规上工业增加值56050万元,同比下降14.5%;累计规上工业销售产值为73515.22万元,同比减少19.48%;累计完成规上工业税收3779.64万元,同比增长28.97%;工业投入20.03亿元,同比增长16.6%。

【重点工业项目技改】 年内,重点落实推进的2个重点工业技改项目中,西藏纳木错实业有限公司已全面完成县净土健康产业开发有限公司出资1.2亿元占该公司51%股份,将新引进两条水生产线,项目工程从2017年4月29日正式开工建设以来,与陕西秦峰建筑有限责任公司西藏分公司签订施工合同,已拨付工程款1716万元(工程一二期款总造价的60%)和购置生产线款1710万元(前期款的30%)、安装水处理和洁净间款914.68万元(一二期款总造价的60%)。项目于2017年9月30日前完成主体(厂房、瓶盖车间、仓库、员工宿舍等)建设,于2018年8月1日之前完成法国西得乐设备公司设备安装调试,于2018年10月底全部投产使用。5100冰川矿泉水72000BPH灌装车间建设项目,总投资3亿元,主要以建设72000BPH灌装车间、购置设备等技改事项内容,项目2017年初已开工建设,全部已竣工,共投入资金3亿元。

【天然饮用水产业】 年内,全县天然饮用水生产企业有2家,建成生产线8条,产品设计产能共计达85万吨(其中5100冰川矿泉水公司设计产能50万吨、西藏纳木错实业有限公司设计产能35万吨),实现总产量23.04万吨(其中5100冰川矿泉水公司水产量20.04万吨、西藏纳木错实业有限公司水产量3万吨),同比增长7.98 %;实现水总销量23.04万吨,同比增长7.9%;水生产企业实现总产值4.61亿元,同比下降30.46%;实现销售收入3.52亿元,同比增长11.26%;实现利润1743.8万元,同比下降64.45%;上缴税金1848.3万元,同比下降4.06%。

【加快发展国有企业】 年内,为进一步做大做强县域国有企业,建立有效的企业负责人激励与约束机制,促进企业改革发展和国有资产保值增值。4月,县工信(国资委)局起草相关管理办法,《当雄县国有企业重大权限管理暂行规定》《当雄县国有企业负责人经营业绩考核暂行办法》《当雄县国有企业负责人薪酬管理试行办法》《关于国有企业负责人差旅费的管理办法》《关于国有企业负责人移动通信费的管理办法》《关于国有企业财务审批报销制度的若干规定》《关于国有企业车辆管理的若干办法》已经县委常委会议研究通过,并印发实施,确保国有企业在新形势继续加快发展。

【严格执行安全监管职责】 年内,继续与县国资委、工业经营企业签订安全生产目标责任书,并定期对企业安全隐患进行排查,全面履行工信(国资委)企业安全生产监管职责,特别是在县安全生产委员会的组织下,与县相关部门组成联合检查组,在全县范围

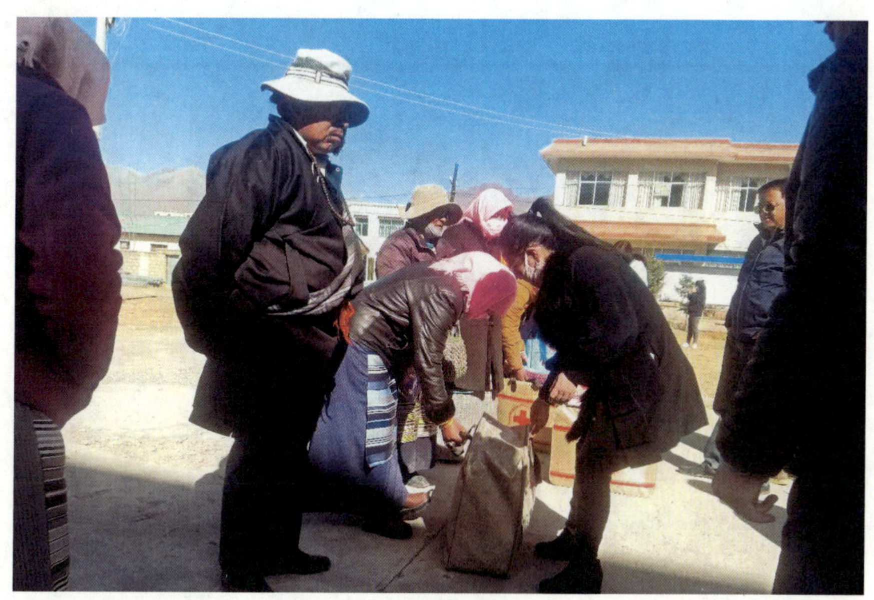

2018年3月28日,当雄县工信(商务局)局局长宗吉一行到当曲卡镇慰问结对帮扶户

内开展工信(国资委)领域企业安全生产大检查工作,坚持以“安全第一、预防为主”的方针,全面贯彻落实相关工作指示精神,以遏制重特大事故发生、确保安全生产形势稳定为目标,狠抓全县安全宣传教育和各项制度措施的落实,强化安全生产督查及整治工作,排查全县工信(国资委)领域的安全生产工作,杜绝各种安全生产事故的发生。

【服务企业】 年内,积极寻访企业问生产、问发展,走访调研企业在发展中存在的困难与问题,并及时进行梳理、分类和归纳,为领导科学决策和促进企业快速发展提供依据。为积极做好节后重点工业企业复产,特成立工作领导小组,明确专人跟踪落实。通过单位、企业共同努力。截至年底,属下的9家规上工业企业全部复工生产,企业生产运行比较正常。按照副县长旺堆罗布安排部署,由局长宗吉带队并临时组成调研组,加大对辖区规上工业企业、重点工业建设项目的督查调研,全面了解掌握所有项目工作进展情况,为下一步企业、项目的尽快推进落实打下了坚实的工作基础。

【安排部署“今冬明春”防火工作】年内,及时召开会议,深入传达了市、县关于进一步加强“今冬明春”防火工作重要会议精神和实施方案,并对当前工作面临的形势进行深刻分析,进一步对“今冬明春”防火工作进行安排、部署,保证单位、企业安全工作实施、有效运行。

【分析研究工业形势】 年内,进一步完善工业企业数据采集系统,增加重点企业生产、效益等指标,形成完整的数据采集体系。

【增强创品牌动力】 年内,当雄县工信局以上级相关部门提出的“三深入两服务”活动为载体,大力实施“商标战略工程”,结合当雄县域经济特色,着力突出“品牌兴农、商标兴企”战略。认真抓好商标知识宣传普及、商标注册和培育、商标专用权保护等重点工作,鼓励、引导和推动企业正确使用商标和争创著名、驰名商标,发挥名牌效应,提升当雄县的企业综合竞争力,推动地方经济快发展、大跨越。2018年,全县拥有授权专利数达到7项,其中,商标5项(5100、纳措琼母、种措湖牌、白云、纳措扎西岛),地标2项(当雄牦牛和当雄牦牛肉);小微企业拥有授权专利数5项。

2018年5月22日,当雄县商务局联合安监部门对全县境内油气回收整改2家加油站(县城中石油加油站、羊八井中石油加油站)油气回收治理情况开展全面检查

【招商引资】 年内,全县招商引资引进项目16个,新建项目4个、续建项目12个,实现累计到位资金20.07亿元,同比增长11.38%,完成年目标任务(20亿元)的100.35%。

【项目库建立】 年内,为深入开展招商引资项目宣传推介、吸引投资商工作,年初召开专题会,研究确定2018年招商引资项目库的补充完善和2019年招商引资项目库的建立工作,并根据全县的资源优势,一一筛选2018年招商引资重点推介项目9个,协议资金27亿元。其中,旅游项目占4项,畜产品加工项目3项,工业基础设施建设项目占2项。

【统计报表】 年内,按月度向拉萨市招商引资局报送报表。截至年底,已报送十二期季度报表。

【招商信息报送】 年内，全县报送招商信息共33条。

【招商引资培训】 年内，为加强对招商引资工作的领导，县招商引资局年初明确招商引资培训工作领导机制，制定单位业务技能培训计划，研究招商引资培训工作内容，提供培训资料，督促培训工作进展情况及协调工作。2018年全县通过自主培训方式，共举办招商引资工作人员培训、招商引资主要业务知识培训等6期。

【继续开展招商活动】 当雄县作为北京援藏县区之一，在昌平区委、区政府援藏支持下，北京农业嘉年华组委会的支持下，2018年3月17日第六届北京农业嘉年华开幕式在昌平区草莓博览园举行，当雄县羌塘文化旅游有限公司、当雄县净土产业投资开发有限公司参加为期两个月的农业嘉年华活动，全县代表通过该平台为北京市场带来当雄县有身份证牦牛肉、纳木错圣水，向外界展示当雄藏北独特的自然风光、淳朴藏民族及原生态的天然草原，当雄展馆设计非常具有藏北民族特色。

4月，在北京农业嘉年华的后续活动当雄"主题周"活动上，重点推介招商引资项目、旅游文化活动展示等，达到招商引资宣传的实际工作成果。同时为积极实施"走出去、请进来"招商活动政策，在2018年6月举办的京交会上，当雄县与北京中广万通投资有限公司就投资建设当雄县诺布庄园牦牛乳品厂项目达成合作框架协议，项目计划投资8500万元，北京中广万通投资有限公司在当雄县投资建设西藏自治区第一座牦牛乳粉厂，即当雄县诺布庄园牦牛乳粉厂，年产牦牛乳粉300吨，产值约3亿元人民币，预计每年收购使用牧民牦牛鲜奶2400吨，牧民年售奶收入可达4000万元以上（该项目为北京东城区对口精准扶贫项目）。

【为企业创造良好环境】 年内，积极推行"只要你来干、手续我来办"服务新机制，为企业顺力实施建厂，着力协调解决与当地群众的纠纷问题，打造"审批最少、收费最低、效率最高、服务最好、环境最优"的软环境品牌。对于贡献突出的企业，可兑现企业奖励扶持资金，不断提升服务大项目、管理大项目、推进大发展、推动大开放的能力和水平。全县上下全力营造"亲商、重商、安商、富商"的招商服务环境。

【定期招商督办】 年内，定期每半月召开全县招商引资督办会议，由招商负责人全面将近期招商项目进展情况作细致汇报。从而把招商项目按在建、在谈等分门别类进行科学地整理，明确近期招商重点。

【创新招商项目】 年内，针对全县重点发展的新能源、旅游业、天然饮用水等产业，锁定游客旅游休闲体验基地、现代畜产品生产基地、新能源发展基地、天然饮用水生产基地等重点产业转移区域，有针对性地开展专业招商和产业招商活动。对全县招商引资项目库范围内进行全面更新，并制作项目宣传册卡片，"一项目一卡片"的形式进行包装。年内，全县项目库主推水资源、唐滨湖、地热资源、四季牧歌、畜牧生态园、净土畜产品、康玛寺温泉等，吸引更多的企业到当雄投资兴业。

2018年4月24日，当雄县召开国有企业党员大会暨"四讲四爱"主题教育宣讲活动

【跟踪服务招商工作】 年内,对已落户的企业抓好服务,尤其是在第一、二、三届藏博会、雪顿节上的签约项目,为尽快实现项目落地,安排专人对项目逐个进行全面协调与跟踪;对正在洽谈的企业,不失时机地为企业提供项目公司注册—项目落地等一条龙服务;抓紧对意向项目努力加强联系,决不放弃一个有效的项目和客户。

【改进招商服务】 年内,对已招企业的项目落地实施等工作,由县招商局工作人员提供一条龙保姆式优质服务,不断完善招商引资软硬环境。同时不断强化招商队伍建设,实施专业化引资战略。新形势下的招商引资对从事招商工作的人员提出很高的要求。通过自己培养、多渠道引进等方法,培养高层次的招商专业人才,建立一支熟悉国家政策、导向,了解县域经济,通晓涉外法律法规和经贸知识的稳定的招商专业队伍。

【项目合作呈多元化方向发展】 年内,项目合作方式多元化,以当雄县净土产业投资开发公司为政府平台公司,与在建项目纳木错实业有限公司、当雄华钢新型建筑材料有限公司、四川康盛能源开发有限公司入股合作,水、土地资源作价入股,与康盛集团采用以PPP模式、BT模式结合共同开发合作项目,项目合作多元化,成功实现当雄县净土产业投资开发有限公司全面发展的大好局面。

【全县产品质量总体水平提高】 年内,县工信局、工商局、税务局对县域企业全面普查建立质量档案,对工业获证企业和食品获证企业建立监管档案,实行分级分类、动态监管。以监督抽查、定期检查和随时抽查为手段,不断规范企业生产行为,提高企业的质量意识和质量管理水平。截至年底,西藏冰川矿泉水有限公司通过ISO 9000质量管理体系认证,3家企业产品采标,1家企业取得了计量C标志。

【集中整治,严格监管食品安全】 年内,当雄县政府秉承食品安全大于天的理念,坚持日常监管与专项整治相结合的方针,针对重点地域、重点行业、重点商品,积极组织食药、畜牧、工信、工商、卫生、安监等部门开展各种食品安全专项整治活动,先后对米、面、食用油、儿童食品、乳制品、酒类产品等进行专项整治。通过执法检查,有效保障食品质量安全,维护了广大人民群众的身体健康,全年未发生一起重大食品安全事故。

【推进品牌质量工作】 年内,当雄县工信局围绕全县支柱产业(旅游、净土健康、地热资源)制定2015—2020年的名优培育规划,初步确立自治区名牌产品培育对象3个,拉萨市政府质量奖、拉萨市质量管理优秀奖培育对象4个。2018年7月已报送《当雄牦牛国家地理标志产品保护示范区》项目申报全区地理标志产品保护示范区建设。

(拉巴旦达)

【领导名录】

局 长

宗 吉(女,藏族)

副局长

德西措(女,藏族)

副主任科员

拉巴旦达(藏族)

当雄县安全生产监督管理局

【概况】 当雄县安全生产监督管理局行政编制4人(科级干部3人、科员1人),现有在职人员6人、党员5人,其中:行政干部4人(正科1人、副科1人、副主任科员1人、科员1人)、工人2人。全县共有3家非煤矿山企业(西藏华钰矿业股份有限公司拉乌分公司、西藏圣峰矿业、当雄县富民矿业);6家危化品销售点[羊八井中石化加油站、羊八井中石油加油站、顺达加油站(中石油)、当雄县城加油站(中石油)、宁中加油站(私营企业)、乌玛成兴加油站(私营企业)]。2018年全县共发生各类事故90起(均为道路交通事故),死亡4人,伤2人,直接经济损失38.93万元;与2017年同期全县共发生各类事故78起,死亡3人,伤14人,直接经济损失14.85万元相比,事故起数上升15.4%,死亡人数上升33.3%,受伤人数下降85.7%,直接经济损失增加24.08万元。

【党建工作】 年内，强化组织领导，加强党的建设，全面从严治党。加强学习研究，局党支部定期研究分析党建形势，查找薄弱环节和工作短板，加强对党建重要问题、重点工作、重大事项的研究部署；强化基层党组织建设，选好配强机关支部成员，充分发挥党支部作用，不断凝聚党员力量，强化对党员的教育监督管理；转变观念，把党建工作摆在重要议事日程，切实担负起管党的政治责任，深入贯彻落实党风廉政建设主体责任和“一岗双责”，克服和纠正重业务、轻党建的错误思想，切实做到同安排、同部署、同检查、同落实。

【党风廉政建设】 年内，当雄县安全生产监督管理局高度重视党风廉政建设工作，紧紧围绕、“四讲四爱”主题教育和“两学一做”学习教育，认真贯彻落实党中央八项规定精神和区党委“约法十章”“九项要求”及市委“八项要求”，按照中纪委全委会、市委、市纪委党风廉政建设工作会议精神和当雄县党风廉政建设和反腐败工作方案要求，始终把党风廉政建设和反腐败工作纳入局党支部工作的重要议事日程，作为局党支部党建工作中心任务来抓，严格落实党风廉政建设责任制，不断推进惩治和预防腐败体系建设，建立健全局机关廉政风险防控机制。在日常工作中，结合安监工作实际，不断加强干部学习教育，改进干部作风，提高干部素质。

【工作职能】 综合管理和宏观指导安全生产工作，对安全生产行使国家监督职能；拟定安全生产考核目标，并实施监督和考核工作；负责组织安全生产大检查，开展安全生产执法活动；指导、协调有关部门承担的专项安全监察，监督工作；负责伤亡事故统计分析，组织协调重大事故的调查处理，负责安全事故的批复结案；组织重大危险源、重大事故隐患评估，监督重大事故隐患治理；负责新、改、扩建和技术改造项目（工程）安全设施的评价、设计审查和竣工验收；开展安全生产宣传教育工作，组织指导安全生产新技术的推广工作；监督管理劳动防护用品；组织、督促各企业法人、负责人及安全管理员，参加安全生产相关培训及考取相应的资格证书；承办上级交办的其他事项。

【安全生产】 年内，严格落实局长总责，副局长带领成员具体抓的“一岗双责”责任制。县级各行业主管部门依法履行行业监管职责，坚持“谁主管、谁负责”“谁审批、谁负责”“谁签字、谁负责”和“属地管理”原则，加强对主管行业的安全监管，确保了全县安全生产形势稳定。

年内，县政府与负有安全生产监管职责的县级部门、各乡（镇）和各企业单位，签订2018年安全生产目标责任书，共签订37份。按照区、市要求和县委县政府统一安排，全县组织召开安全生产工作会3次，安全生产监督管理局认真贯彻落实党的十九大精神和中央、区市县安全生产重要决策部署，认真贯彻落实安全生产“党政同责、一岗双责、齐抓共管、失职追责”的要求，牢固树立“红线”意识和安全发展理念，坚持标本兼治、综合治理，靠实安全责任，规范生产行为，加强事故预防，以安全生产大检查、大排

2018年11月2日，县委副书记、县长其美次仁主持召开当雄县安全生产工作会议

查、大整治、专项治理为抓手,持续加大高危行业、关键领域、重要节点的安全生产监督力度,努力推动各项工作有效落实,全面深入开展安全生产大检查,有效防范和遏制了各类较大以上生产安全事故发生,保持当雄县安全生产形势持续稳定。

【安全生产全覆盖拉网式大检查】 2月18日,召开安委会全体会议,层层动员部署、明确责任分工、细化工作措施,强化组织领导,严格落实安全生产责任。严密组织、深入检查、集中整治,对突出重点区域和行业领域类企业组织人员。对生产经营建设全过程及每个部位、每个环节、每个岗位全面排查安全风险点和隐患。非煤矿山企业共检查8次,其中:4次安全生产检查、4次复查。开具行政执法文书责令改正指令书4份、行政执法文书整改复查意见书4份,共排查出隐患16项,整改16项,整改率100%;危险化学品销售点(包括修建高速路临时储油点)共检查26次,检查13次、复查13次,开具行政执法文书责令改正指令书23份、行政执法文书整改复查意见书23份,共排查出隐患83项,整改83项,整改率100%;停业整顿两家危化品经营销售点(加油站),取缔两个撬装加油站,开具行政处罚告知书和行政处罚决定书1份,已经按照相关流程处罚完毕。

【开展"安全生产月"活动】 年内,为切实开展好全县"安全生产月"和"安全生产当雄行"活动,以"生命至上、安全发展"为主题,聚焦改革发展、监管执法、事故预防和安全法规知识等内容开展宣教活动,6月1日,由县委副书记、常务副县长郭春杰主持召开动员部署会。6月15日,在县农业银行门口开展宣传咨询日活动,设立安全咨询台2个,接受群众咨询100余次,发放宣传资料2000余份,发放安全生产宣传袋10000余只。

(戴鹏阳)

2018年6月1日,县委常委、政法委书记、县安委会常务副主任扎西亚培主持召开安全生产月动员部署会

【领导名录】
局　长
巴桑云旦(藏族)
副局长
洛桑益西(藏族)

当雄县税务局

【概况】 当雄县税务局于1994年成立,正科级建制单位,现有行政编制人员10人,公益性岗位8人,其中正科级局长1人,副科级领导2人。具体职能:贯彻执行国家的各项税收法律、行政法规和规章,结合当雄的实际情况,研究制定具体的实施办法;编制本地区各项税收收入计划,并组织实施;监督检查当雄有关纳税单位和纳税个人贯彻执行国家税收法律、行政法规和规章的情况;完成上级主管部门和县委、县政府交办事项。

【国地税征管体制改革】 年内,当雄县税务局坚持以习近平新时代中国特色社会主义思想为指导,深入贯彻党的十九大和十九届三中全会精神,深入贯彻中央关于《深化党和国家机构改革的重大决议》精神,在区局、市局党组和当雄县委、县政府领导下,按照统一部署和要求,认真组织实施,于7月20日与全国县级税务局同步完成机构改革工作。在新机构成立后，根据国家税务总局关于国税地税征管体制改革的重大决策部署，严格按照自治区税务局、自治区人社厅和县政府关于社保费和非税收入划转工作会议要求，当雄县税务局组织县政府相关单位召开专题研究会议3次，新招聘社保专柜人员4人，开展专题业务培训24次，深入学习领会上级文件精神，精心安排组织业务人员学习，确保社保费和非税收入划转工作顺利完成。

【税收征管】 年内，夯实税收征管的基础，促进法治税务建设深入化。坚持组织原则不动摇，做好税收分析预测，提高收入质量，全力以赴组织税收收入。严厉打击涉税违法行为，深入开展风险防控分析应对；积极与市沟通联系，及时汇报税收收入情况，取得理解与支持。坚持法治理念，落实税制改革政策措施。不折不扣落实优惠政策，及时研究解决热点难点问题。建立环境保护政策宣传与税法宣传联动工作机制，对辖区环境保护税纳税人开展相关政策宣传和培训，确保政策有效落地。

【党建工作】 年内，当雄县税务局"围绕税收抓党建，抓好党建促税收"，将党建作为引领工程抓实抓牢。在巩固2017年党建成果的基础上，继续延伸"纵合横通强党建"的工作思路，落实"下抓两级、抓深一层"的工作机制和推进全面从严治党向基层延伸的指导意见，把履行党建工作责任作为重要任务；建立健全各项党建责任制度，当雄县税务局党组、党支部认真组织学习市局党委、机关党办下发的各项党建责任制度，结合税务局工作实际，制定《当雄县税务局2018年党建工作计划》《当雄县税务局党支部"三会一课"实施方案》《当雄县税务局党支部领导干部、党员讲党课 全体党员上党课活动实施方案》《当雄县税务局"主题党日"实施方案》等制度；认真开展各项专题学习教育活动，现已组织开展"正风肃纪"教育学习4次，党组中心组理论学习11次，"主题党日"活动7次，"党员领导干部、全体党员讲党课"活动4次，"两学一做""三会一课"学习20余次。

【环保税开征】 年内，当雄县税务局按照国务院、国家税务总局关于开征环境保护税的相关规定要求，扎实开展好环境保护税的政策宣传。同时，县环保局对辖区环保申报企业进行核查核实，最终确定西藏华钰矿业股份有限公司拉屋分公司、当雄县其坚岗采砂加工专业合作社等2家企业涉及环保税，积极同企业举行座谈，了解企业对环保税申报有无问题。4月环保税征期开始后，西藏华钰矿业股份有限公司拉屋分公司因停产，全年环保税为零申报；当雄县其坚岗采砂加工专业合作社，全年环保税为23.34元。

【深化增值税改革】 年内，当雄县税务局紧密结合西藏自治区税务局、拉萨市税务局《关于进一步深化增值税改革》的指导要求，在市局培训会议后，立即组织全局干部对《深化增值税改革》的相关政策知识进行学习。同时，通过办税服务厅LED屏、公开栏、当雄县税务局税企业联络交流微信、QQ进行深化增值税改革政策的宣传，联合拉萨市税务局纳服科举办《深化增值税改革企业纳税

2018年5月16日，当雄县税务局党支部组织学习党的十九大精神

2018年4月8日，当雄县税务局局长张晓强主持召开第二季度工作会议

申报》培训班13次，共150余人参加。

【税收宣传】 年内，当雄县税务局充分利用“全国第27个税收宣传月”活动，积极开展税收宣传街头咨询、送税法上门，召开税企座谈会、税费知识专题讲座等活动，推进便民办税春风行动。截至年底，开展税收宣传30余次、发放宣传资料3000余册，送税法上门3次、入户50余户，开设专题讲座5次、参加人数300余人，通过微信群、QQ群、短信等形式，发布税收信息5000余条。

【电子税务上线运行】 年内，西藏电子税务局和个税（ITS）自然人扣缴系统的上线运行，让纳税人感受到更加便捷的办税体验，极大地降低了纳税人的办税成本。为保证电子税务局和个税（ITS）自然人扣缴系统的平稳运行，当雄县税务局主要采取以下举措：通过QQ群、网站、公众号、公告栏等多种方式，加强宣传，营造了良好的舆论氛围；在办税服务厅增设辅导专岗，辅导纳税人通过电子税务局进行涉税业务办理和规范操作个税（ITS）自然人扣缴系统，累计辅导纳税人100余户；做好纳税人咨询的解答回复工作，纳税人相关咨询，争取当天收到当天解决，对电子税务局运行中出现的各类问题，做好处置及反馈工作。

【全面从严治党】 年内，当雄县税务局党委全面贯彻党的十九大、十九届三中全会和国务院2018年第一次廉政工作会议精神，深入学习贯彻习近平总书记关于党风廉政建设工作的重要讲话精神，坚持全面从严治党，严明党的纪律规矩，忠诚履行责任担当，聚焦监督执纪问责，持之以恒落实中央“八项规定”精神，持续整治发生在群众身边的“四风”和腐败问题，不断取得党风廉政建设新成绩和突破。加强警示教育，突出关键节点和关键人；加强监督，贯彻管党治党要求；持续纠风，深入贯彻落实中央“八项规定”；从严执纪，扎实履职尽责；坚持制度保障，认真落实工作机制。

（郭治平）

【领导名录】

党委书记、局长

张 晓 强

党委委员、纪检组组长

格桑达娃（藏族）

党委委员、副局长

桑珠平措（藏族）

当雄县旅游管理局

【概况】 当雄县旅游管理局为全县行政管理部门，行政编制5人、公益性岗位1人。正科级建制，具体职能为负责当雄县辖区的旅游规划、管理和监督工作。2018年，纳木错景区共接待游客达545792人次，旅游门票收入4800万元。

【旅游产业发展】 年内，当雄县把旅游产业定位为国民经济第一战略性支柱产业，从“量变”到“质变”，实现质量效益性的内涵式发展，全面贯彻落实“创新、协调、绿色、开放、共享”的五大发展理念，按照区市党委、政府发展旅游产业的重大战略部署，充分挖掘羌塘文化资源特色，不断丰富当雄旅游的产品供给，打造当雄旅游产品的“六脉神剑”（神山、圣湖、温泉、冰川、草原、湿地），突破一湖独大单一格局，全力打造羌塘全域文化旅游品牌，加强旅游市场监管，完善旅游产品谱系，创造良好的旅游环境。

【项目建设支撑旅游产业发展】

年内，着力在释放优势、挖掘潜力上下功夫，扎实抓好旅游项目建设，加快旅游产业发展。大力做好温泉旅游品牌。AAAA级康玛温泉酒店投资1.2亿元，现已完工，正进行试运营，该项目结合纳木错景区、阿热湿地和羌塘草原风光，实施“温泉＋景区”联合开发；整合羊八井、宁中和格达温泉资源，实施“温泉＋温泉”联合开发，启动“温泉＋”旅游模式，全力打造“高原地热温泉之乡”；大力打造羊八井文化旅游产业。借助羊八井国家地址公园投建项目、羊八井—格达新能源产业园区项目、羊八井特色小城镇建设项目组团投建之机全力发展羊八井文化旅游产业，各项目前期工作正稳步推进；大力挖掘文化旅游内涵。完成赛马场整体规划整合，合理利用赛马场整体整合资源，做好节庆经济与旅游产业的整合文章。

【服务提升助推旅游产业发展】

年内，坚持围绕旅游搞服务，以提升旅游形象、提升游客满意度为目标，不断加强旅游软环境建设，增强核心竞争力。稳步推进“互联网＋纳木错”智慧景区建设，旅游综合服务能力不断提升；充分利用“逐梦当雄”“幸福当雄”“网信当雄”手机客服端，及时向游客推送旅游信息，为游客提供随身的“智慧导游”服务；积极发挥旅游市场服务监督专线（0891—6111111）。以“不让一个游客在当雄受委屈”的理念，在念青唐古拉山口、纳木错景区售票处——拉根拉山口、纳木错景区二号桥、扎西半岛4处设立执勤服务点，及时为游客提供高效优质的服务，逐步建立全民服务旅游和游客的格局，让服务成为真正的核心竞争力。

【强化管理促进旅游产业发展】

年内，加大旅游市场的秩序整顿和规范力度，着力破解制约旅游产业发展的瓶颈问题，不断优化旅游环境，提升旅游品质。为全面打造全域旅游品牌，不断加强旅游执法队伍建设，外树形象内强素质。加强人才培训，采取“请进来，走出去”的方式充分利用北京援藏和区市县有利资源开展旅游人才培训10余场次；每月召开规范旅游执法行专题会，从执法经费中划拨3000余元为每名执法人员配备统一旅游执法制服。旅游旺季5—11月进行巡回监督值班执法，共出动旅游执法车辆210余次，派出监督值班执法工作人员630余人次。每月牵头联合县公安局、工商局、税务局、物价局、食药局、卫生局、消防以及旅游沿线属地管理等部门对全县旅游沿线旅游行业市场开展综合执法，严厉打击各种破坏旅游环境、扰乱旅游市场秩序、侵害游客权益的不法行为，全面规范旅游市场，确保游客玩得开心待得安心，共开展综合执法14场次。加大旅游市场的监管力度，对全县200余家旅游宾馆，饭店实行笑脸红黑榜。共宣传10余场次，发放宣传材料2000余份，宣传册1800余份，环保袋2000余份。全面整治规范，共整治规范经幡悬挂处11处，16个悬挂点；为贯彻执行市委、市政府“打造全区高原精品

2018年7月2日，县委常委、副县长游关涛带队开展旅游市场综合整治

2018年12月4日，当雄县旅游管理局工作人员开展《中华人民共和国宪法》和《中华人民共和国旅游法》宣传

生态旅游示范工程”的一系列重要决策部署，全面推进纳木错景区拆迁工作，全面提升了纳木错景区整体形象。经与县公安局协调在全县旅游沿线和各景区（点）开展清理流浪狗工作。截至年底，共清理流浪狗200余条；协调中铁十一局在当雄县城至纳木错公路改扩处设置公路通行情况信息员；在春节、清明节、“五一”小长假、“萨嘎达瓦”和中秋、国庆等节假日来临之前，深入开展旅游安全隐患排查与治理工作，切实消除各类安全隐患，保障游客的生命财产安全。

【品牌营销助力旅游产业发展】

年内，坚持从创新观念入手，为旅游产业发展引路，积极推出一批旅游商品，培育一批牧家乐品牌，不断延长旅游产业链，增加附加值。为开展形式多样的对外宣传，旅游局从专项资金中划拨18000余元制作1000余册宣传画册；从专项资金中划拨68000余元制作了电子相册100余份。为做大做强旅游产业，全县依托当雄“有身份证”牦牛肉品牌，高起点推出“新、优、奇、美”的特色土特产品和手工艺品，全面打开旅游商品市场，繁荣旅游经济。有重点地用全域旅游理念发展县域旅游。跳出门票经济的产业体系，构建“国家公园+景区+特色小镇+度假区+美丽乡村”多位一体多元发展的产品体系。围绕富民强县的总体目标，以全域旅游思维，实施“旅游+”战略，推动旅游与城镇化、农业现代化和现代服务业的融合发展，拓展旅游发展新领域，构建当雄县大旅游产业格局。以旅游景区游览业为核心，“食、住、行、购、娱”五大要素产业为支撑，积极发展“闲、养、商、学、奇、情”新要素。

年内，加大协调力度，充分利用中央、区、市、县电视、报纸、网络等媒体全方位推荐县域旅游。电影《天缘·纳木错》作为当雄县人民政府对外宣传的一张名片，该片的公映和一系列宣传推广，不断提升当雄旅游知名度。借助当雄县“情醉姆蓝雪山·寻觅虫草之旅”第三届虫草文化旅游节，由县委副书记、县长其美次仁带队，在北京、江苏昆山和四川成都进行羌塘旅游文化品牌推广，并取得

纳木错日出

明显成效。充分利用当雄县藏北羌塘草源游牧文化8月开发创办一年一度的当雄县“当吉仁”赛马节不断增加县域旅游业的宣传面，以旅游产业带动全县经济社会发展；充分利用区市县有利资源，5月举办以“情醉姆兰雪山·寻觅虫草之旅”为主题的当雄县第三届虫草文化旅游节；8月“行走的天籁·走进拉北环线”心藏社群向心之旅活动在当雄县拉开序幕，以及年初以来开展的2018当雄县旅游风光摄影大赛等活动不断增加了县域旅游业吸引力，以旅游产业推动全县经济社会发展。

（白玛措姆）

【领导名录】

局　长

白玛措姆（女，藏族）

副局长

黄　富　城

当雄县工商行政管理局

【概况】 2018年，当雄县各类市场主体2513户（2017年1600户），注册资金37.64亿元（2017年26.15亿元），同比增长57.06%、43.94%。其中2018年新登记的各市场主体为794户（2017年406户），注册资金6.32亿元（2017年4.61亿元），同比增长95.57%、37.09%。全面推行“双告知”制度，2018年共发放“双告知”396份。

【企业年报公示】 年内，当雄县工商局共发放宣传材料380余份；当雄县纯牧业县辖区内农专和个体户80%以上不会上网申报，工作人员上门手把手指导，帮助申报年报。2017年应年报市场主体1719户，已年报1566户，年报率91.10%，未年报153户市场主体列入经营异常名录。2017年度，个体户自主年报率达到90.52%。

【“双随机”年报抽查】 年内，当雄县工商局年报抽查的各类市场主体40户，经执法人员实地核查，发现登记住所无法联系的有7户，公示信息隐瞒真实情况的有1户，将8户市场主体依法列入移出名录并进行公示。流通领域商品质量抽查和侵害消费者权益行为抽查任务共有55户，在该次抽查中经实地核查暂未发现任何问题。转变监管方式，提高监管效能，促进社会诚信体系建设，逐渐实现“以信用促监管、以信息强监管”。

【提高商标品牌意识】 年内，当雄县工商局指定专人负责商标品牌指导工作。大力引导培育本土商标，把实施商标广告战略作为提升市场核心竞争力、打造高原特色品牌的重要抓手，促进商标广告战略与经济发展深度融合。建立商标注册库，截至年底，辖区内共有注册商标8件，其中1件为中国驰名商标（5100），有1件（纳错琼母）为第九批获得自治区著名商标。地理标志商标3件（曲玛弄、当雄牦牛、当雄牦牛肉）。加强商标广告的检查指导工作。年内，共发放“四书五进”商标指导文书40份。

【保障消费者权益】 年内，在消费维权工作中，针对旅游市场投诉多的问题，专门制作消费提示宣传单，公布当雄县工商局消费投诉电话，在旅游沿线商户店面显著位置进行粘贴，提高经营者自觉守法经营意识和消费者维权意识。年内，共受理消费者投诉案件10件，调解成功8件，其中2

2018年6月14日，当雄县工商局局长德吉参加旅游市场专项检查

件不属于该管辖区不予受理，案值0.6万元，挽回经济损失0.6万元，调解成功率为100%。

【食品安全整治】 年内，先后开展元旦、春节藏历年等各类节日食品市场整治、农村食品市场整治、校园周边食品安全专项整治，共出动执法人员25人次，检查市场主体350余户，下发责令整改通知书40余份。

【旅游市场监管】 年内，当雄县工商局旅游市场的监管任务重大。共出动执法人员80人次，车辆40余台次，检查经营户数230余户，发放责令整改通知书16份，处理消费投诉2件，调解率100%。

【开展无证无照取缔工作】 年内，当雄县工商局利用验照工作时机，严格查看市场主体持有的各类证照，同时，开展专项整治工作4次，共出动执法人员12人次，当雄县工商局发放提醒通知书15份。

【巩固打击传销成果】 年内，结合当雄县实际制定打传工作方案，成立领导小组，加大宣传力度发放打击传销宣传材料共350余份。对辖区内曾参与过传销的人员做到准确掌握基本信息，并加强当地党政、辖区派出所的联络。2018年，创建“无传销社区、乡镇、学校”2个，签订责任书11份。

【“当吉仁”赛马节物资交流会】 8月1—16日，当雄县工商局投入全部人力、物力，负责整个市场组的规划、商户安排入住、市场监管、消费维权等工作，7名干部对区内外600余户商户划分地皮安排摊位。设立“12315”消费维权点，开展法制宣传活动，发放《中华人民共和国消费者权益保护法》《无证无照经营查处办法》、打击传销等宣传材料共600余份。同时在节日期间开展专项检查工作，保证“当吉仁”赛马节顺利圆满完成。通过全体干部的不懈努力，做到“零投诉、零举报”，商品供应充足，市场繁荣稳定，秩序井然有序。

2018年9月14日，当雄县工商局副局长林智勇、丹增念扎参加法治宣传资料发放

【安全生产整治】 年内，以安全生产无小事的工作理念，定期不定期和重要节点开展整治工作，查看各类证照其否齐全有效，该辖区内共有6户重点安全防范单位，其各类证照均进行备案登记；查看是否存在安全隐患等，做到辖区安全生产万无一失。

【党建、党风廉政建设】 年内，严格按照拉萨市工商局党建及党风廉政建设的工作部署，认真制定《2018年度当雄县工商局党风廉政建设工作实施方案》《2018年度当雄县工商局党建工作计划》《2018年当雄县工商局理论学习计划》，年内，组织干部学习党的十九大、习近平总书记系列重要讲话和《中华人民共和国宪法》《中国共产党纪律处分条例》《宗教事务条例》等法律法规内容共达到13次，学习笔记达到1000字以上，撰写心得体会2次，召开组织生活会1次，提高了学习理论、理论素养，思想觉悟。当雄县工商局始终把党风廉政建设工作放在首位，坚决贯彻落实中央“八项规定”，紧盯节假日期间，围绕四风问题变种隐形，密切注意不正之风的新动向、新表现，组织干部职工再次重申中央“八项规定”“约法十章”“九项要求”等规章制度。

年内，当雄县工商局注重增强教育的针对性，对窗口服务风险岗位，做到经常提反复讲，严格要求管到位，使得每一位干部真正敬畏纪律，严守纪律，不以身违纪，更不以身试法。规范重大事项议事规则，对于干部的评先选优一律干部大会选举决定；对于一千元以上的经费开支，一律经干部大会研究决定；经费开支按季度进行公示。2018 年度单位干部职工无任何违法违规行为，无群众来信来访和投诉举报情况。

（德　吉）

【领导名录】

局　长

德　　吉（女，藏族）

副局长

林智勇

丹增念扎（藏族）

羊八井工商所所长

米玛次仁（藏族）

当雄县气象局

【概况】 当雄县气象局机构规格为正科级，下辖有 4 个区域无人自动站和 1 个交通气象站。国家事业编制 4 人，国家公务员 2 人，本科 5 人，中专 1 人，中共党员 4 名。

2018 年，均气温为 4.2℃，较历年同期平均值偏高 4.0℃。年极端最高气温 22.7℃，出现在 6 月 4 日；极端最低气温 -21.3℃，出现在 1 月 13 日。年降水量为 666.0 毫米，较历年同期值偏多 210.1 毫米。日最大的降水量为 27.2 毫米，出现在 7 月 30 日。2018 年 7 级以上大风日数为 38 天，最大风速为 22.2 米 / 秒。年均日照时数 2838 小时，日照百分率为 61%。

2018年8月9日，中国气象局副局长宇如聪（右三）到当雄县气象局检查指导工作

【抗旱及汛期气象服务】 当雄县是拉萨市唯一的纯牧业县，也是西藏的旅游大县，针对该县的实际情况，当雄县气象局先后开展决策气象服务、三牧气象服务、专业气象服务、重大活动期间的专题气象服务。同时还与气科院、中科院、气候中心等科研单位合作承担科研项目的数据整理工作，还承担 GNSS 陆态网的监测项目。当雄县气象局按照 2018 年气象服务工作的实施方案，积极推动政府主导，部门合作，社会参与的气象灾害服务保障工作，并通过县级公共平台、一体化平台、政府网、手机短信、微博、微信等渠道传输气象信息，向政府和各相关部门提供气象信息。1—9 月，发布气象短期预报 273 期、气象周报 37 期、地质灾害预警 7 期、气候变化评估 1 期、虫草采集及“当吉仁”赛马节专题预报 12 期、强降水蓝色预警 6 期。这些服务工作的实效，为地方防灾减灾救灾，合理安排生产提供气象服务保障。得到了政府和各相关部门的认可。

【普及气象防灾减灾意识】 年内，当雄县气象局充分利用“3·23”气象日、3 月综治宣传月、科技周日、“5·12”防灾减灾日、“6·5”世界环境日，大力宣传气象防灾减灾和环保知识，积极参加由县环保局主办的以“美丽当雄，我是行动者”为主题的第 47 个世界环境日的宣传活动。活动期间当雄县气象局通过拉横幅、发放宣传册等方式，积极宣传气象知识。达到预期目的。

【党建工作】 年内，当雄县气象局规范班子议事规则，严格按照中国气象局台站实施“三人决策制”

的要求，执行三人决策制度；进一步规范和完善三人决策制度；加强和改进“三人决策制”会议记录和会议纪要。严格把关财务报销流程，严格执行财务报销规定；加强安全生产、综合治理等台账建设。

年内，完善领导班子专题研究党建工作，严格执行党组织生活制度，包括“三会一课”制度和党员民主评议的开展。按照党章、“三会一课”制度和党员民主评议的相关要求，开展好“三会一课”和党员民主评议并认真记载基层党组织活动手册的记录，争取半个月内开展一次形式多样的党员学习，提高学习成效。加强党内基本理论知识的学习以及对专业知识的学习，每月开展一次党员学习活动。年内，参加党建和党的知识培训15人次，义务劳动5次，组织生活会12次。进一步完善和规范标准化党员活动室。4月21日，9月13日，10月20日向拉萨市气象局党建工作巡查组和自治区气象局党建工作巡查组分别作了巡察工作汇报。通过活动和巡察进一步强化党支部的履职能力，提高党组织的战斗力。

【党风廉政建设】 年内，当雄县气象局党支部集体制定党风廉政建设相关制度和修改工作方案，并带头落实改进工作作风、密切联系群众的八项规定，有力推动党风政风改进，同时为开展不忘初心，牢记使命的主题教育活动做了思想动员、工作准备和行动示范。完善内控制度。对于促进党的作风建设，增强党的创造力凝聚力战斗力，促进全体党员以全新全貌开展工作、担当使命，有效推进党风廉政建设和反腐败工作，具有十分重要的意义。

（桑　珠）

【领导名录】

局　长

扎　西（藏族）

当雄县净土产业投资开发有限公司

【概况】 当雄县净土产业投资开发有限公司，于2015年4月2日成立，注册资金为8000万元，属国有独资企业，公司法人代表洛珠，共有36名职员，其中公司管理层6名。下辖三个子公司：当雄县净土天然饮用水开发有限公司、当雄县农畜产品开发有限公司、当雄县净土牦牛产业开发有限责任公司。

【经营范围】 当雄县净土产业投资开发有限公司主要以种养科技示范基地、农畜产品深加工、人工种草、冻精推广、水资源开发的经管范围，承担授权范围生态畜牧产业重大项目、净土健康牧业示范基地的建设项目投融资与运营管理，畜产品市场推广、畜牧业会展、畜牧业对外合作，畜牧业招商引资。新能源（风、光等）项目、水资源项目（矿泉水、饮用水等）招商引资及开发等家庭健康产业发展项目。

【净土健康产业发展】 2017年正式成立当雄县净土牧场，总投资2405.38万元。2018年1月，郭庆牧场收购400头牦牛进行集中育肥试验，截至年底，共增重14896公斤，平均每头增重37.24公斤。通过项目实施，改善牦牛养殖基地基础设施，提升牦牛育肥能力和技术支撑能力。该项目建成后，可直接带动190户286人建档立

2018年9月19日，中国肉类协会牛人俱乐部分会会长马广胜（中）考查了解当雄县肉类产品

卡户增收、脱贫，户均增收1000元，待项目竣工，为郭庆村建档立卡户提供放牧员、饲养员、装卸工、保洁员等30余种岗位，人均增收3000元。

投资1.2亿改扩建纳木错圣水厂，该项目为当雄县精准扶贫户297人，人均分红1000—1500元，共带动增收29.7万—44.55万元，2017年已分红112户297人，每人分红1000元，共297000元。

2018年12月16日，当雄县净土产业投资开发有限公司在南京参加展销会

【公司产品】 截至年底，研发的产品有当雄牦牛肉五香味、当雄牦牛肉麻辣味、卤汁牦牛肉五香味、卤汁牦牛肉麻辣味、手撕牦牛肉五香味、手撕牦牛肉麻辣味、风干牦牛肉麻辣味7个口味，产品生产已完成。完成当雄牦牛肉卤汁牦牛肉、手撕牦牛肉68克、108克袋装、散装系列包装。风干牦牛肉系列已完成研发，牦牛肉罐头系列已完成研发，牦牛坨坨肉系列已完成研发，牦牛肉酱系列已完成研发，完成冻品牦牛肉产品定型、分割，完成牛排产品研发，完成活牛宰杀（冷鲜牦牛肉）产品定型、分割、数据测算。

【战略布局】 2018年3—12月，公司共实现销售金额146. 9万元。实现目标市场第一批战略布局公司以北京为核心，辐射重庆、昆明、江西、南京、杭州、西藏，华东地区江苏、上海、浙江，华北地区北京，华南地区广东等区域进行全国的市场布局。

【市场宣传】 年内，参加“中国好牛肉 · 纳木错牦牛肉”之夜，北京国际餐饮食材展。该次展会以区域、渠道招商推广为主，产品品鉴、产品推荐为辅。展会期间，覆盖人群3300余人，共接待到访客户328位，其中留下资料的客户为117位，有意向合作的客户为46位。第5届南博会（第25届昆交会），共积累客户数量32位，其中意向客户10位。海峡两岸（昆山）农产品展示展销会，2018年拉萨市牦牛肉惠民上市活动将于12月5日正式开启，公司先后提供68759斤的惠民肉合计201.5万元左右，其中为低保户提供6415斤合计17.6万元。公司投资212万元冠名费于2018年12月12日作为“中国好牛肉 · 纳木错牦牛肉”牛人大会总冠名单位。在活动筹备启动开始至结束的1个月时间，中央视、人民日报海外网、今日头条、网易、新浪、优酷、凤凰网、腾讯、搜狐等新闻媒体报道和播放该活动。同时，在牛人俱乐部官方网站和“牛行天下”等官网上宣传一年，并在活动区提供6个展台，成果展示区、活动奖杯等活动相关标语文字均印“中国好牛肉 · 纳木错牦牛”及企业标志，首都机场、地铁通道口设立纳木错有“身份证”的牦牛肉广告牌，再一次为纳木错牦牛肉打响品牌知名度。

【探索水产业】 年内，加大水资源的开发与投产，继续打造高原特色“水城”。净土公司控股的纳木错实业有限公司投资1. 2亿元（产业扶持资金4000万元，企业融资贷款8000万元）对厂房及设备进行更新。其中投资5700万元用于购买法国（上海）西得乐设备公司两台生产设备，投资904.86万元购买林奥洁净间和水处理设备及安装，投资18604.86万元购买瓶坯和瓶盖、标签、纸箱和前期运作经费，投资2860万对厂房主体扩建。10月完成主体工程建改，

12月1日起开始投产运营。新引进西藏象雄饮用水有限公司，该公司拟定投资为185亿元，在当雄县羊八井开发饮用水资源，其中净土公司占10%的股权。项目总占地面积为30亩，选址工作已完成，计划将在2018年实现试运投产，为当雄县精准扶贫带动增收29.7万元—4.55万元。与当雄圣地生物发展有限公司的合作建立生物水开发项目，进步推进项目前置手续办理工作，项目投入使用后县净土公司占股权的32%。拟定项目总投资2000余万元，在2018年实现试运营投产，每年为当雄县精准扶贫带购动增收8.62万元。

【探索高原特色牦牛产业链】 年内，安排3名畜牧专业人员，成立专门的科学养殖基地，并从青海牧源农牧科技股份有限公司购买20吨育肥精饲料，从当地市场上购买10吨当地黑豌豆，公司在全县范围内先后投资343.282万元收购有"身份证"牦牛活畜429头，共78.8吨，销售收入达359.306万元。投资752.588万元收购有"身份证"牦牛酮体肉966头，总121.2吨，销售收入885.017万元。销售有"身份证"的牦牛肉休闲食品系列35753份，销售收入210.94万元。当雄县净土牧场，总投资2405.38万元。2018年1月，郭庆牧场收购400头牦牛进行集中育肥试验，截至年底，共增重14896公斤，平均每头增重37.24公斤。通过项目实施，改善牦牛养殖基地基础设施，提升牦牛育肥能力和技术支撑能力。该项目建成后，可直接带动190户286人建档立卡户增收、脱贫，户均增收1000元，待项目竣工后，为郭庆村建档立卡户提供放牧员、饲养员、装卸工、保洁员等30余种岗位，人均增收3000元。

（旦增旺姆）

【领导名录】
董事长
邹 万 明
总经理
扎西次仁（藏族）
副总经理
阿旺多布杰（藏族）

当雄县羌塘文化旅游发展有限责任公司

【概况】 当雄县羌塘文化旅游发展有限责任公司成立于2013年3月31日，在当雄县注册成立，注册资金5520万元。公司共有101员工人，其中，财政供养干部有8名、外聘人员有4名、大学生24名、服务人员有65名（其中34人为精准扶贫户）。公司名下的注册公司有，神山圣湖旅游客运有限公司。2018年，正在运营的产业有，赛马场游客集散中心（黑帐篷、四季牧歌、集装箱酒店）与旅游生态园茶园。正在开发的项目有"康玛温泉度假酒店项目""姆蓝雪山""行者黑帐篷系列""廓琼岗日冰川"。

【公司经营范围】 旅游接待、民族歌舞表演、马术表演、中餐、藏餐、民族工艺品销售、住宿、广告牌出租、畜产品加工销售、地热温泉开发旅游、KTV（依法须经批准的项目，经相关部门批准后，方可开展经营活动）。

【旅游产业发展】 旅游业是世界经济中持续高速稳定增长的重要战略性、支柱性、综合性产业，随

2018年10月18日，拉萨市交通局副局长范健（右三）、拉萨市道路运输管理局局长其美（右二）、拉萨市道路运输管理局副局长旺堆（右一）到羌塘旅游公司调研

着经济全球化和世界经济一体化的深入发展，世界旅游业更是进入快速发展的黄金时代。当雄县作为全市唯一的纯牧业县，有着更多游牧生活的传统历史以及文化遗产。凭借丰富的旅游资源，充分发挥并错位发展，开创具有当雄县特色的旅游产业发展之路。

【业务开展】 年内，成功举办当雄县第三届“情醉姆蓝雪山、寻觅虫草之旅”活动以及丰收节。成功举办2018年当雄县国家级非物质文化“当吉仁”赛马节，完成赛马场游客集散中心（黑帐篷、四季牧歌、集装箱酒店）的建设任务。

【在建未完成项目】 康玛温泉度假酒店项目：主体工程已竣工并验收通过，附属工程地下部分已完成50%，并在11月29日试营运。

姆蓝雪山项目：游客集散中心，游客集散中心混凝土基础全部完成，钢构安装完成50%，基础坊回填完成。7栋小木屋混凝土基础全部完成，3栋小木屋钢柱安装完成，4栋小木屋钢柱安装完成40%，计划所有钢梁10月20日全部完成，由于气候原因施工已停工。

行者黑帐篷系列项目：羊八井“行者黑帐篷”游客中心，项目建设设计内容全部完成，于10月1日正式营业。景观道路标志标牌、文创产品等正在进一步提升完善当中。宁中点“行者黑帐篷”游客中心，已完成项目前置（除土地证），土地证正在办理当中。

纳木错“行者黑帐篷”游客中心：已完成项目前置（除土地证）环评报告已出，待专家评审。项目立项概算批复已出，正在走招投标程序，争取年内完成一切前置手续，2019年开始动工。

廓琼岗日冰川开发项目：完成冰川建设方案。项目现场道路路基完成13.5千米，停车场3个。冰川大门基础已完成基坑开挖、垫层浇筑、钢筋铺设、模板支护。完成路基进一步拓宽调直工程的施工。

县际班线改革任务顺利完成。确定纳木错景区售票处迁移至游客集散中心的方案，酒店大堂及景区售票处按照要求进行装修，该项目已竣工并正常运营。

【探索旅游资源】 年内，加强旅游开发规划的制定和落实，在科学处理好开发与保护矛盾的前提下，制定出高起点、高标准、高档次的旅游资源开发规划，为实现旅游业持续、快速、健康发展提供重要基础和行动指南。创新宣传方式，加大推介力度，打造当雄旅游品牌，使当雄旅游业核心竞争力不断加强。将当雄旅游形象宣传纳入全市对外交往和宣传计划，重大外宣、招商、对外友好、文化交流等活动要与旅游宣传有机结合，统筹安排；加强旅游宣传平台建设，打造更新及时、信息全面的当雄旅游网站，制作质量精美、通俗易懂、吸引眼球的当雄旅游的宣传光盘、书籍、地图等宣传品，运用报纸、广播、电视、网络等媒体形式和在节庆活动进行大力度、全方位的宣传推介；加强合作，多方联动，充分借势，形成合力，增加名气。

（益西卓嘎）

【领导名录】

董事长

普　　琼（藏族）

总经理

嘎玛遵追桑布（藏族）

2018年10月12日，当雄县羌塘文旅公司董事长普琼及相关领导对县级班车进行督导检查

社会事业

当雄县民政局

【概况】 当雄县辖区共有6乡2镇29个行政村。全县总人口10758户54321人。农村低保户共有553户2310人，城镇低保户333户590人。其中，建档立卡低保户有285户1147人，非建档立卡低保户有268户1163人；特困户113人（集中供养63人，分散供养50人）；高龄老人3624人，孤儿55人，60岁以上退伍军人52人，重点优抚对象11人，残疾人1528人。

2018年6月5日，拉萨市残联副理事长格桑平措（右三）到当雄县公塘乡小学检查全纳教育情况

【城乡低保】 截至年底，共有农村低保户553户2310人，兑现农村低保资金322.49万元；城镇低保户333户590人，兑现低保资金410.42万元；发放两线合一资金147.94万元。2018年，按照《西藏自治区城乡最低生活保障实施办法（试行）》，从2018年初开始取消农村低保分档定额补助方式，全面实行差额补助方式，并将民政、残联所有资金（含慰问金）全部以社化发放方式进行发放。

【医疗救助】 截至年底，当雄县医疗救助254人次，发放救助金116.09万元。城乡医疗救助“一站式”即时结算工作有序开展，2018年共结算“一站式”医疗救助人数32人，结算资金26.16万元。

【临时救助】 年内，按照自治区临时救助政策要求，为更好地解决困难群众生产生活中遇到的实际困难，让困难群众有饭吃、不受冻，确保每一名困难群众基本生活有保障。截至年底，当雄县临时救助38人次，落实救助资金5.19万元；为进一步发挥社会救助作用，确实解决城乡困难群众的突发性、紧迫性、临时性基本生活困难。当雄县针对因遭遇突发事件、意外伤害、重大疾病或者其他特殊原因等导致家庭基本生活陷入困境等情况，专门制定出台重特大家庭变故救助机制。县财政专门预算200万作为家庭重特大变故救助资金。截至年底，共救助4人，救助资金8.67万元。

【特困人员工作】 年内，当雄县始终把“关爱特困人员、尊重特困人员、帮助特困人员”作为特困人员工作的第一要务，当雄县2018年财政预算328.16万元资金用于县社会福利院特困人员日常生活开支及每月生活补贴。截至年底，当雄县共有特困人员114人，其中，集中供养63人，分散供养51人，兑现分散特困人员补贴资金29.38万元。已聘用完5名管理专业技术人员和14名工勤人员及2名护理人员，且对工作进行分工，工资已全部落实到位。

【城乡低保核查】 2017年底民政局争取到28万元资金，邀请社会救助工作第三方评估机构，对全县城乡低保户进行全面评估。2018年拉萨市民政局邀请第三方评估机构，对当雄县城乡低保户进行全面评估，从第三方核查工作专题会议反馈，共发现当雄县存疑低保对象身份信息核查人员107人，严格按照保障标准，逐一进行核对，对不符合标准人员全部进行清退。

3月，根据《西藏自治区城乡最低生活保障实施办法（试行）》《西藏自治区申请救助居民家庭经济状况核对办法（试行）》文件要求，2018年农村最低生活保障补助实行差额补助的方式，为保证政策落实到位。民政局专门对各乡镇民政助理员进行低保家庭收入测算，开展城乡低保申请受理、家庭经济状况调查、民主评议应遵循程序、审核审批程序等工作流程培训。并组织各乡（镇）民政助理员对低保户进行入户核实，对每个低保户家庭收入进行重新测算，并对农村低保户家庭基本信息进行核实，入户率达到100%，低保户清退率达到40%，共清退512户，2123人，调整119户191人，对所有清退及纳入人员建立了一户一表。

【社会救助联席会议制度】 年内，当雄县制定《当雄县社会救助联席会议制度》，就相关单位职责进行明确，并要求各成员单位严格按照联席会议制度及相关单位职责开展相关工作。民政局负责统筹全县社会救助体系建设，协调有关部门，建立健全政府领导、民政部门牵头、有关部门配合、社会力量参与的社会救助工作协调机制。负责研究制定最低生活保障、特困人员供养、受灾人员救助、医疗救助、临时救助、社会力量参与等社会救助相关规定。

【防灾减灾】 年内，县委、县政府高度重视救灾救济工作，并将该项工作列入当雄县“十三五”国民经济和社会发展规划，同时，专门将救灾救济经费纳入县级财政年度预算，2018年县级财政预算救灾救济经费200万。制定《当雄县防抗灾应急预案》。针对人员变化，及时调整充实防抗灾领导小组，明确县、乡、村三级灾情信息员，为灾情报送及时、数据准确、不满报、不虚报、不迟报工作奠定了基础。制定救灾工作职责和基层灾情信息员工作制度。建立健全和严格遵守救灾物资管理使用制度，做到制度上墙，严格执行救灾储备物资出、入库登记制度，做到账目清、物资齐。为了能让防抗灾意识深入每个牧民群众的心中，民政局在“5·12”防灾减灾

2018年8月1日，县委常委、副县长文林，县民政局局长次仁曲珍看望慰问武警中队官兵

日，在县城群众密集区县农行门口、县政府门口等四处利用悬挂宣传横幅、发放防灾减灾宣传手册、宣传单等形式进行防灾减灾宣传，共发放相关资料350余份。3月、6月、10月，民政局专门邀请县消防大队对当雄县物资储备库、乡级物资储备库及福利院等地进行防火、防潮设施设备情况检查，有效保证储备物资及人员安全。根据拉萨市减灾委的统一安排，各县（区）在拉萨举行应急救灾帐篷搭建比赛，为确保参赛人员取得好成绩，民政局积极组织参赛队加班加点训练，在比赛中当雄县获得集体二等奖。

2018年10月8日，当雄县民政局副局长郝希六到纳木湖乡检查救灾物资情况

【村务公开】 年内，民政局与县委组织部协调对刚建完的村委会进行规范，建立健全工作机制，明确成员具体职责，做到分工明确，各司其职，保证党务村务工作的贯彻落实。

【村务监督委员会工作】 年内，全县共有村务监督委员会29个，各村务监督委员会成员分别由3—5人组成，共有村务民主监督委员会成员112人，村务监督成员中党员有108人，主任29人。各村务监督委员严格按照相关职责，认真开展各项工作，2018年主要对村组财务、草补、农村低保、生态补偿岗位、扶贫项目等实行全程监督，全县各村（居）监督委员会在监督过程中未发现失职渎职现象。

【村务民主协商工作】 年内，当雄县村务民主协商工作在各级的共同努力下，民主协商工作不断得到了深化。各乡镇党委、政府认知明确，对村务民主协商工作较为重视，定期召开有关会议，部署安排村务民主协商工作，研究解决工作中存在的问题。从健全组织制度、规范运行程序、加强督促检查等环节狠抓制度落实，使村务民主协商进一步规范，有力地促进了新农村建设和各项事业健康发展。

【城乡社区消防】 3月，民政局在羊八井镇甲玛村，专门组织村“两委”、下沉干部、驻村工作队等20余人开展一次消防演练，进一步提升人员安全意识，提升人员应对突发事件的处置能力。

【农村社区建设】 年内，按照市文件要求，当雄县29个行政村制定村规民约，并对各村建立一村一档，在2017年报送的基础上，2018年又向市报送8个村的一档。同时，对29个村居法人统一社会信用代码赋码进行全面核实上报，2018年当雄县除格达乡一个村的法人存在错误外，其余村赋码全部正确。

【优抚安置】 2017年，当雄县接收退役士兵，符合安置条件人员1名，于2018年7月已得到妥善安置。截至年底，接收退伍人员13名，档案13份，无人员符合安置条件。2018年发放一次性优待金10人80万元，抚恤金9人14.69万元，优抚对象医疗救助5人9522元。按照区、市退伍人员信息采集要求，及时制定当雄县关于开展退役军人和其他优抚对象信息采集工作实施方案，成立信息采集领导小组，就各成员单位职责进一步明确，有力推动了信息采集工作顺利进行。截至年底，已完成433人信息采集，其中本地411人，异地22人。为加大退伍人员就业力度，更多提供就业机会。

【双拥创建】 年内，当雄县双拥工作按照“军民携手、群策群力、互办好事、求实创新、强力推进”的目标，将双拥工作纳入县委、县政府主要工作常抓不懈。每年将双拥工作经费列入县财政预算，2018年双拥工作经费25万元。3月，民政局积极组织人民武装部、消防武警等多家单位在全县范围内开展拥军爱民活动，积极为群众办好事、办实事。8月，在征兵工作开展前夕，民政局联合县武装部在县城举行军人政策宣传活动，共发放宣传手册1000余份。

在春节、藏历新年及“八一”建军节期间，慰问驻军部队，发放慰问金13.3万元，慰问优抚对象96人，发放慰问金8万元。

【社会福利和慈善工作】 年内，配齐配强福利院工作人员，已招聘5名管理专业技术人员和14名工勤人员及2名护理人员，且对工作进行分工，工资已落实到位。当雄县福利院标准化建设严格按照区、市相关文件精神，从消防、食品、日常管理、环境卫生、人员管理等方面进行了严格规范有序推进，标准化建设取得了一定成绩。当雄县共有残疾人1528人，兑现残疾人两项补贴101.54万元；重点关爱残疾人10人，兑现资金12万元；重症精神病人20人，兑现监护人员补贴4.8万元。当雄县共有留守儿童164人，孤儿55人，根据全市“双集中”工作要求，已将孤儿全部送至拉萨市福利院及SOS儿童村进行集中收养，0—16岁残疾儿童181人，兑现残疾儿童康复补贴43.44万元。2018年为拉萨市福利院及SOS儿童村送去慰问金共计2万元。

【老龄工作】 截至年底，当雄县有60岁以上老龄人3624人，其中70—79岁老年人1255人，兑现资金75.3万元；80—89岁以上的49人，县级配套每人200元，兑现资金62.32万元；90—99岁老年人51人，县级配套每人300元，兑现资金12.24万元；100岁以上的1人，兑现资金4000元。当雄县2018年节日期间共发放慰问金67.92万元。其中，慰问低保户265人，发放慰问金15.89万元；慰问五保户96人，发放慰问金4.8万元；慰问寿星特困户112人，发放慰问金5.6万元；慰问残疾人特困户95户，发放慰问金4.75万元。

【行政区划】 年内，当雄县无勘界联检界线牵头任务，主要配合班戈县、那曲县完成年检任务，同时，6月与那曲县就行政边界线走向进行界定。相关配合年检及勘界联检报告、勘界联检表、协议书等材料已上报。

【地名普查】 年内，民政局联合县编译局对全县29个行政村及三条主干线路路牌情况进行认真核对，所有路牌标志地名将以照片形式报县编译局进行藏汉双语认定，待编译局核对完成后，民政局将对藏汉双语不规范、个别村委会路牌不齐全的进行重新设置。

【社会组织登记管理】 年内，为进一步掌握当雄县社会组织情况，保障公民的结社自由，维护社会团体的合法权益。民政局专门联合县公安局下发通知，要求各乡镇组织派出所人员对辖区是否存在以志愿者名义开展变向的社会救助情况进行了全面排查，截至年底，当雄县境内无任何登记或变向成立的非法社会组织。

【婚姻登记、档案管理】 年内，结婚登记463对，离婚登记78对，结婚证补办44对，离婚补办1对，所有资料全部进行整理规档。当雄县康玛寺天葬台改扩建项目已建成，现已投入使用。乌玛塘乡、纳木湖乡物资储备建设已完成总工程量的85%，根据气候情况，按照冬季停工要求，已停工。“十三五”期间的14项目前期相关手续已全部完成。

【残疾人办证】 年内，为深化“放管服”工作成果，以提高服务质量为突破口、以创新服务体系为抓手，促进残联办证工作再上新台阶。民政局组织医院评定医生深入到各乡镇、村、组、户，对所有残疾人未办证人员进行现场登记办理，2018年共办理残疾证184人，等级调整5人。

（郝希六）

【领导名录】

局　长

次仁曲珍（女，藏族）

副局长

郝希六（苗族）

当雄县人力资源和社会保障局

【概况】 2018年，当雄县人力资源和社会保障局管辖公职人员共有1747人，其中，政府系统在职公务员483人，专业技术人员797人、合同工99人、固定工52人、公益性岗位220人、政府购买服务人员76人，基层平台工作人员20人。当雄县人力资源和社会保障局重点加强作风建设、队伍建设、效能建设和体制建设，有效推进人事管理工作规范化、科学化发展。制定出台《当雄县非公益性岗位村医及教育系统原代课老师待遇补贴办法(试行)》，为临时工提供有效保障。

【职称评定】 年内，完成3个新增事业单位岗位设置工作，审核上报县畜牧系统初级18人，中级2人，文广系统初级6人，卫生系统初级3人，各乡(镇)文化服务中心初级6人的职称评审工作。

【高校毕业生管理】 年内，受理申请就业创业资金和企业就业补贴5人，申请通过2017年高校毕业生见习补贴10人。先后与县域企业开展岗位对接工作开发岗位40个，政府开发岗位33个。实名登记应届高校毕业生311人，实现就业280人，就业率达到90.03%。高校毕业生中建档立卡贫困户40人，已就业40人，就业率达到100%。举办创业大赛1期，参赛12人，推荐5名参赛者参加市创业英雄汇。

【城乡居民养老保险】 年内，当雄县城乡居民养老保险参保人数25667人，共征缴城乡居民养老保险金228万元，待遇领取26261人次，已发放养老保险金共计559.5万元。2018年3月当雄县县开展生存认证摸底调查，并在各乡(镇)公示10日，通过生存认证清理出领取待遇死亡人员519人，已停止发放待遇，正在开展稽核追退工作。

2018年5月10日，拉萨市人社局局长马百胜（左四）出席当雄县精准扶贫易地搬迁桑木安置点专场招聘会

【职工基本养老保险】 年内，当雄县职工基本养老保险参保人数为2389人，当雄县干部职工已全部参保，共征缴基金7044.59万元。

【城镇居民医疗保险】 年内，当雄县城镇居民医疗保险参保人数2371人，征缴金额123.29万元。共给82名居民统筹报销医疗保险71.81万元，给当雄县居民办理医保卡151张(其中新增居民医保卡89张，挂失补办居民医保卡62张)。

【职工基本医疗保险】 年内，当雄县职工医疗保险参保人数2305人，共征缴基金2898.95万元。为48名参保职工报销医疗费77万元，其中统筹报销54.53万元、公务员补助22.47万元，为当雄县职工办理医保卡319张(其中新增职工医保卡226张，挂失补办职工医保卡93张)。

【生育保险】 年内，当雄县干部职工参加生育保险2060人，征缴干部职工生育保险征缴基金179.29万元，为31名职工报销生育保险共37.52万元。

【工伤保险】 年内，当雄县工伤保险参保人数2281人，征缴工伤保险基金81.56万元。组织当雄县6名进行工伤认定、劳动能力鉴定的人员前往市工伤科鉴定或认

2018年4月26日，当雄县召开人社工作部署会议

定，并已支付工伤保险待遇 13.2 万元。

【失业保险】 年内，当雄县人力资源和社会保障局充分发挥失业保险调稳作用。加大力度做好失业保险扩面工作，采取各种措施，继续宣传失业保险政策法规，增强单位和个人失业保险意识，提高参保缴费积极性。积极开展失业保险新增参保的扩面工作。截至年底，当雄县失业保险共参保 1362 人，征缴失业保险基金共计 120.95 万元。

【就业再就业】 年内，共召开招聘会 3 次，小微企业吸纳就业 4164 人。农牧民劳动力转移就业 1.2 万人、2.4 万人次，实现收入 0.7 亿元。开发就业再就业岗位 821 个，实现新增就业 944 人，其中就业困难人员 178 人，失业人员再就业 163 人。职业介绍 387 人次，职业介绍成功 301 人。就业再就业培训 312 人，农牧民转移就业培训 1102 人，建档立卡贫困人口转移就业培训 343 人，职业技能鉴定 121 人。易地搬迁户转移就业 557 人，创业培训 57 人，创业成功 4 人，带动就业 16 人。举办民族手工艺大赛 1 期，参赛 10 人，推荐 13 人参加拉萨市双创民族手工技能大赛及技术名匠大赛。当雄县城镇登记失业率控制在 2.2% 以内，城镇调查失业率控制在 5.5% 以内。

【精准扶贫转移就业】 年内，按照精准扶贫转移就业工作要求，多举并措、分类施策，先后在乡镇摸底 3 次，对各项统计数据进行实时更新，动态管理精准扶贫对象一人一档信息，建立易地搬迁户三表一证档案。2018 年开展精准扶贫就业培训 11 期 472 人，政策引导性培训 1 期 200 人，举办精准扶贫专场招聘会 2 期，提供就业岗位 510 余个。自精准扶贫工作开展以来，当雄县精准扶贫建档立卡对象共实现就业 2198 人。

针对羊八井风湿病搬迁点开展摸底调查 2 次，收集整理风湿病搬迁对象的基本信息、劳动力、就业培训需求等情况，建立“三表一证”，开展技能培训 2 期 45 人，实现新增就业 135 人。

【劳动监察】 截至年底，共召开劳动监察席会议 2 次，收缴全县 24 家建筑施工单位农民工工资保证金 640.83 万元，缴纳民工工伤保险 64.82 万元，涉及人数 612 人。为有效处理拖欠民工工资问题，当雄县特设立民工工资应急周转资金共计 300 万元。县劳动监察大队利用重大节日和特殊节点走村入户、深入建设施工现场进行劳动保障法制宣传 2 次，发放宣传资料 1000 余份，开展拖欠农民工工资专项检查 3 次、开展清理整顿劳动力市场秩序日常劳动监察 4 次。共排查劳资纠纷案件 4 起，涉及 61 人，拖欠民工工资 142.2 万元，已全部结案。

【“四讲四爱”主题教育实践活动】 年内，当雄县人力资源和社会保障局党支部结合工作实际，深入学习党的十九大精神，扎实开展“四讲四爱”活动，共组织集中学习 22 次，书记讲党课 2 次，撰写心得体会 50 篇。严格要求全局干部职工在生产、工作、学习和社会生活中，起到党员的先锋模范作用，为党在思想上、政治上、行动上的团结统一夯实基础。

【党支部工作】 年内,当雄县人力资源和社会保障局党支部紧扣党建工作目标,各项工作稳步推进,共组织召开三会一课26次。积极组织学习落实《中国共产党党内监督条例》《中国共产党纪律处分条例》《中国共产党廉洁自律准则》等党内条例,加强对党员干部队伍的监督管理,2018年无违法违纪情况发生。支部8名党员结对帮扶精准扶贫建档立卡对象16户,上半年,每人先后4次进村入户摸底了解帮扶对象情况,进行政策宣讲、帮扶、慰问,并与相关单位沟通协调通过,社会兜底、社保、就业等多种帮扶措施帮扶脱贫,已基本实现全部脱贫。

(李思杰)

【领导名录】

局　长

才　　达(女,藏族)

主任科员

石达顿珠(藏族)

副主任科员

盛　　洁

当雄县卫生和计划生育委员会

【概况】 当雄县下辖6乡2镇,29个行政村,12067户,总人口53821人(牧业9738户、48700人)。1所县级人民医院、1所县疾控中心、7所乡镇卫生院。28个村卫生室。

县医院核定编制职工数50名,医院现有总员工88人,卫生技术人员72人,占总数的81.8%,[其中临床医师(士)49人、护师(士)17人、药剂人员6人、医技人员11人];工勤人员14人。规培2人,援藏5人。县疾控中心总人数为14人,其中正式干部11人、公益性1人、临时工2人;正式干部学历结构为本科3人,大专8人,初中4人。乡镇卫生院卫生技术人员数为91人,其中在职59人,规培32人;村医75名(其中公益性岗位14名)。乡镇卫生院在职人员学历结构为研究生2人,本科60人、大专27人、中专1人。

【医药卫生体制改革】 年内,当雄县以推进“健康拉萨”“健康当雄”建设工作为引领,着力推进深化医药卫生体制改革制度建设。2018年当雄县农牧区医疗制度得到进一步巩固和发展,保持农牧区医疗制度全覆盖。2018年,农牧民参加农牧区医疗制度人数为47819人,参合率为100%;全县大病统筹住院人数1962人次,报销金额为1701.62万元。孕产妇报销579人,报销金额290.68万元;特殊门诊报销44人,报销金额15万元,家庭账户报销28563人次,报销金额436.61万元,卫生院核销32166人次,核销金额160.52万元,家庭账户基金剩余1278.8万元;继续实施“先住院、后结算”的惠民政策,开具贫困绿卡214张、孕产妇及婴儿绿卡356张,为贫困群众大病患者提前垫支医疗费29人次,垫支资金190万元。

年内,按照“防治必需、安全有效、价格合理、使用方便、藏中西医并重”的原则,从2015年开始县、乡、村三级医疗机构均实行基本药物“零差价”,切实解决了当雄县牧民群众“吃药贵”的问题。当雄县坚持群众自愿,政府引导为原则,从实际出发,因地制宜,通过政府引导、群众自愿相结合的方式进一步完善分级诊疗制度,现阶段“基层首诊、急慢分治、上下联动”的分级诊疗模式已初

2018年4月5日,县政协副主席、卫计委主任巴桑在当雄县党校村组干部培训班上讲解卫生惠民政策

步建立。2018年7月，当雄县人民医院已同7个乡镇卫生院签订“医疗联合体”协议，为下一步开展公立医院改革打好基础。

【助力精准扶贫，精准脱贫】 截至年底，当雄县建档立卡贫困户1853户，8280人，其中因病致贫且患有影响生产生活、治疗费用较高的93种疾病的病人有81人（大病患者7人、慢病患者62人、重病患者12人）。2018年在县委、县政府正确指导和脱贫攻坚指挥部的有力领导下，当雄县扎实开展合作医疗报销、大病保险、民政医疗救助、重大疾病县级救助兜底等四重保障措施。

继续实施“牧民群众先住院后结算”绿色通道政策，与包括县医院、总医院、藏医院、区人民医院、拉萨市人民医院在内的9家医院签订“先住院后结算”协议，2018年已经为建档立卡户患者开具就医绿色通道卡107人次。

【群众免费就医】 深入开展建档立卡户群众免费就医工作。拉萨市在合作医疗资金495元/人的基础上为建档立卡户群众提标65元/人，用于扶贫户患者的住院医疗费用兜底，该项资金总计50.7万元。已为70名建档立卡患者兜底8.7万元，该笔资金还剩余41.9万元，可以继续保障建档立卡户患者救治。为保障群众因超大额医疗费用的支出导致因病致贫或返贫，当雄县财政投入48.6万元为全县农牧民购买超大额医疗保险，在大病保险赔付7万元的基础上还可以赔付15万元。截至2018年7月，已经为群众赔付25.6万元，8月之后产生的超大额医疗费用还在合作医疗报销和大病保险赔付阶段，超大额医疗保险还未赔付到位。

【农牧区合作医疗】 加大农牧区合作医疗和重大疾病救助县级投入力度。为缓解当雄县大病统筹基金透支的压力，县财政每年补贴700万元，用于报销群众住院费用。有效降低了合作医疗基金运行风险，保障当雄县群众能够及时得到住院费用补偿。另外，当雄县财政每年预算100万元，用于当雄县群众重大疾病县级救助和提前垫支医疗费用，消除重大疾病患者无力支付高额医疗费用的后顾之忧。

【免费入户诊疗】 年内，为因病致贫群众提供免费入户诊疗服务，积极落实“三个一批”行动计划。按照区、市卫生部门大病集中救治的要求，当雄县积极开展包虫病筛查救治工作，截至年底，全县共筛查出包虫病患者203人，已全部得到救治，其中67人为手术治疗，其余为服药管理治疗。按照慢病签约管理一批的要求，当雄县各乡镇卫生院为建档立卡因病致贫的62位慢病患者建立健康档案，并将其纳入公共卫生服务管理对象，各基层医疗机构正在以家庭医生签约服务为抓手，优先为因病致贫慢病患者提供慢病管理服务。

【结核病、肝炎、风湿病综合防治】 年内，当雄县按照早部署、早开展的工作要求，把结核病、风湿、肝炎等疾病的筛查工作作为一项重点工作，通过6个月的努力，截至年底，结核应检人数42200人、实检查人数37817人、筛查率89.61%，其中X光疑似结核190人、X光阳性管理7人、痰检

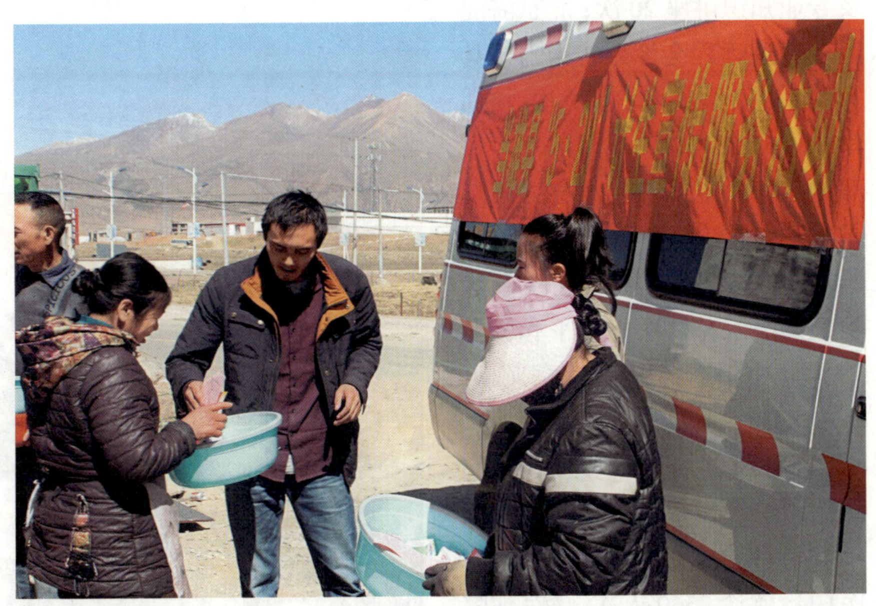

2018年5月29日，当雄县卫计委副主任加措到羊八井镇开展“5·29”计生服务宣传活动

阳性2人；风湿应检人数35189人、实检查人数32782人、筛查率93.16%，实验室确诊（抗O、类风湿因子阳性）1197人、关节退行性改变并须做手术的48人，已安排免费手术3人；乙肝检查人数（两对半）35314人（其中中小学7823人加做了甲肝、丙肝、戊肝）、查出乙肝患者995人、甲肝7人、丙肝无、戊肝1人。包虫病补充筛查817人、阳性2人。

【医疗组团式援藏】 年内，当雄县医疗组团援藏优势作用得到进一步发挥，人才交流力度进一步加大，县医院综合实力进一步提升。2018年，县医院紧紧围绕手麻科、妇产科两大学科建设为重点开展医院各项工作。选派县人民医院管理人员到海淀医院参观学习先进管理经验、派2名医技人员到海淀医院参加B超培训；组织援藏专家开展“一对一”手把手教学帮扶年轻医生6人次，现场专业技术及专业知识讲座20次；北京海淀医院通过远程会诊系统为当雄县人民医院开展技术培训3次，培训学员240余人次。9月15日，援藏专家郭丹老师在当雄县人民院首次开展胃镜检查项目，标志着当雄县医技诊断技术得到新的突破，对人民医院整体医疗水平和综合诊疗能力的提升具有重大意义。

【民族医药发展】 年内，县医院藏医科继续发挥藏医适宜技术推广项目和名老藏医传承工作，藏医门诊就诊7569人次，藏医住院50人次；并研制藏药制剂“把桑绵玛”，填补医院制剂的空白。开展藏医理疗、拔罐、放血等适宜技术750余人次。开展藏药采药、识药活动2次。同时为各乡镇卫生院配备1—2名藏医，藏药品种达100种以上。乡镇卫生院藏医馆建设经费全部下达，部分乡镇卫生院藏医馆和适宜技术推广室已建成。

【公共卫生服务】 年内，全县范围内，特别是青藏公路和青藏铁路沿线未出现鼠疫疫情和其他烈性传染病。其他传染病也在可控范围之内。2018年9月24日在当雄县宁中乡二小发生细菌性痢疾，共发病79人，确诊病例30人，10月1日痊愈解除隔离，疫情得到及时处理。鼠防、结防、地病、慢病、艾滋病防控等工作有序开展。

【卫生监督】 年内，共体检公共卫生从业人员1420人，办理“健康证”1420张，为27家个体户办理了公共卫生许可证。为全县中小学进行免费水质检测，且对羊八井彩渠塘村的餐饮从业人员进行免费体检并办理健康证。

【妇幼保健】 孕产妇死亡率指标。2018年孕产妇总数1432人，其中建卡1431人，建卡率99.9%，产妇数769人，分娩总数772人。婴儿死亡率指标。0—7岁儿童总数8287人，死亡12例；0—6岁儿童体检6931名；0–5岁儿童总数6049人，体检6037名，体检率为99.8%，死亡率15.81‰；0—3岁儿童总数3973人，体检3961名，体检率99.7%，婴儿死亡7例，死亡率9.22‰。住院分娩率指标。住院分娩活产数744人，住院分娩率为98%；高危筛查孕产妇174人，管理174人，管理率100%。高危产妇住院分娩率100%。

从2018年1月开始全县三病（梅毒、淋病、艾滋病）免费检查

2018年4月28日，当雄县卫计委召开风湿病、结核病筛查工作动员及培训会

983 人，接种高效免疫球蛋白 30 余人。

【计划生育服务】 年内，全面落实计划生育家庭奖励和扶助政策。2017、2018 年的“两项扶助”资金及时划拨；2018 年享受计划生育特扶金政策的人有 285 人，共计金额 152.46 万元。

2018 年，对全县 434 对农牧区育龄夫妇（即 868 人）做免费孕检；对 35 对城镇居民育龄夫妇（即 70 人）做免费孕检；出生缺陷干预检查（无创）208 对。县财政预算流动人口经费 4 万元。5 月，卫计委与各流动人口协管单位召开流动人口计划生育协调会议 1 次。县综治委把当雄县流动人口计划生育工作纳入每年综治目标责任考核。截至年底，当雄县流动人口 2156 人，其中育龄妇女 338 人，开展各类流动人口计划生育服务活动 5 次，收益人数达 500 人次。

【乡村医疗】 年内，制定《当雄县乡、村级卫生专业人员请销假制度》和《村卫生室工作制度》《村医工作职责》等制度。县政府高度重视非公益性村医待遇保障工作，本级财政投入资金，将村医工资从 1700 元提高到 2400 元，并为老村医离任解决生活补贴。卫计委召开村医大会，强化村医的管理力度，加强乡镇卫生院、村卫生室医务人员的培训。2018 年举行巡回培训 2 轮，内容有急救、感控、妇保、药品管理、医废处置等。

2018年10月23日，当雄县卫计委组织召开当雄县村医大会

【健康知识宣传普及】 年内，当雄县依托“情醉姆蓝雪山，寻觅虫草之旅”的第三届虫草文化旅游节、纳木错徒步大会、首届西藏滑翔伞定点表演赛及传统体育活动“当吉仁”赛马节，认真组织社会体育性活动，充分发挥各行业的作用，组织开展多层次、多项目的比赛和活动，群众体育健身意识普遍增强，参加体育锻炼人数明显增加；同时利用下基层、进校园、进村（居）活动，结合“五下乡”及举办重大体育健身活动向全体师生及广大牧民群众宣传保健常识、常见病的预防控制等健康知识，在“全国计划免疫接种日”“碘缺乏防止日”“艾滋病防治日”等大力开展卫生健康知识宣传工作；开展公共场所控烟活动，设置控烟标识、开展控烟知识宣传，组织卫生监督人员对县城单位控烟工作进行检查，督促单位落实控烟工作。县团委、县教育局围绕“远离毒品，健康成长”的活动主题和宣传要点在青少年中开展全民禁毒宣传和禁毒知识竞赛活动。2018 年通过各类主题的全民健身和健康教育宣传活动，进一步引起牧民群众对健康知识的重视，也为形成人人参与、人人重视健康的生活方式，为“健康当雄”建设工作的顺利开展打下良好的基础。

（周歧国）

【领导名录】

县政协副主席、卫计委主任

巴　桑（藏族）

副主任

加　措（藏族）

当雄县食品药品监督管理局

【概况】 当雄县食品药品监督管理局是政府工作部门正科级单位，职工人员 7 名。其中男干部职工 3 名，女职工干部 4 名，藏族 6 名，汉族 1 名。主要负责全县食品生产企业 4 家，餐饮服务单位 850

余家，流通环节食品经营单位400余家，食品加工小作坊52家，政府及机关单位食堂13家、学校（托幼机构）食堂39家，保健食品经营店4家，药品、医疗器械经营使用单位共45家，化妆品经营单位6家。

【党风廉政建设】 年内，当雄县食品药品监督管理局高度重视党风廉政建设工作，深入学习贯彻党的十九大精神及习近平总书记系列重要讲话精神，坚决维护以习近平同志为核心的党中央权威，坚持从严治党，严肃党内政治生活，强化党内监督，推进标本兼治，全面加强纪律建设，持之以恒抓好作风建设，把党风廉政建设工作贯穿于食品药品监管工作的全过程，始终把党风廉政建设和反腐败工作纳入局工作的重要议事日程，作为局工作中心任务来抓，严格落实党风廉政建设责任制，不断推进惩治和预防腐败体系建设，建立健全局机关廉政风险防控机制。以“两学一做”学习教育为抓手，把《关于新形势下党内政治生活的若干准则》《中国共产党党内监督条例》的规定贯穿到各项工作中，认真落实“三会一课”、民主生活会、领导干部双重组织生活会、民主评议党员、谈心谈话等制度，扎实推进基层党建“五项重点任务”，增强了党内政治生活的政治性、时代性、原则性、战斗性。

年内，认真开展廉政风险防控、联述、联评、联考、述职述廉等工作。高质量召开领导班子民主生活会、组织生活会，建立廉政风险清单，提高了风险防范能力，完善干部监管、谈心谈话。增强广大党员干部的政治意识，强化政治担当，提高政治能力，做到真正把纪律立起来、严起来动起来。定期召开党风廉政建设专题会议，按照“谁主管，谁负责”“管行业须管行风”的原则，制定《党风廉政建设目标责任书》层层签订落实，将党风廉政建设工作落实情况同年终考评钩，强化考核结果运用，坚持和完善反腐败领导体制和工作机制，形成一级抓一级的工作机制和格局。积极落实党廉政建设主体责任制，不定期赴执法一线暗访调研监督执法情况，并与县检察院制定执法公开透明办案程序合法、公正、公开的机制；同时，从8个乡（镇）29个村委会聘请29名食品安全监督员暨廉政监督员认真履行职责，积极建立“企业自律、政府监管、社会监督”的共治格局，确立权利在阳光下运行。

2018年7月24日，当雄县副县长郑莉带队检查县城区域餐饮单位食品安全

【行政许可环节】 年内，按照《食品经营许可管理办法》要求，从“受理、审核、验收、许可”等环节层层把关，严格规范许可程序。截至年底，共受理并发放食品经营许可193家，其中餐饮155家，食品流通38家。

【食品安全整治】 年内，按照全县2018年食品安全整顿工作方案的总体安排，以春节、藏历新年、“两会”“雪顿节”“当吉仁”赛马节、中秋、国庆等节点为契机，积极开展食品安全专项整治17次，累计出动执法人员130余人次，检查食品经营单位630家次，下发书面整改通知33份，没收过期及“三无”食品饮料共7种，总价值1400余元，有力打击违法违规经营行为；扎实开展以学校和建筑工地食堂为重点的食品安全风险隐患排查整治工作，累计对学校（托幼机构）食堂联合检查15次（34家），检查建筑工地4次（共9家）、对存在问题的单位及时下发“监督意见书”，并督促完成整改；结合创建“国家食品安全城市”活动，继续在全县范围内推行“明厨亮灶”升级改造，督促和鼓励餐饮经营者将“厨房重地、闲人免进”的传统管理理念转变为“阳光厨房、欢迎监督”的现代管理理念。

截至年底，全县已有500余家餐饮单位进行“明厨亮灶”升级改造。加强餐饮服务单位及集体食堂日常巡回检查，督促餐饮服务单位和集体食堂对采购使用的食品原辅材料进行自查自纠，杜绝各类餐饮服务单位违法添加非食用物质和滥用食品添加剂行为，截至年底，未发现违法添加非食用物质和滥用食品添加剂的行为；根据市局食品抽检任务安排，当雄县食品药品监督管理局配合第三方承检机构已完成29批次农畜产品、46批次预包装食品以及10批次餐饮环节食品的抽样送检任务；在当雄县“两会”“当吉仁”赛马节、羊八井登山大会等活动中顺利完成餐饮食品安全保障任务8次。

2018年5月8日，当雄县食药局局长曲扎主持召开食品安全工作部署会议并与乡镇政府签订目标责任书

【举报、投诉案件处理】 年内，当雄县食品药品监督管理局推进依法行政，加大督查办案力度。为切实保障公众饮食用药安全，维护公众合法权益和社会稳定，食品药品监督管理局采取有效措施，畅通举报热线，做好投诉举报处理工作。截至年底，共受理食品药品投诉举报3件，药品1件，餐饮2件（1件是电话举报、1件是网络监测）。另外针对在羊八井公路沿线2家打着出售“土特产品”诱导强制消费的经营户，当雄县主要领导作重要批示，及时成立由县公安、消防、发改、食药、住建、旅游、工商等部门组成的专项检查组并进行取缔，进一步净化当雄县旅游市场环境。

【普法宣传】 年内，在食品药品安全“进机关、进校园、进乡镇、进农村”宣传活动的基础上，结合“综治宣传月”“安全生产月”“食品安全宣传周”“当吉仁”赛马节、“民族团结月”等活动，县食安委成员单位以设立广告牌、悬挂横幅以及发放宣传海报和手册等多种形式向牧民群众和学生深入宣传《中华人民共和国食品安全法》、食品药品安全常识、“12331”举报热线，不断提高公众对食品安全的责任意识和自我保护意识。2018年，当雄县食品药品监督管理局共开展食品药品安全宣传活动8次，公路沿线及人口集中地安装大型广告牌3个，悬挂横幅61条；发放各类宣传资料和物品18321余份，参与人数达30000余人次。

（张益鹏）

【领导名录】

局　长

曲　扎（藏族）

副局长

格桑拉姆（女，藏族）

当雄县文化新闻出版广电局（文物局）

【概况】 当雄县文化新闻出版广电局（文物局）是人民政府的工作部门，分管县广播电视台、县文化馆、县电影管理站、县新华书店、县民间艺术团5个事业单位。2018年，局机关有4人、广播电视台22人、文化馆4人、电影管理站4人、民间艺术团28人。2018年，当雄县文化新闻出版广电局（文物局）（以下简称文广新局）认真贯彻落实区市《关于推动文化大发展大繁荣的决定》及新闻出版广电各项工作指示精神和部署，以推动当雄县文化事业建设和大力实施广播电视惠民工程为重要任务，以提升广大牧民群众精神文化水平为长远目标，紧紧围绕县委、县政府的中心工作，紧扣当雄县文化、新闻出版广电事业发展需要，通过全系统干部职工共同努力、多措并举，有效推动当雄县文化、新闻出版广电建设事业健康稳步发展。

2018年1月25日，当雄县文广局开展"文化惠民进万家"活动

【基层公共文化服务体系建设】

基层公共文化服务体系建设工程系国家和自治区实施的重大文化惠民工程，是深入贯彻落实科学发展观的具体体现，也是推进文化大发展大繁荣的一项重要举措。当雄县已全面建成8个乡镇文化综合文化站，1个县级文化馆(内设非物质文化遗产陈列室、文化资源信息共享工程中心、图书室等)，29个牧家书屋、22个寺庙书屋，1个县级新华书店，1个民间艺术团排练场，基本形成以县级文化活动中心为重点，乡镇综合文化站为基础，县、乡、村三级文化服务设施网络体系和文化阵地，覆盖率及免费开放率达100%，最大限度为广大牧民群众和僧尼群众创建精神文化生活园地，提供了良好的硬件设施环境，有效提升全县公共文化服务的辐射力。

2018年，为进一步完善当雄县公共文化服务体系建设，确保发挥基层文化阵地应有的作用，当雄县文广新局将工作重心向"建设好、管理好、使用好"转移，使其发挥最大功能。启动"示范工程"，充分发挥羊八井综合文化站、宁中乡综合文化站和曲才村牧家书屋示范点带动作用，基本完成8个乡镇综合文化站的整体改造提升工程，下一步将对牧家、寺庙书屋进行统一升级改造；及时向各书屋点发放、补充广大牧民群众生产生活各类书籍和广大僧尼喜爱的优秀文化教育历史、佛教书籍共计3000余册，价值达8余万元；积极争取县政府支持，采购桌椅设备，解决当雄县书屋点设备不足问题。尤其是以2018年国家第三批公共文化服务体系示范区建设国检为契机，大力改善书屋基础设施建设；规范健全管理、责任制度，协同各乡镇文化站、书屋及时调配、充实人员，及时满足运行需求。

【文物、非物质文化遗产保护】

当雄县有国家级非物质文化遗产1项(当吉仁赛马会)；市级非物质文化遗产4项，县级非物质文化遗产1项(格萨尔王传说唱艺术)，区级文物保护点2个，区级文物保护单位9个(多吉林寺、羊井寺、嘎洛寺、康玛寺、江热寺、扎西岛寺、色德寺、康玛寺石刻千佛殿、扎西岛岩画)和不可移动文物点61处。同时，联合相关单位在日常开展文物保护工作的基础上，还加强特殊时期的排查以及消防安全工作，2018年初与各文物保护单位签订2018年文物安全责任书，定期、不定期深入文物保护单位开展文物安全检查，全年共检查15次，文物检查常态化达100%，未发生任何文物安全事故；全面完成当雄邦典达索编织技艺、羊八井传统牲畜疗法、羊八井寺羌姆申报区、市级非物质文化遗产名录工作；8月8日，当雄县圆满完成国家级非物质文化遗产"当吉仁"赛马节活动，同时，公布当雄县第五批非物质文化遗产代表性项目100项和传承代表人10人，创下了当雄非物质文化遗产入选历史新高。

【文化市场健康有序发展】 年内，当雄县文广新局联合县文化执法大队、公安、安监、消防、工商等部门，对全县范围内娱乐场所、音像制品店、网吧，尤其是针对校园周边场所及纳木错景区等开展专项整治行动，按照区市文化、新闻出版广电部门重要工作指示要求，认真开展扫黄打非“清源·固边 2018”“净网 2018”“护苗 2018”“秋风 2018”等专项行动。截至年底，共办理（更换）文化类经营许可证 11 个，共进行联合检查 45 次，出动执法人员 285 人次，检查各类文化经营场所 80 余家，尤其是加强“萨嘎达瓦”宗教活动期间政治性非法出版物和影射性反动音像制品的检查监控力度，进而保证了当雄县文化市场环境的绝对安全，县城文化市场秩序得到进一步规范。

【打造羌塘特色文艺品牌】 当雄县民间艺术团始建于 1975 年，共有 28 名演职人员。年内，积极开展“五下乡”、春节、藏历新年、“三八妇女节”“八一”建军节、民族团结月、“当吉仁”赛马节、“十一”国庆等节庆活动，为各乡镇（村、组）、部队、学校、对外交流等累计演出达 55 场次，天湖·四季牧歌专场演出 35 场次，观众人数达 2.7 万余人；为促进文化旅游深度融合发展，2018 年 5 月 20 日参加当雄县“相约纳木湖畔·寻觅虫草之旅”活动；2018 年 12 月，联系北京市东城区文化委，在东城区第一文化馆风尚剧场举办三场“天湖·四季牧歌”专场演出；2018 年 12 月 12 日，参加当雄县纳木错牦牛 2018 第三届“12·12”牛人大会启动仪式暨新闻发布会；为进一步激发广大干部职工和农牧民群众阅读的积极性，营造全民阅读的良好氛围，当雄县文广新局在县新华书店门口举办“4·23 世界读书日”活动，免费发放各类图书 500 余册。

【广电惠民工程】 年内，当雄县文广新局始终如一将广播电视惠民工程纳入重要工作日程，扎扎实实开展广播电视“村村通”“户户通”“舍舍通”惠民工程建设工作。当雄县广播电视“村村通”单收站和收转站共 132 座，其中收转站有 22 座，当雄县广播电视“户户通”用户增加到 11278 户，全县广播电视覆盖率分别达到 99.5% 和 99.5%，综合覆盖率有稳步提升。截至年底，广播电视各类维修、维护机顶盒达 172 次、调试信号 300 余次、更换高频头 272 个、更换接收天线 96 个、更换卡子 192 个、更换遥控器 111 个，更换线圈 170 卷，维修更换设备的情况均已登记造册。

【有线数字电视正式开通】 年内，当雄县有线数字电视前端及网络建设项目全面完成，数字电视机顶盒安装工作有序推进，县城终端用户均能收看收听到 115 套电视节目（其中包括 12 套高清频道和拉萨市广播电视台藏语综合频道、汉语综合频道、文化旅游频道和当雄县自办节目）以及 11 套数字广播节目。

截至年底，入户安装有线数字机顶盒 383 个。为实现有线数字电视在县城区域的全覆盖，县政府计划投资 162.588 万元实施有线电视数字二期整体建设项目。项目已完成前置手续办理等相关事宜，12 月开始实施。

2018年4月1日，当雄县文广局工作人员开展文化市场安全检查

2018年6月3日，当雄县"扫黄打非·护苗2018"绿书签进校园活动

【安全播出】 年内，当雄县广播电视台始终将当雄县广播电视安全播出工作作为首要的政治任务工作来抓。为确保安全播出做到"不间断、高质量、既经济、又安全"，在广播电视安全播出日常管理工作中，始终坚持"一级抓一级，层层抓落实"的原则做好安全播出的指挥调度工作。为保证当雄县广播电视安全播出，狠抓日常管理，规范安全播出工作。人员安排到位，确保安全播出。实行安全播出问责制，切实做好安全检查，落实各项措施。建立健全安全播出制度，用制度规范安全播出工作。在日常管理中，当雄县广播电视台严格根据有关规定，根据实际，完善本单位的各项规定和管理制度《安全播出管理制度》《机房值班制度》《门卫值班制度》等，并按要求执行落实。在各重要节点期间，为确保当雄县广播电视安全播出做到"零报告"制，当雄县文广新局积极制定各项规章制度，并与各级领导和值班人员签订责任书，实行双人双岗制，全力以赴，严防死守，认真做好门卫、机房值班记录及各项工作，做好电视台院内安全保卫工作及机房值班工作，确保广播电视安全、有效的运行，圆满完成重要节点的广播电视安全播出工作。

【广播电视台及频道运行情况】 当雄县县级广播电视制播能力建设项目于2017年底建成并投入使用，在县委、县政府的大力支持下为电视台充实6名新闻工作人员（4名为乡镇在编事业人员、2名为外聘人员）。截至年底，上传至市台新闻90条，采用55条，上报和采用率均为全市第一；自2018年3月1日试播至10月底，制作播出《当雄新闻》《一周要闻》67期，新闻173条；在"两微一端"上发布新闻206条。精心制作《四讲四爱》宣传片、《2017年当吉仁赛马节晚会实况》录制片、《环保公益广告》4片、《扫黄打非公益广告》2片，开设《扶贫攻坚不忘初心 授之以渔逐梦前行》为主题的精准扶贫专栏。积极利用北京市昌平区广电中心捐赠的电视直播车，对2017年5月20日举办的2018年"情醉姆蓝雪山虫草节"开幕式以及"2018年赛马节"全部赛程进行网络直播，首次实现作为县级广播电视台对赛事的网络直播。8月，电视台注册"当雄县广播电视台"公众号。截至年底，公众号关注用户总数8427人，共发布123条讯息，阅读和观看人数达30余万次。

【电影放映工】 当雄县共有122个放映点；2个室内放映点；胶片放映机14套；数字放映机4套；流动电影放映车4辆，放映队伍4个。当雄县电影管理站充分利用现有设备，一直面向各乡镇、村、组，面向牧民群众进行巡回放映，积极推进农村电影放映工程建设，让电影走进牧区，走进学校，走进部队，走进各单位，让更多的人享受到电影文化艺术生活。截至年底，完成放映872场次，300849人次。当雄县数字影院建设项目已基本完工。

【县级数字影院运行情况】 当雄县数字影院项目已于2018年11月12日由市新闻出版广电局组织相关部门对数字影院内部设备进行终验。已办理完"影院营业执照""经营许可证"等相关手续。截至10月底完成市里的任务500场人数达到40020人次，完成年任务336场的149%以上,同时在县城数字影院里给广大干部群众放映公益性电影20场人数达到825人次,做到28个行政村、11所学校、4大寺庙全覆盖。

（旺堆晋美）

【领导名录】

局　长

次仁平措(藏族)

副局长

扎西次仁(藏族)

当雄县畜牧局

【概况】 当雄县畜牧局由畜牧、林业、科技、科技协会四个机构组成,下设冻精站、检疫站、兽医站、草原站、牧业经济管理站、农牧业机械监理与技术推广站、湿地管理站、马术队。(一个机构、四块牌子),现有在职干部职工共63名,其中行政编制5人,实有7人,事业编制35人(不含公益性、临时工、乡镇兽防所人员),实有55人。主要负责全县畜牧业生产,草原建设和管理,畜牧、林业、科技项目实施,林业绿化,科技知识普及,科学饲养,牦牛冻精技术应用与推广,动植物卫生监督,湿地管理等工作。

2018年,第四季度当雄县存栏各类牲畜483928头(只、匹),牦牛284205头、绵羊142041只、山羊53235只、马4447匹,出栏牲畜139899头(只),牦牛49663头、绵羊67776只、山羊22460只;幼畜出生103683头(只、匹),成活99984头(只、匹),成活率达到96.4%;成畜死亡6485头(只、匹)。2018年年人均可支配收入达到16497.28元,增长15.1%。肉产量7997.2吨,奶产量9012.57吨。2018年全县虫草共计采挖1174.25斤,成交价约7162.93万元(具体数据以县统计局为准)。

【动物防疫】 年内,在乌玛塘乡检查站共检查过往车辆6523车次,检查畜禽480523头(只、羽),共计消毒运载车辆6523辆次;区(市)非洲猪瘟视频会议后,畜牧局紧急召开非洲猪瘟防控工作全体员工紧急会议,传达区(市)政府重大动物疫情应急指挥部、市农牧局相关通知精神,部署当雄县非洲猪瘟防控措施,并成立由县长任组长、分管领导任副组长、相关单位负责人任成员的非洲猪瘟防控工作领导小组,8月1日起加强检查力度,截至年底,共检查过往车辆985车次,检查生猪18250头,冷鲜肉1647.861吨,猪产品(猪副产品)662.3吨,共计消毒运载车辆985辆次;办理电子出证业务共35张,其中动物A证4张、产品A证12张、动物B证8张、产品B证11张。

2018年,当雄县兽医站全年(春秋两季)共防注口蹄疫疫苗1066580头(只);当雄县共有5431只犬,已进行狂犬疫苗注射工作,已植入电子芯片的共有4741只犬(因犬的年龄及健康状况,部分犬未植入电子芯片),并对5431只犬按规定进行犬驱虫工作;对2018年新增的60623头牦牛已佩戴电子耳标,并已完成2018年度电子耳标配带工作;加大宣传力度,提高对非洲猪瘟的众知度,对非洲猪瘟提高警惕、严守把关以藏汉双语版的宣传册,对当雄县各乡(镇)大力进行有关非洲猪瘟的宣传,提高干部群众对非洲猪瘟防控重要性的认识。

【草业工作】 年内,共办结草原征

2018年7月12日，由县畜牧局副局长边巴仓决主持，为8个乡镇开展“2018—2020年农机具购置补贴实施颁发”宣讲活动

占用审核审批手续3起，查处破坏草原案件1起，共对30余起未办理草原征占用审核审批手续的项目下达责令整改通知书；顺利向农业部上报全县范围内有20个固定草原监测点监测数据。通过地面样地监测、固定监测点监测，及时掌握各阶段草原植被生长状况及草原利用情况，科学评价草原生态状况、利用方式以及相关政策成效，为指导草原保护建设提供重要依据；通过在全县范围内进行草原监测工作以及鼠虫害监测，以地面为基础，铺以遥感及地理信息系统等技术手段，获取全县草原资源与生态状况的动态信息，并进行科学的分析与评价；2018年在纳木湖乡、乌玛乡等乡镇组织230余人进行草原灭鼠灭虫工作，灭虫面积达70000余亩、灭鼠灭虫效果良好；根据自治区草原监理站关于2018年"草原普法宣传月活动"要求和市农牧局畜牧科的具体安排，4月1—30日，在全县范围内组织开展草原普法宣传工作，共发放草原普法宣传材料1500份，张贴宣传标语200幅，悬挂宣传横幅8个，保护草原生态书籍300份，组织宣传人员60人次，举办法律现场咨询活动4次。

2018年11月7日，当雄县召开牦牛产业现场会筹备工作推进会

【牧业经济管理站】 当雄县10家农牧民专业合作社成功申报拉萨市2018年"两创百家"示范专业合作社，并每家合作社获得5万元奖励资金。为进一步加强合作社规范化管理，经市农牧局协助，邀请第三方陕西鸿信会计师事务所有限责任公司为专业合作社的财务规范进行一对一的培训。

【农机具购置补贴】 年内，实施2016年农机购置项目，其中已完成实施国（省）补资金74.112万元，将政策及时惠及全县8个乡（镇），购置农业机械642台，受益户642户。

【防抗灾】 年内，为纳木湖乡拨付抗灾饲料（颗粒）共计1195吨。截至年底，县级物资储备库（县草原站）储备了561吨抗灾饲料，其中玉米粉225吨及颗粒饲料336吨，同时易灾乡（镇）以及村组储备库储备了1849.8吨抗灾饲料，其中颗粒饲料1178.4吨，麸皮饲料671.4吨。

【政策性收入兑现】 年内，兑现2018年兑现野生动物疫源疫病监测员4名补助资金2.88万元；兑现344名村级兽医工资467.184万元；兑现动物防疫员年度绩效考核工作进行奖励资金205.8995万元；中央森林生态效益补偿基金（管护补助）已兑现2018年护林员421名补助资金共计578.975万元；2018年定向性补助资金发放共计84.708万元，受益人数为3258人；兑现生态岗位补助资金1479.205万元；兑现草补资金1608.44万元。

【业务项目】 年内，建设7个项目，其中当雄县村级兽医室建设项目总投资为625万元，该项目建设性质为新建项目，项目建设地点为6乡1镇，共计25个点，每个投资为25万元。主要建设内容为新建兽医室25平方米（含地下室），该项目已完工。当雄县天然草场与人工种草建设项目。总投资600万元，建设项目为2000亩人工种草及3000亩旱作人工饲草地。2018年5月开工建设，现已完工。当雄县退牧还草建设项目。总投资 1519.8 万元，建设内容为休牧围栏 50 万亩，以及草原固定监测点 1 个。截至年底，已完成 95% 的进度。当雄县县级储备库建设项目。总投资 170 万元，建设地点公塘乡兽防所院内，建设内容为修建储备库 450 平方米，已完工。当雄县龙仁乡曲登羊阁村牦牛标准化养殖建设项目。总投资 80 万元，建设点曲登羊阁村，建设内容在原有房屋进行翻新装修，新建变压器、水井、路灯等，已完工。当雄县草原防火站建设项目。总投资 533 万元（其中基建 224.74 万元，剩余为设备采购，设备采购由农牧厅统一采购配备），建设点宁中乡兽防所，建设仓库 750 平方米，已完工。当雄县 5 个乡级储备库建设项目。项目建设性质为新建，项目建设地点为公塘乡、龙仁乡、宁中乡、羊八井镇、格达乡。项目总投资为 500 万元。截至年底，项目已开工完成 70% 的工程量。

【科技工作】 完成 2018 年科技特派员考核工作，生活补助 12 月底发放；通过曲登村太阳能光伏照明示范项目的最终验收；通过宁中乡高寒地区饲草高效种植与示范推广项目的最终验收；完成对 2017 年三区人才的考核工作。

【林业工作】 年内，当雄县国土绿化共种植苗木 20410 株，其中杨树、柳树、榆树共 13435 株；班公柳共 6975 株。全面完成消除海拔 4000—4300 米的高寒乡镇“无树户”4082 户，其中羊八井真 614 户、宁中乡 1601 户、当曲卡镇 566 户、公塘乡 975 户、异地搬迁 60 户，同时在平均海拔 4300 米以上的龙仁乡种植班公柳 266 户，积极开展高海拔地区苗木科学试种工作；实施西藏当雄县 2017 年拉萨周边防护林体系建设工程，投资 19 万元，在格达乡甲多村封山育林 1420 亩，项目已完工，后期管护工作正在有序开展；实施西藏当雄县羊八井镇采渠塘 2018 年重点区域生态公益林建设工程，总投资 151.9582 万，在羊八井镇桑巴萨村风湿病安置点人工造林 43.2 亩，项目已完工，后期管护工作正在有序开展；实施西藏生态安全屏障保护与建设工程当雄县 2017 年防沙治沙工程，投资 52 万元，在羊八井镇甲玛村封山育林 2600 亩，项目完工；实施当雄县阿热国家重要湿地恢复工程，项目总投资 300 万元，项目主要阿热湿地恢复工程、湿地监测监控工程、湿地管户工程等组成，项目已完工。

【净土牧场】 当雄县于 2017 年正式成立当雄县净土牧场，总投资 2405.38 万元，其中一期工程投资 1615.38 万元，二期工程投资 790.38 万元。2018 年 1 月，郭庆牧场收购 400 头牦牛进行集中育肥试验，共增重 14896 公斤，平均每头增重 37.24 公斤。已出栏 260 头，活体每公斤售价为 48 元。

牦牛入股。牦牛入股以草畜平衡为前提，牧户以草畜平衡载畜量指标内的牲畜活体称重 20 元 / 斤（高于市场价）的价格入股，年收益率折价入股股金的 12%，达到牧民持续增收的目的。截至年底，牦牛入股头数共 1526 头，一次性收购头数共 2320 头。公司以《草原生态保护奖励机制》的载畜量的数据为根据，以草畜平衡指标（以每 4.74 亩草场一个绵羊单位计算）为标准，计算牧户家中的草场载畜量。

2018年10月16日，召开秋季重大动物疫病防控工作动员部署会暨非洲猪瘟防控工作部署会

草场租赁。按2元/亩/年(高于民间租赁价格)的标准,流转试点整村的13万亩草场,分类分群、划区轮牧相结合,达到牧业发展和生态保护的目的。

牧民入园。牧民牦牛入股后,一部分牧民从事净土牧场工作,已解决就业10人,下一步计划解决就业35—40人,其余牧民可转产从事二、三产业,达到解放劳动力实现多渠道增收的目的。

【家庭牧场】 全县18个家庭牧场总体分布在宁中乡、公塘乡、纳木湖乡、龙仁乡、乌玛塘乡、格达乡、当曲卡镇共7个乡镇16个行政村,拥有草场面积132292.42亩,人工种草面积552.83亩,经营模式分别为整组推进、双户联营、单户经营的模式,18家现有牦牛头数4707头,2018年计划共育肥出栏960头,截至年底,已完成育肥出栏858头,共增收535万余元,实现户均增收10.5万元、人均增收14711元,平均比育肥前每头增收2000余元,正在育肥162头在年底之前完成出栏。家庭牧场各类台账共14个(基本情况、称重对比、防疫、消毒、检疫、监管等),牲畜驱虫实行育肥和出栏前各一次。

【牦牛育肥合作社】 当雄县牦牛短期育肥合作社3家,2018年计划出栏3720头,其中郭庆村合作社出栏指标1400头、曲登羊阁村合作社出栏指标1420头、羊易村合作社出栏指标900头。截至年底共完成出栏3722头,总增收1569.54万元,实现户均增收3.4万元,人均增收6658元。

【高原蓝牦牛产业加工厂项目】 由当雄县高原蓝农业发展有限公司利用自有资金投资建设。项目首期投资2.332亿元,全部项目计划总投资10亿元。该项目创新实行"金融+龙头企业+基地+合作社+贫困户+科技"金融扶贫、产业扶贫模式,探索走出一条西藏牦牛产业现代化发展途径,解决就业1000人,辐射带动牧区10000户家庭脱贫致富,推动乡村振兴。该项目产业发展路径:活体租赁+银行流贷+特殊保险(资金保障)—科学饲养+种畜培育+半牧半养+青储复合饲料体系(牛源保障)—科学屠宰+检验检疫(质量保障)—冷链物流+电子商务+体验营销(市场保障)。项目占地面积为38491.76平方米,首期建筑面积为16500平方米,建设内容包括待宰圈、屠宰车间、排酸间、分割间、冷库、办公区及附属用房。

2018年,羊八井镇甲马村开展拉萨周边防护林建设项目

【集装化智能牧草生产】 牧草是现代化、规模化养殖的前提条件,因当地牧草资源薄弱,为了减少养殖成本,与西藏伊科农业开发有限公司签订集装化智能牧草生产的协议,项目合作运行后,规模416平方米一套设备的集装化智能牧草日产量能够达到8—10吨,该项目正在办理前置手续。

【牦牛母乳喂养项目】 为给下一步的牦牛产业发展工作提供数据支撑,当雄县与深圳青寧信安科技有限公司签订牦牛母乳喂养项目合同,对100对牦牛(母牛100头,犊牛100头)采取一半进行强制断奶,一半进行自然断奶的方法进行对比试验,观察其体质、增重等数据。截至年底,该公司已经完成尺寸测量,正在制作相关设备,计划2019年1月进行安装。

【精准扶贫产业脱贫】 2016—2018年23个项目计划总投资10.36亿元，其中产业资金20030.36万元，金融资金38152.71万元，援藏资金16143万元，行业部门资金3356.14万元，社会自筹25921.3万元。截至年底，当雄县已开工项目23个，占总项目数的比例为100%；已完工并投入运营的项目11个。按照《当雄县产业资金管理办法》要求，2018年当雄县13个产业项目单位上缴分红资金共计564.8万元，其中分红资金的90%（508.25万元）发放给8各乡镇建档立卡户（边缘户），预留分红资金的10%作为扶贫基金，用于发展较为成熟的村集体经济或者农牧民合作社产业项目。

（索朗德吉）

【领导名录】

局　长

索朗次仁（藏族）

副局长

边巴仓决（女，藏族）

当雄县扶贫开发办公室

【概况】 2018年底扶贫对象动态调整后，全县建档立卡户共计1850户8312人，截至年底，共有1845户8296人的人均可支配收入越过国家贫困标准线，实现“两不愁、三保障”目标，未达标5户16人，全县贫困发生率降至3%以下。

【健全精准识别体系】 年内，严格执行国家、自治区、市扶贫标准，按照“四看”法和“一申请二评议二审核三公示县审定”的程序识别确定建档立卡户。同时，深入开展“进万家门、知万户情”活动，组织1000余名干部、教师对全县牧民群众的家庭基本情况、生产资料、生活条件等方面再次进行全面摸底排查，为全县精准扶贫、精准施策提供有力支撑。

【健全攻坚责任体系】 年内，严格落实“五级书记”抓脱贫责任制，按照区、市统一部署，在当雄县扶贫开发工作领导小组的基础上，成立由县委书记任组长的当雄县精准扶贫工作领导小组，设立县脱贫攻坚指挥部，下设办公室及7个专项脱贫推进小组，并建立每名县级干部联系1个乡（镇）、包挂1个村（居），乡科级干部包村（居）、一般干部包户的责任体制，确保脱贫攻坚各项工作落到实处。

【健全规划引领体系】 年内，对当雄县“十三五”脱贫攻坚、产业发展、易地扶贫搬迁、转移就业、生态补偿、政策兜底等6个规划进行中期调整，为全县的脱贫巩固工作有序推进提供科学依据。同时，进一步完善了产业管理、宣传引导、健康扶贫、教育扶贫、“两线合一”、结对帮扶、督导考核、资金监管等配套方案、意见和办法，形成“县级有规划、乡（镇）有计划、村（居）有方案、户户有措施”的工作体系。

【健全督导考核体系】 年内，坚持问题导向，围绕目标任务，紧扣重点工作，紧盯薄弱环节，建立比较完善的督导考核机制，有效杜绝督查考核不敢较真碰硬、监督检查避重就轻、发现问题隐瞒不报的现象，切实发挥了督导考核指挥棒作用。修改完善《当雄县乡镇工作考核办法》《当雄县驻村工作队、第一书记考核办法》，将脱贫攻坚工作纳入乡（镇）干部、驻村（居）工作队、村（居）干部考核评价体系，确保脱贫工作务实、过

2018年4月10日，拉萨经济技术开发区易地扶贫搬迁尼木、当雄群众举行抽签仪式

程扎实、结果真实。

2018年7月10日，当雄县召开迎接2017年贫困县摘帽国家专项评估检查工作汇报会

【党建扶贫“基础战”】 年内，坚持重心下移、力量下沉，不断加大抓乡促村工作力度，充分发挥基层组织在推动精准扶贫、促进产业发展、服务基层群众等方面的战斗堡垒作用。积极组织村(居)干部、驻村工作队、第一书记等基层干部，开展以精准扶贫、涉农政策、党风廉政等为主要内容的集中培训，进一步增强了基层干部在扶贫工作中的各项能力。优化组织设置，筑牢党建扶贫“指挥部”，不断推进乡(镇)职能转变和优化村级组织体系，推动服务重心下移，实现乡(镇)管理与服务向村(居)有效延伸。在发展壮大集体经济上，依托净土健康产业和文化旅游产业，每年预算专项扶持资金560万元，实现当雄县村(居)集体经济全覆盖。在村(居)干部待遇提升上，建立健全稳步增长机制，村(居)干部年人均报酬达到4万元以上，进一步激发广大基层干部干事创业、带领群众脱贫致富的动力和热情。

【产业扶贫“突破战”】 年内，坚持抓长远、保增收、促脱贫的原则，大力持续推进以业脱贫，牢牢抓住产业发展这个“牛鼻子”，依托畜牧、文化旅游、天然饮用水三大优势产业，共计投资10.36亿元，实施产业项目23个。截至年底，已投入运营项目11个，在建项目11个，正在招投标项目1个。全力破解畜牧业发展瓶颈。结合净土牧场和家庭牧场建设，投资9930.76万元，打造当雄有“身份证”牦牛肉品牌，成功申报国家地理标志标识，通过“SC”认证，成立当雄县净土牦牛产业开发有限公司，在成都、苏州、天津、上海设立一级代理商，并在成都设立当雄牦牛肉旗舰体验店，辐射带动全国市场。同时，积极摸索“金融+龙头企业+基地+合作社+贫困户+科技”产业扶贫模式，引进西藏高原蓝农业股份有限公司，投资2亿元，在当雄县实施“牦牛产业万户脱贫项目”，该项目建成后可解决当雄县400余人就业，辐射带动1000余户增收。全面提升文化旅游产业。抢抓全域旅游机遇，利用羊八井国家地质公园、圣湖纳木错等著名景区影响，结合拉萨市旅游大环线和羊八井、纳木错旅游特色小城镇建设等机遇，着力打造藏北现代生态旅游精品线路，让建档立卡群众搭上旅游车、吃上旅游饭。不断加大对旅游产业的投入，延长产业链，投资2.1亿元，打造“天湖·四季牧歌”产业园和康玛温泉度假村，为当雄县建档立卡户和其他牧户提供就业岗位，稳定增收；扶持西藏羊八井“蓝色天国”旅游开发项目建设，已签订就业岗位协议500个，并将为750名建档立卡群众年人均分红700元以上。

年内，打造“当雄天然饮用水”品牌，壮大天然饮用水产业，投资1.2亿元扩建纳木错圣水厂房，已投入运营并发挥效益。同时，为扎实推进全县产业扶贫工作，当雄县成立以县委副书记、县长其美次仁为组长的产业脱贫工作领导小组，进一步加强对全县产业扶贫工作的领导。采取多种措施加快县域内扶贫产业项目投产见效，逐步完善保障群众长期稳定增收的产业项目利益联结机制，2017年，为6611人建档立卡群众和边缘户群众发放产业分红资金430.49万元。2018年，将为7260人建档立卡群众和边缘户群众发放产业分红资金508.25万元。

【转移就业“升级战”】 年内，按照“就业一人、幸福一家、带动一方”的要求，当雄县共计投入培训资金367.226万元，开展各类精准扶贫技能培训33期3396人（其中2018年培训11期472人、政策引导性培训1期200人），组织专场招聘会10余次，实现转移就业2198人。深入推进“双创”工作。秉承“支持大众创业，支持万众创新，增添社会活力和发展内生动力”的理念，推进大众创业、万众创新。

【搬迁后续“服务战”】 年内，对居住在生存环境恶劣、生态环境脆弱、自然灾害频发等地区的贫困人口，采取集中搬迁安置，进行脱贫搬迁。根据《拉萨市“十三五”易地扶贫搬迁规划》要求，并充分结合当雄县实际和群众意愿，已完成850户3597人的易地扶贫搬迁全部任务。同时，针对跨县（区）搬迁群众，抽调干部15人，成立易地扶贫搬迁后续管理组，积极与经开区、堆龙德庆区对接，按照至少“一户一人”就业的原则，通过举办专场招聘会、自主就业、政府购买岗位等形式，根据搬迁群众素质逐个进行岗位安置，实现868名搬迁群众稳定转移就业，并妥善解决搬迁群众的医疗、教育、社会保障等问题，确保群众搬得出、稳得住、能致富。并积极主动承担昌都、阿里、那曲三地（市）150户625人在当雄县羊八井的搬迁任务。

【教育扶贫“阵地战”】 每年从本级财政划拨20%用于教育事业发展，2012年出台大学生就学专项资助金保障政策。累计资助学生5440人次3276.88万元，其中，资助贫困大学生230人次233.05万元。全额报销贫困群众子女高等教育期间的学费、书本费、交通费，并按照每年区内5000元、区外6000元的标准给予生活补助，从源头阻断贫困代际传递现象。下发《当雄县“防流控辍”摸底、调查专项工作实施方案》，深入开展控辍劝返工作；全县小学适龄儿童净入学率达到99.59%，巩固率达99.66%；初中毛入学率达到98.72%，巩固率达99.25%。为全县309名“两后生”建立电子信息档案，摸清底数，并进行跟踪管理。组织开展“两后生”技能培训2期39人，实现就业104人。同时，在充分尊重个人意愿的基础上，将17名“两后生”送入市职业学校接受中职学历教育提升。

当雄县不断加大教育投入，努力提升基础教育水平。三年来，全县投入2.3亿元，新修幼儿园和小学11所，改扩建幼儿园和小学27所、中学1所，进一步优化学校环境、夯实教育基础。同时，积极申请援藏资金4000余万元，先后为县域内9所小学实施太阳能集中供暖工程；投入援藏资金1000万元，为全县幼儿园实施集中供暖项目；投入援藏资金240万元，对全县范围内所有学校进行浴室维修改造。

【政策补偿“落地战”】 年内，当雄县始终坚持把改善群众民生作为工作的出发点和落脚点，统筹整合力量，优化配置岗位资源。2018年共计安排生态补偿岗位4201个，兑现岗位资金1470.35万元。同时，按照2018年定向性补助260元/年·人的标准，落实以补定向性补助3258人84.7080万元。

2018年3月21日，当雄县召开易地扶贫搬迁工作动员部署会

【社会兜底"攻坚战"】 年内，根据中央、自治区、市相关要求，扎实推进当雄县脱贫攻坚和社会保障制度的有效衔接，进一步完善牧区基本生活保障、五保供养、医疗救助等社会保障体系，逐步使享受低保的群众收入水平不低于国家贫困标准。2018年，按照"应保尽保"的原则，共计兑现全县553户2310人农村低保户低保金322.64万元，兑现553户2308人"两线合一"资金147.94万元。落实上级临时救助38人5.19万元；医疗救助192人93.22万元；"一站式"医疗救助32人26.16万元。制定《当雄县家庭重大变故临时救助实施方案》，县财政每年预算100万元设立重大变故救助资金，为遭受重大变故的困难群众提供必要保障。2018年临时救助4户8.67万元。

年内，在全区率先实施"先诊疗，后结算"和区、市医院"绿卡"等制度，为群众开通便利就医通道。同时，每年从县财政预算100万元为重特大疾病患者和建档立卡户实施县级医疗救助，实现建档立卡群众医疗费用全兜底。2018年，累计为70名建档立卡户患者兜底8.7万元，为24名重大疾病患者（含建档立卡户）提前垫支医疗费用167万元。同时，从县人民医院选出经验丰富的医师，为81名因病致贫患者组织开展免费诊疗服务。

【开展"志智双扶"】 年内，以党的十九大精神宣讲和"四讲四爱"群众教育实践活动为载体，面对面宣讲教育，转变脱贫观念；以新媒体资源为传播手段，录制精准扶贫政策语音宣讲，提高政策知晓率；以"志、智"巡回宣讲为突破，组织当事人讲述脱贫经历；同时，按照长期计划，广泛开展牧民夜校培训工作，截至年底，夜校培训工作如期进行。有效增强了全县建档立卡户脱贫致富的信心。县、乡、村共开展宣讲教育2000余场次，制作各类扶贫政策公益广告230余面，召开县级脱贫先进典型表彰会和勤劳致富先进牧户表彰会共5次，有效增强建档立卡群众"学先进、立志气、争脱贫"意识，大部分群众实现了由"要我脱贫"到"我要致富"的转变。

【资金整合】 年内，发挥政府在扶贫开发投入中的主体和主导作用，积极争取中央对贫困地区转移支付和中央财政专项扶贫资金。开辟扶贫开发新的资金渠道，一般性转移支付资金、各类涉及民生的专项转移支付资金和预算内投资进一步向薄弱区域倾斜。每年按不低于上年地方财政收入12%的比例安排扶贫开发专项资金。建立健全脱贫攻坚多规划衔接、多部门协调长效机制，以扶贫规划为引领，整合目标相近和方向类同的涉农涉牧资金、社会帮扶资金捆绑使用，提高资金使用精准度和实效性，实现各级政府财政扶贫资金有较大幅度增长，确保扶贫开发资金投入与脱贫攻坚任务相适应。

【统筹各方力量】 年内，充分调动县域企业、合作社、致富能人及援藏资源等社会各方力量，通过就业、分红等形式参与扶贫。如当雄县农行为655户贫困户发放小额贷款2318万元，并筹资218万元为贫困户购置家电、家具。按照"县级干部3—4户、科级干部2—3户、一般干部1—2户"的原则，实现帮扶全覆盖，重点从"扶志气、长精神"和政策宣讲等方面实施帮扶，累计入户2万余人次，帮扶成效显著。"十三五"期间，计划投入援藏资金2.54亿元，建设项目23个，涉及扶贫项目22个，正在实施13个，援藏资金用于扶贫领域比例达到98%以上，辐射带动全县5万余名群众增收。同时，以"京藏携手奔小康"活动为契机，2018年5月，有效促成全县8个乡（镇）29个村（居）与北京东城区8个街道办事处、北京29家企业建立结对帮扶关系，并签订教育、文化旅游、医疗卫生、净土产业等相关结对帮扶协议18项。

【加大问责力度】 年内，针对国家第三方评估，自治区第三方评估、交叉考核，拉萨市委巡察，拉萨市考核验收、审计，本级自查中发现的问题，逐一进行分析研究，建立问题台账，实行挂号销账和跟踪问责制。县纪委监委、督查室和指挥部督导组建立问题督办机制，做到抓住问题不松手，问题不改不罢休，整改一项销一项。截至年底，处置扶贫领域相关问题15件，其中，办结13件，立案2件。运用第一种形态处置党员干部17人次，其中，约谈15人次，通报6人次；运用第二种形态处置党员干部2人。

【提升服务能力】 年内，紧紧围绕乡村振兴战略，深入开展“十项提升工程”，着力解决贫困乡村基础设施建设“最后一千米”问题。群众出行更加便捷。2016—2018年，投资1.1亿余元，新建公路里程77.93千米。乡（镇）油路覆盖率和行政村公路通达率均达100%，着力解决建档立卡群众出行难问题。先后吸纳92名建档立卡群众参与公路养护管理，增收55.2万元。

投入3316.31万元实施草场灌溉项目和农村饮水安全巩固提升工程；投入4137.18万元实施防洪设施等重大水利项目；新增和改善灌溉面积101万亩，新建和维修农村饮水点40个，有效解决了牧业生产和饮水安全保障问题。医疗体系不断健全。投入3630万元，健全医疗卫生服务体系，实现县有人民医院，乡乡有规范化卫生院，村村有标准化卫生室，县乡村医疗卫生服务功能不断健全，解决建档立卡群众看病难问题。文化生活更加丰富。加强公共文化服务体系建设，积极推进公共数字文化建设，对当雄县电视台进行改造升级，提高电视覆盖率，实现广播电视户户通。充分利用村级组织活动场所等现有设施，积极开展群众性文化活动，新建、改扩建乡镇综合文化站8个，组建电影放映队，共向牧民群众放映电影1933场次，惠及群众14.74万人次。电力保障全面覆盖。投入6743万元实施了农村电网改造升级工程，电力人口覆盖率达到100%。

（高辉东）

【领导名录】

主　任

扎西桑珠（藏族）

当雄县水利局

【概况】 当雄县水利局是当雄县水行政主管部门，负责全县防汛抗旱、农田水利建设、水行政执法、城乡水资源管理、水土保持、农村饮水、河道管理及水利工程运行管理、河湖长制等工作。当雄县水资源丰富，境内河流有桑曲、布曲、当曲、拉曲等大小河流36条，纳木错、唐冰湖等湖5面。

【农饮现状】 年内，实施6个乡镇供水工程，解决985人饮水安全问题，总投资372.89万元。

【重点水利工程建设】 年内，完成实施2017年投资213.08万元的农村安全饮水巩固提升工程及2017年投资282.1万元的农村安全饮水维修养护工程建设，10月顺利完成市级竣工验收并投入使用；完成实施当雄县2017年第一批脱贫攻坚统筹整合项目当雄县项目，项目总投资465.92万元，该项目为2018年续建项目，项目涉及龙仁乡、羊八井镇境内3处草场灌溉水渠项目，现已完成所有工程量，并完成竣工验收；投入资金2173.87万元（国投）实施格达乡防洪工程，新建堤防长13.337千米，已完成总工程量的80%，待2019年5月复工实施；投入资金1939.10万元实施宁中乡曲才村车曲防洪工程，新建堤防总长9.48千米。截至年底，已完成总工程量的90%。待2019年5月处复工实施。积极稳妥推进2018年小型农田水利建设项目，总投资1104万元，共计灌溉草场面积3195亩，项目涉及羊八井镇、宁中乡、龙仁乡境内的3处草场灌溉水渠的建设。截至年底，已完成总工程量的

2018年7月19日，县委副书记、县长其美次仁到羊八井镇汛情严重区域指挥救援

50%,待2019年5月初复工实施。

【防汛抗旱情况】 年内,为切实做好防汛抗旱工作,当雄县水利局根据区、市、县的有关会议精神,加大全县2018年防汛抗旱工作力度,重新调整县防汛抗旱指挥部成员,实行防汛行政首长责任制,明确各乡(镇)防汛抗旱行政责任人;进一步修订和完善《当雄县防汛抗旱应急预案》及《汛期水利工程安全度汛预案》,与各乡(镇)签订防汛抗旱责任书,实行24小时值班制度,加强雨情、汛情监测,其间,对各单位防汛值班进行10余次抽查检查,发现问题及时处置,确保防汛抗旱灾情数据准确,调度及时;为确保在险情出现时,牧民群众有组织、有秩序按规定路线撤离,确保人民生命财产安全,专门组织山洪灾害演练;积极开展疏浚排涝加固工作,从防汛专项资金中共支出49.9567万元重点对各乡(镇)、各易灾区地段进行重点排查,对河道冲毁较为严重地方,进行清淤、疏浚、河床加固等工作。

汛期,水利局调度挖掘机12台,装载机4台,共计工作时间63天次对汛情严重处进行清淤、疏浚、河床加固等工作,及时缓解汛情保障牧民群众生命财产安全。为保障汛期防汛物资的及时供给,利用防汛预算资金50万元,购买铅丝笼200捆,给各乡镇发放铅丝笼166捆,编织袋8.1万条,铁丝圈45圈。同时储备编织袋5万条、铅丝笼113捆、发电机2台、块石600立方米及彩条布4000立方米以备不时之需。

【"河长制"工作】 年内,按照当雄县《全面推行"河长制"工作方案》的要求,建立区域与流域相结合的以县、乡、村三级"河(湖)长"为主要内容的"河(湖)长制"组织体系,梳理形成当雄县17条河流和5面湖的三级河(湖)长河湖名录,确定县级总河长1名,责任县级河长16名,乡级总河长8名,乡(镇)级河长8名,村(居)级河长28名,覆盖全县19条河湖上下游、左右岸,各级"河(湖)长"名单均在政府网站公布,并由县河长办统一制作安装县乡河(湖)长责任公示牌19块,实现县、乡、村三级"河长"全覆盖。同时,设立县、乡(镇)"河长制"办公室,落实了管理人员。编制完成全县17条河流的"一河一策"治理方案。县河长办从河长制专项资金中支出30万元重点就藏布曲、桑曲、雄曲等3条流域面积较广的河流进行先行先试,委托第三方专业机构详细编撰了操作性强、实用性高的"一河一策"治理方案,为下一步普及全县河流治理和涉河项目,提供经验和依据。

年内,不定期组织开展河道清理整治工作,全县干部职工共同参与河道清理20余次,发动牧民群众4385人,出动大小机械300余台次,共清理、填埋河道垃圾约173吨,河湖环境得到明显改善。投资4434.01万元实施县城污水处理厂建设项目,现已完成总工程量的85%;为进一步督促各乡(镇)河道保洁人员和各项整治措施落实到位,县级河长先后前往各乡(镇)巡河督查20次,乡镇级河长巡河160次,村居级河长巡河280次,共发现相关问题20余件,均已全部整改到位。组织开展河湖"清四乱"整治行动,采取"河长挂帅、水利牵头、部门配合、上下联动"的工作机制,采取多种措施,基本解决河湖管

2018年9月30日,当雄县水利局组织羊八井镇甲玛村居民开展山洪灾害防御应急演练

理保护中的“四乱”突出问题及侵害河湖安全运行、危害河湖生态健康的违法行为；年内，将全县范围内34家非法采石采砂场，规范整合成现有的6家进行统一管理（国有企业管理），科学合理的安排禁采区和禁采期，杜绝的乱采乱挖，保障河道的通畅。

【待建项目前期工作】 年内，加快推进援藏投资的当雄县县城自来水厂安全饮水项目建设步伐，预算投资3654万元，项目涉及水源枢纽、管道铺设、厂房建设等，现已完成水资源论证、水源水质检测、规划手续等前置手续，已完成初设评审，待批复下达实施；积极争取当雄县达曲河（当雄段）防洪工程项目资金，已完成初步设计等所有前置手续，计划总投资410万元，待资金落实后实施；积极争取当雄县宁中乡拉曲河麦灵段防洪工程项目资金，已完成初步设计等所有前置手续，计划总投资2625.4万元，待资金落实后实施；积极争取当雄县当曲河县城沿岸整治提升工程项目资金，沿岸河堤、湿地区域禁牧工程、生态步道5千米、2千米小围堰，计划总投资3554.36万元，正在开展项目评审工作；当雄县城区防洪工程（PSL）贷款项目，新建堤防总长3.23千米，总投资1759.51万元，前置已完成，根据上级部门通知要求（PSL）贷款项目需停工，工程处于停止状态；推进当雄县羊八井镇堆龙曲防洪工程（PSL）贷款项目，已完成所有前期工作，新建堤防长17.256千米，总投资1884.39万元，已完成工程量的5%，根据上级部门通知要求（PSL）贷款项目需停工，工程处于停止状态。

（龙发武）

【领导名录】

局　长

索朗多吉（藏族）

当雄县教育（体育）局

【概况】 2018年，全县现有各级各类学校、幼儿园31所，在校（园）生7783人，其中：初级中学1所，小学9所，幼儿园21所。小学适龄儿童净入学率99.59%，巩固率99.66%；初中适龄少年毛入学率98.72%，巩固率99.25%；学前三年毛入园率68.32%；进城务工人员随迁子女入学率100%；留守儿童入学率100%；三类残疾儿童少年入学率90.78%。

全县现有教职工599人，其中专任教师589人，占教职工的96.11%。全县专任教师职称结构分别为：高级职称37人，占全县教师的6.28%；中级职称207人，占全县教师的35.14%；初级职称136人，占全县教师的23.09%；未聘209人，占全县教师的35.48%。

【党建工作】 年内，出台《当雄县教体局先进党支部创建实施方案》等6项推进学校党建工作制度性文件。以“两学一做”“四讲四爱”党的十九大和习近平系列重要讲话精神学习教育活动为抓手，组织教育系统教职员工学习党章党规、宪法及习总书记系列重要讲话和教育政策法规170余次，开展“两学一做”“四讲四爱”主题演讲、征文比赛、红色教育、党员活动日、党员示范课、党员政治教育等主题教育活动80余场，累计受教育教职工2000余人次。按照9有标准指导学校党支部建设标准化活动室11个、设立党务公开栏24个，完善档案台账建设。

2018年9月10日，当雄县召开教师节表彰大会

加强业务培训，开展业务培训7次。

【教育改革和发展】 实行“局领导联校”“局股室包校”“教研员蹲校”“信息带教”“北京—当雄结对工程”，着力解决制约当雄县偏远学校教育教学质量提升的突出问题。

4月8日，县委、县政府召开全县教育工作会议。对2017年教育工作进行总结，并对2018年教育工作进行安排部署。会议要求全县各级党委要把教育改革发展纳入议事日程，一把手亲自抓、研究解决重大问题。要全面加强党的建设，充分发挥党支部的战斗堡垒作用和党员的先锋模范作用，把党的教育方针全面贯彻到学校工作各方面。会上，县政府同各乡（镇）政府签订“教育工作目标责任书”，教育局同各学校签订“教育教学工作目标责任书”。11月4日，县委、县政府召开当雄县振兴教育教学质量座谈会。广泛听取对教育发展的意见建议，深入探讨教育发展的新路子。会议要求必须以习近平总书记在教育工作会上的讲话精神为指导，加强党的领导，发挥党建统筹引领作用。并结合全县实际开展教育教学工作。认真履行教师的职责，提升教学质量，创办优质教育。

【理顺体制、优化管理】 年内，始终坚持教育优先发展战略，把义务教育均衡发展作为党和政府发展民生、执政为民的首要任务。依法履行“防流控辍”职责，持续加大控辍保学力度，保证适龄对象依法接受九年义务教育。

7月，县委副书记、县长其美次仁主持召开全县“防流控辍”动员部署会议。下发《当雄县“防流控辍”摸底、调查专项工作实施方案》，各乡（镇）政府、派出所深入村、组开展流失生摸底和劝返工作。完成六年级毕业班整班移交和小学一年级招生工作。深入落实《拉萨市消除大班额专项规划》，强化组织、政策、经费“三重”保障。全县共规划公塘乡中心小学等建设项目4处，总投资4722.66万元，面积11272.64平方米。全面落实“随班就读”和“送教到家”工作，提高残疾少年儿童义务教育普及水平。加强对孤、残、弃少年儿童的心理辅导和康复训练。各学校学生心理辅导室兼职教师定期对孤、残、弃少年儿童开展心理辅导。

【教育教学质量提升】 年内，四个100%教育目标稳步推进。小学双语教学普及率达到100%；小学数学课程开设率达到100%；中学理化生实验课程开设率达到100%；小学实验课程开设率达到100%。通过骨干教师上示范课、县级名师送教、教师业务考试、质量监测等手段，提升数学教学质量和水平。对全县27名小学科学任课教师进行专题培训5次。选派19名理化生教师到拉萨接受实验课程培训。

落实中小学三科新教材使用工作。成立专项工作领导小组，召开动员部署会议，制定下发《当雄县关于三科新教材教学工作方案》，邀请市里专家对全县中小学汉语文、中小学道德与法制、小学一年级科学、中学历史教师共计63人进行为期5天的培训。从7月开展组织中小学91名教师进行自治区教育厅三科网上培训，对中小学三科新教材使用情况进行专项督导和质量监测。

着力优化“教学五环节”工作。

2018年9月16日，当雄县举办第二届“希望杯”小学校园足球比赛

全年教研员蹲点4次，听评课60多节，“名师送教”20余场。3名教师在“全区‘一师一优课’赛课大赛”中获得优秀奖；3名教师在“全市教师教学大赛”中获得优秀奖。

【队伍建设】 年内，在校长队伍和教师队伍管理上制定出台《当雄县中小学规范化管理》等15类制度性文件，在健全和完善学校管理考核体系和标准上建立《当雄县教学质量目标任务考核办法》。

【师德师风建设】 年内，出台《当雄县师德师风大整顿大提升活动方案》，在职称评审、外出培训、评优评先中实行师德问题一票否决制。组织学生、家长、社会各界对学校工作和教职工师德师风进行公开评议，集中组织开展“师德承诺”，建立师德责任追究制度。

【师资培训】 截至年底，选派64人参加国家级培训；选派43人参加区级培训；选派70余人参加市级培训；选派30人到北京东城区参加培训。开展本级新分教师和调入教师教学技能培训1次51人，全县中小学开展校本培训900余人次。

【实施教师幸福工程】 2018年教师节从20%教育专项资金中支出经费357.12万元，对全县22个提升教学质量先进集体和49名先进个人进行表彰奖励。根据当雄县委、县政府《关于进一步加强师资队伍建设实施意见(2016—2020)试行》文件，落实全县教师岗位津贴600多万元。

2018年7月19日，当雄县小学参加拉萨市校园足球比赛

【牧民群众大学生子女资助】 年内，在学前、义务教育方面，严格贯彻落实国家义务教育阶段“三包”、营养改善和“两免一补”政策，同时，不断完善结对帮扶机制。在高等教育助学体系方面，2012年起县委、县政府建立大学生助学体系。

【以教脱贫】 年内，开展“两后生”驾驶技能培训共35人，另外对其他人开办实用技能短期培训，已就业104人。完成搬迁点彩渠塘村幼儿园的建设和开园工作，完成拉萨搬迁点校车和驾驶员配备工作。

【体育工作】 年内，扎实抓好学校体育工作，提升学生体质健康水平。全年开展体育专职教师各类业务培训30人次。对全县7783名学生进行体质健康测试，优秀率达到78.5%。开展当雄县第一届校园足球(小学组)联赛。深入推动全民健身工作开展，全县人民身体素质明显提高。出台《当雄县学校体育设施免费对外开放实施方案》。做好“当吉仁”赛马节各项赛事。开展全县第二届“五人制”足球比赛；协助团县委开展全县“五四”干部职工篮球联赛，并为全县公安系统篮球联赛提供支持。努力提高竞技体育水平，为当雄人民争光。在县委、县政府的大力支持下，当雄县运动员发扬团结拼搏精神，获得拉萨市第四届“体彩杯”足球联赛冠军。

【优化教育发展环境】 年内，深入实施《全民健身计划纲要》，规划登山步道、骑行道、健身步道建设工程。开展以体育健身指导和体育科普知识为内容的“体育三下乡”工作7次。高质量完成“当吉仁”赛马节赛事组织工作。组织参加拉萨市第一届运动会暨民族传统运动会，当雄县获得全市第三名的好成绩。

【体育工作】 年内，出台《当雄县学校体育设施免费对外开放实施方案》。顺利完成教育部国家体质监测专项抽测工作。按照《学生体质健康监测评价办法》对全县7823名学生进行体质健康测试。

（旦 增）

【领导名录】

党委书记、局长

钱立坤

副局长

洛桑卓嘎（女，藏族）

当雄县人民医院

【概况】 2018年，当雄县人民医院与各乡（镇）卫生院鉴订区域对口帮扶1+7模式协议，并下乡巡诊20余次，医院与北京尤迈远程会诊中心成功开展一例远程会诊。医院按照拉萨市政府和市卫计委的统一布置，组织医院的骨干力量专门成立领导小组和专家组，对全县牧民群众和城镇居民开展“全民体检（三病）”和“僧尼免费体检”，全民体检共47811人，体检率为98.2%；僧尼体检221人，体检率为100%。2018年，全院门诊病人总数37610人次（其中西医门诊30041人次、藏医门诊7569人次），平均日门诊量为110人次，出院病人921人次（其中西医住院446人次、藏医住院50人次，住院分娩425人次），转院病人260人次，病床使用率92%，治愈率80.2%，好转率17.8%，死亡率为零，病床周转率29次/月，外科手术213例，更换皮下埋植117例、上皮埋78例，取皮埋65例，双胎分娩1例；常规化验7521人次、生化全套991人次，两对半2177人次，艾滋、梅毒、淋病检查598人次，电解质56人次，血常规3781人次、尿常规3618人次，大便常规2233人次，心电图检查2150人次，B超检查9559人次，拍片4194人次，门诊诊断与住院诊断符合率97%，入院诊断与出院诊断符合率96%，手术前后诊断符合率100%，住院病人及住院孕产妇死亡率为零，门诊处方书写合格率98%，院内感染为零，无菌手术切口感染率为零，传染病登记报告漏报率为零，“三基”训练考试2次、合格率96%，病例讨论16次，医疗质量检查13次。

【思想政治工作】 年内，当雄县人民医院职工认真组织学习党的十八届三中、四中全会精神和中央“八项规定”、自治区“十项要求”等精神；全院党员积极参加党的群众路线教育实践活动和其他各项组织活动，并组织全院职工学习党中央、区党委、县委下发的各类文件精神，设立党员先锋岗。组织全院职工学习《中华人民共和国执业医师法》和《中华人民共和国护士管理法》《处方管理条例》等为主的有关法律法规，2018年按照县委鉴订的《党风廉政责任书》和有关会议文件要求，认真开展医药购销领域中商业贿赂情况的自查自纠工作，严格执行各项医疗服务收费标准，杜绝医疗服务中的乱收费现象和商业贿赂问题。

【业务学习】 年内，为提高全体干部职工的专业技术水平，更好地满足医疗服务要求，医院年初制定人才培养和引进人才规划，并

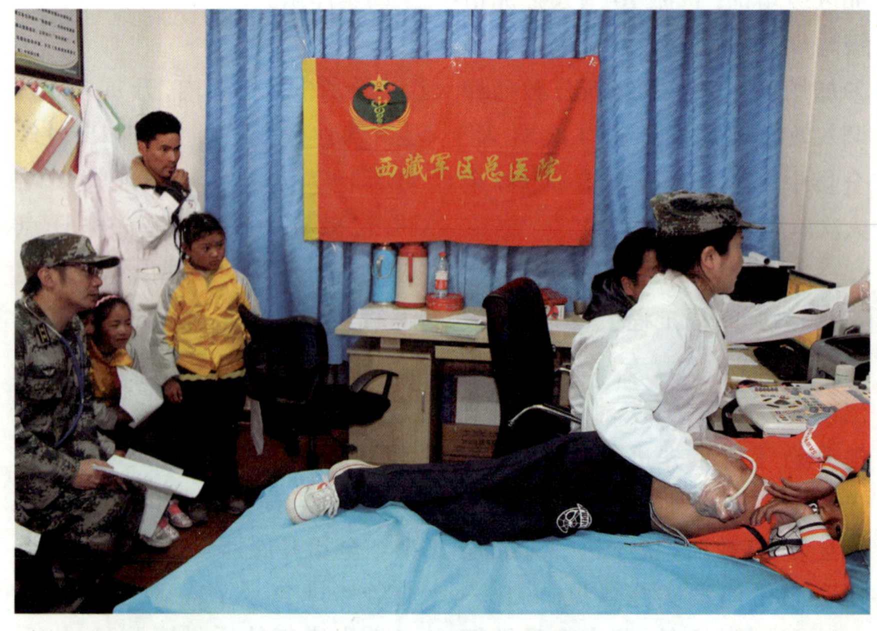

2017年5月27日，西藏军区总医院专家到当雄县筛查“先心患儿”

且以“三基”训练为基础，以自学、讲课和考核等方式经常组织不同形式的业务学习，平均每月业务学习4次以上，2018年度举行三基训练考核2次，考核合格率96%。医院为更好地满足广大患者的医疗服务要求，选送理论水平较好，且有培养希望的内、儿、妇、藏医、护理等专业的14名医护人员到拉萨市人民医院和北京市等进修学习。

年内，积极选送上级医疗部门进修的同时还抓住援藏医生和基层帮带专家等的优势，在院内每周四组织开展业务学习活动并与北京海淀医院开通远程教学3次，每位援藏专家与医院科室骨干人员进行一对一学徒帮带并签订协议。在年初和年底举行交通事故医疗救治和甲类传染病的救治等为内容的急救演练活动，提高医院医务人员的理论和技术水平。护理部在外科病区开展“优质护理年”活动；并在“5·12”护士节期间组织全院护理人员举行“护理操作表演赛”，提高全院护理人员操作技能。全院护理人员轮流讲座一次；获取护士执业资格证书率明显增多，各项护理技能操作得到进一步提高，护理三级查房、护理文书书写等得到进一步规范，护理差错为零。

2018年12月3日，当雄县人民医院医务人员到格达乡讲课

【藏医药工作】 藏医药深受牧民群众的喜欢和广泛关注，为更好地发展具有牧民特色的藏医药事业，坚持每季度召开一次藏医药工作会议，研究藏医药的发展，使藏医工作也有较大发展，藏医门诊病人也比往年增多。藏医住院病人达到50人次，门诊7569人次，藏医理疗92人次。拔罐67人次、针灸123人次、放血58人次，热盐敷75人次，TDP理疗108人次，金针38人次，推拿70人次、擦涂102人次，热机10人次，火灸5人次，药浴2人次。根据当雄县境内地热资源丰富的实际，对需要做藏医温泉治疗群众，举办2期温泉治疗方面的讲解，参与人数达463人次，2018年在国家藏医药适宜技术推广项目的推动下，医院藏医药卡擦室、药浴室、理疗室等的作用和效果突显。同时，为进一步加强医院和基层藏医人员的药材识别水平，按照传统习惯。7月，医院组织藏医科和基层藏医人员9人到当雄县藏药材相对丰富的巴嘎当江热境内进行为期一周的藏药材识别和标本采集活动，共采药316种，完善了藏医药文化室的药材标本，并举办藏医药材识别知识竞赛，参加人员16人，前三名选手发放荣誉证书和奖金，使藏医技术人员对当雄县藏药材的分布、种类和自然分布等有新的认识和了解，提高其识别药材能力。

【人才培养】 年内，医院注重抓好学术带头人和合理人才梯队建设，加强发展新的重点学科，做大做强临床科室，提高科研技术水平，增强医院竞争实力。2018年，当雄县人民医院继续派遣医务人员到上级医院接受业务培训进修学习，共有14名医生到上级医院培训学习。医院按照等级医院评审标准，全面加强医疗质量管理，特别是医疗质量环节管理，加大综合绩效考核力度，查漏补缺，不断改进，大力夯实基本医疗技术，提高医疗质量和专业技术水平，防范医疗事故的发生。

年内，加强岗位训练和中青年业务骨干培养力度，提高人才队伍素质。加大继续教育考核力度，制定科室院内讲学任务。2018年在援藏医生的带领下组织各科室医务人员在医院三楼会议室学习急救演练等相关知识。增加必要的诊疗设备，加强新诊疗设备的使用率，提高诊断水平。2018年，县委、县政府高度重视，从公立医院补助经费中落实医院300万元信息建设，援藏项目600万元急需设备均已到位。在援藏专家的带领下，成功开展消化内镜现有17例。

（平 措）

【领导名录】

院 长

索朗多吉（藏族）

副院长

扎西次仁（藏族）

当雄县中学

【概况】 当雄县中学始建于1986年，是全县唯一的一所初级中学，2002年学校完成新校址搬迁，新校址位于县城西段，面临青藏铁路和青藏公路，背靠当曲河，占地总面积120000平方米。校舍面积26768平方米，包括教学实验综合大楼1栋，学生宿舍12栋，教职工宿舍9栋，学生餐厅3栋，教工食堂1栋。

截至年底，当雄县中学已形成七年级14个班、八年级12个班、九年级12个班的规模，其中七年级857人，八年级695人，九年级612人。有残疾学生55人，随班就读27人，送教下乡28人。农牧民子女占99%，寄宿生占

2018年5月18日，拉萨市第一中学刘思伟（左四）一行到当雄县中学送教

98%。截至年底，初中阶段入学率为95.36%。制定出台当雄县中学“三、三”发展规划，让学生进得来，留得住，学得好。

【机构与师资】 年内，学校设校长办公室、财务室、总务处、教研室、教务处、群团部、德育处、卫生处、图书馆、信息办、统计办、心理咨询室和青少年活动中心。截至年底，学校有教职工170人，其中专任教师168人，教师平均年龄32岁。学历方面，研究生6人，本科149人，专科14人，学历合格率100%。专任教师中少数民族教师102人，占专任教师总数的61%。党员教师73人，占专任教师总数的44%。高级职称6人，中级职称69人。

【党建工作】 年内，当雄县中学党总支在各级党委的领导下，认真贯彻邓小平理论、三个代表重要思想、科学发展观和习近平新时代中国特色社会主义思想，围绕“立校德为先，发展质为本”的办学理念，全体党员开拓进取，求实创新，为学校的校风、学风建设做出突出的贡献，真正发挥党总支的战斗堡垒作用。加强组织建设，完善民主生活会、党务公开、政治学习、组织工作纪实等工作。加强基层党组织班子建设。围绕“四个服务”（“服务学校发展、服务教育教学、服务教师学生、服务党员群众”）实现基层组织工作的规范化、制度化和科学化，着力发挥好“三个作用”（班子集体的战斗堡垒作用、党员干部的示范带头作用、广大党员的先锋模范作用）。扎实推进基层党建工作，严格规范党内组织生活，认真执行“三会一课”制度。

【教育科研】 年内，学校注重教材的开发，开发一系列适合于中学的校本教材，如针对文化知识水平差的学生开发《当雄县中学

提高班教材》,针对德育教育开发《当雄县中学德育手册》,汉语文组编定针对初三复习所用的《汉语文复习资料》,藏语文组自己发表学生作文集《牛犊之梦》。

5月9日,在"拉萨市教育大练兵—五个100%理化生教师实验技能竞赛"中,当雄县中学取得一等奖1名、二等奖4名的好成绩。

【德育工作】 年内,根据学校的实际情况,结合思想道德教育的需要,建立德育室一间,做好教室、走廊、橱窗等各场所的环境布置,同时各班以纪念日、传统节日,党员德育课,德育展板、德育走廊等德育资源,开展富有教育意义的活动,同时大力宣传学生中的好人好事,为学生树立可亲、可信、可敬、可学的榜样,通过榜样引导学生崇尚先进,学习先进,养成良好的道德行为。建设良好的校园文化氛围。同时结合新颁布的《中小学生日常行为规范》,加强课间活动、卫生、文明礼貌等各方面的检查,对各班级中的问题生、调皮生,学校举办规范训练班,邀请校外辅导员、法制副校长进行规范训练、个别引导等形式的教育。

【后勤管理】 年内,强化后勤常规管理,努力抓好校园管理的各项检查。为确保学校安全有序运行,进一步细化《临时工分工种量化考核制度》,管理过程中重视安全、卫生、节水节电等工作的检查,将各项制度真正落到实处。切实抓好环境卫生、校园安全工作。大力开展美化校园、亮丽校园等活动。进一步加强开源节流工作,管好用好学校的财力、物力。搞好采购管理工作。重点抓好节水节电工作,强化文印管理工作。

【中考情况】 2018—2019学年,县中学认真贯彻《当雄县中学量化考评方案》,狠抓教学质量,2018年中考基本情况是:当雄县中学681人参加中考,考上内地西藏班45人,重点高中42人,普通高中396人。

【体育艺术】 体育艺术工作是丰富师生校园生活的重要手段,学生体育达标率90%以上,体育课及格率95%以上。另外,本学年校根据实际需要开展各类活动。党总支举行"庆七一教师趣味运动会",学校举办全校师生运动会,教研室举行教学技能大练兵活动等。

(刘 宇)

【领导名录】

党总支书记

钻 珠(藏族)

校 长

拉 布(藏族)

2018年9月16日,当雄县中学召开开学典礼

当雄县牦牛冻精站

【概况】 西藏当雄县牦牛冻精站始建于1963年,最早为马场,1976年改为种畜场,1988年7月正式筹建冻精站。地处藏北羌塘草原南缘,距拉萨170千米,海拔4280米,是西藏自治区牦牛改良繁育体系的重点单位,是全国唯一的一座牦牛冻精站。主要任务是生产、推广、供应优良品系牦牛的细管冻精及液氮,同时进行牦牛繁育技术咨询,人工授精、胚胎移植等方面的技术培训。现有员工18人,其中畜牧师2人,助理畜牧师8人,经验丰富的技术人员2人,牧工6人。建站以来,累计向社会提供优良牦牛冻精68多万粒/剂,产生了广泛的社会效

益和经济效益，为西藏牦牛的品种改良工作作出重大贡献。

西藏当雄县牦牛冻精站占地约4.2公顷，建筑面积52.89亩，总投资930万元。分为冻精生产科研区和职工生活区。建成综合实验室、现代化种公牛舍、饲料贮藏室，拥有无塔供水器，冻精生产设备是从法国IMV公司引进的细管冻精全套设备。

冻精站现饲养6个良种品系45头牦种公牛，其中采精种公牛35头，后备种公牛10头；繁殖母牛120头，后备母牛75头。有围栏草场70公顷，天然牧草地725公顷。具有独立的畜种场所，健全的兽医卫生防疫、环境保护措施，能够承担良种牦牛选育、冻精生产、胚胎移植、技术推广等工作。

【冻精生产】 年内，加强种公牛的饲养管理，严格按照种公牛饲养标准饲喂，每天由专人早晚对种公牛进行训话、调教，每年6月份开始制作品种为斯布、帕里、娘亚、1/4的野血、青海大通，各品种共生产细管冻精6000支。

【牦牛改良培训】 年内，为做好细管冻精的推广工作和加强全市技术人员的人工授精技术、短期育肥理论操作水平，农牧局主办单位，冻精站协办举行1次，140人为期七天的短期育肥、人工授精技术培训，全市干部职工积极学习并且进行了实践操作，培训期间，广大学员认真听讲、仔细做笔记，做到按时上下课，在当雄县牦牛冻精站进行实践学习中广大学员积极参加实践操作，并在最后的牦牛改良实践操作考核中都取得了优异的成绩。

2019年9月19日，当雄县牦牛冻精站聘请北京奶牛中心专家检查牦牛同期发情状况

【《当雄县牦牛推广改良技术项目》实施】 项目总投资500.00万元，资金来源于北京援藏，项目内容为引进优良繁殖母牦牛178头、种公牛20头、免费分配发放到28村建档立卡扶贫户手中，通过现代化同期发情+人工授精技术，在当雄县乌玛塘乡郝如村、纳龙村、郭尼村、净土牧场进行750头牦牛本品种改良，通过牦牛品种改良，提高牧民经济效益，该次项目进度已完成90%。

多年来，由于传统的自繁自养经营模式的影响，牦牛品种退化较为严重，集中表现在体格小，生产周期延长，各项生产指标下降，养殖成本提高，经营效益下降。同时，项目建设对牦牛品种改良、经济价值提高、农牧民加快致富、大力推进当雄县社会主义新农村建设步伐县有不可替代的作用。

项目的建设可有效调整当雄县畜群结构，通过良种推广，辐射带动全县牦牛产业又好又快的发展。市场剖析该项目可有效提高当雄县牦牛整体生产性能，从而提升牦牛品牌优势，促进乳、肉、毛的开发和相关产业的发展。

【牛疫病防治】 每年春秋两季组织全体干部职工到种公牛草场四周、门口、牛羊卧的地方进行消毒，对全部牛羊进行A型牛口蹄疫苗注射，派专业技术人员到消毒点进行消毒。并每天早晚对牦牛冻精站牛羊进行排查，对种公牛草场周围牛羊卧的地方和门口进行消毒，经过严格管理、消毒，冻精站牛羊无任何疫情。

（罗布伦珠）

【领导名录】

站　长

罗布桑珠（藏族）

城市建设·环保

当雄县住房和城乡建设局(城市管理局)

【概况】 当雄县住房和城乡建设局(城市管理局)(以下简称住建局)为当雄县人民政府工作部门,现有干部职工在编人数14人,其中,正科级干部3人,科员3人,事业编制2人,工人6人,聘用临时工37人,其中环卫保洁工人33人,城管工人4人。下设及管理部门有当雄县小康安居工程领导小组办公室、当雄县市容卫生管理办公室、自来水公司。2018年,当雄县住建局以推动当雄县新型化城镇建设为主线,以创造和发展全县经济社会发展的载体为己任,统筹兼顾、多措并举,将推进完成易地扶贫搬迁工作、县城乡基础设施建设、保障性住房安居工程、城市管理以及垃圾分类试点工作作为工作的重点,高标准建设、高效能管理。

【党风廉政建设】 年内,严格落实党风廉政建设责任制,紧密结合县委、县纪委党风廉政建设工作有关部署和要求,认真学习习近平总书记系列重要讲话,深入贯彻党的十九大精神,明晰党对一切工作的领导,严格按照全面从严治党的各项要求,进一步加强政治纪律教育、完善制度、强化监督,采取积极有效的措施,全面推动住建局党风廉政建设和反腐倡廉工作深入开展,为全局各项工作的开展提供强有力的政治和纪律保证。坚持把党的政治建设摆在首位,坚决维护党中央的权威和集中统一领导,坚定执行党的政治路线,严格遵守政治纪律和政治规矩,在政治立场、政治方向、政治原则、政治道路上同党中央保持高度一致。尊崇党章,严格执行新形势下党内政治生活若干准则,增强局党支部党内政治生活的政治性、时代性、原则性、战斗性,自觉抵制商品交换原则对党内生活的侵蚀,营造局党支部风清气正的良好政治生态。坚

2018年5月3日,当雄县副县长张洁到县城集中安置点检查房屋质量以及搬迁入住情况

持把开展政治纪律教育活动作为一项重要政治任务，作为落实全面从严治党主体责任的重要内容，支部书记主动站到教育活动第一线，积极主动作为，对重点环节、重要事项、重大问题亲自安排部署、亲自研究把关、亲自协调督办，推进教育活动各项工作任务不走样、不走偏、不打折扣，落到实处。严格执行周报制度，党员干部要及时将各自所学、所想、所感、所悟整理成书面材料上报局党支部。

年内，每名党员干部上报的心得体会不少于5篇。党支部于10月18日召开政治纪律教育专题组织生活，支部书记带头做个人剖析发言，党员积极开展批评与自我批评活动，查问题、评不足、找根源、论整改，对支部和个人存在的问题和不足，进行全面、深刻的查找和剖析，互提意见或建议，自觉接受干部群众监督，加强问题整改。

【“两学一做”学习教育】 年内，住建局坚持“两学一做”学习教育常态化开展，严格落实“三会一课”制度。在政治理论学习方面，各党员干部能够按照党支部的统一安排，制定学习计划，组织集中学习和个人自学，2018年住建局集中组织开展党支部学习15次；深刻学习领会习近平总书记系列重要讲话精神，真正使习近平新时代中国特色社会主义思想入脑入心、见言见行，成为武装头脑、净化思想、指导实践、推动工作的利器。进一步强化“四个意识”，坚定“四个自信”，做到“四个服从”，始终与以习近平为核心的党中央思想同心、目标同向、步调同拍。

【2018年续建项目】 当雄县中学地热供暖建设项目，该项目室内末端供暖面积为41000平方米，其中教学楼、实验楼、体育馆建筑供暖面积10140平方米，采用散热器供暖，其余建筑采用地热采暖，供暖面积31000平方米。供暖设施及设备包括热源井和回灌井各一口，首座热换站和一级热换站各一座，以及一级网线的铺设及保暖，项目估算总投资为2991.82万元。截至年底，项目已完工。

2018年3月12日，当雄县副县长张洁到格达乡指导易地扶贫搬迁意愿核实工作

当雄县规范化建设村（居）活动场所项目，项目新建（改造）业务用房及配套设施，共25个村委会，总投资6606.8万元。截至年底，项目已完工并完成终验。

当雄县农贸市场大门两侧商品房建设项目，建设内容为新建门面房建筑面积1256.44平方米，以及给排水、电气等附属设施，概算总投资363.19万元，项目已完工并通过初验，待终验。

当雄县羊八井镇特色小城镇建设项目（一期），建设内容包括道路建设（改造）工程、沿街建筑风貌改造工程及景观改造工程。截至年底，该项目已完成立项、地勘、风评及可研评审、初步设计评审、图纸审查、概算批复办理等工作，正在进行招投标工作以及外立面改造工程。

【2018年新建项目】 当雄县2017年周转房新建项目，新建周转房48套，总建筑面积3325.20平方米以及室外电气给排水等附属工程，概算投资1138.49万元。截至年底，项目已完成工程进度的90%。

当雄县县城污水处理厂及收集系统工程，该项目概算投资4434.01万元，建设规模为近期日处理污水量1500立方米，远期日处理污水量3000立方米并配套污水管网，已完成总体工程进度

2018年1月18日，当雄县召开农牧民集中居住区购房政策宣讲暨抽签大会

的85%。

当雄县村委会附属工程建设项目，共涉及25个村委，建设内容包括道路硬化、阳光棚、文化舞台、路灯安装等，项目概算总投资3463.89万元，其中建筑安装工程费3104.86万元。项目于2018年8月份开工建设，项目已完成总体工程进度的60%。

【2018年拟建项目】 当雄县2017年当曲卡镇棚户区改造项目，涉及棚户区受益户数151户，项目概算投资2490.49万元，项目已完成各项前置手续办理，正在组织招投标工作。

当雄县2018年公租房建设项目，新建公共租赁住房244套以及给排水、电气等附属设施，项目估算投资5000万元，项目正在开展前期工作。

当雄县县城综合管线建设项目，建设综合管线约4千米，入廊管线包括电力线缆、通信线缆、给水管、热力管、雨水管以及污水管，项目估算投资8500万元，项目正在进行规划设计。

当雄县县城地热供暖工程（二期），建设内容包括试点推广，覆盖县城109国道沿线机关单位，供暖面积约14万立方米，项目估算投资1.31亿元。截至年底，项目正在开展前期工作。

【2018年度廉租房实物配租及租赁补贴】 年内，住建局紧紧抓住中央关于“保增长、保民生、保稳定”有利契机，进一步扩大城市低收入群体廉租住房补贴覆盖面，全年共有69户、97人享受廉租住房补贴。

【建筑施工工地管理】 年内，住建局始终坚持开展好安全生产、扬尘防治大检查，按照精细化施工管理要求，加强对施工单位监督管理，严格落实各项规章制度，狠抓工程安全防范、扬尘防治工作措施落实。坚持加强宣传、巡查、执法力度，对不文明施工现象一经发现严格查处。年内，住建局共组织对全县在建工地进行安全生产及扬尘防治专项检查10次，下达整改通知书27份，排除安全隐患120余处，督促加强扬尘防治整治措施100个，停工整改1家，查处未批先建项目6个，罚款金额17.6万元。

【城乡环境卫综合整治】 年内，住建局严格按照县委、县政府的工作部署安排，明确“各负其责、全面推进、综合整治、长效管理”的原则，着力解决城乡环境卫生整治存在的突出问题，建立健全长效管理机制，不断提高环境卫生管理水平。深入推进垃圾分类试点工作，牢固树立绿色发展理念，根据拉萨市人民政府办公厅《拉萨市生活垃圾分类收集和处理试点工作实施方案》，及时成立当雄县生活垃圾分类试点工作领导小组，全面统筹垃圾分类试点工作开展，组织对垃圾分类试点工作的督导、检查和经验推广。广泛发动宣传，积极引导教育广大居民群众参与垃圾分类工作，提升环保意识，印发《垃圾分类、人人参与》藏汉双版宣传册1000余册。严格执行县委、县政府的决策部署，充分发挥党员模范先锋作用，局领导带头积极参与纳木湖景区保护开发商户和群众的搬迁工作，深入践行习近平总书记生态文明建设重要战略思想，树立坚决打赢污染防治攻坚战的信心，强化责任担当，顺利推进完成纳木错景区107间临时建筑拆迁工作。

【城管执法】 年内，严格制定县城的管理方案并加以整治，包括占道经营、私搭乱建和乱挖乱放等不良现象。实行责任分段制度，工作落实到具体每一个人身上，各自分管管辖范围，大幅度提高工作效率。年内，住建局共查处违规占道经营83起，下发整改通知书83份，已督促整改58家次。

【环卫工作】 年内，县城环卫环卫队员人员33人，工资3200元/月/人，并配备相关的垃圾处理工具，大大改善县城的卫生状况。

【自来水管理】 当雄县各级领导高度重视饮用水问题。2018年圆满完成县城饮用水供水任务，全年无任何饮用水安全事故，为全县人居生活质量提供了有力保障。

【行政审批登记管理】 年内，住建局紧紧结合机关效能建设，不断强化、优化行政审批服务能力，安排各类业务工作人员进行学习培训施工许可办理、房屋交易登记办理等相关专业知识，截至年底，办理施工许可证22件，房屋交易告知单36件。

【人才培训】 年内，继续抓好住房和城乡建设管理人员和专业技术人员“两支队伍”的建设；加强政策法规建设。按照“轻重缓急、急用先立、逐步完善、整体推进”的原则。针对建设领域存在的突出问题，大力开展调研工作，加快法治建设进程。采取“请进来、送出去”的办法，积极组织参与内地垃圾分类试点考察学习、拉萨市行政执法人员培训班、北京精准扶贫党政干部培训班等专业知识和政策法律法规培训，全年共参与各类学习培训达12人次。

（冯　鹏）

【领导名录】

局　长

普布扎西（藏族）

副局长

格桑达瓦（藏族）

当雄县环境保护局

【概况】 2018年，当雄县环境保护局认真执行环保法律、法规，以构建“绿色当雄、低碳当雄、绝美当雄、宜居当雄、和谐当雄、人文当雄”的生态文明建设体系为中心，始终把环保工作放在突出位置，树立“抓好环保为经济，发展经济为环保”的大局观，全面开展环保工作，建设美丽新当雄，有力地促进全县经济与环境、社会协调发展。

【持续推进“一个目标”】 年内，为切实贯彻落实习近平有关生态环境讲话精神，扎实推进当雄县生态建设，全面落实“生态立县”战略，当雄县确定2020年创建全市第一个“国家级生态文明建设示范县”的目标，以生态文明建设为牵引，着力推进生态环境保护工作，积极探索高寒草原牧区可持续发展新模式。截至年底，已完成28个行政村、8个乡（镇）、当雄县的自治区级生态创建工作，并获得自治区命名，自治区级生态村达到100%，自治区级生态乡（镇）达到100%。加强生态文明建设规划。与南京河海大学签订“河海大学环境与社会西藏研究基地”战略协议，邀请国家、自治区有关生态文明建设的专家学者对全县各单位开展生态文明建设理论培训。年内，培训8次，使生态文明建设工作稳步推进。2018年，当雄县结合国家生态文明建设指标，对原有《当雄县生态文明建设规划》进行重新修订和完善，现已经通过县人大审议，并发布实施。

【贯彻落实“两项职责”】 年内，认真履行“党政同责”“一岗双责”原则，完善各项机制。修订完善《当雄县环境保护工作考核办法（试行）》，设立100万元考核奖励资金，建立当雄县环境保护考核制度，签订《2018年度环境保护工作目标责任书》，并对各乡（镇）、县中直各单位环境保护责任落实和工作开展情况实施绩效考评，同时纳入年终考核范围，实行一票否决制。建立当雄县建设活动环境保护联席会议制度，不定期召开建设项目组织联席会议。研究制定《当雄县环境违法违规有奖举报办法（试行）》。结合当雄县环境监管网格化建设，设立有奖举报奖励资金50万元，建立涉及县、乡（镇）、村、组、双联户覆盖全县范围的环境监管网格体系，实现环境保护工作规范化、精细化、长效化，从源头减少环境安全隐患，为当雄县经济社会又好又快发展提供有力保障。

【生态文明建设】 5月15日，当雄县召开2018环境保护暨生态文明建设工作部署会议，为做好当雄县2018年环保工作指出明确的方向。

【污染防治】 年内，开展大气水声环境质量监测。制定《当雄县环境质量监测方案》，投入资金57.56万元，用于县域环境质量监测工作，本级财政投入300万元，开展当雄县大气环境质量监测网络建设，现已完成全部设备安装工作，正在组织试运行。县城主干道降尘方面。投入资金187万购买洒水车等设备，加大县城洒水降尘工作力度，确保群众正常的空气质量需求。施工工地扬尘污染治理方面。各施工单位严格落实厂区围挡、料堆覆盖、分段作业、择时施工、洒水降尘、冲洗地面和车辆等有效防尘降尘措施。每月组织人员对全县各施工单位进行扬尘污染防治检查工作，出动执法人员20余人次，下达整改通知书26份。加快推进黄标车辆和老旧车辆淘汰工作。制定《当雄县预防机动车排气污染防治工作方案》。县交警大队组织民警深入辖区各企事业单位、运输部门积极宣传黄标车、老旧车对环境污染的危害性宣传工作，最大限度地提高黄标车淘汰治理工作的宣传力度。深化全县油气回收治理工作。全县共有5家加油站，均已安装油气回收装置。

【规范采石采砂】 年内，投入2772.19万元，完成对全县10家采砂采石厂整治、整合、收购工作。稳步推进“河长制”工作。截至年底，全县干部职工共同参与河道清理20余次，发动牧民群众4385人，出动大小机械300余台次，共清理、填埋河道垃圾约173吨，开展巡河督查20次，乡镇级河长巡河160次，村居级河长巡河280次，共发现相关问题20余件，均已全部整改到位。河湖环境得到了明显改善。加强饮水水源地工程建设。为使广大群众喝上安全水，已实施当雄县2017年度农村饮用水水源地环境保护工程，该工程投资220万元，截至年底，该项目已竣工验收。开展危废（含医废）管理工作。为确保当雄县危废工作规范化，出台《当雄县公安局打击非法转移倾倒处置危险废物专项行动方案》《当雄县危险废物管理制度》《当雄县危险废物管理责任追究机制》等制度，当雄县严格按照相关要求，涉及危废及医废单位均委托第三方公司统一清运及处置医疗废物，做到医疗废物无害化处置，同时，每年开展危险废物申报登记工作，辖区内产生的危废（含医废）实行月报、季报工作制度，确保危废处置率实现100%。加快基础设施建设。投资4434.01万元，开展县城污水处理设施建设。待县城污水处理厂建成后将县城的生活污水全部统一排入污水处理厂进行处理。根据县城集中式饮用水源实际，组织实施对县城饮用水源地的搬迁工作，现已完成当雄县县城自来水厂安全饮水项目的所有前置手续，该工程现处于可研评审阶段。实施水生态补偿工作落实情况。聘请265名贫困牧民群众为水资源管护员、山洪灾害设施看管员、水土保持监督员，每

2018年9月17日，西藏自治区人大常委会副主任李文汉（前排左三）一行到纳木错自然保护区游客集散中心建设工地督导工作

人每年工资3000元，吸纳精准扶贫建档立卡户350余人共同参与到河道、河岸清理工作中，平均每人每年能够增收2000元。

【土污染防治】 年内，畜禽养殖禁养区划定。成立以县委常委、副县长文林为组长的领导小组，开展畜禽养殖禁养区实地摸底划定工作。4月26日通过拉萨市畜禽养殖禁养区划定验收组的技术验收。划定并严守基本草原保护红线。2018年，当雄县通过自治区基本草原生态保护红线划定验收，共绘制基本草原图斑726块，草场类型四类，划定基本草原879.673万亩，约占草场总面积的84.88%；建设基本草原标识牌9块；国道及旅游沿线设立基本草原保护建设宣传标识牌16面。对宁中乡、乌玛乡、纳木湖乡等地3.4万亩草场实施了草原"三灭"工作。积极从上级业务部门争取项目和资金，种植人工饲草地达5万余亩。2018年实施退牧还草工程共计投资1519.8万元，对50万亩草场实施围栏休牧。根据《自治区草原监测实施方案》，县畜牧局每年6、7、8月共对20个样地、60个样方开展草原监测野外调查工作。开展土壤污染治理。投入14.85万元用于废弃简易垃圾填埋场生态恢复。聘请231名精准扶贫建档立卡贫困户为纳木错自然保护区管护员、环保监督员、乡村保洁员，每人每年工资3500—3600元不等，共同参与到环境治理工作中，实现人人参与环保、关心环保，支持环保的工作格局。

【环境保护监察执法】 年内，制定《当雄县2018年环境安全隐患排查工作方案》《2018年环境监察工作计划》。对中央环保督察组反馈问题和2017年转接举报案件、涉矿企业、自然保护区、集中式饮用水源地及辖区内道路建设工程开展执法工作，督促辖区企业严格履行"三同时"制度。

4月20日，在排查全县"未批先建"项目时发现1例案件。现场执法工作人员按照《中华人民共和国环境影响评价法》对该公司进行处罚6万元。截至年底，出具环评预审意见10个，完成环评网上登记备案97个。共执法100余次，出动210余人次。

【环境保护宣传】 年内，当雄县通过悬挂横幅、发放藏汉双语版宣传资料及环保宣传袋，讲解环境保护法律法规知识等方式，深入商户、蔬菜店、虫草市场、景区售票处等人口较为集中的场所，开展6次规模较大的环保宣教活动。截至年底，悬挂宣传横幅40余条，发放宣传单9000余张、环保购物袋30000余个、参与牧民群众20000余人次。

【第二次全国污染源普查】 年内，制定污染普查工作方案、宣传方案，成立工作专班；投入96万用于开展污染源普查工作，现已基本清查完成全国污染源普查的五大清查（工业企业和产业活动单位43个、规模化畜禽养殖场0个、集中式污染治理设施1个、生活源锅炉0个、入河排污口12个）对象；邀请第三方专家指导当雄县污染源普查工作，开展乡（镇）普查员培训及现场指导工作。

【生态红线划定】 1月10日，经当雄县十三届政府23次常务会，研究通过全县生态保护红线划定方案，并上报上级部门。5月29日，自治区生态保护红线划定领导小

2018年7月24日，拉萨市环保局副局长严刚（右一）到当雄县检查指导工作

组及专家组在拉萨市召开生态保护红线对接专题会议，初步核定当雄县生态保护红线包括禁止开发区及生态环境功能重要区/生态环境敏感区两类，共计面积5493.93平方千米，占县域国土面积比例为53.69%，斑块数量为97个。根据生态保护红线划定实际情况，当雄县组织相关单位与专家组进行2次对接。针对当雄县已上报需求未划定出生态红线的区域，共计调整出7个斑块区域。最终生态保护红线划定区域数据待国家技术审查后予以确定。

2018年4月25日，拉萨市“禁白”办负责人旦巴塔杰（右一）带队专项检查组到当雄县检查工作

【环境综合整治】 年内，进一步完善基层环境综合整治能力建设，用于加强生活垃圾收集转运及乡镇综合环境整治能力建设。确保全县生活垃圾收集转运率达到100%。

【“禁白”工作】 年内，开展3次“禁白”专项整治行动。对当雄县使用白色塑料袋的场所进行整治。共出动执法人员15人次，执法车辆5车次，查获并收缴一次性不可降解塑料袋15万余个，说服教育100余人次，发放环保宣传册100余份，促进基层“禁白”工作的有效开展。同时设立“禁白”公示牌，及时公布“禁白”举报电话，投入资金3万余元，确保“禁白”工作落实到位。使当雄县“白色污染”现象得到综合控制。

【国家重点生态功能区考核】 当雄县是拉萨市唯一一个国家重点生态功能区，为切实做好功能区的考核工作，及时制定考核工作方案、召开考核工作安排部署会，并于10月底完成考核资料整理及上报工作。

【109国道沿线综合整治】 年内，根据西藏自治区党委书记吴英杰关于做好318等国道西藏段沿线和重点景区环境整治督察工作指示精神，以及市委领导在《关于做好318等国道沿线、重点景区环境整治工作的督办函》上的重要批示精神，当雄县高度重视，成立环境专项整治工作组，对109国道沿线及纳木错景区进行环境综合整治工作。

10月1—7日，共出动执法车20余台，下达整改通知书10余份，出动垃圾车辆100余台，清运各类垃圾100余吨，出动环卫工人200余人，同时，县城平均每天清运垃圾6—9车，对109国道进行整治。确保109国道沿线及纳木错景区环境整洁。

【“绿盾2018”自然保护区监督检查】 年内，为加强纳木错自然保护区规范管理与建设，按照《关于印发〈西藏自治区“绿盾2018”自然保护区监督检查专项行动工作方案〉的通知》，县委、县政府高度重视，从加强组织领导入手，进一步明确责任，狠抓落实。2018年，专门组建纳木错自治区级自然保护区当雄管理局（纳木错—念青唐古拉山风景名胜区管理局）。理顺管理体制，明确管理责任，编制《纳木错自然保护区管理办法》及《纳木错环境保护管理办法》，制定资源分类保护措施。共排查出40个建设项目，均履行环评手续。纳木错自然保护区（当雄县区域）内无采矿、探矿、房地产、工矿企业。2018年完成107户商户及群众搬迁协议签订及拆迁工作。截至年底，已完成扎西岛拆迁工作。同时，拉萨布达拉旅游文化发展集团有限公司投入筹建纳木错游客集散中心，已完成项目主体

2018年8月4日，当雄县环保局工作人员到赛马场清扫垃圾

45.3%。县环保局争取488万元开展对纳木错扎西半岛临时建筑搬迁点生态恢复项目工作，预计该项目2019年实施。

【生态环境保护工作落实】 年内，当雄县上下始终保持高度清醒的政治敏锐性和责任感，把整改工作作为当前首要任务，时刻紧绷整改工作这根弦，把抓好整改工作当作鞭策和激励，以此为切入点，推动县域环境保护和生态文明建设常抓不懈。截至年底，当雄县涉及中央环境保护督察问题整改工作24个问题(90项措施)共计完成53项，达到序时进度46项。涉及自治区环境保护督察问题整改工作25个问题(93项措施)共计完成29项，达到序时进度64项。收集汇总各单位简报共计197份(期)。

年内，按照区市党委、政府要求部署，县委、县政府及时研究相关整改工作，组建以拉萨市政府副市长、当雄县委书记张正为组长，县委副书记、县长其美次仁为常务副组长的当雄县环境保护督察整改工作领导小组，并下设协调组、宣传报道组、整改督办组、问责追责组、办公室。针对中央环保督察反馈的问题，严格按照“五个一”要求，压实责任、分解任务，形成以县级领导亲自挂帅，一个问题、一个责任人、一套班子的整改队伍。形成县级领导包乡、包点负责，各乡镇、各相关单位具体实施的工作格局。

整改工作开展以来，县委、县政府共召开专题部署会议16次研究部署督察整改工作，县主要领导先后做出43次批示，调度部署各项整改重点工作。每周召开工作例会，每月调度工作等方式推进各项整改工作，切实统一思想，理顺工作思路。根据拉萨市整改办《拉萨市中央环境保护督察反馈问题整改任务分解表》《拉萨市自治区环境保护督察反馈问题整改任务分解表》，对涉及当雄县中央环保督察24个问题(1个主责问题、23个协办问题)自治区督察25个问题(15个主责问题、10个协办问题)进行任务分解，制作《当雄县中央环境保护督察反馈问题整改工作进度一览表》。在明确整改问题责任单位、任务、整改时限的基础上，将各项问题整改工作进度全部统一列出，并根据各相关单位每周进度或月调度情况，实施更新进度表，确保所有整改工作都在实时掌握之中。建立工作简报制度，加强上下信息联动。原则上每周编写2期整改工作简报，通告各级领导关于整改工作的指示，进展情况、工作动态，开展的各类活动，总结推介各单位整改工作主要做法和经验。建立“当雄县环保督察反馈问题整改推进”工作群，便于全县各单位交流整改工作经验和体会，现成员有县主要领导、各相关部门负责人、乡(镇)党政主要负责人，环保专干等，该群是现阶段全县最活跃的工作群。截至年底，收集汇总各单位简报共计197份(期)。着力推进中央环境保护督察举报案件整改工作。涉及当雄县12个主办举报案件，长期整改2项。经3次整改工作专项督察结果显示，已办结10项案件未发现反弹；长期整改2项：曲登5组砂石厂开采过程中对草场破坏较大，对当曲河造成污染的案件，现已整改完成，当雄县县城污水直排当曲河的案件，现已全面开展污水处理厂及管网建设项目施工，截至年底，完成总工程量的85%。

为切实保证整改工作进度和整改质量，压实各相关单位责任。按照县委、县政府指示，要求结合当雄县工作实际，组织开展中央暨自治区环境保护督察反馈问题整改工作专项督导。3月中旬及6月、9月中旬，根据县委、县政府安排，结合当雄县中央及自治区环境保护督察反馈问题整改实际，县环境保护督察整改工作领导小组统一组织，分别由县委副书记、政府常务副县长郭春杰，县政府副县长多吉平措率两个专项督察小组，对全县所有涉及整改工作单位及乡镇的中央暨自治区环境保护督察反馈问题进行专项督察。

【宣传引导】 年内，多管齐下，充分发挥“一台一报一网”的信息优势，利用报刊、网络微信公众平台等方式，宣传报道当雄县中央及自治区环境保护督察反馈问题整改工作。整改工作开始以来，发布、报道相关工作共计83期次（西藏日报1期、拉萨日报2期、拉萨电视台1次、县微信客户端71期、县电视台8次）。进一步增强群众关心环保、支持环保、参与环保的积极性，同时营造社会各界共同履行环保责任、呵护环境质量、共建美丽家园的良好氛围。

（仁增旺姆　旦增措姆）

【领导名录】

局　长

平　措（藏族）

副局长

杰　布（藏族）

当雄县综治委铁路护路联防工作领导小组办公室

【概况】 当雄县是西藏自治区首府拉萨的北大门，是通往拉萨的重要门户，青藏铁路依傍青藏公路交织相向，管段线路长、海拔高、气候恶劣、情况复杂，是敌对势力企图实施渗透破坏的重要目标，护路联防工作形势十分严峻、任务十分繁重。2018年，当雄县铁路护路联防工作紧密围绕“防恐怖、防爆炸、防破坏、防事故、保畅通”核心原则，积极探索创新，加强队伍建设，狠抓长效管理，严格督导检查，有力维护了铁路沿线社会治安秩序的持续稳定，实现“三不出”的目标，坚决确保青藏铁路当雄段的安全畅通。

【铁路护路联防】 年内，县委、县政府始终将铁路护路联防工作列入重要议事日程，每逢重大节日、重要时期例行召开全县维稳工作会议，将铁路护路联防工作作为重点工作进行安排部署，并成立由县级干部带队的维稳督导检查组，加强对铁路护路联防工作的督导检查。拉萨市副市长、县委书记张正，县人大常委会主任康加贵，县委副书记、县长其美次仁，县委副书记、常务副县长郭春杰，县委常委、政法委书记、公安局局长扎西亚培等主要领导经常性深入铁路沿线实地调研工作开展情况，了解存在困难。召开专题会议解决护路队员工龄出勤补贴增资经费、109国道保洁补助、护路队员团体意外险购置费、护路队员健康体检费、护路队伍过冬牛肉购买资金、“三大节日”慰问金共计760.2464万元，并纳入预算，形成长效保障机制。

【成立领导小组】 年内，成立由县委副书记、常务副县长郭春杰

2018年3月11日，西藏自治区政协副主席高扬（中）到当雄县检查指导护路联防工作

为组长，县委常委、政法委书记、公安局局长扎西亚培为副组长，相关职能部门及沿线乡（镇）主要负责人为成员的综治委铁路护路联防工作领导小组，全面领导当雄县铁路护路联防工作。领导小组定期不定期召开会议共6次，对各重要节点及常态工作进行全面部署，同时，强化督导检查力度，确保各项巡防守护措施落到实处。年初，领导小组与各涉铁乡（镇）签订《2018年度铁路护路联防工作目标管理责任书》，明确属地联防、联管、联控责任。各乡（镇）与村（组）、“双联户”层层签订责任书，形成一级抓一级，层层抓落实的工作格局。

【召开专题工作部署会议】 年内，共召开学习、执勤、党建、队建、安全生产、政治教育专题部署会议共23次。护路办与各大队、中队、班组、护路队员层层签订了工作责任书，细化了各项任务，明确了各项工作职责。

【做实常态化护路】 年内，严格按照“定人、定岗、定责”和24小时不间断、无空白、无盲区、无缝隙守护要求，认真执行交接班制度，每天坚持定时清道检查、上线巡逻，防止人为破坏和牲畜上道；在各交通要道设置检查点，对过往行人、车辆进行检查登记，对在铁路沿线准备上道拍照的旅游人员及时进行劝离；在隧道、桥梁、涵洞、基站等重点部位、重点目标、重点区段科学布防力量，重点守护。经常性组织开展应急演练，有效锻炼了应急队伍快速反应和处置突发事件的能力。

【铁路安保】 年内，在各重要时段，按照各级维稳工作会议精神及戒备等级的要求，及时召开会议进行动员部署，调整戒备等级，对重点部位及区段加岗加哨，不间断地进行巡防守护。沿线各乡（镇）、各大队严格执行每日零报告和带值班制度，掌握、处理、上报当日护路工作动态，确保政令和信息畅通。实行县级干部包乡、乡（镇）干部包段责任制，同时护路办下派干部蹲点到三个护路大队，对护路工作进行全方位督导检查，确保各项守护措施落到实处。

【开展铁路治安专项整治】 年内，路地公安机关全面加强管控，严厉打击盗抢铁道物资和破坏铁路设备、设施案件。县护路办联合公安、工商等部门，加大对铁路沿线废旧金属收购站点的管控力度，开展专项治理4次，与全县境内的3个收购站点均签订拒收铁路器材责任书。县公安局国保大队，沿线乡（镇）派出所，加强预防牲畜上道工作。深入铁路沿线各行政村及牧户，大力宣讲爱路护路知识，与各行政村及牧户签订预防牲畜上道管理责任书共67份。加强沿线未成年人、“五残”人员的监护管理，强化宣传力度，并与沿线各行政村签订未成年人监护管理责任书15份，与沿线“五残”人员监护人签订“五残”人员监护人维护铁路运输安全协议书共34份。县护路办组织各护路大队对铁路物防设施隐患进行排查共15次，排查护栏损坏、涵洞积水等隐患共165处，并及时向市护路办、青藏铁路公司、当雄警务区做了通报，同时进行跟踪，确保隐患修复到位。加强矛盾纠纷排查化解。县护路办将该项工作作为一项重要工作来抓，每月定期组织开展涉铁矛盾纠纷排查化解。年内，

2018年3月6日，西藏自治区护路护线办公室主任熊雷（右一）到当雄县检查指导护路联防工作

当雄县境内无涉铁矛盾纠纷。

【督导检查】 年内，当雄县维稳一线指挥部社会面督导组，对铁路护路工作进行重点督导检查。护路办、铁路沿线各乡（镇）、护路大队层层成立督导检查组，采取明察暗访的方式，不间断在铁路沿线开展多层次的督导检查。全年各级督导组督导检查656次，督导巡线里程达27.896万千米。

【坚持“以劳养护”】 年内，在各大队修建蔬菜温棚6座，种植黄瓜、青椒、大白菜、莴笋等各类蔬菜。通过大力发展种植业，全年为护路队员节省伙食开支7万余元。通过队员自己的劳动付出，极大改善了队员的伙食条件，减轻了经济负担，也调动了队员工作积极性。

【护路联防信息化建设】 年内，自治区护路办为当雄县配备天翼对讲机共731部，并在县护路办建立天翼对讲手机系统平台。县护路办高度重视信息化建设工作。县护路办与各大队签订“天翼对讲手机管理责任书”，加强日常管理。逐步在各大队迁入综治信息网、政务网，进一步完善信息化建设。天翼对讲手机系统发挥作用明显，在队员管理方面，通过手机定位，能够及时获悉队员所在位置和行动轨迹，实时进行手机呼叫点名，有效提高护路队员在岗率。守护队员通过手机，及时将护路工作有关信息上传到平台，即安全又快捷，进一步提高了工作效率。

2018年3月20日，护路队员参加羊井寺灌顶宗教佛事活动安保工作

【队员思想政治教育】 年内，当雄县护路办制定专职护路队员思想政治教育计划，整合各方面资源，邀请县党校、政法、民宗等部门开展内容丰富、形式多样的思想政治教育培训，教育引导广大护路队员坚定不移地反对分裂，维护祖国统一，维护民族团结，坚决与以十四世达赖为首的分裂势力斗争到底。

【队员综合培训】 年内，按照制定的专职护路队员培训计划，联合公安、消防、卫生、人社等部门，组织开展以军事训练、技能培训、业务知识、法律法规、安全生产管理为主要内容的综合培训共计32场次1200人次，通过培训，护路队员思想认识、业务技能、军事素质、法治意识得到了进一步提高，为推进护路队伍正规化建设提供了保障。

【爱路护路宣传】 年内，为进一步加强爱路护路宣传，县护路办积极拓宽宣传渠道，创新宣传方式，丰富宣传内容。通过设立宣传牌、悬挂横幅、发放宣传资料、邀请文化传媒部门现场录制宣传片等多种多样的形式，在全县广大干部职工、中小学生、群众中广泛开展爱路护路宣传。2018年以3月综治宣传月、6月法制宣传日、“9·16”国际臭氧层保护日、西藏平安日、“12·4”全国法制宣传日等活动为契机共计发放宣传品5632份，展示展板221块，悬挂横幅120条，制作宣传片1片。受教育人群达到3.2万人次，营造了良好的爱路护路氛围。

【建立建强党团组织】 年内，当雄县建立健全护路办党总支、3个大队级党支部及12个党小组，实现“把党支部建立在大队”的目标。截至年底，护路办党总支共有党员120名，入党积极分12名。各党支部严格落实“三会一课”、民主生活会、党员学习、联系群众等基层党组织工作制度，发挥了党团组织的凝聚力，进一步筑牢了党的基层组织。

【党员示范引领】 年内，开展创建“党员先锋岗”活动，要求全体党员要充分发挥党员先锋模范作用，在思想上带头，更要在行动上带头，立足实际工作、讲奉献、讲担当，形成各项工作党员冲锋带头的良好氛围，有效带动其他队员的工作积极性。专门制作并配发“党员责任段”“党员先锋岗”红袖标及党员先锋岗红旗。通过党员先锋岗发挥作用带动63名后进护路队员。先锋岗守护队员在日常巡防守护工作中发挥作用明显，全年共计驱离停靠车辆86台次；劝离靠近铁路闲杂人员65人次，重点区域设卡登记过往行人86人，车辆（含摩托车）62台，制止牛、羊上道24起136头/只，制止人员上道5起，移交铁路相关部门5起，排除铁路安全隐患86处。

【出勤补助】 年内，经县委、县政府研究决定将护路队员工龄进行分等定级，每满2年为一级，每达到一级提高120元的出勤补助，按等级递增。进一步规范了护路队员的出勤补贴，同时激发护路队员的工作积极性，切实稳定了护路队伍。

【组织护路队员捡拾垃圾】 年内，为策应当雄县环境立县战略，在确保铁路安全畅通的前提下，县护路办积极组织护路队员捡拾铁路沿线及靠近铁路的公路沿线的白色垃圾，长期坚持取得很好的成效，并得到县委、县政府的肯定。县政府召开专题会议，研究解决了26.46万元用于护路队员生活补贴。

【购买护路队员团体意外险】 护路工作具有自身的特殊性，护路队员工作环境恶劣，发生人身意外事件的可能性极大。县委、县政府专门解决资金共计72万余元用于购买护路队员团体意外险。

【抢通道路】 10月9日，14时许，根据县委、县政府、县一线指挥部的安排部署，全县上下迅速打响了一场别开生面的“战斗”。护路办迅速响应号召组织干部职工、护路队员，拿起铁锹，锄头等工具，第一时间到当纳路段大雪封路最严峻的路段，开始破冰扫雪，为后续队伍扫通道路。当雄县护路办紧急抽调150余名护路队员，在海拔5000米以上的区域经过4个小时的连续奋战，下午18时许，完成作战任务，在县一线指挥部的统一部署下开始陆续撤离，最后阶段护路队员仍自觉收拾现场，做到最后撤离，确保其他抢险人员安全撤离。为表彰护路队伍在该次抗雪救灾活动的贡献，县委、县政府授予护路办“纳木错景区抢险救援行动突出贡献先进集体”称号。

【属地联防】 年内，为进一步推动属地联防工作，县护路办积极改进工作作风，在日常工作中，深入乡镇开展工作指导和座谈，与沿线乡（镇）在属地联防工作上达成默契和共识，羊八井镇、龙仁乡等部分乡（镇）在本级政府财政紧张的情况下专门为所辖段内的护路大队安排了护路工作预算经费，支持护路大队的工作。

（钟　伟）

【领导名录】

主　任

洛桑登巴（藏族）

交通·通信

当雄县交通运输局

【概况】 当雄县交通运输局于2017年成立，核定行政编制3人，事业编制3人，其中正科编制1人，副科级编制1名，2018年，有干部职工9人，其中主任科员1名，副科1名，科员1名、事业编制2名、公益性岗位3名，借调1名。主要工作职责有指定全县交通运输发展规划、农村公路建设及养护管理工作、规划及开通县域客运班线开通及管理、负责全县交通运输行业安全生产的监督管理工作及国家交通重点工程建设前期协调等工作。截至年底，全县农村公路总里程1506.208千米。按技术等级分，三级公路30.057千米，四级公路1309.065千米，等外公路167.086千米；按行政等级分，县道73.566千米，乡道61.745千米，村道1323.001千米；全县8个乡镇均实现通畅，通畅率达到100%；28个行政村已通畅，通畅率达到100%；172个自然小组通畅率达62%，依法登记寺庙22座，均实现通达，通达率100%。

【农村公路项目建设】 2018年在建设项目2个，总投资3319.3089万元，其中，拉萨市当雄县宁中乡曲才5组（唐冰湖）公路工程，总投资1760.6809万元。项目起点位于国道109，终点止于宁中乡曲才村5组，路线全长9.53千米项目于2018年3月开工建设，于2018年10月完工；拉萨市当雄县羊八井镇桑巴萨1组公路工程，总投资1558.6280万元，项目起点位于羊八井镇桑巴萨村委会，终点止于省道303，路线全长9.12千米，项目于2017年10月开工建设，于2018年10月完工。

【国家交通重点项目协调】 2018年是当雄县交通建设投资最大一年，年内，相继实施国道109那羊段改建工程、省道206、省道303、国道561、县道301改建工程，投资达到136亿元。按照县委、县政府关于做好国家重点项目的服务协调工作部署要求，自觉树立

2018年5月28日，当雄县副县长、交通局局长扎西曲觉主持召开国道109那羊段改建工程第二次协调例会

大局意识、责任意识，转变工作作风、改进服务方式，主动作为、积极有为，全力为国道109那羊段改建工程等重点公路建设项目开展征地拆迁、料场选址、车辆运输、群众投工投劳等协调工作。

临时用地及料场选定工作。各项目施工对进场后，按照项目建设需求，及时完成项目部建设建设、拌和站、梁场预制建设等临时征占工作，同时按照工程需求完成取土取料点确定工作，保证国家重点工程顺利推进。临时用地、料场确定工作严格按照料场审批程序首先由村组同意后，邀请县环保、水利、国土等职能部门现场核定，由设计单位完成相关确认手续后报区、市环保部门备案后方才作业。

征地拆迁测量工作。国道109那羊段改建工程当雄县境内有121.648千米，涉及4乡2镇，征地面积111439.18亩，征地补偿费用1300885780元，房屋拆迁44户，拆迁补偿28762858.8元。截至11月29日，完成红线范围的永久性土地测量工作，按照征地补偿资金到位情况，已兑现征地补偿费1.23亿元，完成18户房屋拆迁工作，并与拆迁户达成一致于2019年2月份完成所有房屋拆迁任务，已兑现房屋拆迁费28762858.8元。

当地车辆及机械参与工程问题。根据西藏自治区印发《关于进一步加快公路交通运输事业发展优惠政策通知》，以三类地区2千米以内（含2千米）运输费4.5元/立方米，2千米至15千米（含15千米）每增加1千米增加运输费1.2元/立方米。车辆使用比例为3∶7（既施工单位自有车辆30%，当地车辆70%）标准做好车辆运输协调工作，及时签订运输合同及机械租赁协议，明确双方责任，严厉要求车主必须持有四证一险（驾驶证、行驶证、身份证、保险证，第三方责任险）方可报名运输。截至年底，完成当雄县境内国道109改建工程路基土方工程，受到区、市领导的高度评价，实现当地牧民增收1.4亿元。

2018年10月8日，当雄县交通运输局调用铲雪装载机在纳木湖乡开展道路保通铲雪工作

【农村公路养护管理】 年内，当雄县列养里程为327.535千米。其中，县道70.565千米；乡道65.579千米；村道191.391千米。按照“县道县养、乡道乡养、村道村养”的工作原则，年初召开专题会议，并于各乡镇签订养护目标责任书，充分利用当雄县精准扶贫92名农村公路养护人员力量，按照列养里程乡道、村道养护任务分解给乡镇村组，坚持统一领导，分级负责，完成公路日常养护工作。

2018年全县区境内持续降雨，导致部分道路桥梁冲垮、受损，交通运输局积极响应防汛应急预案，及时调用机械，组织群众第一时间抢险保通，据统计桥梁加固维修5处、道路抢修约40千米、投入资金约20万元。10月7—8日，当雄县境内突降大雪，纳木湖乡境内道路严重积雪、导致道路通行受阻，交通运输局迅速行动，协调S206改建工程项目，及时调用5台装载机投入铲雪工作，紧急疏通当雄至扎西岛景区道路，成功疏散滞留游客200余人，车辆近50辆，陆续铲通纳木湖乡恰嘎村8个自然小组道路，出色地完成“10·8”抢险救援工作荣获纳木错景区“10·8”抢险救援突出贡献奖。

【道路交通安全生产】 年内，当雄县交通运输局始终坚持“安全第一，预防为主”的方针，牢固树立“以人为本”和“安全是各项工作的生命线”的思想，不断完善措施，改进工作作风、狠抓实地落实，加强农村公路安全生产工作。年初制定交通局安全生产工作方案、调整充实安全生产领导小组，明确责任和任务。道路安全隐患排查、汛期应急保通、施工安全管理等针对不同问题，制定工作方案，确保安全生产万无一失。

年内，开展道路安全排查工作6次，投入100多万元实施X104、X103、X106、Y111、Y109生命防护工程，集中排查整治了村组道路安全隐患点。着力加大客运班线安全监督检查工作，严格落实企业主体责任，定期不定期检查客运班线经营企业，线路班车落实“三不进站、六不出站”制度，驾驶员安全操作落实及车内设备是否齐全情况。制定农村公路建设项目工程安全例会制度，加强施工安全管理，驻工地代表及时参加项目例会，不定时检查项目建设进度，排查工地安全隐患，加强临时用电、工地油料管理、机械操作员持证上岗等安全措施落实力度，做到发现问题及时整改。年内，交通运输局实施项目未发生一起安全事故。

【客运班线运营良好】 年内，当雄县政府投入300余万元，完成客运班线改制工作，成立当雄县圣山圣湖客运有限公司。公司在人员、车辆及办齐各项运营手续后，于2018年4月15号正式开通农村班线，开通农村客运班线3条，覆盖8个乡镇、22个行政村，5.5万余人受益。改革以来投入运营的县际班线车辆12台，农村客运班线车辆3台，服务群众6万余人次，极大方便当地牧民群众出行。

（多　吉）

【领导名录】

副县长、交通运输局局长

扎西曲党（藏族）

副局长、主任科员

多　吉（藏族）

当雄县邮政分公司

【概况】 2018年，当雄县邮政分公司加快转型发展的战略部署和工作要求，加快营业投递平台转型，着力打造金融和邮务类两支专业营销团队，集中资源大力推进重点业务和重点营销项目，全局经营发展继续保持较快步伐，管理工作和团队建设取得新成效。2018年，实现邮政业务收入159.26万元。

【业务发展】 年内，当雄县邮政分公司在拉萨市邮政分公司党组的正确领导下，在当雄县邮政分公司全体职工的集体努力下，各项工作有序开展。截至年底，累计完成各项业务收入159.26万元，完成全年预算进度的100.21%，同比增长8.86%。

【队伍建设】 年内，加强内部管理，使当雄县邮政分公司各项工作逐步走上正轨。之前各项管理工作比较粗放、松散，很多环节上存在有章不循，无章可循的现象，职工缺乏凝聚力，思想较为涣散。下半年开始，重点整治内部管理，加强对收寄、分拣、投递等各个环节规范和管理，对羊八井邮政所开展专项检查活动，及时整改、纠正存在的问题和不足，同时注重了解职工思想和需求，加强沟通协调，提高职工的凝聚力和工作积极性，当雄县邮政分公司各项工作逐步走上正轨。

【加强学习、转变作风】 年内，在加强内部管理，做好人员管理和业务管理的前提下，提高发展意识，加

2018年8月18日，当雄县邮政分公司经理晋美主持每日晨会

强营销手段，转变发展思路，改变工作作风，使各项业务得到平稳发展。

【函件业务】 年内，以纳木错景区为主线，充分利用当雄县的旅游资源，加强与集邮函件广告局合作，纳木错景区门票、开发明信片和邮资封片册并做好营销工作。

【报刊业务】 年内，做好集中大收订工作，在保持党报党刊发行稳定的基础上，抓好中直单位和私有企业等重点客户和重点报刊的营销工作，同时深入全县各中小学院校，争取在教辅类业务的发展上实现突破。

【集邮业务】 年内，要继续大客户开发，突出发展个性化邮票，充分利用当雄县旅游市场，签订集邮产品代收客户，促进集邮业务发展。

【速递业务】 年内，通过对客户的积极引导，实现业务转型，同时积极发展协议大客户，并继续抓好“思乡月”的专项营销活动和军包收寄活动。

【代理金融业务】 年内，抓好合规经营，以增加储蓄余额为中心任务。以代发代付业务为中心，加大业务宣传力度，在巩固和维护现有储蓄业务客户的基础上加大发展新的客户，同时不断提高储蓄从业人员素质、工作效力和服务水平。

【农牧区邮政服务】 年内，努力做好邮政普遍服务工作，切实加强乡邮通信工作的基础管理工作，保证农牧区邮件、报刊的正常投递，加强乡邮人员车辆和运行设备的管理，确保乡邮工作正常有序开展。加强和县发改委的沟通与协作，做好乡镇空白网店的运营工作。

（晋　美）

【领导名录】

经　理

晋　美（藏族）

2018年10月1日，当雄县邮政分公司组织员工开展业务宣传活动

当雄县电信局

【概况】 中国电信集团公司当雄电信局位于当曲河东路4号，于1999年挂牌成立。主要服务于当雄县及所辖的6乡2镇28个行政村的电信通信网络经营、建设及维护（含兰西拉一级主干线）。管理合作营业厅1个，乡镇营业厅7个，渠道代理网点5家。当雄县电信局有内部职工6人，乡镇4名CEO，传输局驻段人员1人，宽带装维中心7人，合作营业厅人员11人，6个乡镇工作人员21人，维系中心4人，开放渠道代理商5人，移动终端维修人员6人，合计65人。

【精准扶贫】 年内，为响应党中央、国务院号召，贯彻国资委对中央企业定点扶贫工作精神，根据集团公司《关于下发中国电信通信业务扶贫实施方案的通知》及区公司“中国电信通信业务扶贫实施方案部署电视电话会”要求，结合拉萨分公司实际情况，拟开展拉萨分公司通信业务扶贫工作。共计推出三项通信扶贫业务。

面向使用电信移动业务的建档立卡贫困户、扶贫干部，每月免费赠送致富包，含国内流量1G，国内通话100分钟，优惠至2020年底。新办理有线宽带业务或已安装宽带的建档立卡贫困户、扶贫干部，为其宽带加装1条IPTV，免收安装调测及使用费，免使用费至2020年底。面向建档立卡贫困村，对具备条件的村级党建活动室或文化室，赠送1条20M

2018年10月11日，中国电信集团公司总经理高峰（左四）到当雄县检查调研通讯扶贫政策落实情况

宽带，1条IPTV，免收安装调测费、使用费，免费租用光猫、机顶盒，可免费使用至2020年底。电信局对当雄县建档立卡贫困户村免费赠送宽带及IPTV共计29部，免费赠送致富包896部。

【业务发展】 截至年底，当雄县电信公司移动市场份额为42.31%，2018年度移动4G新入网用户6230户，用户到达数14120户。宽带市场份额为78.2%，宽带新入网用户数780户，用户到达数3260户。为了满足广大牧民的通信需求，2018年，当雄县辖区无通信讯号的自然村新建基站14个点，为方便中国电信的广大用户享受星级服务“用户至上 用心服务”理念，在当雄县6乡2镇设立实体店9个、便利店6个、室外自助缴费机10台，结合线上、线下、上门等按照实际情况不同的服务方式满足用户需求。

【网络覆盖】 年内，当雄县电信局全面光纤宽带覆盖（FTTH）及改造工程，光纤入户给用户提供网络质量更稳定，网速更快。并对县机房进行全面升级改造，在原有的基础上扩大了一倍的进出口带宽，优化各级网络通信速率，大大提高了当雄县整体网络质量。当雄县电信局不断加快网络建设步伐，优化网络设施。截至年底，全县电信基站185个，其中2018年建设基站14个。青藏铁路和公路沿线及各乡镇4G网络覆盖率达到了100%。2018年当雄唯一未覆盖宽带的行政村（纳木错乡色德村及部分自然村）已实现宽带资源到位，实现当雄县29个行政村全部覆盖宽带资源。

【创新机制】 年内，当雄县电信公司立足企业实际和资源特征，坚定不移地全面落实企业转型战略，坚持发展第一要务和维稳第一责任，坚持以管理为抓手，以效益增收为目标，以落实绩效为动力，以服务质量为保证，结合当雄县实际探索企业生存与发展的新举措和新办法，积极落实划小承包。使员工进一步解放思想，转变观念。使当雄县电信局的各项工作都有新的进展，员工的工作主动性，队伍的凝聚力、向心力进一步增强。

当雄县电信局要紧紧围绕以

2018年9月12日，当雄县电信局员工宣传通讯扶贫政策

服务县党委及政府为大局，勇担社会责任，充分发挥综合信息服务主力军的作用和特点，在推动经济社会发展、构建小康当雄，生态当雄“逐梦当雄”等方面发挥积极作用。

（边 琼）

【领导名录】

局 长

琼达次仁（藏族）

副局长

边 琼（藏族）

中国移动通信集团西藏有限公司当雄县分公司

【概况】 中国移动通信集团西藏有限公司当雄县分公司，位于当雄县当曲河东路165号，于2006年5月正式挂牌运营，主要负责当雄县的国家公众移动通信网的经营、建设和维护。当雄县移动分公司现有在职正式员工15人，直销员8人，当雄县移动分公司服务于当曲卡镇、羊八井镇、宁中乡、公塘乡、龙仁乡、纳木湖乡、乌玛塘乡、格达乡等8个乡镇，22个行政村，网络覆盖率95%。在6个乡镇设有服务渠道，管理自办营业厅2个，合作营业厅11个，渠道代理店12家。

【业务发展】 年内，当雄县移动分公司坚持发展速度和质量并重，一方面紧抓区域经济和信息化发展机遇，不断提升“客户、网络、服务、支撑”能力，继续保持行业主导地位；另一方面顺应行业发展新常态新形势，通过“产品、销售、管理”转型，推动降本增效，实现价值深耕。公司干部员工，通过拓展业务与提升管理，不断推动“保增长、促转型”，用3G网络创造了4G成绩，继续保持公司中高速发展势头。狠抓份额、坚持主导地位。收入结构逐步改善，客户价值稳步提升，家庭市场初具规模；夯实基础，保持竞争能力。提升网络能力、巩固网络优势，提升服务能力、改善客户感知，提升支撑能力、助力市场发展；全面转型，深耕价值效益，提升产品与销售能力，加快降本增效，优化治理体系，提升企业形象。

【网络覆盖】 年内，当雄县移动分公司在网客户数达到31650多户，运营收入突破3000万元，较2017年增涨200余万元。2018年共新建基站54个，4G基站54个，网络信号覆盖8个乡镇，28个行政村。保障当雄县首届“相约纳木湖畔，寻觅虫草之旅”活动、当雄县当吉仁赛马节、当雄县乌玛塘乡赛马节、当雄县羊八井镇赛马节、军演基地等通信保障，大力提升网络质量，确保活动期间通信畅通。大力开展家庭宽带资源建设，积极落实工信部提速降费、4G套餐推广等政策，开展“八项举措”，提升网络质量和服务水平，优化资费套餐，降低语音、流量、宽带等业务资费，让老百姓用得起、用得放心。

【创新机制】 年内，当雄县移动分公司秉承中国移动“正德厚生、臻于至善”的企业核心价值观，努力做“有价值、可持续”企业。在追求卓越的发展过程中，坚持物质文明和精神文明“两手抓，两手硬”的方针，快速提升各项经营指标的同时，不断通过完善体制、强化管理、诚信服务、回报社会、全面提升等内强素质、外塑形象的举措，积极推动物质文明、政治文明、精神文明、生态文明四项文明建设，努力为企业的全面、持续和健康发展

2018年8月1日，当雄县移动分公司经理张欣然一行慰问驻地官兵

2018年5月17日，当雄县移动分公司组织员工开展市场营销活动

注入源源不断的思想动力，实现企业硬实力带动软实力、软实力促进硬实力的良性循环，呈现出文明花开、硕果满园的大好局面，收到内增凝聚力，外增吸引力，提高向心力，发展生产力的良好效果。

当雄县移动分公司抓住服务、业务、网络、客户不断创新服务模式、提升服务质量，适应广大客户的需求。截至年底，当雄县移动分公司已拥有2.2万个客户，市场发展稳中求进。

把创新服务方式作为突破口，不断深化服务内涵，在开展针对性、亲情化、个性化的服务上下功夫，推出服务下乡、客户经理一对一服务等一系列的活动改进和提升服务，并把良好的企业信誉贯穿经营的全过程，竭力塑造移动的服务品牌，切实保障客户权益。

【队伍建设】 年内，以民主化管理模式和廉洁自律的行动带动并强化全员的向心力，充分发挥全员凝聚力，积极营造一支敢干事、能干事、会干事、干成事的领导班子集体，锻造出一支反应快，能征善战、士气高涨、打得赢的员工队伍，促进全员的团队意识提升，建立起一个廉洁奉公、志在创新，坚定发展信心的领导班子和员工队伍，促使公司发展和精神文明实现双赢，扎实文明发展的根基，彰显移动通信发展的更高水平。

当雄县移动分公司紧紧把握住移动互联网时代发展趋势，努力改善网络和服务，坚持以人为本，践行社会主义核心价值观，不断总结经验，完善机制，克服前进中的困难，改进工作中的不足，以不断奋发向上、追求卓越的姿态发展企业，为当雄经济社会发展做出更大的贡献。

（刘　欣）

【领导名录】

经　理

张丽娟（女，4月免）

张欣然（女，4月任）

中国联合网络通信有限公司西藏自治区分公司当雄县营业部

【概况】 中国联合网络通信有限公司西藏自治区分公司当雄县营业部位于当曲河东路61号，于2010年3月成立，当雄县营业部主要服务于当雄县及所辖的6乡2镇的通信网络经营、建设及维护工作。当雄县营业部现有自有营业厅1个，合作营业厅2个，自有员工6名及代维员工5名。

【企业责任】 年内，当雄营业部始终坚持将发展作为生产经营的第一要务，同时认真履行企业责任，勇于担当国家使命，积极响应国家号召，在推进业务发展的同时，不断推进提速降费工作，倾力回馈社会，推动传统产业转型升级，推动互联网经济与实体经济的深度融合，助力当地经济增长，民生改善等工作。

【团队建设】 年内，拉萨联通完成激活经营单元，全面推广划最小网格承包责任制，当雄县营业部也很快完成班子建设，并进一步梳理和优化工作流程、人员分工，强化了服务意识与服务质量提升。认清在经营管理、业务发展中存在的问题与友商之间存在差距，员工素质与职业素质有待提高，发展乏力等问题，制定一系列改进措施，力求提高业务发展能力，提高服务水平与质量，提升企业社会地位与价值。联通营业部

2018年5月17日，当雄联通营业部工作人员到羊八井寺开展王卡促销活动

坚持加强与当地政府及相关单位的沟通与协调，在为地方、群众服务的同时，取得地方政府及相关单位对联通工作的支持与肯定，在互惠互利中促进工作的展开与完成。

【网络建设】 年内，当雄县联通营业部不断加快网络建设，优化网络覆盖，截至年底，当雄县联通网络共覆盖6乡2镇，其中2018年新建4G基站8个，全县基站达41个。全县光纤宽带端口360个，为宽带发展打下基础。

【业务发展】 年内，当雄县营业部始终坚持服务与发展并重，一方面抓紧县域经济与信息化发展机遇，充分抓住节日营销契机，以指标改善为抓手，促进规模发展与效益提升，实现产品客户规模增长和收入提高；另一方面在经济发展的同时促服务水平的提高，积极响应国家“提速降费”的号召，提升网络质量和服务水平，优化资费套餐、降低语音、流量及宽带等业务资费，真正让老百姓用上用得起、放心的好产品。2018年，营业部主营收入完成较2017年提升5%。

【市场管理】 年内，当雄县营业部严格按照工信部《电话用户真实身份信息登记规定》要求，对所有用户进行实名登记与管理，对于用户资料的真实性、一致性严格审查之后予以登记，对于资料不全、不真实等情况严禁进行入网或资料登记等业务。

【党建工作】 年内，当雄县经营部始终扎实按照西藏联通和拉萨市分公司的党建工作指导，深入学习贯彻习近平新时代中国特色社会主义思想和党的十九大精神，引领基层党建工作向纵深发展，为创建“五新联通”添砖加瓦。营业部在区公司政策指导及拉分全局统筹、周密规划及营业部全力配合与努力下，充分利用营销政策、物资与成本，在渠道建设及业务拓展上取得了可喜成绩，完成了公司下达的经营指标与任务。

（赵 丹）

【领导名录】

经 理

赵 丹

2018年10月17日，当雄联通营业部开展代维综合技能测试

金融

中国农业银行股份有限公司当雄县支行

【概况】 中国农业银行股份有限公司当雄县支行作为当地主要的金融机构，现有6个营业网点，其中营业所4个分别为纳木错营业所、乌玛塘营业所、公塘营业所、宁中营业所，二级支行1个为羊八井支行，一级支行1个为当雄县支行本部，以及“三农”金融服务点56个、自助取款机16台服务，已达到全县100%覆盖面达。支行现有员工34人，员工平均年龄32岁，其中党员16人，党支部3个。农行当雄县支行开办的业务产品涉及贷款业务、结算业务、银行卡、自助银行、网上银行、电话银行、现金管理、消费信贷、代发工资等业务，通过多年不懈的努力，服务范围从传统单一的存贷款、结算业务向种类齐全、功能完备的现代金融业务过渡，通过物理网点、自助设备、网上银行的多元化的服务渠道，共同构成了强大的金融服务体系。同时当雄县支行利用“三农”金融服务点，作为离行交易渠道的延伸和金融服务扩展，以助农取款服务为主，在支行授权下协助发放宣传资料、普及优惠金融政策、传导金融知识，切实提升了当雄县基础金融服务水平。

【业务开展】 年内，农行当雄县支行始终坚持以科学发展观为指导，紧紧围绕自治区经济社会发展战略部署，实施农牧区业务、商业性服务和政策性业务协调并进发展方略，凭借自身网点、网络、资金、产品优势，致力于服务地方的跨越式发展。截至年底，农行当雄县支行本外币各项存款余额为116613万元，各项贷款余额为177806万元，其中农户贷款余额达到78869万元，2018年累计发放精准扶贫贷款1173万元，累计扶持1252户建档立卡农牧户，精准扶贫贷款余额达4092万元，切实做到“五个精准”，为当雄县建

2018年10月18日，农行当雄县支行行长罗布群培主持召开党员民主生活会

2018年9月12日，当雄县农行工作人员利用下班时间开展业务培训

档立卡贫困群众顺利通过县级自验、市级脱贫摘帽考核验收和自治区第三方评估及交叉验收考核工作发挥了金融扶贫重要作用。

同时为积极支持当雄县地方基础设施建设和优势骨干企业的发展壮大，努力满足城乡居民的金融需求，促进脱贫攻坚工作顺利推进。上半年，农行当雄县支行通过“政府增信+银行信贷”模式成功向当雄县净土产业投资开发有限公司发放产业扶贫项目贷款1000万元，该笔贷款是农行拉萨分行“政府增信+银行信贷”新模式下的首笔产业扶贫贷款，为产业项目贷款发放工作夯实了基础。在认真贯彻落实上级行的各种优惠金融政策下，农行当雄县支行以“金、银、铜、钻”四卡为载体的农牧户小额信用贷款、安居工程贷款、惠农卡的业务，先后同当雄县98%的农牧户建立了信贷关系，同时以钻石卡贷款帮扶贫困户为契约，每年为全县贫困户解决扶贫资金上千万元，通过信贷助推功能，促进农牧民发展生产和脱贫致富，有力地推动了地方农牧民的经济发展，受到了各级部门的高度肯定和广大农牧民的广泛赞誉。

农行当雄县支行于2018年被人民银行和自治区发改委认定为第二批信用体系建设工作县，当雄县现已挂牌被评定为“信用县”，人民银行将逐渐开始引导金融机构优先制定县域经济发展战略规划、经济主体融资项目。在信贷扶持政策上也给予适当的倾斜，实行“一高一低”政策（即“高额度、低门槛”）。对县域企业、个体工商户、城镇居民、农牧民提高贷款授信额度、优化贷款手续等金融政策起到了积极有效的作用。

农行当雄县支行按照总行金融扶贫工作上提出的聚焦精准扶贫要求，切实做到“五个精准”，即精准筛选建档立卡贫困人口、精准选择帮扶客户和项目、精准确定帮扶措施、精准对接贫困人口信贷需求、精准使用扶贫资金。着力转变“三农”业务发展方式，充分发挥“政府增信机制”撬动金融资源的作用，有效解决当雄县脱贫致富产业发展资金紧缺问题，全面做好金融扶贫工作，促进当雄县脱贫攻坚工作顺利进行。

（丁国杰）

【领导名录】

党支部书记、行长

罗布群培（藏族）

副行长

索朗旦增（藏族）

旦真旺杰（藏族）

乡（镇）概况

当曲卡镇

【概况】 当曲卡镇位于县城所在地，总面积359平方千米，其中草场面积353456.2亩，可利用草场面积32164.5亩，平均海拔4300米。全镇辖当曲卡和曲登2个居委会，11个居民小组（当曲卡居委会5个小组、曲登居委会6个小组）。全镇共780户，人口3355人，其中曲登居委会370户1636人，当曲卡居委会410户1719人。

【牧业生产】 年内，全镇牲畜总头数为18991（头、只、匹），其中牦牛14610头、绵羊2730只、山羊1440只、马211匹。春秋疫苗注射率达到100%。

【经济发展】 年内，当曲卡镇农村经济总收入为15536.33万元，比2017年增长60.67%，其中一、二、三产业产值分别为5338.77万元、195.21万元、10002.35万元，人均纯收入为18658.32元，比2017年增长14%。全镇共有村集体经济和合作社13个，带动镇经济社会大力发展。

【落实意识形态工作】 年内，当曲卡镇成立以镇党委书记米玛旺堆为组长的意识形态工作领导小组，狠抓落实意识形态工作责任制，牢牢把握意识形态工作领导权、管理权和话语权，强化意识形态领域引导和管理，坚持用习近平新时代中国特色社会主义思想和党的十九大精神武装头脑、指导实践、推动工作，牢固树立“四个意识”，坚定“四个自信”，做好“两个维护”，坚定不移走中国特色社会主义道路。

【“四讲四爱”教育实践活动】 年内，当曲卡镇按照区、市、县党委统一安排部署，大力开展“四讲四爱”群众教育实践活动，把习近平新时代中国特色社会主义思想和党的十九大精神作为实践活动的主要内容，通过宣讲员“四加方

2018年7月18日，北京市东城区朝阳门街道办事处一行到当曲卡镇开展携手奔小康对口扶贫协作工作

式”（领导＋专家＋群众＋媒体）、形式“三加”方式（理论＋文艺＋互动）、组织“二加”方式（大规模＋微宣讲）共计宣讲42场次受众3203人，使牧民群众的思想素质不断提升。

2018年3月23日，当曲卡镇召开精准扶贫易地搬迁工作动员部署大会

【党建工作】 年内，当曲卡镇党委深入贯彻落实习近平新时代中国特色社会主义思想和党的十九大精神，以加强党的长期执政能力建设、先进性和纯洁性建设为统领，坚持党要管党、全面从严治党，严格落实基层党建工作责任制。

年内，把“两学一做”学习教育常态化制度化工作作为一项政治性、长期性、根本性任务，紧紧扣住“学”的内容，突出“做”的实效，不断提升党员干部的思想政治素质，全年镇党委共开展“两学一做”学习教育专题学习会70余次，切实提升党员干部执政能力和工作水平。严把党员发展关，确保发展党员工作规范性、合理性、严肃性和民主性相统一，全镇有入党申请人7人，吸收入党积极分子7人。认真落实组织生活会、民主生活会、领导干部双重生活会、民主评议党员、谈心谈话、党员党性分析等制度，按月足额收缴党费，扎实执行“三会一课”党内基本制度，记录清晰完整、整洁规范。加强党内激励关怀，注重运用信息化手段强化党员日常教育管理，按照“四讲四有”标准，做到政治合格、执行纪律合格、品德合格、发挥作用合格，建设一支信念坚定、素质优良，规模适度、结构合理，纪律严明、作用突出的党员队伍。稳妥有序开展不合格党员组织处置工作，防止“口袋党员”“隐形党员”现象。坚持抓党建促脱贫攻坚，党员干部立足实际，找准切入点，通过结对帮扶、政策引导等方式，帮助辖区146户494人建档立卡贫困户解决实际困难。严格按照区市县关于选派驻村干部的要求，选派4名业务骨干到两居委会开展工作，通过党建业务项目化、阵地功能服务化、服务群众多样化、调整结构引导化，极大地激发了党建工作活力。

【脱贫攻坚】 年内，当曲卡镇建档立卡动态调整后的146户494名建档立卡贫困群众人均纯收入越过国家脱贫标准线，顺利通过国家2017年贫困县退出专项评估考核验收工作，实现脱贫。产业脱贫方面。经整合县级和村级产业扶持资金43.32万元，带动了全镇146户贫困群众，每户分红2700—3500元。以迁脱贫方面。完成35户111人的易地扶贫搬迁任务，并实现就业31户40人。以补脱贫方面。建档立卡贫困户中以补岗位人员共计180人，共计发放以补资金785609.8元。边缘户中以补岗位共计71人，共计发放以补资金248500元。2018年享受定项补助194人，总计发放资金50440元。以教脱贫方面。通过“一卡通”为26名建档立卡贫困大学生发放了教育资助金。以保脱贫方面。当曲卡镇共有低保户44户135人，全年兑现低保金及两线合一资金共计295090.73元。以助脱贫方面。全镇以助脱贫8户8人，2018年全镇医疗报销核销资金321437.1元。转移就业方面。实现转移就业111人，劳务输出292人次。

【民生资金落实】 年内，兑现“草补”资金904133.87元；兑现2018年194名定向性补助人员的定向资金50440元以及2016年223名建档立卡无劳力人员的定向政策性补助尾款81618元；兑现467名以补岗位人员工资1641700元；兑现17名公益林管护人员工资235069.8元；兑现72名天然草原监督员岗位工资388800元；兑现2名环保监督员岗位工资7200元；落实野生动物肇事补偿共计125750元和牲畜涉农保险2738400元；全镇牧民群众合作医疗参加人数3287人，参与率达到100%，2017年结余资金588621.6元，2018年按照每人137.4元发放国拨资金共计451633.8元，2018年医疗报销核销资金321437.1元。截至年底，剩余资金为267184.5元；全年共计兑现44户135名低保户基本生活保障金和两线合一资金295090.73元；兑现建档立卡贫困户2名特困人员补助金11520元。

2018年1月26日，当曲卡镇当曲卡居委会开展“文化惠民进万家”活动

【项目推动】 年内，当曲卡居委会牧家乐项目，带动村集体经济年增收30万元；当曲卡居委会扶贫商品房项目（新建）带动村集体经济年增收18万元；当曲卡居委会液化气站项目带动村集体经济年增收3万元；县政府征收原当曲卡居委会砖厂项目兑现征地费75万元带动村集体经济增收；当曲卡原居委会租赁带动村集体经济年增收10万元；当曲卡居委会商品房项目（齐鲁宾馆）带动村集体经济年增收3万元；当曲卡居委会扶贫商品房项目带动村集体经济年增收2.5万元；曲登居委会白莲度假村项目带动村集体经济年增收4万元；当雄县高原净土牛羊绒加工销售合作社带动村集体经济年增收3万元；曲登居委会扶贫商品房项目带动村集体经济年增收2.5万元；曲登居委会6个民间合作社（达珍度假村、曲登二组纯手工民族服装加工销售合作社、草原阿玛拉酸奶合作社、索朗次旦砖厂合作社、格龙砖厂合作社、次仁桑嘎牧民建筑施工队）以带动贫困户就业和分红的方式提高当地经济收入。

【生态环保】 年内，深入推进“河长制”工作，设立专项经费17万元，制定完善当曲河“一河一策”及唐冰湖“一湖一策”方案。2018年开展河道专项治理5次，共计投入经费3万元。每月巡河三到四次，针对巡河发现的问题及时治理，有效保持河道清洁，保证水体不受污染。曲登石料加工专业合作社砂石厂植被恢复情况较好，整改工作已进入案件销号阶段。利用生态环境网格化监督机制，形成河道、河道沿线及辖区内各项卫生工作的全方位监督，及时处理、保证辖区内卫生清洁。

年内，投入经费234000元，新配备垃圾车1辆、小型环卫车2辆（32000元）、垃圾箱16个（192000元）、新聘请环卫车兼职司机1名（2000元/月，8月份开始执行），有效提高当曲卡镇辖区内垃圾清运效率。完成各类污染源清查工作以及河道污染源普查10处、工业锅炉污染源普查2处、工业企业23家。积极开展“无树村”及“无树户”植树绿化工作，共种植665棵班公柳、440棵柳树、440棵榆树、220棵杨树。加大环保宣传工作，向群众普及环保基础知识，制作横幅3条、宣传展板3块，丰富环保宣传工作的开展方式。设立环保经费33.5万元，有效保障环境保护工作的开展。

【社会各项事业】 11月18日，迎接并通过自治区三类语言文字的评估检查工作。曲登居委会新建幼儿园已投入使用，共有学龄前儿童41名、教师2名、厨师2名、保育员1名、保安1名，全方位保障好当地学龄前儿童入学条件。两居委会村(居)医务室均已投入使用，配有5名村医，有效提高村(居)医疗卫生条件。投入10万元资金对曲登居委会五组道路进行维修；全镇劳务输出5627人次，收入1107550元，转移就业271人，收入758160元。全镇18户牧民群众享受小康安居提升改造工程福利。在建项目："当曲卡居委会精准扶贫蔬菜大棚项目"建筑面积为545.11平方米，总投资为100万元；"曲登居委会精准扶贫商品房建设项目"建筑面积为324平方米，总投资为24.67万元；"当曲卡居委会扶贫餐馆项目"建筑面积70平方米，总投资246700元。投入运营后，将有效提高就业率和经济收入。

【社会管理】 年内，受市级和县级表彰民族团结进步模范集体家庭1个。全年共排查矛盾纠纷75次、成功预防矛盾纠纷6起(高速公路工程建设与曲登居委会6组的砂场纠纷、高速公路工程建设搬运砂石时破坏曲登居委会三组一户牧户草场事项、高速公路工程建设搬运砂石时破坏曲登二组围栏事项、曲登一组婚姻家庭纠纷、高速公路工程建设搬运砂石时破坏电线事项两起)，受理调解矛盾纠纷13起，办结率在100%。

积极协调高速建设过程中同当曲卡镇属地内产生的各项沟通事宜：高速建设工程车辆运输协调；中铁一局同曲登三组、六组砂石料场相关协议；收取中铁一局环境恢复保证金10万元；中铁三局同曲登五组砂石厂2019年动工事宜；收取中铁三局环境恢复保证金10万元；坚持抓好安全生产工作，全年共开展安全生产大检查15次。做好雨季汛期安全隐患排查及预防工作，针对辖区内有可能存在暴雨洪涝、山体滑坡、泥石流等自然灾害的隐患区域进行全面排查，每日不定时排查，对居民住房进行安全检查，对已受损群众的房屋进行维修，严格确保汛期当曲卡镇社会局势安全稳定。全镇社会局势持续稳定、全面稳定，人民群众的安全感和幸福感显著提升。

(张俊娜)

2018年11月14日，当曲卡镇开展"四讲四爱"群众教育实践活动巡回宣讲

【领导名录】

党委书记
米玛旺堆(藏族)

党委副书记、镇长
刘　源

党委副书记、人大主席
次　珠(藏族)

副书记
美拉卓玛(女，藏族)

纪委书记
达　次(藏族)

组织委员
曲　吉(女，藏族)

统战委员、人武部部长
拉巴次仁(藏族)

组织委员、人大副主席
边巴旦增(藏族)

政法委员、派出所所长
贡觉益西(藏族)

副镇长
巴桑拉姆(女，藏族)
查　果(女，藏族)
田惠林(土家族)

羊八井镇

【概况】 羊八井镇位于当雄县西部，念青唐古拉山南麓，中尼公路

与青藏公路、青藏铁路交会点，平均海拔高度4300米。全镇总人数1297户、6320人，总劳力2201人，其中桑巴萨居委会412户、1790人；甲玛村393户、2037人；拉多村342户、1868人；彩渠塘村150户、625人。全镇低保户90户374人、"五保户"9人、残疾145人、孤儿4人、寿星老人40人、"三老人员"24人、"一孩双女"38人、特扶18人。全镇共有5个党委，23个党支部，其中桑巴萨居委会有6个党支部，拉多村有8个党支部，甲玛村委会有7个党支部，彩渠塘村有2个党支部。"两委"班子25人，村监督委员10人，小组组长21人。全镇党员共465人，其中机关党员54人，牧民党员共411人（拉多村党员有119人，桑巴萨居委会正式党员有110人，甲玛村委会有128人，彩渠塘村54人）。镇机关有56名干部职工，科级干部17人，科员12人，专技人员15人，工人6人，公益性岗位3人，临时工3人。

【牧业生产】 全镇实有牲畜共63015头只匹，其中牦牛23972头、绵羊19636只、山羊19078只、马329匹。2018年幼畜成活12707（头、只、匹），春秋防疫疫苗注射率每年均达100%。

【民生项目】 年内，实施50万民生项目，其中桑巴萨居委会实施三、五、六组建造水管项目拨付9万元；拉多村实施三、六、七组水井项目拨付15万元；彩渠塘村实施走廊文化项目拨付12万元；全镇小项目包括维稳、教育、扶贫领域投资拨付14万元。年内，利用旧房提升改造50万元专项资金，对全镇35户旧房实施提升改造，5户无房户实施新建。

【特色小城镇】 2017年羊八井镇全面启动923街道风貌改造工程，对109国道沿线及923街道私搭乱建活动板房的群众做思想工作，顺利拆除国道沿线及923界面私搭乱建活动板房商铺22间。年内，羊八井镇在国家电网的大力支持和极力配合下，以土地置换的形式向国网西藏电力有限公司923临街院墙征地，用于建设羊八井镇特色房屋，惠及广大牧民群众，全镇186户、774人贫困户实现经济增收，为建设特色小城镇工程奠定了坚实的基础。

2018年3月11日，西藏自治区政协副主席高扬（中）到羊八井镇检查综治工作开展情况

【机关学习】 年内，羊八井镇党委、政府坚持抓机关学习，特制定《羊八井镇2018年党员学习计划》，召开相关学习会议30场次，集中时间力量，分阶段、分步骤要求全镇机关党支部和村党支部带头学习，形成每周星期四下午6:30集中学习的良好氛围。年内，要求干部职工读好书和撰写心得体会，进一步加强理论学习活动的引导和指导，全镇范围内营造浓厚的理论学习氛围。深入开展"四讲四爱"主题教育实践活动，羊八井镇各村居以学习党的十九大、"四讲四爱"为内容，先后开展学习宣传11场次，群众教育实践活动5次，参加县级宣讲培训3次，自治区宣讲培训1次，市级宣讲培训1次。年内，通过悬挂横幅、张贴（喷绘）标语、张贴宣传贴画、发放宣传资料等方式进行宣传，共制作横幅24条，展板宣传栏8幅，张贴（喷绘）标语13条，发放宣传贴画120余份，发放学习小册子500余份，组织学习讨论5场次。

【党建组织】 年内，抓主体责任，

严格落实党建工作责任制，实现制度体系规范化。定期对落实党风廉政建设责任制的情况进行监督检查和量化考核，落实责任体系；与各村（居）党支部签订《党风廉政建设目标责任书》，压实责任重担。开展学习十九大报告热潮，领会新时代中国共产党的历史使命，并学以致用，发挥党员先锋模范作用，带头改进作风。抓民主集中制，讲党性、讲大局、讲原则，执行重大问题坚持集体研究、集体决策再实行分工制，促进领导班子的团结。抓制度建设，结合实际，修订和完善《党委议事规则、决策程序》《干部请销假制度》《学习制度》等多项制度，增强办事透明度，促进监督激励机制的健全和落实。坚持正确用人导向，注重后备干部培养。按照"四化"方针和德才兼备的原则，加大对后备干部的培养力度，解决"后继乏人"的问题。通过以上的努力，羊八井镇党委保证农牧民各项工作的顺利开展。年内，羊八井镇开展政治教育第一期培训，培训共32个学时。培训专门邀请市委党校陈乐、市纪委副书记苏新勇等专门授课，系列党课进一步提高党员干部的政治和思想素质，加强党的基层组织建设，推进党建工作再上新台阶，为推进经济发展，构建和谐羊八井镇提供坚强的组织保障。

2018年9月15日，拉萨市委常委、市政府党组副书记、常务副市长暴剑（中）到羊八井镇彩渠塘村探望搬迁户群众

【畜牧工作】 年内，完成兑现2017年下半年牲畜保险资金。全镇兑现资金共计2413200元，其中桑巴萨居委会赔偿420000元；拉多村赔偿914200元；甲玛村赔偿1079000元。完成兑现2017年牲畜保险资金。全镇兑现资金共计2401400元，其中桑巴萨居委会484400元；拉多村1159200元；甲玛村757800元。让农牧民的损失降到最低，受到广大农牧民一致好评。完成兑现全镇草补奖励资金共计1463752.07元，其中拉多村531344.94元；甲玛村307975.23元；桑巴萨居委会624431.9元。完成家犬包虫病投药工作。经统计全镇家犬条数为555条，实行每月驱虫工作。年内，同时在全镇范围内集中开展犬类管理联合整治专项行动，为全镇555条家犬植入电子芯片和注射狂犬病疫苗、办理电子注册准养证。完成藏药的制造。镇兽防所采购石榴、藏红花、加纳玛等制12种药材，制作成七味虎皮散、二十五味肺病散等9种药品。

【强基惠民】 年内，拉多村强基惠民项目45万元，购置压路机扩大村集体经济，全面带动建档立卡贫困户实现增收。甲玛村强基惠民项目45万元，建设全村7个小组党员活动室，填补村组无党员活动室的空白，为开展村组活动提供了便利。

【民政救灾】 7月18日下午六时许，由于连日来的强降雨天气，致使羊八井镇甲玛村五组境内，引发洪水灾害。灾情发生后，羊八井镇党委、政府紧急行动，周密部署，动员镇机关、护路队员共计90余人奔赴一线进行抗灾救灾。副市长、县委书记张正和县长其美次仁以及县水利局等有关部门负责人到现场进行抗洪救灾指挥工作。引发的洪水致使羊八井镇甲玛五组部分农田、草场受损，无人员伤亡情况。羊八井镇党委、政府立即制定切实可行的救灾方案，全力以赴做好恢复农田等系列抗洪救灾工作，及时解决好受灾群众生产生活中的各种问题，帮助受灾群众渡过难关。同时全镇范围内展开拉网式排查，对排查出来的各类灾害隐患进行消除，保障牧民群众的生命财产安全。

【精神文明建设】 年内，组织开展“好人好事”表彰活动。活动上，对安徽芜湖小伙黄家新登启孜峰失联事件中展开英勇搜救的镇派出所3名民警进行表彰。在获得安徽芜湖小伙黄家新登启孜峰失联第一消息后，镇政府、派出所积极发挥各自职能作用，参与搜救行动。派出所拉巴等3名民警奋不顾身，冲在一线，虽未能成功获救伤者，但3人不畏艰险、敢于施救的精神，鼓舞了很多人。该次表彰活动的开展，在全镇范围内掀起做好人好事、积极争当雷锋传人的热潮，同时进一步推动羊八井镇形成服务群众、奉献社会的文明风尚。开展“清洁家园·共创文明”的学雷锋活动。3月5日，镇政府联合羊八井高山训练基地、镇卫生院开展“清洁家园 共创文明”为主题的环境卫生义务大清扫及免费义诊的学雷锋活动。通过大家三小时的共同努力，整治美化923街道环境。同时高山训练基地联合镇卫生院开展了免费义诊活动，就诊人次达200余人。全镇上下为继续保持“全国文明乡镇”的殊荣，做出了应有的贡献。

【纪委工作】 年内，组织干部学习区市县下发的典型违法案例文件12次，召开专题学习会8次，使羊八井镇广大干部获得廉洁教育、警示教育。召开作风建设会议，对新任干部进行岗前约谈，对班子成员、下级党支部书记组织党风廉政约谈工作。召开2017年度各村（居）述责述廉评议质询会，填写述责述廉民主测评表，并与各村第一书记签订“羊八井镇2018年落实党风廉政建设责任书”，切实增强羊八井镇干部职工的反腐意识。年内，深入开展政治纪律教育活动，根据《羊八井镇2018年政治纪律教育学习活动安排表》，对羊八井镇纪律教育学习活动作了具体的部署，细化政治纪律教育学习活动各阶段的工作安排，并通过横幅、标语等多种形式进行宣传。年内，开展以机关干部为重点，学习讲政治纪律教育活动25场次，重点学习了党的政治纪律、政治规矩的基本内涵、《中国共产党章程》《关于新形势下党内政治生活的若干准则》《中国共产党纪律处分条例》。同时，结合学习内容，以纪检干部为重点，参加以恪尽职守，正身明镜为主题的讨论活动1次；组织全体党员干部撰写心得体会3次，撰写个人剖析材料、召开了组织生活会。举行派出监察室揭牌仪式。11月8日，当雄县监察委员会派出羊八井镇监察室揭牌仪式隆重举行，监察室挂牌成立。

【环保工作】 年内，羊八井镇党委、政府高度重视生态文明建设，深刻领会习近平总书记强调的“绿水青山就是金山银山”等重要指示精神，以《中华人民共和国环境保护法》及国家其他相关法律为准绳，以高质量完成县委、县政府和县环境保护工作领导小组下达的《当雄县中央环保督察重点问题》《当雄县环境保护督察重点问题整改清单》内容以及环境保护任务为目标，将环境保护及污染治理工作摆上重要位置，积极开展羊八井镇生态环境建设工作。

年内，成立由镇党委书记洛

2018年12月13日，羊八井镇召开第九届人大代表第三次会议

桑桑旦任组长，镇长兰辉任副组长，分管副镇长及各村第一书记、村居服务中心主任、镇直各部门负责人为成员的环境整治工作小组，实行目标管理，狠抓落实，召开了环保整治工作安排部署专题会议，细化重点问题整改清单。通过加强领导，明确职责，一级抓一级，层层抓落实，促进了环保整治各项工作的有序开展。调整充实环保队伍。保护辖区109国道沿线、923街道、青藏铁路沿线以及辖区内的主要河流。环境保护达325个岗位，其中，野生动物保护人员30人，草场监督员125人，湿地管理员24人，沙化土地封禁管护员17人，护林员90人，山洪看护员4人，水资源管控员10人，道路养护员10人，环境监测员3人，保洁员12人。认真贯彻落实中央、区市县关于环境保护会议的精神。通过召开座谈会、宣传栏、悬挂横幅等宣传方式，树立“环境依靠人类来保护、人类依靠环境来生存”等环保理念，把环境保护与生存发展的关系给群众说明白、讲透彻，让群众真正明白保护生态环境的极端重要性，切实强化群众环境保护意识，在全镇范围内形成环境保护从自身做起、从身边做起的良好氛围，让生态环境保护工作人人皆知、家喻户晓。同时，加大大气、土壤、水环境污染防治工作力度、落实网格化环境监管体系建立工作长效机制，制定相关环保工作制度。羊八井镇与923街道沿线的商户签订门前“五包责任书”，以实际行动，由镇政府牵头，组织全镇干部职工和各商户，清理街道垃圾，形成人人关心环保事业，齐抓共管参与环保工作的浓厚氛围。年内，先后召开环境保护生态环境专题会议9场次；组织广大干部群众参与环保整治工作6场次；开展环境保护宣讲5场次；制定环保工作方案计划7个；开展生态环保督察工作8次；受教育群众5000余人次。

2018年11月13日，羊八井镇纪委监察委正式挂牌

【精准扶贫】 年内，按照全县要求，完善建档立卡贫困户一户一档和边缘户一户一档资料的准确信息，做到户档资料和家庭信息一致。审核上报生态岗位人员银行卡号，规范和统一岗位人员的管理工作。按照市委统一规定，组织动员74户迁往拉萨的搬迁户，保质保量地完成搬迁入住工作。及时更新数据库，做好底数清、情况明。根据县脱贫攻坚指挥部的要求，对“七脱”资料进行完善。按照一户一档信息将国办系统、市办系统的数据进行更新。贫困户人口动态进行再次核实，增加4人均为建档立卡贫困户，全镇建档立卡贫困户为186户、774人。调整结对帮扶人员，同时制作结对帮扶卡，动员全镇干部对贫困户宣传精准扶贫政策。

年内，针对镇辖区市场用工需求和贫困户的技能学习意愿，重点开展贫困户的技能培训。年内，开展培训3期，培训人数60余人次。同时结合《拉萨市脱贫攻坚农牧民夜校实施方案》要求，全镇四个村居每周晚九点开展夜校培训活动。培训主要由村委会组织，针对建档立卡贫困户、扶贫边缘户，以农牧民群众创业致富的需求，本着“缺啥学啥、学以致用”的原则，有针对性地开展农村实用技术、劳务培训等教学，作为提升脱贫质量的根本目标。开展贫困户产业分红资金兑现工作。12月4日，羊八井镇召开2018年产业分红资金兑现工作专项会议，会上对全镇185户建档立卡贫困户及55户边缘贫困户兑现产业分红资金共计 555320.6 元，其中对建档立卡贫困户兑现资金 358504.6 元，对边缘贫困户兑现资金 196816 元。

【人大工作】 年内，羊八井镇召开羊八井镇第九届人民代表大会第三次会议。全镇应到人大代表 31 人，列席代表 16 人参加会议。会议对第九届人民代表大会第二次会议上代表所提出的 21 条民生、环保等意见、问题，进行了答复。与会代表听取和审议四大报告，并就党委、政府、人大等各项工作积极建言献策。会议号召，全镇上下要以更加饱满的热情，更加昂扬的斗志，更加务实的作风，团结一致，奋发图强，坚定信心，为把羊八井镇建成“美丽、富裕、文明、和谐、宜居”乡镇而共同努力奋斗。

【工青妇】 年内，利用“3·8”妇女节，开展妇女座谈会，专题学习党的十九大精神活动 4 次；以“妇女之家”为阵地，通过镇妇联与县法院调节婚姻纠纷 2 例。年初对全镇青年团员进行了严格的核查，并按照团章团规，对部分团员进行清退；镇工会对全镇困难职工情况进行调查摸底，准确掌握困难职工群体的数量、致贫的原因等情况，镇工会为 6 人提供厨师、家政等业务培训机会。广泛组织村级法治宣传教育活动。各村（居）开展法治宣传教育工作 6 次，发放如《农牧民法律知识》《防范邪教组织和拐卖妇女儿童犯罪宣传手册》等宣传资料 100 余份，悬挂横幅 5 条，不断提高妇女法律素质，引导妇女群众依法办事，

2018年3月12日，羊八井镇召开易地搬迁工作动员部署大会

合法、合理表达诉求，维护社会和谐稳定。

【人社工作】 年内，羊八井镇城乡居民养老参保人数 2391 人，征收养老保险资金 24470 元整；城镇居民养老保险人数 64 人，征收养老保险资金 3500 元整；城镇居民医疗参保人数 107 人，征收医疗保险资金 2130 元整。牧民富余劳动力劳务输出 610 人，其中建档立卡贫困户固定就业人数 110 人，实现保安、销售员、驾驶员、护路员、保洁员等七种岗位，劳务输出临时性务工人数 210 人。牧民群众驾驶培训人数 21 人，其中建档立卡贫困户 3 人，一般牧民 18 人。2018 年应届高校毕业生 35 人，已就业 34 人，就业去向主要以公务员、企业为主，未就业 1 人。

（其美卓嘎）

【领导名录】

党委书记
　　洛桑桑旦（藏族）

党委副书记、镇长
　　兰　　辉

党委副书记、人大主席
　　达瓦次仁（藏族，1 月免）

副书记
　　巴桑琼达（女，藏族）

纪委书记
　　努 那 比（藏族）

组织委员
　　贺　　健

人武部部长
　　贡嘎扎西（藏族）

党群办主任
　　尼玛卓玛（女，藏族）

政务办主任
　　朗色赤列（藏族）

人大副主席
　　达　　珍（女，藏族）

副 镇 长
　　格桑梅朵（女，藏族）
　　普布扎西（藏族）
　　马 小 平

司法所所长
　　扎西央宗（女，藏族）

文化站站长

米　　玛(藏族)

后勤办主任

顿珠旺杰(藏族)

纳木湖乡

【概况】 纳木湖乡位于当雄县城以北30千米处,坐落在海拔5100米的拉根山山口北部、著名的旅游景点纳木错湖东面。与那曲地区班戈县和那曲县相接,平均海拔4800米,牧民群众居住分散,具有典型的高原大陆性气候特点,高寒缺氧,常年大风,降雪量大,天气变化大,自然灾害频繁。

纳木湖乡国土面积2831.14平方千米。辖4个行政村,25个自然小组,1139户5355人,其中劳动力2542人;纳木湖乡现有2个党委、3个党总支、26个党支部,374名党员(其中18名预备党员,牧名党员327名,占87.4%);6个团支部,团员74名。全乡有工作人员45人,其中行政编制27人,事业编制11人,工人编制2人,公益性岗位3人,合同工2人。全乡下沉干部13人,借调、学习半年以上10人,平均年龄达29.3岁。全乡共有寺庙2座(扎西岛寺、色德寺)、嘎巴点2处(达纳嘎巴点、恰嘎嘎巴点),驻寺干部4人。

纳木湖乡的经济发展主要依靠畜牧业,全乡可利用草场总面积2630291亩,其中恰嘎村1086000亩、纳措村711443亩、色德村465013亩、达布村367835亩。2018年牲畜总头数100841(头、只、匹),其中牛37785头,绵羊48452只,山羊2365只,马910匹。奶产量达1237.1吨,牛奶产量726.8吨,羊奶产量510.3吨;肉产量达438.8吨,牛肉287吨,绵羊肉142.4吨,山羊肉9.4吨;羊毛总产量29.53吨;绵羊毛产量29.1吨,山羊毛产量0.43吨;牛绒产量7.2吨,牛皮产量2496张。

【经济发展】 年内,实现经济总收入11671.5万元,第一产业实现收入8975.4万元,占总收入76.9%;第二产业实现收入215.5万元,占总收入1.85%;第三产业实现收入2840.6万元,占总收入24.34%。其中交通运输业收入1013.8万元,商业、饮食业收入658.7万元,服务业收入355.1万元,其他收入812.9万元。全年纯收入7449.6万元;人均收入22752元,人均纯收入14087.8元。

【畜牧产业化建设】 年内,协助完成县扶贫办投入597.4万元收购755头牦牛、2625只羊;与羌塘纳木错色德酸奶加工销售农牧民专业合作社协商投入16.48万元收购奶源1.03万千克。配合县畜牧局引进电子耳标技术,年初为4800多头新生牦牛牛犊进行电子耳标植入。春秋两季动员全乡力量为38574头牦牛、59475只绵羊、4061只山羊免费注射疫苗,确保牲畜健康生长,保障牧民群众财产安全。全年申报牲畜意外死亡获得补偿资金351.46万元,最大限度地减少牧民群众财产损失,降低牧民群众致贫风险。储备物资精饲料、麸皮合计480吨,用于连续降雪等恶劣天气发放,有效降低降雪给牧民群众带来的损失。

【壮大村集体经济】 年内,开设家庭牧场实验点3个(纳木湖村夏季牧场1组、达布村冬季牧场6组、色德村4组各1个),年底出栏

2018年3月28日,拉萨市扶贫办主任李海云(左二)到纳木湖乡检查指导精准扶贫工作

率达到20%，用科学的养殖方式维持草蓄平衡，保障牧民利益的最大化。达布村、纳木湖村大力发展当雄县达纳牧人惠民旅游服务专业合作社，全年实现收入204万元；纳木湖村“卓玛的家”黑帐篷牧家乐全年收入为3.7万元；色德村旅游综合服务中心，全年收入11万元。纳木湖村便民商店全年收入2万元，出租房全年收入2.8万元；恰嘎村便民商店及便民茶馆的全年收入10万元，酸奶合作社的全年收入为10万元。

2018年6月22日，当雄县副县长多吉平措（左一）到纳木湖乡就贫困户打井工程进行检查指导

【基础设施日趋完善】 年内，当纳公路改扩建工程已启动，已完成前期拓宽工程，预计2019年全部建设完成。拉萨市电信驻纳木湖乡工作队利用资源优势，积极投入28万元新建信号基站，方便了牧民群众通信。配合完成县扶贫办实行贫困户旧房危房改造项目，纳木湖乡共计15户，其中9户旧房维修，6户原址重建。县教育局投资187万元用于色德村幼儿园新建，现已投入使用。县扶贫办和水利局投入扶贫资金为纳木湖乡偏远地区饮水困难村组打井12口。由县财政拨款用于达布村和恰嘎村村居活动场所建设，有效改善村（居）办公条件，为党组织密切联系服务群众奠定了基础。

【扶贫工作】 年内，对辖区内的建档立卡贫困户开展扶贫工作，并结合贫困户实际制定脱贫服务计划。制定发展规划，努力争取项目，多方筹措资金，健全扶贫机制，强化扶贫责任，全力实施扶贫工程，圆满完成2018年精准脱贫工作验收，实现全部脱贫摘帽。制定《纳木湖乡劳动力人口外出务工奖励办法》鼓励纳木湖乡富余劳动力外出务工，增加农牧民收入。

【民政优抚】 年内，农村养老保险有序推进，工作任务出色完成。城乡、农村最低生活保障工作有序开展，按时发放城乡居民、农村低保户、农村医疗救助、优抚对象等款项，全年发放三老人员资金12.4万元。

【教育事业】 年内，上级部门投入教育三包经费239.1万元，小学入学率达100%；投入或申请41.6万元帮助34名家庭困难学生实现高等教育入学。2018年考上高等院校（大专、本科）学生14名，组织牧民群众技能培训3场次，转移就业人数达154人，确保学有所教、学有所成。

【生态环境综合整治】 年内，纳木湖乡时时坚守生态环境保护底线，坚持绿水青山就是金山银山，冰天雪地也是金山银山的生态环境保护理念，先后多次深入扎西岛景区宣传生态环境保护相关知识，顺利完成扎西岛景区内临时建筑的拆除搬迁工作；组织乡环卫工人和广大群众在沿线清扫垃圾，同时充分发挥河长制的作用，加强全乡范围主要河道及水源点的保护，确保天更蓝、水更清、土更净。

【提高金融撬动】 截至年底，农行为纳木湖乡386人放款2980万元，年利息为2.75%，其中贫困户126户放款321.5万元，年利息为1.08%，减息1.67%，总减息金额为15.2万元，有效解决群众创业前期的资金不足问题。

【各类政策资金落实到位】 年内，发放草原生态补偿资金352.8万元，及时兑现各村“两委”班子成员基本报酬和业绩考核奖励补助合计64.7万元，各村务监督委员会成员基本报酬和业绩考核奖励补助合计17.6万元，发放“双联户”联户代表务工补贴合计25.5万元。

【基本医疗全面保障】 年内，开展预防慢性病健康教育宣传3次，宣传结核病等传染病预防知识3次。为全乡245位高血压患者开展药物治疗和健康指导治疗。先后各3次随访关爱精神病和残疾人员；处理急诊病人16人，转急诊病人数7人，全年接送产妇7人。为全乡4周岁以内儿童建卡、建册、免费接种疫苗，接种和扩免疫苗接种率均达90%以上，卡证符合率100%，新生儿乙肝疫苗接种率达90%以上，新合参保率达到100%。同时做好年度鼠疫防治调查、登记、上报工作；对全乡结核病患者登记造册、每月随访，指导督促患者按时按量服药；对全乡茶馆、学校食堂、机关食堂等开展抽查，未发生一起食物中毒事件和突发性公共卫生事件。

【作风建设】 年内，严格落实中央“八项规定”，“三公经费”得到有效控制；狠抓干部思想作风、工作作风及纪律作风建设，干部职工的责任意识、服务意识和大局意识明显提高，乡党委、政府班子的凝聚力、创造力和战斗力明显增强；进一步完善各项规章制度，强化干部管理，保持政令畅通；加强重点项目全程监督，规范资金管理和权力运行，扎实推进政务、村务公开；强化便民服务室管理，规范办事行为，提高办事效率。

【应急处置】 年内，建立完善组织机构，成立突发公共事件应对工作领导小组，组建突发公共事件应急救援队。进一步完善《纳木湖乡突发公共事件应急预案》和相关制度，全乡应急处置水平得到进一步提高。

2018年3月5日，当雄县人大常委会副主任拉巴旦增到纳木湖乡中心小学检查指导工作

【法制建设】 年内，认真落实安全生产“一岗双责，党政同责”责任制，着力强化安全监管和对各类隐患的排查整改，社会风险评估和公共应急机制逐步健全和完善，全乡安全态势平稳，全年无重特大事故发生；严厉打击各类刑事犯罪，善良、正义、和谐得到彰显，广大群众更有安全感；认真组织落实政务村务公开，保障群众的参与权、知情权和监督权。继续开展“七五”普法工作，完善人民调解工作机制，认真化解各类矛盾，全年调解各类纠纷13件。认真做好群众来信来访工作，真诚回复群众的合理诉求，实现全年无群体性事件，全乡社会政治和谐稳定。积极办理人大代表意见建议，做到事事有回音，件件有落实。

【基层党组织建设】 年内，机构5个，编制45人，其中行政编制27人（含政法编），事业编制11人。全乡现有领导11人、驻寺特派员4人。乡党委现有委员7人，领导班子成员10人，机关支部现有委员5人。纳措村“两委”班子7人，纳措村级综合服务中心下沉干部5人。达布村“两委”班子7人，达布村级综合服务中心下沉干部5人。恰嘎村“两委”班子8人，恰嘎村级综合服务中心下沉干部5人。色德村“两委”班子6人，

2018年7月14日，纳木湖乡工作人员脱贫攻坚迎国检

色德村级综合服务中心下沉干部5人。全乡机关党员47人，牧民党员327人。

年内，开展“四讲四爱”主题教育活动、党员政治教育、学习习近平系列重要讲话精神等工作。同时，在职党员到村报到服务、“党员干部进村入户、结对认亲交朋友”，协助村“两委”、下沉干部、驻村工作队开展精准扶贫工作等共同推进。

在抓好自身建设的同时，乡政府按照“建一流队伍、创一流业绩、树一流形象”的目标，着力强化干部队伍素质，积极探索新形势下乡干部队伍建设的新路子，取得明显成效。政府班子不断强化下属的政治理论学习、努力提高干部的政治思想素质。通过培训教育，使干部丰富知识，开阔视野，洗涤思想，更新观念，为提高农村工作服务质量奠定了扎实的政治思想基础。突出建强村级班子，开展廉政建设、农村财务管理、信访治安案件排查化解等专题培训4期，综治、“双联户”培训2次，提高村干部素质，业务能力。截至年底，全乡干部集中学习十九大会议精神10次，采取定期谈心、工作交流、帮解难题等手段，做好村干部的教育引导工作，取得了良好成效。

（熊　云）

【领导名录】

党委书记

　赵泽辉

党委副书记、乡长

　遵　追（藏族）

党委副书记、人大主席

　普　琼（藏族）

党委副书记

　黄　翔

纪检书记

　益西多吉（藏族）

组织委员

　白玛卓嘎（女，藏族）

统战委员、武装部部长

　次仁旺堆（藏族）

宣传委员、人大副主席

　索朗坚参（藏族）

政法委员

　强巴群旦（藏族）

副乡长

　德　央（女，藏族）

　郭源振

　次仁顿珠（藏族）

司法所所长

　丹增群培（藏族）

格达乡

【概况】 格达乡位于当雄县西南约125千米处，东面与堆龙德庆县相接，西南与尼木相接，北面与班嘎县相望，交通不便，气候恶劣，发展滞后，属当雄境内自然环境、经济基础最差的乡镇之一。全乡面积1834.25平方千米，可利用面积1360.68平方千米，平均海拔4500米，风力资源丰富，年刮风日多达245天。有丰富的地热资源、药材资源和动物资源等。

截至年底，全乡总人口4728人，1014户。辖区有格达乡派出所、格达乡中心小学、格达乡卫生院、格达乡兽防站4个乡直单位，1座寺庙（多吉林寺），格达乡辖4个村委会（甲多村、格达村、央热村、羊易村）。

【牧业生产】 截至年底，全乡牲畜共有76640（头、只、匹），其中牦牛33794头、绵羊30997只、山羊11437只、马412匹，并实施草场面积测量，按实际及时足额发放2018年草补资金，同时足额发放

2016年的野生动物案肇事补偿金和2017年农牧民养殖险。按照传统惯例，与乡兽防站联合开展春秋两季牲畜防疫工作的同时，乡兽防所每年研制20余种藏兽药，低价出售给群众，春秋和秋季防疫苗注射率达到100%。格达乡持续深化基层组织+合作社+牧户管理模式，2018年羊易村3组拉巴多吉和格达村6组嘎玛索朗成功加入家庭牧场队伍。乡政府积极与县农发办沟通协调，争取实施高鹰架、草场围栏和种公牛的引进等土地综合治理项目，同时积极与县畜牧局沟通，对每个村境内的草场进行围栏，设立牌子，确保生态环境的有效保护和畜牧业的持续健康发展。

2018年8月21日，西藏自治区副主席江白（右三）到当雄县格达乡羊易村调研“牧繁农育”试点工作

【学习贯彻中共十九大精神】 年内，格达乡始终坚持把学习宣传和贯彻落实中共十九大精神作为一项重要政治任务，与日常工作和学习同部署同落实。紧密结合“两学一做”学习教育和“四讲四爱”群众教育实践活动，号召动员全乡干部职工、牧民党员、联户代表、宣讲员等有生力量，深入村组户、学校、寺庙、草场等群众聚集区域，利用群众喜闻乐见、通俗易懂的方式扎实开展党的十九大精神和习近平新时代中国特色社会主义思想的宣讲教育，积极引导牧民群众进一步增强“四个意识”，坚定“四个自信”，做到“两个维护”，切实筑牢习近平总书记在牧民群众心中的崇高地位。

【“河长制”工作】 年内，为充分发挥基层水利工作为民服务职能，构建基层水利服务设施建设，按照“河长制”工作相关要求，格达乡积极争取县水利部门的防洪堤工程项目，在格达村1组至3组罗荣渠河流段实施防洪堤工程，该项目已完成工程总量的80%以上，实施对原有堵塞河道的清淤和河道沿线简易防洪堤的修建工作。格达乡政府调派2台挖掘机和4台装载机，利用4天时间完成对各村委会境内道路修通和河道清淤及大口井的挖深工作，有效解决群众的生活生产困难。张贴“河长制”宣传标语10条、发放宣传册1000余份、开展河道沿岸卫生清理行动20余次，参与人数达2000人，“河长制”工作取得了良好效果。

【教育工作】 年内，坚持教育“优先发展”战略，积极与县教育局对接，成功开办羊易村、甲多村和央热村的幼儿园。县政府对全乡79名区内外就读大学生进行全额资助。全县小学适龄儿童入学率、巩固率分别达到100%和100%；残疾小学生和中学生送教人数分别为10人、4人，送教率均为100%；初中入学率、巩固率分别达到100%和100%，学前教育达到83.16%，教育“三包”经费和营养改善落实率达100%。

【卫生工作】 年内，新型合作医疗参与率100%，全年医疗报（核）销总人次为8361人次（其中卫生院核销人次8236人次、乡政府报销人次125人次），报（核）销金为46.55万余元（其中卫生院核销金39万余元、乡政府报销7.55万元）；全乡孕产妇住院分娩率96.8%，孕产妇死亡率为零，婴幼儿死亡率1.56%，全民免费健康体检率达100%。

【社会民生工程】 年内，为切实改善民生，乡党委、政府整合50万元的民生资金，在各村内修建大口井4座、维修大口井1座以及修复管引，积极改善群众饮水条件。在市财政局争取资金265万元的基础上，再从县级财政争取50万元的资金，共投入资金315万元对全乡房屋条件相对较差的73户家庭，实施小康安居提升改造项目，有效保障群众的居住条件。历时施工两年的304省道已基本通车，当格客运班线的运营，为当地群众出行提供便利。

【社会保障事业】 年内，积极与各村委会对接及时制定“一村一档”，更新完善村规民约，与县民政局对接，对格达乡境内22名退役军人正进行信息采集，同时完成对60岁以上8名退役军人的卡号收集，为其发放补贴做好前期筹备；按照惯例，对全乡164名持证残疾人基本情况进行详细摸底；年内，138名持证残疾人发放生活补贴9.1万余元；19名一、二级重度残疾人发放护理补贴2.5万余元，保障其生计。按照低保核查相关文件要求，积极与各村委会联合，做了前期大量核查，最终核定低保户51户、207人。截至年底，已发放低保资金53.13万余元。全面从民政部门获医疗救助人数27人，有效解决了低保户的燃眉之急，共为138名70岁以上寿星老人发放寿星补贴10.97万元。全乡分散特困供养户3户、3人，共发放供养金1.72万余元。

【旅游产业】 年内，依托独特的自然资源，串点成线、联动发展，倾力打造羊易光伏新能源产业园区观光游和廓琼岗日冰川探险游及甲多昂汪温泉度假体验游等旅游线路，通往廓琼岗日冰川路已基本修通，同时甲多昂汪温泉改扩建项目已经竣工，格达乡旅游产业项目已经初具雏形。同时以一年一度的“赛马节”活动载体，积极挖掘牧区特色文化，与旅游文化融为一体，扩大牧区赛马活动影响力。

【党风廉政建设】 年内，格达乡始终把党风廉政建设摆在重要位置、突出位置，把管党治党的责任牢牢扛在肩上，管好班子，带好队伍。党员领导干部带头坚决贯彻执行中央“八项规定”，教育引导广大党员干部特别是领导干部严格执行《中国共产党廉洁自律准则》《中国共产党纪律处分条例》，组织全体党员签订《当雄县共产党员不信教承诺书》《党员干部不赌博、不沉迷游戏承诺书》486份，严格干部职工管理，加强村级班子考核，着力解决慵懒散、执行力不严、落实不力等问题。

【政治纪律教育】 年内，格达乡党委高度重视加强政治纪律教育工作，坚持在以党员干部为重点，做到牧民党员教育全覆盖。结合支部学习会、政治教育培训等，组织机关支部党员、全乡牧民党员参加学习教育，不断掀起全乡党员“比学习、比作风、比规矩意识”热潮。乡纪委结合上级要求编印《重点学习篇目手册》，印发全乡各个党组织。围绕13篇重点学习篇目，制定学习计划，逐项加以学习，并召开专题组织生活会。截至年底，全乡各级党组织累计召开学习会79场次，召开政治教育培训7个班次，党员干部撰写心得体会65篇，党员参加教育累计8655人次，开展“书记讲党课”32场次，各级书记充分发挥“领头雁”作用，有力的推动全乡加强政治纪律教育工作。

2018年11月23日，拉萨市政协副主席、秘书长张勤（前排右二）到格达乡督导检查“四讲四爱”工作

【"两学一做"学习教育实践活动】 年内,格达乡党委把学好用好党的十九大精神、习近平新时代中国特色社会主义思想作为必修课,以党委中心组为龙头,加强对党的十九大精神的理论研讨和学习贯彻情况的经验交流,推动各级党组织更好地用习近平新时代中国特色社会主义思想武装头脑、指导实践、推动工作。扎实开展党员政治教育培训。举办党员政治教育培训班7期,实现党员教育全覆盖,引导全乡党员坚定政治信仰、增强"四个意识",坚决做到"两个坚决维护",认清十四世达赖及达赖集团的反动本质,坚决与达赖集团划清界限、旗帜鲜明反分裂,严格遵守共产党员不得信仰宗教的纪律要求,切实尽到引导群众理性对待宗教、淡化宗教消极影响的政治责任,自觉做神圣国土守护者、幸福家园建设者。

【"四讲四爱"教育实践活动】 年内,格达乡把"四讲四爱"群众教育实践活动作为落实意识形态工作责任制的头号工程,作为群众思想教育工作最有力的抓手、最管用的载体、最有效的平台,抓严抓实抓出成效。紧紧围绕深入学习贯彻习近平新时代中国特色社会主义思想和党的十九大精神这条主线,在牧民群众、青少年学生、僧尼中组织主题活动117场次,广泛开展主题宣讲280场次,受众2.3万余人次,进一步坚定了群众"感党恩、听党话、跟党走"的信心和决心。

【"扫黑除恶打非治乱"专项斗争】 年内,格达乡召开专题会议,讨论研究制定实施方案,成立领导小组,领导小组下设扫黑办公室,并联合派出所负责"扫黑除恶"日常工作及部门协调,将"扫黑除恶"作为一项重要常规工作来抓,持续保持"严打"整治高压态势。在全乡主干道和各村显眼位置悬挂横幅12条,张贴、发放宣传画报1000余份,问卷调查100余份,设立举报箱5个,集中宣传扫黑工作10余次,畅通信息渠道,营造良好的社会治安氛围。

（王剑磊）

2018年11月30日，中共格达乡党支部召开加强政治纪律教育专题组织生活会

【领导名录】

党委书记
　孙　伟
党委副书记、乡长
　索朗曲旦(藏族)
党委副书记、人大主席
　罗布占堆(藏族)
党委副书记
　严学理
纪委书记
　次仁索郎(藏族)
党委委员、人武部部长
　巴桑次仁(藏族)
党委委员、组织委员
　刘晓学
党委委员
　扎拉贡布(藏族)
党委委员、人大副主席
　白玛拉姆(女,藏族)
党委委员、派出所所长
　嘎　桑(藏族)
副乡长
　秦天强
　其　美(女,藏族)

公塘乡

【概况】 "公塘"系藏语译音,意为"凹滩",平均海拔4367米。1960年设公塘乡,1970年改公社,1984年复置乡,位于县境东北部,面积1595平方千米。截至年底,

全乡总户数1346户，总人口6386人，其中妇女人口3228人；牧民总户数1333户，6245人，其中妇女3198人；牧民劳动力2963人，其中妇女劳动力1479人。全乡现有5个党委，20个党支部，582名党员（含预备党员），其中乡机关党员52名。乡境内寺庙3座（康马寺、江热寺、巴嘎当旦康）。青藏铁路公塘段全长10.8千米，桥梁6座，人畜通道10个，涵洞15个，沿线78户，涉及1个村4个组。全乡以牧业为主，牧养山羊、绵羊、黄牛、马。产虫草、贝母、雪莲花等。

2018年2月27日，县委副书记杨作云，副县长、公塘乡党委书记胡小平调研家庭牧场

【机构编制】 截至年底，公塘乡机关有公务员35名，事业编制工作人员12名，专业技术人员19名，工人6名，公益性岗位人员3名；党委、政府、人大“三套班子”成员共12名，设乡委员会书记1名，乡长1名，乡人大主席团主席1名，专职副书记1名，纪委书记1名，组织委员1名，宣传委员1名，政法委员1名，人武部部长1名，副乡长3名，乡人大副主席1名。

【经济发展】 年内，牧业仍然是全乡的基础产业，着重开发牦牛、绵羊等畜产品的加工区，纯绿色天然食品需求量将是一大增长点，牧业基础地位将进一步突显。同时，积极响应县委、县政府打造全域旅游方案，充分利用公塘乡区位优势，增加旅游业收入，带领群众吃上旅游饭。以抓好基础产业为主导，深挖潜力，依托精准扶贫精准脱贫，全乡经济社会呈现良好发展势头。

【精准扶贫】 年内，全乡共有建档立卡贫困户197户921人，占全乡总户数15.07%，总人数14.92%；边缘户54户249人，占全乡总户数的4.13%，总人数的4.04%。公塘乡依托“七项脱贫措施”，乡建档立卡贫困户194户908人，达到人均纯收入3915元以上的脱贫标准，实现“三不愁、三有、三保障”，脱贫率达到99.78%，贫困发生率从精准识别初期的14.96%下降至0.15%，脱贫人口平均收入达到7790元，生态岗位补助、定向补助、“两线合一”补助资金约占总收入的29%。

【畜牧工作】 年内，公塘乡认真开展家庭牧场工作，及时开展牲畜防疫工作，按照动物防疫责任制的要求，按照“县不漏乡、乡不漏村、村不漏组、组不漏户、户不漏畜、畜不漏针、针不漏量、一畜一针”全面完成辖区牲畜免疫及登记工作。组织兽防所及村医对辖区内的老疫区进行共计3次全方面消毒工作，并对甲根村公路沿线死畜抛尸无害化处理1次。完成家犬包虫病投药工作，兑现肇事补偿资金。大力开展植树造林推进国土绿化消除“无树村、无树户”，共计发放4325棵树苗，包括杨树、柳树、榆树；并且在市林业局及县委、县政府主要领导指示下，在村（居）委会要连片试种适合高海拔气候的苗木班公柳（从阿里地区引进）共计130户，发放650棵。

【基层党建】 年内，公塘乡坚持以围绕中心抓党建，抓好党建促发展的工作思路，严格落实党建工作目标责任制，始终把“严”的要求贯穿党建工作全过程，做到真管真严、敢管敢严、长管长严，持续深化落实全面从严治党。

【自身建设】 年内，按照“集体领导、民主集中、个别酝酿、会议决策”的原则，制定完善《党委议事程序和规则》，强化领导决策作用，突出党委统揽全局的地位。建立月谈话制度，党委书记每月与每一名班子成员谈话一次。

【党风廉政建设】 年内，成立党风廉政建设工作领导小组，落实“两个责任”。乡党委与班子成员、各村党支部签订党风廉政建设责任书，推动从严治党向最基层延伸。对村级党务、村务、财务工作公开情况进行检查。依托“先锋公塘”微信公众号等新媒体，强化干部职工廉洁从政教育，使其植于心、践于行。

【基层组织建设】 年内，强化村党员干部建设，积极探索新形势下牧民党员培养、管理的新路径。先后开展党员政治纪律教育和党员政治教育，积极提升党员干部队伍，加强基层党组织建设，完成并运营各村村级活动场。

【“四讲四爱”教育实践活动】 年内，公塘乡持续深入开展“四讲四爱”群众教育实践活动，活动范围涵盖全乡4个行政村、19个村民小组，2座寺庙，1个巴嘎点。成立以乡党委书记为组长的领导小组，下设专门办公室，成立由干部职工、牧民群众共23人组成的宣讲团，大力开展宣讲工作。利用集中宣讲、张贴宣传栏、发放宣传资料、召开座谈会、组织演讲比赛等多种形式，有序推进各个主题的宣讲活动。同时，充分利用虫草采挖、赛马节、疫苗注射等机会，将宣讲内容送到群众面前，实现宣讲全覆盖。

【争做先进僧尼教育实践活动】 年内，根据当雄县统战部、宗教办等上级部门要求，结合公塘乡宗教领域工作实际，深入推进“遵行四条标准 争做先进僧人”教育实践活动。统一思想，提高认识。认真传达学习县动员部署会精神，切实把思想和行动统一到县委、县政府的决策部署上来。深学吃透教育实践活动实施方案，厘清思路举措，聚焦职责任务，提出贯彻落实意见，积极谋划全乡教育实践活动。周密部署，迅速开展。制定印发《公塘乡涉宗领域深入开展“遵行四条标准 争做先进僧人”教育实践活动实施方案》指导教育实践活动深入开展，成立机构和工作专班并下设办公室负责具体事务。建立健全宣讲队伍。抽调乡“四讲四爱”办、综治办、统战民宗办、司法所精干力量组成宣讲队，负责具体宣讲、宣传工作。有机结合，突出宣讲。把主题教育实践活动宣讲工作与僧人联保工作有机结合起来，建立统战民宗干部与驻寺干部对口联系制，紧紧围绕宣讲工作重点，捕捉宣传信息和宣传资源，主动对创新亮点工作进行深入研究，对重点要点工作进行认真分析，精准明确宣传课题，精心制定宣传计划，每周定期集中学习“宣传提纲”，学深吃透主题内容、读懂弄通重点内容，并以电话指导、见面实导等形式，每半月至少联系1次驻寺干部，解读疑惑疑点、解答访问咨询、传授技巧方法、讲解重点要点，切实在宗教领域大力推进“遵行四条标准 争做先进僧人”教育实践活动，使广大僧人们对“遵行四条标准、争做先进僧尼”内化于心、外化于行，使教育实践活动在寺庙僧人的现实生活和修行环境中得到体现。

2018年11月16日，公塘乡机关妇女群众学习县七次妇代会精神

【文化事业】 年内，公塘乡综合文化服务中心创新推广“3+X”工作，以“走出学、请进来教”“下乡送文化、开放为大家”“组织群众培训、提高综合素质”“做好文化发展排头兵、当好文化强乡领头雁”等措施稳步推进乡文化站全面工作，奠定了文化发展坚实基础。

【矛盾纠纷排查】 年内，通过采取建章立制——建立“五排查”制度，即每月一次的定期排查，重大节日及活动的重点排查，重要时期及有关政策出台前的超前排查，共性问题的联合排查，突出问题的专项排查；在全乡范围内开展矛盾纠纷排查调处工作，做到矛盾纠纷发现得早、处理的快、解决的得当。截至年底，全乡深入各村、组排查调处各类矛盾纠纷5件，其中，婚姻邻里纠纷1件，劳务类纠纷3件，草场纠纷1件。

【旧房提升改造工程】 年内，把握政策优先为精准扶贫户和边缘户共22户进行旧房提升改造，其中，重建户11户，维修户11户，补助资金49.75万元。

【民族团结巩固发展】 年内，将民族团结进步宣传作为一项长期工作，结合“四讲四爱”群众教育实践活动，全年常抓不懈，2018年，利用各宣传节点在乡、村、学校、寺庙（嘎巴）宣传民族团结30余场次，受教育群众达4000余人次。

【创新社会综合治理】 年内，紧紧围绕“联户增收、联户平安”等扎实开展双联工作，积极推行星级“先进双联户”创建活动和创新联户扶贫。截至年底，全乡128个联户单位评选表彰县级2个联户单位23户、1个先进集体；市级1个联户单位14户、1个集体，推荐评选自治区级1个联户单位、14户。

【环境保护】 年内，公塘乡在环境保护工作中严格执法，强化环保监察。抓建设项目初审把关。严格将所有新、改、扩建设项目纳入环境影响登记，做到每个项目到现场勘察，做到项目建设内容清楚，生产工艺流程清楚，环保管理要求明确，截至年底，共受理审核申报项目2个，均无违法违规现象；抓环保检查，坚持经常性地深入基层企业、农牧民合作社等，查处环境违法行为，督促“三废”治理，确保设施运转率100%，排放达标率在95%以上；认真处理污染信访纠纷，对出现来信来访时，及时赶赴现场，调查核实，秉公查处。年内，通过环保信访渠道，解决各类污染纠纷1起，结案率100%。

【扫黑除恶、打非治乱专项行动】 年内，通过以“3·28百万农奴解放纪念日活动”、三月法制宣传活动月、六月法制宣传活动周、“赛马活动”等创建工作为契机，主题宣传法治宣讲、扫黑除恶、打非治乱工作，维护社会治安综合治理工作，坚决扶正祛邪、弘扬正气、激励广大人民群众同违法犯罪行为做斗争。

【机关保卫】 年内，严格执行单位带班、值班制度。每周安排党政正职领导、班子成员主（副）带班，3名党员干部值班，实行24小时值班制度。确保“三不出”的目标任务；带动落实辖区单位值班带班，确保全乡维稳工作得到有效落实。

（饶　金）

2018年3月28日，公塘乡庆祝“西藏百万农奴解放纪念”文艺汇演

【领导名录】

副县长、党委书记
胡小平
党委副书记、乡长
平　措(藏族)
党委副书记、人大主席
强巴旦增(藏族)
政法委员、派出所所长
李金垒(女)
副书记
洛松泽成(藏族)
纪检书记
达娃卓嘎(女,藏族)
组织委员
饶　金
统战委员、武装部部长
年　扎(藏族)
宣传委员、人大副主席
拉巴仓决(女,藏族)
副乡长
普布桑珠(藏族,1月免)
色玛拉(女,回族)
丁正策
兰海峰(壮族,6月任)

龙仁乡

【概况】 龙仁乡藏语意为"长谷",1998年当雄县撤区并乡后正式成立,位于当雄县东部,距县城约20千米,平均海拔4416米。全乡国土面积432平方千米,草场面积373.9平方千米。龙仁乡下辖3个行政村(曲登羊阁村、郭庆村、龙仁村),15个村民小组,共有1044户4933人;建档立卡贫困户183户829人,其中一般贫困户178户819人,低保贫困户2户10人,"五保"贫困户1户1人,贫困人口占全乡人口总数的16.9%;有党的基层组织20个(党委1个、村级党委3个、党支部16个),党员375人,其中牧民党员345人。境内资源匮乏,畜牧业是全乡支柱产业,牧民人均年收入22111.2元。

【经济发展】 年内,龙仁乡深入贯彻落实党的十九大会议精神和中央第六次西藏工作座谈会精神,深入贯彻落实习近平总书记系列重要讲话精神,坚持"五位一体"总体布局和"四个全面"战略布局,仅仅围绕改革发展稳定大局,把长足发展和长治久安作为总目标,把维护祖国统一、加强民族团结作为工作的着眼点和着力点,把改善民生、凝聚人心作为经济社会发展的出发点和落脚点,把党要管党、从严治党作为推进工作的重要保证,重点围绕"两学一做"学习教育、"四讲四爱"主题教育实践活动、精准扶贫精准脱贫,落实基层党建七项重点任务等基层基础工作,攻坚克难补短板、开拓创新求突破,全乡各项事业取得新的成绩。

【基层党建】 年内,龙仁乡党委先后召开党委会、书记会等10余次,专题分析基层党建形势任务、推进"两学一做"学习教育常态化制度化、村"两委"换届选举、落实基层党建重点任务等各领域工作。通过健全党建工作联系点制度,10名班子成员分别与4个支部建立党建联系点。扎实推进村级组织活动场所标准化建设,对全乡3个村活动场所进行新建或改扩建。调整村党支部第一书记1名,选派15名干部民警,直接联系服务群众。"一对一"帮扶培养村级后备干部9人。截至年底,全乡共开展专题学习讨论78场次。严格落实发展党员工作5个环节19个基本程序。全年各支部发展

2018年8月21日,拉萨市副市长、当雄县委书记张正到龙仁乡郭庆村考察净土牧场运行管理情况

党员6名，预备党员按期转正14名。年内，落实了村干部报酬待遇，兑现了“三老人员”生活补贴。

【学习教育】 年内，龙仁乡牢牢抓住“关键少数”，层层示范、以上率下，形成上行下效、整体联动的总体效应。坚持深学，教育引导党员干部牢固树立“四个意识”，把落实“三会一课”制度作为推进基层党组织规范化建设的重要内容，乡党群办为4个支部统一印制“三会一课”记录簿、会议签到，并专门列出学习计划、内容清单，做到学有目标、学有重点。年内，全乡共开展集中学习研讨40余次，书记讲党课活动15场次，各级党组织实现全覆盖。

【“河长制”工作】 年内，按照县委、县政府安排，龙仁乡列入乡级“河长制”的河流主要是雄曲、热琼曲。龙仁乡成立以乡党委副书记、乡长许再兴担任乡级“总河长”，各村第一书记担任“村河长”，各村村主任和下沉干部为成员的河长制工作领导小组。领导小组下设办公室，办公室设在乡政务办，负责处理办公室日常工作。

2018年3月10日，龙仁乡印发《中共龙仁乡委员会 龙仁乡人民政府关于推行“河长制”的实施方案》《龙仁乡全面推行河长制镇级河长会议制度（试行）》《龙仁乡全面推行河长制工作信息共享管理办法》《龙仁乡全面推行河长制工作信息报送管理办法》《龙仁乡全面推行河长制督导检查制度（试行）》《龙仁乡全面推行河长制工作协调机制（试行）》《龙仁乡全面推行河长制工作验收办法》《龙仁乡全面推行河长制工作巡河办法》《龙仁乡全面推行河长制单位管理考核办法（试行）》九项制度，各村也结合各自实际，细化制定本村实施方案。3月30日，龙仁乡党委副书记、乡长许再兴主持召开全乡“河长制”工作动员部署会议，传达上级部门会议精神和指示要求，细化目标责任，安排部署“河长制”各项具体工作。龙仁乡全体在岗干部职工和乡河长制工作领导小组全体成员共计25人参会。

【党风廉政建设】 年内，龙仁乡党委领导班子切实担负起管党治党的政治责任，坚持向中央和习近平总书记对标对表，紧紧围绕改革发展稳定大局，在落实责任、强化措施、完善制度、常抓不懈方面狠下功夫，在思想认识、方法措施上紧跟党中央和区市县党委全面从严治党坚定步伐，全乡各级党组织和党员干部坚守责任担当，在夯实基础、强化责任上用心用力，落实主体责任，齐抓共管的局面得到巩固发展，持续深入推动党风廉政建设责任制落地落实。着眼管党治党形势任务，乡党委始终把提高政治站位作为第一要求，把落实全面从严治党作为基本遵循，紧紧扭住党风廉政建设主体责任这个“牛鼻子”，立足基层实际，紧扣目标要求，从严从实履行主体责任，扎实推动全面从严治党向基层延伸。“一盘棋”思想树立牢固，坚持全方位、多维度思考党风廉政建设工作，确保方位不偏。乡党委先后多次召开专题会议，对党风廉政建设工作进行研究部署，解决困难和问题。主业主责突出，为压实传导责任，明确“责任田”，厘清“明细账”，与班子成员签订“龙仁乡党风廉政建设责任清单”14份，与村级组织签订党风廉政建设目标管理责任

2018年6月26日，当雄县政协党组书记、主席次仁桑玻到龙仁乡龙仁村检查精准扶贫工作开展情况

2018年5月18日，龙仁乡党委书记达瓦次仁主持召开精准扶贫推进会

书3份，责任清单包括4个层面30项内容，通过明责定责，使责任可落实、可追究。

乡纪委深入贯彻落实中央“八项规定”、区党委“约法十章”“九项要求”和市委“八项要求”精神，坚持问题导向，持之以恒反对和纠正“四风”，坚决纠正损害群众利益的不正之风。紧盯元旦、春节、藏历新年、端午、雪顿节、十九大等重要节点，抓住重点环节对公车私用、公款吃喝、工作纪律等问题进行督促检查。同时，继续在乡机关党员干部中实施“三个一”（每月一会、每周一学、每日一操）活动，纵深推动作风转变、效能提升。

【脱贫攻坚】 年内，按照县委、县政府对贫困户进行建档立卡。先后组织召开专题会议12次，进一步理清思路、明确措施。严格落实精准帮扶措施，帮扶责任单位180名党员干部与贫困户结对认亲，实现全覆盖。大力推进项目建设，实施产业扶持促脱贫；立足实际，推进就业促脱贫。帮助有劳动力贫困户解决护路、环卫等就业岗位16个。帮助贫困户报名参加扶贫劳动技能培训，提升自身发展动能；有效发挥村集体经济、农牧民专业合作社等载体的带动辐射作用，直接增加贫困群众现金收入；重点对牧民群众实施搬迁，充分考虑资源及就业条件，因地制宜，科学规划，有序搬迁，确保搬得出、稳得住、能发展、可致富；对因学致贫的贫困户，大力实施教育扶贫措施，建立健全残疾儿童救助体系并成立龙仁乡困难学生帮扶工作领导小组，细化帮扶方案，严格落实“三包政策”，及时兑现大学生相关补助，减轻贫困学生家庭的教育负担和脱贫压力，真正实现以教脱贫；坚持“重生态、利长远”的原则积极推进以补脱贫措施。按照一人一岗原则，共安排生态补偿岗位658个，实现人均年增收3500元。针对无劳动力贫困户，给予定向补助，人均增收260元；为避免因病致贫、因病返贫，对城乡居民因患大病发生的高额医疗费用给予报销，大力学习宣传各项卫生医疗政策，严格落实以助相关政策，引导广大群众“有病就医、放心就医”。贫困群众参加“新农合”实现全覆盖；大力推进民政兜低保障，确保所有无劳动能力及无经济收入的贫困群众享有最低生活保障。提高最低生活保障水平，加大“五保”、低保户的保障能力。对因病致贫返贫牧户通过大病救助、大病保险等方式予以扶持。

【民族团结】 年内，龙仁乡党委、政府全面落实党的民族宗教政策，不断深化干部驻村、驻寺工作。广泛开展民族团结宣传教育活动，深化感党恩主题教育，加强统战民宗工作、加强和创新寺庙管理，深化“三个离不开”教育，持续深化开展民族团结进步创建活动，大力表彰民族团结先进典型。2018年，全乡没有发生一起民族纠纷和一起破坏民族团结的事件，龙仁乡先后获得西藏自治区、拉萨市、当雄县民族团结先进集体。

【民生改善】 年内，龙仁乡党委、政府做好普惠性、基础性、兜底性民生建设，扎实做好保障和改善民生各项工作，努力满足群众多样化的民生需求，切实增强人民群众获得感。教育方面，扎实推进义务教育均衡发展，圆满完成义务教育均衡发展迎接工作。及时兑现以教脱贫相关资金，发放贫困户大学生免费教育资助资金。对全乡辍学学生开展劝学返校工作。组织乡中心小学开展多元多样文娱活动。民政方面，及时了解生产生活需求，及时足额兑现60岁以上退伍军人补贴。全面摸排特殊群体现状，如实做好统计上报工作。卫生方面，基层医疗卫生条件明显改善，新修建卫生院大楼整体工程已完工。覆盖式开展包虫病人筛查及救治工作，宣讲教育成效明显。

【生态保护】 年内，龙仁乡着力加强生态环境保护宣传和普及工作，营造保护环境和节约资源的良好氛围。龙仁乡为紧跟时代步伐，有效领会生态文明建设之精髓，提高全乡干部职工生态文明理论素养，通过龙仁乡每周四集中学习的时间，将习近平总书记生态文明思想加入到学习内容中，将向居民群众普及基础环保知识与干部职工对环保思想的深度学习相结合，丰富了龙仁乡环保宣传工作的开展方式。通过“圆梦龙仁”微信公众平台，龙仁乡及时对外发布砂石场整改进度及各项环境保护信息，旨以将环保工作更加透明化，并接受社会各界对龙仁乡环保工作的监督。根据龙仁乡实际情况，在全县范围内首先开始增设乡级环卫工人，增设3人环卫工人，主要负责乡政府及周边垃圾的清扫工作。后来县里开始增设环保监督员，又增至11人。

合理安排658个生态保护岗位，构建生态安全屏障。全面推行“河长制”，建立健全职责明确、协调顺畅、运作高效的工作机制。

（张泽军）

【领导名录】

党委书记
　　达瓦次仁（藏族）
党委副书记、乡长
　　许 再 兴
党委副书记、人大主席
　　索朗多布拉（藏族）
党委副书记
　　韩 建 聪
党委委员、纪委书记
　　达　　珍（女，藏族）
党委委员、统战委员、武装部部长
　　索朗加措（藏族）
党委副书记、组织委员
　　拉　　卓（女，藏族）
党委委员、政法委员、派出所所长
　　拉巴平措（藏族）
党委委员、郭庆村党委第一书记
　　晋　　多（藏族）
副乡长
　　巴桑曲吉（女，藏族，6月任）
政务办主任
　　群培次仁（藏族）
党群办主任
　　向巴泽仁（藏族）
司法所所长
　　格桑玉珍（女，藏族）
副乡长
　　李　　兵（6月任）
人大副主席、宣传委员
　　韦 祥 余（6月任）

2018年3月28日，龙仁乡举行庆祝“西藏百万农牧解放纪念”文艺活动

宁中乡

【概况】 宁中乡总面积0.17万平方千米，平均海拔4300米左右，草场总面积238.5551万亩，可利用草场面积145.3215万亩。全乡下辖4个行政村，34个村民小组，2018年，全乡总户数1814户10153人，其中女性4959人（牧民户数1799户9907人，女性4789人）；2018年出生150人、其中女

性63人；2018年死亡50人、其中女性23人；0—6岁1214人、其中女性592人；7—15岁1814人、其中女性908人；16—35岁3397人、其中女性1555人；35岁以上3482人、其中女性1734人；迁出167人、迁入153人；2018年总劳力3742人，牧民总劳力3706人，其中女劳力2958人，牲畜85878（头、只、匹）其中牛53416头、18441只、山羊13613只、马408匹，交通工具（20吨以下汽车644辆、20吨以上汽车486辆、拖拉机196辆、摩托车1116辆），经济总收入3.08亿元，牧民人均可支配收入达18048.68元。

【基层党建】 年内，在换届完成后，乡党委书记对新一届村“两委”班子进行集中讲话，对新一届“两委”班子成员提出了更高的要求，明确细化村“两委”的职责分工，规范运行机制，提高基层组织的服务能力和水平。

年内，4个行政村组织活动场所标准化建设均已完工，大大提升基层党组织阵地作用的发挥，不仅为村“两委”班子、下沉干部和驻村工作队提供了良好的生活工作环境，也牧民群众提供了更加方便高效的服务。

年内，围绕发挥基层党组织的“四个领导核心”作用，在脱贫攻坚和日常工作中，重点细化明确村党组织、村委会、监委会和群团组织的职能定位，进一步强化党组织对各种组织的统一领导。围绕村级组织议事决策、民主管理、民主监督等内容，健全完善村“两委”联席会议、各种组织定期向党组织报告工作、财务联审联批、印章管理、村务监督等制度。以“双服务”为载体，细化做好政策、经济、公共、法律、党务等5项服务内容，强化村党组织的服务意识，健全服务体系，完善服务制度，建好用好服务阵地，着力提升服务能力和水平。

年内，按照党管武装的新部署新要求，扎实做好各项武装工作，加强民兵组织和建设，广泛开展应征入伍青年宣传动员工作，着力提高征兵工作水平，增强广大群众的爱国热情和国防意识，提高入伍率。积极探索研究新形势下宣传及群团工作的新情况、新问题、新途径和新方法。动员和支持广大青年、妇女积极参加和献身社会主义事业建设，深入开展社会公德，家庭美德和个人品德建设活动。

【专题教育活动】 年内，宁中乡党委进一步强化乡党委书记管党治党主体责任，全面落实党建工作责任制。深入贯彻落实党的十九大精神，让十九大精神的内涵深入人心，专题开展党员政治教育培训，受教育达到100%。召开党建工作专题会议，层层分解目标任务，形成了党委统一领导，一级抓一级的党建工作格局，提高了全乡党建工作规范化、科学化水平。不断加强对十九大精神的宣传，每周组织宣讲员进行巡回宣讲，让党的十九大精神逐步深入人心。“四讲四爱”群众教育实践活动不断开展，引领群众不断形成“讲党恩爱核心，讲团结爱祖国，讲贡献爱家园，讲文明爱生活”的意识，提高精神境界，转变思维方式，逐步树立起社会主义核心价值观，引领社会风尚。截至年底，共开展大小宣讲267场次，受教育群众9138人次。

【作风效能建设】 年内，严格落实

2018年7月24日，县委常委、组织部部长徐建华带队参观堆灵村标准化建设情况

党风廉政建设责任制，落实党委主体责任和纪委监督责任，按照中央“八项规定”、自治区“约法十章”“九项要求”和市委“八项要求”及县委“1+8”文件要求，严格公车管理和公务接待，每名干部都以身作则，结合自身实际，坚决纠正和解决“四风”问题，不断推进反腐倡廉建设。积极推行党务政务公开，进一步规范行政行为，推进依法行政，法制化管理水平不断提高。同时加强对单位干部职工的法治宣传和思想道德教育，全年干部职工中未发生一起违法违纪行为。

【优化生态环境】 年内，宁中乡坚持把生态文明建设摆在更加突出的位置，坚定不移地贯彻“青山绿水就是金山银山，冰天雪地也是金山银山”的发展理念。加强组织领导。成立乡长任组长、经发办主任及各村第一书记任副组长、村“两委”班子任成员的专项整治行动领导小组。对全乡环保方面的问题进行专项整治。充分利用“四讲四爱”群众教育实践活动和“五有五好”文明村镇创建活动，发放宣传单、短信，以乡微信公众号等宣传平台，大力宣传合理放牧等生态环保理念和法律法规，对违规放牧行为抓典型并及时曝光，在全乡创造良好的环保专项整治行动舆论氛围。将专项整治活动开展情况纳入乡政府对各村的年终工作实绩考核。设立举报电话，对做出重大贡献的个人和举报人给予奖励。年内，共开展环保整治工作15次，关闭堆灵村砖厂一处。

【基础设施建设】 年内，宁中乡政府内部设施建设和乡基层设施建设不断完善。为满足宁中乡政府的日常办公及干部职工的生活需要，宁中乡政府内部道路硬化工程已经完工，给排水设施、停车场、电力改造等项目正在建设中。建设完成后，将极大地提高乡政府的服务能力和干部职工的生活质量。为满足牧民群众的文化生活需要，在宁日山脚下修建的宁中乡群众文化广场也建设完成。不但为群众提供一个休闲娱乐的场所，也为宁中乡举办各种大型活动提供了场地。为保证全乡牧民群众有安全的住房，乡党委邀请县住建局走访全乡建档立卡贫困户，对危房进行仔细排查，根据危房程度，划分四个等级。乡党委号召辖区内17个企业、农牧民专业合作社、4个村300户富裕群众以及部分干部，共计筹措69.25万元用于建档立卡户第一批37户旧房改造。截至年底，第一批旧房提升改造工作已经完工并完成验收。

【教育工作】 年内，宁中乡共有2所小学，学生836人，教职工60人。2017年适龄儿童入学率达到99.5%以上，初中阶段入学率达到98%以上，乡党委、政府主要领导定期深入两所学校开展检查指导，严肃监管“三包”经费的落实。全乡积极开展防流控辍工作，劝返中小学生30人，完成2018年新入学的105名大学生登记工作。

【民政工作】 年内，持续开展低保对象核查清理工作，清退低保户79户，全乡低保户84户305人，按季度兑现最低生活保障金。“五保户”9户9人，均为集中供养。全乡残疾人283人，退伍军人37人，均按时兑现相关补助。核算享受“两线合一”建档立卡贫困户85户，兑现“两线合一”补助金

2018年3月3日，县人大常委会副主任、乡党委书记朗嘎主持召开维稳工作安排部署会

109.8037万元。乡村两级防灾减灾应急预案、应急队伍建设相对完善，防抗灾物资储备管理良好。

【卫生工作】 年内，宁中乡乡级卫生院1个，在职工作人员15人，其中借调市县医院4人，在岗11人。积极动员和宣传包虫病筛查和救治工作，开展本地牧民群众和外来人口包虫病筛查4488人，筛查率达53%，发现疑似病例28人。稳步推进基本公共卫生服务，健全完善城乡医疗体系，收缴合作医疗个人筹资29.19万元，全年兑现门诊核销7958人次，核销金额34.3万元。

【人社工作】 年内，宁中乡开展职业技能、实用技能和引导性法律知识培训7期，受惠252人。开发就业岗位7个，劳动力转移就业114人，实现劳动力转移收入171万元，"四业工程"实现劳务输出672人，实现收入336万元。完成全民参保信息录入工作，基础信息平台建设更加完善。

【党风廉政建设】 年内，落实乡党委的主体责任，坚持党要管党，从严治党，找准工作的着力点和突破口，以重点责任的落实带动全面责任的落实。认真贯彻落实从严治党"1+3"制度体系，从严执行从严治党八项要求，加强班子自身建设，严格实行例会制，使全乡各项工作一环一环向前推进。建立健全"五个一"工作机制，制定村级联述联考联评措施。

【村级集体经济】 年内，宁中乡以"双联户"、专业合作社为依托，以堆灵村加堆预制砖厂及巴灵和多灵牧民施工队为重点，开展牦牛育肥基地建设，以念青唐古拉山景点、宁中乡念青唐古拉圣药泉度假村为优势资源，新建或扩建村级集体经济4个，解决就业岗位355个，创造经济收入600余万元。

2018年5月26日，宁中乡召开第九届人民代表大会第三次会议二次全体会

【精准扶贫】 年内，圆满完成全乡190户736人（其中沿线搬迁40户182人，拉萨搬迁150户554人）易地搬迁工作，实现112户127人稳定就业。2018年已新安排生态岗位636个，定项补助643人次。109国道改建项目共吸收辖区农民工200余人，车辆100余辆，大大带动当地牧民群众的就业，实现增收。截至年底，累计发放各类资金共计4200余万元。有效实现贫困人口家庭收入稳定，坚决拔掉穷根。截至2018年11月，宁中乡共组织贫困户参加各类培训18次，受训人员达446人，积极组织贫困劳动力参加各类招聘会，已成功转移就业447人。不断健全社会保障工作机制，提升社会政策民生兜底保障效能，为全乡38户低保贫困户的脱贫摘帽打下了坚实基础。坚持教育为本，把教育摆在经济、社会发展的重要位置，通过"一卡通"为47名建档立卡贫困大学生发放资助金496898元。全乡通过医疗救助脱贫5户6人，总共报销16万余元，防止因病返贫。

【社会治安综合治理】 年内，进一步充实全乡基层人民调解队伍，成立43名调解员组成的基层调解组织，加强分析研判和隐患排查，着力排查化解影响社会和谐稳定的矛盾和问题。年内，共开展矛盾纠纷排查23次，发现矛盾隐患12起，成功化解12起。以治安管理为中心，加大综治工作力度，坚持“打防结合、预防为主”的方针，积极开展“打黑除恶 打非治乱”专项斗争，高举法律旗帜，全力开展车辆调度、征地补偿等方面的矛盾化解和综合整治工作，取得了一定成效。

（次仁多布杰）

【领导名录】

县人大常委会副主任、乡党委书记

朗　嘎（藏族）

党委副书记、人大主席

普　琼（藏族）

党委副书记、乡长

左世成（水族）

副书记

鲁永生（藏族）

党委委员、纪委书记

肖　伟

人武部部长

普布桑布（藏族）

党委委员、派出所所长

西热桑布（藏族）

党委委员、组织委员

王　胜

党委委员、宣传委员、人大副主席

巴桑央珍（女，藏族）

副乡长

才登罗布（藏族）

旦增群培（藏族）

邱学彦

乌玛塘乡

【概况】 乌玛塘乡位于县城以东30千米处，素有当雄县“东大门”之称，与林周、那曲、嘉黎三县交界，平均海拔4548米，总面积1760平方千米。全乡主要矿产资源有石膏矿、铅锌矿、铜矿等；自然资源主要有虫草、贝母等；全乡旅游资源有历史悠久的藏北八塔，天然矿物质温泉资源丰富等。乡辖4个村委会，21个行政小组，分别是郝如村、郭尼村、巴嘎村、纳龙村，全乡共有1660户，9120人，其中妇女4598人，非农户口8户，10人。居住海拔4500米以上地区有715户，3771人。

【机构设置】 年内，乡党委、政府设乡党群综合办、政务综合办、乡纪委办公室、乡监察室、经济发展与社会事务办、维护稳定与综合治理办、乡扶贫办、乡环保办、乡财政所、后勤服务中心、文化服务中心。为进一步践行党的群众路线，方便群众、服务群众，乡政府专门设有乌玛塘乡便民服务大厅，为广大牧民群众提供便捷的窗口服务。

【党建工作】 年内，乡党委下辖3个村党委，1个村党总支，农村党支部21个，机关党支部1个。有党员612名，机关31名，牧民党员581名。2018年乌玛塘乡党委紧紧围绕《中共乌玛塘乡委员会2018年度工作计划》扎实开展各项工作；实际工作中，乡党委定期不定期召开党委工作会议，安排部署全乡党建工作，着重从加强思想教育、巩固党员共产主义信仰；加强作风建设、保持党同人民血肉联系；加强班子建设、提高党员干部队伍素质；加强反腐倡廉、筑牢拒腐防变思想防线；加强制度建设，巩固党的建设成果成效，五个层面扎实推进党建工作。乡党委把村（居）活动场所建设作为一项加强基层组织建设的基础性工作来抓，定期不定期进行建设进度督查和监督检查，确保4个村（居）活动场所按期完工并交付使用。严格开展党员组织关系集中排查，做到党员基本情况底数清、情况明；开展抓党建促脱

2018年12月14日，县委常委、宣传部部长姜伟到乌玛塘乡郭尼村检查“四讲四爱”工作

贫攻坚工作。扎实开展“强党、固基、扶村”工作，配齐配优第一书记、村级服务中心主任、纪检监督员等下沉干部，进一步向基层拓展业务重心，直接服务广大群众。积极开展“两学一做”学习教育常态化制度化学习。制定乌玛塘乡“两学一做”学习教育常态化制度化学习计划，在全乡范围内开展“党员政治教育培训”，利用20天时间，使教育工作覆盖全乡党员，进一步提升乡党员政治意识。

2018年9月5日，对口帮扶企业“奥特莱斯商场”到乌玛塘乡巴嘎村二小开展献爱心暨长期用工协议签订活动

【宣传、文化工作】 年内，开展丰富多彩、健康向上的文化娱乐活动，丰富干部群众文化娱乐生活。在乡党委、政府的积极筹办下，相继开展“3·28”纪念活动、“5·4”纪念活动、“3·8”文艺会演等活动，受到广大群众的热烈欢迎。在各大节日积极营造良好节日氛围，在主要路段及各村（居）悬挂国旗，举办升国旗仪式，弘扬爱国主义精神。成功举办2018年乌玛塘乡赛马节，弘扬传统民族文化。通过“四讲四爱”群众教育实践活动在全乡范围内广泛开展“四讲四爱”宣讲、主题活动等，进一步转变群众观念，树立致富典型激发群众脱贫致富热情。

【乡村振兴】 年内，根据党的十九大报告首次提出实施乡村振兴战略，其明确为“产业兴旺、生态宜居、乡风文明、治理有效、生活富裕”的总要求。乡村振兴战略是习近平总书记强调的以人民为中心的发展理念，也是在“三农领域”的具体实施呈现，更是中国特色社会主义理论的重大创新和实践探索。十九大开局之年，乌玛塘乡在全乡范围内开展乡村振兴战略。制定《乌玛塘乡乡村振兴战略实施方案》，主要内容包括形成畜牧业产业链、形成旅游业产业链与医药产业链、以村委会为建设中心，进行细致规划、加强基础设施建设计划、培养多领域人才计划五个方面。

【畜牧工作】 年内，全乡可利用草场面积77890.7公顷，已利用草场面积53820.9公顷，禁牧面积24039.8公顷。承包总户数1363户。乌玛塘乡严格按照草原生态保护补助奖励机制工作要求，控制牲畜数量，实现畜牧发展与生态保护的动态平衡。2018年，全乡有牲畜牛49753头、绵羊9993只、山羊1788只、马873匹，共62407头（只、匹），继续保持牲畜数量低于保准线；春、秋季疫苗注射前夕，乌玛塘乡党委、政府召开疫苗注射工作动员大会，安排相关工作，与相关单位签订责任书。疫苗注射期间，乡、村两级工作领导小组明确工作责任，督促疫苗注射严格按照实施方案、操作规程进行，确保牲畜应免疫尽免疫，有效避免重大动物疫情事故的发生，为乡畜牧业的发展提供了有力的保障。

【教育工作】 年内，积极开展教育宣传工作，确保入学率。学校开学前期，乌玛塘乡组织开展“义务教育法”“三包”政策宣传工作。做好辖区适龄儿童、学生家长的思想工作，确保入学率。做好防流控辍工作，促进教育事业发展。针对学生家长对子女接受教育积极性不高，虫草采挖结束后不及时送学生返校等问题，乡村两级组织乡干部、下沉干部、驻村工作队和村“两委”，通过入户劝学的方式对群众进行广泛宣传教育，实现全乡小学入学率99%，巩固率 100%，中学入学率 99%，巩固率 100%。

【人社工作】 年内，合作医疗参保户数 1816 户，人数 8930 人。新型农村社会养老保险参保农村户口 3477 人，城镇户口 16 人，年满 60 岁享受养老金 9 人，参保率 98%。

【精准扶贫】 截至年底，全乡共有贫困户 294 户，1444 人，其中 292 户 1441 人脱贫，实现“两不愁、三保障”目标，全乡贫困发生率控制在 0.03%。对照问题，扎实开展整改落实工作。按照各级考核验收组以及扶贫领域专项巡查反馈问题的问题清单对全乡建档立卡贫困户户档资料、市办系统、国办系统进行逐项、逐条整改核对，对数据进行进一步核算，使全乡户档资料、系统逻辑更加合理合规，数据更加精准。抓好贫困人口动态变化调整。人口自然变更管理。乌玛塘乡新增 29 人，减少 20 人（其中郝如村新增 5 人，减少 11 人、纳龙村新增 3 人，减少 1 人、郭尼村新增 10 人，减少 8 人，巴嘎村新增 11 人户档资料已完成数据更新）。返贫人口和新增贫困人口纳入管理。乌玛塘乡对 4 个退出的贫困村，以及 21 个村民小组进行数据采集，乌玛塘乡不存在新增贫困户和返贫户。不断强化扶贫收支监测工作。为全面、及时、准确地掌握和了解贫困人口的收支情况，乌玛塘乡对 2018 年收支监测表的录入已开展到第三季度（已经完成），现已安排部署第四季度收入支出情况。科学组织，确保易地搬迁工作有序开展。由于搬迁政策从五不变调整为四不变，部分搬迁群众的搬迁意愿随之发生改变。经乡党委、政府以及各村委会的多次教育引导、多次核实最终确定全乡搬迁群众 138 户 673 人（巴嘎村 27 户 148 人、郭尼村 52 户 259 人、纳龙村 29 户 153 人、郝如村 30 户 113 人）。截至年底，已完成全乡易地搬迁户搬迁工作。

【“四业工程”】 年内，乌玛塘乡坚持“民生为本、人才优先”的工作主线，按照“就业保民生、社保安民心”目标要求，狠抓创业促就业，积极构建和谐劳动关系，稳步推进“四业工程”，取得较好成效。就业、再就业和转移就业 500 余人，组织参加招聘 200 人余次，劳务输出 3000 余人次。

【民政工作】 年内，制定乡、村两级防抗灾预案，加强防抗灾宣传，摸清全乡易发灾区、易受灾点，清理出重点防治的山洪沟 3 条，分别位于郝如村三组、郭尼村一组和纳龙村二组，一般防治的山洪沟 2 条，分别位于巴嘎村二组和四组。完成乡贮备库建设，筹备建设村级贮备库；对存款超标、有车辆的低保家庭进行清理清查，乡原有低保户 252 户，清退 203 户，1 户 1 人兜底户申请集中供养，新申请 2 户，现有 50 户 212 人。完成建档立卡低保户核实和建档立卡低保户中的生态岗位和定向性补助统计，建档立卡低保户中的易地搬迁和建档立卡低保户中的刑满释放人员统计和残疾人一人一表登记工作。

（张　骥）

【领导名录】

党委书记

拉巴次仁（藏族）

党委副书记、人大主席

旦增克珠（藏族）

党委副书记、乡长

兰　　棣

副书记

拉　　琼（藏族）

纪委书记

次　　曲（女，藏族）

党委委员、统战委员、人武部部长

仁增多吉（藏族）

党委委员、宣传委员、人大副主席

扎西拉珍（女，藏族）

党委委员、组织委员

普布曲珍（女，藏族）

副乡长

吉　　宗（女，藏族）

谭 耀 华

李 高 祖

附 录

受县(区)级以上表彰的先进集体名录

表 1

获奖单位	获奖名称	表彰时间	授予单位
当雄县文化新闻出版广电局(文物局)	第七届全国服务农民服务基层文化建设 先进集体	2018 年	中央宣传部、文化部、国家新闻出版广电总局
当雄县信访局	信访工作“三无”县(市、区)	2018 年	国家信访局
当雄县气象局	中国百年气象站	2018 年	中国气象局(50 年站认定)
中国农业银行股份有限公司当雄县支行	“金融服务”三农突击队称号	2018 年	中国农业银行
当雄县委政法委	自治区级平安县	2018 年	西藏自治区党委、自治区政府
格达乡党委、格达乡政府	西藏自治区创先争优强基础惠民生活动优秀组织单位	2018 年	西藏自治区党委、自治区政府
龙仁乡人民政府	西藏自治区民族团结先进集体	2018 年	西藏自治区党委、自治区政府
当雄县文化新闻出版广电局(文物局)	“藏地之音”第三届广播民歌秀表演一等奖	2018 年	西藏人民广播电台
当曲卡镇当曲卡居委会驻村工作队	2018 年度西藏自治区创先争优强基础惠民生活动先进驻村(居)工作队	2018 年	西藏自治区强基办
当雄县人力资源和社会保障局	优秀单位	2018 年	西藏自治区人力资源和社会保障厅
当雄县教育(体育)局	全区群众体育先进单位	2018 年	西藏自治区教育(体育)局
当雄县委统战部	拉萨市民族团结进步模范集体	2018 年	拉萨市委、市政府
当雄县民族宗教事务局	拉萨市第二批民族团结创建示范单位	2018 年	拉萨市委、市政府
当雄县信访局	2017 年度信访工作先进县(区)	2018 年	拉萨市委、市政府
当雄县委政法委	2017 年度社会治安综合治理三等奖	2018 年	拉萨市委、市政府
当雄县委政法委	2018 年度“先进双联户”创建活动先进县	2018 年	拉萨市委、市政府

续表1

获奖单位	获奖名称	表彰时间	授予单位
当雄县公安局	拉萨市民族团结进步创建活动示范单位	2018 年	拉萨市委、市政府
当雄县综治委铁路护路联防工作领导小组办公室	2018 年度拉萨市铁路护路联防工作先进县(区)	2018 年	拉萨市委、市政府
当曲卡镇曲登居委会	拉萨市 2018 年度民族团结进步模范集体	2018 年	拉萨市委、市政府
格达乡人民政府	拉萨市民族团结进步创建活动示范单位	2018 年	拉萨市委、市政府
格达乡党委、格达乡政府	2018 年度“先进双联户”创建活动先进乡	2018 年	拉萨市委、市政府
龙仁乡人民政府	“先进双联户”创建活动先进集体(乡镇)	2018 年	拉萨市委、市政府
龙仁乡人民政府	拉萨市民族团结先进集体	2018 年	拉萨市委、市政府
当雄县公安局	拉萨市文明单位	2018 年	拉萨市政府
当雄县统计局	拉萨市 2017 年度统计工作先进集体	2018 年	拉萨市政府
当雄县安全生产监督管理局	2017 年度全市安全生产先进单位	2018 年	拉萨市政府
当雄县文化新闻出版广电局(文物局)	全市创建文明城市先进集体	2018 年	拉萨市政府
格达乡党委	2017 年度全市宣传思想文化工作先进单位	2018 年	拉萨市委宣传部
当雄县妇女联合会	2017 年度拉萨市妇联妇女儿童工作进步奖	2018 年	拉萨市妇女联合会
当雄县公安局乌玛塘一级检查站	青年文明号	2018 年	共青团拉萨市委员会
当雄县人民法院	全市法院天平杯运动会集体跳绳第三名	2018 年	拉萨市中级人民法院
当雄县人民法院	全市法院天平杯运动会男子足球第一名	2018 年	拉萨市中级人民法院
当雄县人民法院	全市法院审判管理工作先进集体	2018 年	拉萨市中级人民法院
当雄县法律援助中心	2017 年度法律援助先进集体	2018 年	拉萨市司法局
当雄县工信局	2017 年度拉萨市质量技术监督工作一等奖	2018 年	拉萨市质量技术监督局
当雄县税务局	2017 年度先进基层党组织	2018 年	拉萨市税务局党组
当雄县气象局	文明单位	2018 年	拉萨市精神文明建设指导委员会
当曲卡镇人民政府	2018 年拉萨市文明村镇	2018 年	拉萨市精神文明建设指导委员会
当曲卡镇曲登居委会	2018 年拉萨市文明村镇	2018 年	拉萨市精神文明建设指导委员会
当曲卡镇当曲卡居委会	2018 年拉萨市文明村镇	2018 年	拉萨市精神文明建设指导委员会
当雄县羊八井镇政府	拉萨市文明村镇	2018 年	拉萨市精神文明建设指导委员会
格达乡甲多村委会	拉萨市文明村镇	2018 年	拉萨市精神文明建设指导委员会

续表1

获奖单位	获奖名称	表彰时间	授予单位
格达乡央热村委会	拉萨市文明村镇	2018年	拉萨市精神文明建设指导委员会
格达乡羊易村委会	拉萨市文明村镇	2018年	拉萨市精神文明建设指导委员会
宁中乡人民政府	拉萨市文明村镇	2018年	拉萨市精神文明建设指导委员会
当雄县民政局	2017年度进位一等奖	2018年	拉萨市民政局
当雄县人力资源和社会保障局	年度目标考核二等奖	2018年	拉萨市人力资源和社会保障局
当雄县教育(体育)局	拉萨市第一届运动会暨民族运动会团体第三名	2018年	拉萨市教育(体育)局
当雄县教育(体育)局	拉萨市第一届运动会暨民族运动会足球冠军	2018年	拉萨市教育(体育)局
当雄县教育(体育)局	拉萨市第一届运动会暨民族运动会拔河冠军	2018年	拉萨市教育(体育)局
当雄县中学	先进基层党组织	2018年	拉萨市教育委员会
格达乡便民服务中心	2017年政务服务工作先进集体	2018年	拉萨市民服务中心
当雄县委统战部	2017年目标绩效争先进位考核党群类争先将	2018年	当雄县委、县政府
当雄县信访局	当雄县2017年度目标绩效争先进位考核社会治安类争先奖	2018年	当雄县委、县政府
当雄县消防大队	纳木错景区“10·8”抢险救援行动“突出贡献集体”	2018年	当雄县委、县政府
当雄县公安局	当雄县文明单位	2018年	当雄县委、县政府
当雄县人民检察院	民族团结进步模范集体	2018年	当雄县委、县政府
当雄县商务局	当雄县2017年度目标绩效争先进位考核经济发展类“争先三等奖”	2018年	当雄县委、县政府
当雄县人力资源和社会保障局	年度目标考核先进集体	2018年	当雄县委、县政府
当雄县住房和城乡建设局	纳木错景区临时建筑拆迁工作先进集体	2018年	当雄县委、县政府
当曲卡镇曲登社区	2018年度当雄县民族团结进步模范集体	2018年	当雄县委、县政府
格达乡人民政府	当雄县2018年度县级“先进双联户”创建评选工作先进乡(镇)	2018年	当雄县委、县政府
格达乡人民政府	当雄县2017年度目标绩效争先进位考核乡镇达标奖	2018年	当雄县委、县政府
龙仁乡人民政府	“先进双联户”创建活动先进集体(乡镇)	2018年	当雄县委、县政府
龙仁乡人民政府	当雄县民族团结先进集体	2018年	当雄县委、县政府
宁中乡曲才村	“先进双联户”创建评选工作先进村	2018年	当雄县委、县政府
羊八井镇政府	当雄县2017年度目标绩效争先进位考核乡镇优秀奖	2018年	当雄县政府

说明：由于各单位资料提供不全，可能有遗漏

受县(区)级以上表彰的先进个人名录

表 2

姓名	性别	民族	工作单位	获奖名称	表彰时间	授予单位
次仁玉珍	女	藏	当曲卡镇人民政府	全国人民调解工作先进个人	2018 年	司法部
旦增多吉	男	藏	格达乡格达村委会	西藏自治区团结进步模范个人	2018 年	西藏自治区党委、自治区政府
拉巴次仁	男	藏	当曲卡镇当曲卡居委会	西藏自治区驻村先进个人	2018 年	西藏自治区强基础惠民生活动领导小组办公室
拉巴琼达	女	藏	当雄县妇女联合会	2017 年度优秀妇联干部	2018 年	西藏自治区妇女联合会
李思杰	男	汉	当雄县人力资源和社会保障局	人社宣传工作先进个人	2018 年	西藏自治区人力资源和社会保障厅
扎拉贡布	男	藏	格达乡羊易村委会	西藏自治区“四讲四爱”优秀宣讲员	2018 年	西藏自治区党委讲师团
付　涛	男	汉	当雄县信访局	2017 年度全市信访工作先进个人	2018 年	拉萨市委、市政府
赤列旺堆	男	藏	格达乡央热村委会	拉萨市市级先进双联户	2018 年	拉萨市委、市政府
索　央	女	藏	当雄县统计局	拉萨市 2017 年度统计工作先进个人	2018 年	拉萨市政府
罗桑卓嘎	女	藏	宁中乡人民政府	全市铁路护路联防工作先进个人	2018 年	拉萨市政府
拉巴次仁	男	藏	当曲卡镇当曲卡居委会	拉萨市先进第一书记	2018 年	拉萨市委组织部
尼玛多布杰	男	藏	当雄县宗教办	2017 年度统战系统优秀信息员	2018 年	拉萨市委统战部
洛桑塔克	男	藏	当雄县康玛寺管会	拉萨市优秀僧尼宣讲员	2018 年	拉萨市委统战部
边　巴	男	藏	当雄县康玛寺管会	拉萨市优秀驻寺干部宣讲员(先进事迹刊登拉萨晚报)	2018 年	拉萨市委统战部
段天波	男	汉	当雄县民族宗教事务局	市县两级民族团结先进个人	2018 年	拉萨市民族宗教事务局
张晓强	男	汉	当雄县税务局	2017 年度优秀共产党员	2018 年	拉萨市税务局党组
仁增曲培	男	藏	当雄县税务局	2017 年度优秀公务员	2018 年	拉萨市税务局
陈华冲	男	汉	当雄县税务局	2017 年度优秀公务员	2018 年	拉萨市税务局
金　鑫	男	汉	格达乡人民政府	拉萨市征兵工作先进个人	2018 年	拉萨市政府征兵办公室
钟　伟	男	汉	当雄县护路办	先进个人	2018 年	拉萨市综治委铁路护路联防工作办公室
卓　嘎	女	藏	当雄县护路办	先进个人	2018 年	拉萨市综治委铁路护路联防工作办公室
格桑顿珠	男	藏	当雄县护路办	先进个人	2018 年	拉萨市综治委铁路护路联防工作办公室
旦　增	男	藏	当雄县护路办羊八井大队部	先进个人	2018 年	拉萨市综治委铁路护路联防工作办公室
拉　布	男	藏	当雄县护路办羊八井大队部	先进个人	2018 年	拉萨市综治委铁路护路联防工作办公室

续表2

姓名	性别	民族	工作单位	获奖名称	表彰时间	授予单位
扎西占堆	男	藏	当雄县护路办羊八井一中队	先进个人	2018年	拉萨市综治委铁路护路联防工作办公室
顿珠次仁	男	藏	当雄县护路办羊八井二中队	先进个人	2018年	拉萨市综治委铁路护路联防工作办公室
占　堆	男	藏	当雄县护路办羊八井三中队	先进个人	2018年	拉萨市综治委铁路护路联防工作办公室
次仁桑珠	男	藏	当雄县护路办羊八井四中队	先进个人	2018年	拉萨市综治委铁路护路联防工作办公室
色　色	男	藏	当雄县护路办当曲卡一中队	先进个人	2018年	拉萨市综治委铁路护路联防工作办公室
桑杰加措	男	藏	当雄县护路办当曲卡二中队	先进个人	2018年	拉萨市综治委铁路护路联防工作办公室
扎　巴	男	藏	当雄县护路办当曲卡三中队	先进个人	2018年	拉萨市综治委铁路护路联防工作办公室
曲　多	男	藏	当雄县护路办当曲卡四中队	先进个人	2018年	拉萨市综治委铁路护路联防工作办公室
次　仁	男	藏	当雄县护路办当曲卡大队	先进个人	2018年	拉萨市综治委铁路护路联防工作办公室
洛桑次仁	男	藏	当雄县护路办当曲卡大队	先进个人	2018年	拉萨市综治委铁路护路联防工作办公室
索朗次仁	男	藏	当雄县护路办乌玛塘大队	先进个人	2018年	拉萨市综治委铁路护路联防工作办公室
旦增旺杰	男	藏	当雄县护路办乌玛塘大队	先进个人	2018年	拉萨市综治委铁路护路联防工作办公室
加措罗布	男	藏	当雄县护路办乌玛塘一中队	先进个人	2018年	拉萨市综治委铁路护路联防工作办公室
斯　达	男	藏	当雄县护路办乌玛塘二中队	先进个人	2018年	拉萨市综治委铁路护路联防工作办公室
索　朗	男	藏	当雄县护路办乌玛塘三中队	先进个人	2018年	拉萨市综治委铁路护路联防工作办公室
罗　桑	男	藏	当雄县护路办乌玛塘四中队	先进个人	2018年	拉萨市综治委铁路护路联防工作办公室
张晓东	男	汉	当雄县羊八井镇政府	拉萨市首届运动会暨民族传统体育运动会游泳比赛男子50米自由泳第四名	2018年	拉萨市首届运动会暨民族传统体育运动会组委会
罗志明	男	汉	当雄县纪委(监委)	先进个人	2018年	当雄县委、县政府
次仁卓玛	女	藏	当雄县妇女联合会	2018年度创先争优强基惠民驻村先进个人	2018年	当雄县委、县政府
央　米	男	藏	当雄县司法局	突出贡献个人奖	2018年	当雄县委、县政府
旦增群培	男	藏	当雄县纳木湖乡司法所	景区拆迁工作先进个人	2018年	当雄县委、县政府
戴鹏阳	男	汉	当雄县安全生产监督管理局	纳木错景区“10·8”抢险救援先进个人	2018年	当雄县委、县政府
普布扎西	男	藏	当雄县住房和城乡建设局	纳木错景区临时建筑拆迁工作先进个人	2018年	当雄县委、县政府
顿珠旺堆	男	藏	当雄县住房和城乡建设局	纳木错景区临时建筑拆迁工作先进个人	2018年	当雄县委、县政府

续表2

姓名	性别	民族	工作单位	获奖名称	表彰时间	授予单位
刘 源	男	汉	当曲卡镇人民政府	纳木错景区“10·8”抢险救灾行动“突出贡献个人”	2018年	当雄县委、县政府
其美多吉	男	藏	当曲卡镇人民政府	纳木错景区“10·8”抢险救灾行动“突出贡献个人”	2018年	当雄县委、县政府
于志现	男	汉	当曲卡镇人民政府	纳木错景区“10·8”抢险救灾行动“突出贡献个人”	2018年	当雄县委、县政府
觉 琼	男	藏	当曲卡镇当曲卡居委会二组	当雄县2018年“先进双联户”	2018年	当雄县委、县政府
平措列旦	男	藏	公塘乡人民政府	纳木错景区“10·8”抢险救援行动中表现突出,授予“突出贡献个人”奖	2018年	当雄县委、县政府
朱宏志	男	汉	公塘乡人民政府	纳木错景区临时建筑拆迁工作中表现突出,授予“先进个人”奖	2018年	当雄县委、县政府
旦真罗布	男	藏	公塘乡人民政府	纳木错景区“10·8”抢险救援行动中表现突出,授予“先进个人”奖	2018年	当雄县委、县政府
才巴旺姆	女	藏	龙仁乡郭庆村	县级优秀驻村干部	2018年	当雄县委、县政府

说明:由于各单位资料提供不全,可能有遗漏

当雄县2018年国民经济和社会发展统计公报

2018年是全面贯彻党的十九大精神的开局之年,也是全县各项工作取得重要突破的一年。坚持以习近平新时代中国特色社会主义思想为指引,深入学习贯彻党的十九大精神,特别是习近平总书记关于治边稳藏的重要论述和李克强总理在藏调研期间的重要讲话精神,在市委、市政府和县委的坚强领导下,在县人大、县政协的监督支持下,始终坚持以人民为中心的发展思想,坚持稳中求进、进中求好、补齐短板的工作总基调,以高质量发展为要求,以改革创新为抓手,以产业转型升级为目标,深入推进供给侧结构性改革,不断深化实施“六大战略”,打好“三大攻坚战”,全面实施以“神圣国土守护者、幸福家园建设者”为主题的乡村振兴战略,统筹推进稳增长、促改革、调结构、惠民生、防风险等各项工作,全县经济社会发展取得了新的进步,较好地完成了县十二届人大三次会议确定的各项目标任务。

一、综 合

区划及面积:截至年底,共有6乡2镇;28个村民委员会。

经济增长:2018年实现地区生产总值19.91亿元,比2017年同比增长9.3%。其中:第一产业增加值3.37亿元,同比增长3.7%;第二产业增加值11.15亿元,同比增长13.4%;第三产业增加值5.39亿元,同比增长4.1%。

产业结构:2018年三次产业比重依次为16.93、56.00、27.07,对经济增长贡献率分别为8.3、73.7、18.1个百分点,分别拉动经济增长0.8、7.2、1.8个百分点。与2017年相比,第一产业比重下降1.07个百分点;第二产业比重提高2个百分点;第三产业比重下降0.93个百分点。

二、农牧业

畜禽产量:截至年底,牲畜存栏总头数483928(头、只、匹),其中,牛284205头,同比增长1.76%;绵羊142041只,同比下降11.21%;山羊53235只,同比下降13.5%;马4447匹,同比增长1.05%。牲畜出栏总头数148099(头、只),其中:牛57863头,同比下降18.58%;羊90236只,同比下降15.9%;肉类产量10731.24吨,同比下降2.96%;奶产量13437.38吨,同比下降16.82%;毛绒产量179.91吨,同比增长35.32%;皮产量158202张,同比下降16%。

三、工业和招商引资

工业:2018年,当雄县规模以上工业增加值同比下降14.5%,规模以上工业产值同比下降20.53%;规模以下工业产值同比下降40.29%。

招商引资:2018年,招商引资实际到位资金20.03亿元,同比增加11.15%。

四、社会固定资产投资

固定资产投资:2018年,当雄县全社会固定资产投资同比增长19.2%。

五、贸易和旅游

全社会消费品零售:2018年,完成社会消费品零售总额21195万元,同比增长13.5%。

旅游业:2018年,接待旅游人数达54万人次,同比减少14.29%;旅游收入实现4800万元,同比减少26.15%。

六、教育、文化、卫生

教育:2018年,共有学校9所;普通中学在校生2164人,小学在校生5717人。

卫生：截至年底，共有各类卫生机构 9 个，其中：乡镇卫生院 8 个。实有床位数 89 个。各类卫生技术人员 175 人，执业（助理）医师 70 人。

七、人口和社会保障

人口：截至年底，共有户籍人口 54373 人，同比增加 552 人，其中：城镇人口 5178 人，农村人口 49195 人。

社会保障：城镇基本养老保险参保人数 808 人，城镇基本医疗保险参保人数 4526 人，失业保险参保人数 1151 人。

索 引

说 明

一、本索引采用主题分析法编制。索引范围包括篇目、类目、部(门)目、条目等。
二、本索引按主题词首字汉语拼音音序(同音按音调)排列,若首字拼音相同则按第二字音序排列,以此类推。
三、索引款目后的数字表示内容所在的页码,数字后的拉丁字母(a、b、c)表示栏别(从左至右)。
四、篇目、类目、部(门)目用黑体字。

D

G

H

K

L

M

T

W

X

Y

Z